Georg Bruder

Warum ist Jesus von Nazareth
in Wahrheit Gottes Sohn?

ALBER THESEN

Georg Bruder

Warum ist Jesus von Nazareth in Wahrheit Gottes Sohn?

Die philosophischen Grundlagen
der Christologie bei Joseph Ratzinger
und Wolfhart Pannenberg

Verlag Karl Alber Freiburg/München

Georg Bruder

Why is Jesus of Nazareth in truth the Son of God?

The philosophical foundations of christology
according to Joseph Ratzinger and Wolfhart Pannenberg

Does the talk of the »Son of God« only draw a picture or does it have a reasonable meaning? Ratzinger and Pannenberg follow the same intuition in this question. The title »Son of God« is an expression of a realisation that was triggered by the Easter event. The divinity of God is at stake. The Christian faith is philosophical from its origins. If the church does not strengthen its rational origins, it will continue to lose its power of persuasion.

The author:

Georg Bruder studied at the Munich School of Philosophy and received his doctorate there with this work. He lives with his family in Munich.

Georg Bruder

Warum ist Jesus von Nazareth
in Wahrheit Gottes Sohn?

Die philosophischen Grundlagen der Christologie
bei Joseph Ratzinger und Wolfhart Pannenberg

Zeichnet die Rede vom »Sohn Gottes« nur ein Bild oder hat sie einen vernünftigen Sinn? Ratzinger und Pannenberg verfolgen in dieser Frage die gleiche Intuition. Der Titel »Sohn Gottes« ist Ausdruck einer Erkenntnis, die durch das Osterereignis angestoßen wurde. Die Gottheit Gottes steht auf dem Spiel. Der christliche Glaube ist von seinen Ursprüngen her philosophisch. Wenn die Kirche nicht ihren vernünftigen Ursprung starkmacht, wird sie weiter an Überzeugungskraft verlieren.

Der Autor:

Georg Bruder hat in München an der Hochschule für Philosophie studiert und mit dieser Arbeit dort promoviert. Er lebt mit seiner Familie in München.

Alber-*Reihe* Thesen

Band 78

MIX
Papier aus verantwortungsvollen Quellen
FSC® C083411

Originalausgabe

© VERLAG KARL ALBER
in der Verlag Herder GmbH, Freiburg/München 2021
Alle Rechte vorbehalten
www.verlag-alber.de

Satz: SatzWeise, Bad Wünnenberg
Herstellung: CPI books GmbH, Leck

Printed in Germany

ISBN 978-3-495-49171-3

Inhalt

Vorwort 11

Einleitung: Die »Christologie von unten«
als Ursprung des christlichen Gottesbegriffs.
Eine denkerische Hinführung zum Thema
der Untersuchung 17

I. Die Wahrheit der Christologie bei Joseph Ratzinger .. 31
- I.1 Das Christentum als wahre Religion
und als Religion der Wahrheit 33
- I.2 Ratzingers hermeneutischer Ausgangspunkt und die
»Christologie von unten« 41
- I.3 Ratzingers Durchführung seiner »Christologie von
unten« in seiner Auslegung des Hebräerbriefs 50
- I.4 Der Zusammenhang der »Christologie von unten«
mit dem historischen Faktum der Auferstehung:
Die »Thesen zur Christologie« 65
- I.5 Ratzingers Begriff der Auferstehung 86
- I.6 Das leere Grab und seine Bedeutung 91
- I.7 Die leibliche Auferstehung als Erweis von Gottes Macht 95
- I.8 Die theologische Deutung der Auferstehung
in Ratzingers Darstellung 104
  - I.8.1 Die ontologische Wahrheit der leiblichen
Auferstehung. Eine philosophische Rechtfertigung 107
  - I.8.2 Die philosophische Bedeutung des leeren Grabes 115
  - I.8.3 Die Frage der Kontinuität des auferstandenen mit
dem vorösterlichen Jesus und der wahre Sinn
des Opfers Jesu Christi 118
- I.9 Der Begriff der Liebe als Grundbegriff der Ontologie .. 131

Inhalt

I.10 Die Wahrheit der Jungfrauengeburt in der Perspektive
der »Christologie von unten« 136
I.11 Zusammenfassung der »Christologie von unten«
bei Ratzinger 145
I.12 Das Wesen der Liturgie aus der Perspektive der
»Christologie von unten« 152

II. **Die Christologie Wolfhart Pannenbergs** 166
II.1 Die Aporien der Inkarnationschristologie und
Pannenbergs Antwort im Begriff
der Selbstunterscheidung 166
II.2 Christologie und Theologie: Die Dialektik des
christologischen und des natürlichen Gottesbegriffs . . . 175
   II.2.1 Die Zirkelhaftigkeit des Erkennens Gottes:
Das Petrusbekenntnis von Cäsarea Philippi
und der Messiasruf 182
II.3 Die indirekte Identität der Geschichte Gottes
mit der Geschichte des Menschen
durch die Selbstunterscheidung Jesu 188
II.4 Der Begriff der Strittigkeit 191
II.5 »Selbstverwirklichung« anstelle von
»Selbstentäußerung« 197
II.6 Die Schöpfungsmittlerschaft Jesu Christi 216
II.7 Die Selbstunterscheidung und der wahre Begriff der
»Christologie von unten« 227
II.8 Zusammenfassung der Christologie Pannenbergs 234

III. **Ratzinger und Pannenberg im Vergleich** 239
III.1 Die grundsätzliche Kongruenz zwischen Ratzinger
und Pannenberg 239
III.2 Unterschiede zwischen Ratzinger und Pannenberg . . . 247
   III.2.1 Die Leiblichkeit der Auferstehung und der Jungfrauengeburt als unverzichtbarer Wesensgehalt
des vernünftigen Gottesbegriffs bei Ratzinger . . 248
      III.2.1.1 Exkurs: Ratzingers Ontologie der Liebe und
die Metaphysik der Selbstüberbietung bei
Béla Weissmahr 259

III.2.2 Pannenbergs philosophische Christologie und sein
   Verhältnis zum Denken Hegels 270
   III.2.2.1 Die Struktur der »Christologie von unten«
      und die Theologie des Aristoteles 271
   III.2.2.2 Hegels Begriff der wahren Unendlichkeit
      und seine Vollendung in Pannenbergs
      Christologie 275

IV. Schlussbetrachtung. Die zu Ende gedachte Vernunft:
   Der Glaube an das unverfügbare Geheimnis Gottes . . 299

Literatur 309

Vorwort

Die hier vorgelegte Arbeit über die philosophischen Grundlagen der Christologie ist das vorläufige Ergebnis eines längeren Denkweges. Dieser Weg begann bei der Philosophie als solcher. Ich erhielt eine gründliche Einführung in die Metaphysik an der Hochschule für Philosophie SJ. Im Anschluss widmete ich mich lange Zeit dem Werk Martin Heideggers, über dessen existenzialen Wahrheitsbegriff ich bei Gerd Haeffner SJ meine Magisterarbeit verfasste. Die Kritik Heideggers an der Ontotheologie zeigte sich mir im Folgenden als eine Sackgasse. Durch Heideggers frühe Vorlesungen über Aristoteles jedoch wurde ich in neuer, nun auch phänomenologisch begründeter Weise zur Metaphysik zurückgeführt. In einem intensiven Studium von Buch *Lambda* der Metaphysik des Aristoteles erschloss sich mir als eine echte Entdeckung, als ein wirklicher Durchbruch, dass Gott als lebendiger, gegenwärtiger Selbstvollzug in der Welt ausweisbar sein muss und ausweisbar ist – im Vollzug der menschlichen Vernunft. Gott ist Geist, Vernunft, *noûs*, aber verstanden als ein selbstreflexiver Vernunftvollzug, ein immer vollendet tätiges Leben, das in der Welt im menschlichen Erkennen und Betätigen der Vernunft, in der *noésis*, sich immer schon zeigt. In diesem Gedanken war intuitiv schon erahnbar, dass eine vernünftige Explikation dessen, was mit der Inkarnation Jesu Christi in der Tiefe gemeint ist, davon nur ein Weniges entfernt ist. Wenn der ontologische Grundgedanke prinzipiell erst einmal erfasst ist: jener Gedanke, der besagt, dass die Wahrheit als lebendiger Vollzug immer schon in der Welt selbst gegenwärtig ist, dann schließt sich die Konsequenz, dass diese Wahrheit letztlich auch eine lebendige, historische Person sein muss, fast selbstverständlich an.

Es bedurfte dennoch intensiver Vertiefungen: Josef Schmidt SJ, durch dessen aufmerksame und selbstlose Begleitung diese Dissertation allein möglich wurde, gab mir den entscheidenden Anstoß, das Potential in den mir schon etwas vertrauten Arbeiten Joseph

Vorwort

Ratzingers für die Idee einer vernunftbezogenen, philosophischen Grundlegung der Christologie zu nutzen.

Er ermutigte mich in meinem Vorhaben, Joseph Ratzinger, *Papst emeritus Benedikt XVI.*, in Rom zu besuchen und mit ihm meine Thesen über die wechselseitige Verwiesenheit von Christologie und Philosophie zu diskutieren. Dieser Besuch fand am 1. Oktober 2015 im *Monastero* »*Mater ecclesiae*« im Vatikan statt. In dem Gespräch bestätigte und bekräftigte Ratzinger die Angewiesenheit der Christologie auf die Metaphysik und die in ihr liegende Wahrheitsfrage: Wenn der Glaube an Jesus Christus auf einer nur existentiellen Entscheidung aufruhe, dann verliere er seinen eigentlichen, in der Tiefe immer auch allgemeinen und verbindlichen ontologischen Sinn und damit seine Wahrheit. Dann werde aber letztlich alles beliebig. Ratzinger erklärte, dass er es aus verschiedenen Gründen nicht unternommen habe, diese theologisch-philosophische Linie im eigentlichen, ontologischen Sinn systematisch auszuarbeiten: Insbesondere sein Hirtenamt als Bischof und Kardinal habe es ihm auferlegt, nicht zu apologetisch zu wirken und die Gläubigen nicht durch den Eindruck einer zu formalistisch empfundenen Rationalität zu irritieren. So blieb es in allen seinen christologischen Schriften bei einer leisen, aber unüberhörbaren Präsenz der metaphysischen Begründung der Christologie. Er teilte meinen Eindruck, dass es sachlich ein dringendes Anliegen sei, diesen Zusammenhang von ontologischer Wahrheit und Christologie herauszuarbeiten. Dies sei aber nicht mehr seine Aufgabe: »Das müssen andere machen«, und, freundlich lachend: »Das müssen Sie jetzt machen!«. Im Anschluss versäumte er nicht, zweimal hinzuzufügen: »Dafür braucht es aber sehr viel« – und nach einer kurzen Bedenkpause –, »Hilfe von oben«; er wies dabei halb scherzhaft, halb bedeutungsvoll zur Zimmerdecke.

Es stand außer Frage, dass ich den wohlwollenden Auftrag des emeritierten Papstes annehmen musste. Die Dissertation, die ich hiermit vorlege, ist der bescheidene Versuch, ihn zu erfüllen und einen Beitrag zu jener genannten Aufgabe zu leisten. Auch dieser Versuch soll keine formalistische Verteidigung sein, er soll vielmehr als eine Eröffnung auf den Glauben hin verstanden werden, durch die Besinnung auf seine vernünftigen Grundlagen. Denn der Glaube als solcher verlangt aus sich heraus nach Einsicht – *fides quaerens intellectum*.

Es war bei der Bewältigung dieser Aufgabe ein Glücksfall für mich, dass mein Lehrer Josef Schmidt mich immer wieder auf Wolfhart Pannenberg aufmerksam gemacht hatte. In dessen Gedanken der »Selbstunterscheidung Jesu« erkannte ich den entscheidenden systematischen Schlüssel, der es ermöglichte, eine ontologische Begründung der Christologie denkerisch zu meistern. Durch diesen Schlüssel wurde mir aber auch mehr und mehr bewusst, dass beide Theologen, Ratzinger und Pannenberg, von einem gemeinsamen Grundansatz her denken, den man mit dem Begriff einer »Christologie von unten« bezeichnen kann.

Aus der ontologischen Vertiefung der Christologie ergeben sich Konsequenzen in zwei Richtungen: Die christologischen Dogmen erweisen sich in ihrer geschichtlich-ontologischen Begründung als vernünftig einsehbare Gehalte, die immer schon an die klassische Philosophie anschließen. In der mehr systematisch und begrifflich vorgehenden Christologie Pannenbergs wird darüber hinaus sogar deutlich, dass die richtig entworfene Christologie die eigentlich zu Ende gedachte, die vollendete Philosophie ist. In dieser Richtung erweist sich also die Christologie als in hohem Maße relevant für jedes Denken, das an Wahrheit überhaupt interessiert ist.

Auf der anderen Seite ergeben sich von diesem Ergebnis her Folgen für den Glauben der Kirche. An der Oberfläche kann es so scheinen, als habe die Kirche das Ringen mit der Aufklärung um den Primat in der Wahrheitsfrage aufgegeben. Die Erfolge der Wissenschaft und ihrer ontisch-pragmatischen Wahrheit sind umfassend und überwältigend. Durch diesen Erfolg wird aber verdeckt, dass die moderne Wissenschaft – und mit ihr auch weite Teile der modernen Philosophie – aus einer verkürzten Metaphysik heraus operiert. Sie denkt nicht das Wesen des Menschen. Dieses Wesen liegt in seinem Selbstgegebensein in Freiheit, mithin in seinem Geschaffensein, in seinem Selbstbezug und das heißt in der Vernunft. Weil sie aber das Wesen des Menschen nicht denkt, darum denkt sie letztlich auch nicht den alles umfassenden Sinn, jene Wahrheit der Welt als solcher, die in der Vernunft des Menschen gegenwärtig wird.

Als Teil der modernen Welt vermeidet nun immer mehr auch die Kirche die Besinnung auf ihren eigenen, vernünftigen Grund, der in einer ursprünglichen Bezogenheit der Christologie auf diese metaphysische Wahrheit liegt. Dadurch vergisst sie ihre ursprüngliche Mitte und kann die Wahrheit ihres Glaubens vor sich selbst und vor der Welt nicht mehr rechtfertigen. Der Glaube gerät in Verlegenheit: Er muss sich nun gegenüber jener verkürzten Metaphysik der Wissenschaft und ihrer ontisch pragmatischen Sicherheit ausweisen, ist

Vorwort

aber ohne seine ontologische Tiefendimension sprachlos. Der Glaube verlegt sich daher nurmehr noch auf seine existenzielle und spirituelle Seite und sein ausgeprägtes politisches und soziales Engagement. Er vermeidet aber die Wahrheitsfrage im ontologischen Sinn. Dadurch gerät er jedoch in Gefahr, von innen her zu erodieren. Genau um diese Wahrheitsfrage geht es letztlich auch der modernen Wissenschaft und Philosophie – aber in einer affektiv abgewendeten Weise. Indem die Kirche die Besinnung auf ihre eigene Gründung in der Ontologie vermeidet, verpasst sie also auch die Gelegenheit, dem aufgeklärten, modernen Denken einen Zugang zu dieser gemeinsamen, ursprünglichen und umfassenden Wahrheit zu eröffnen, der in ihrem Glauben immer schon und selbstverständlich präsent ist.

Darum ist es eine unverzichtbare Aufgabe, den ursprünglichen, umfassenden Sinn der Wahrheit der Christologie wieder zum Leben zu erwecken und zu Bewusstsein zu bringen. In ihren irdenen Gefäßen trägt die Kirche wirklich den Schatz dieser Wahrheit. Sie kann und soll diese allgemein verständliche Wahrheit der Welt anbieten, die letztlich genau darauf wartet. Und sie bedarf selbst der Wiedergewinnung dieser ontologischen Gründungsdimension, um ihre eigenen Lehrgehalte – letztlich sich selbst! – in ihrer Wahrheit wieder verstehen und umfassend kommunizieren zu können.

Eine Vorbemerkung zur Terminologie sei hier angeschlossen – die kurze Eingrenzung zweier sehr häufig gebrauchter Begriffe dieser Untersuchung soll die Verständlichkeit im Folgenden erleichtern und Missverständnissen vorbeugen:

»Ontologisch« im Gegensatz zu »ontisch« meint immer »auf das Sein als solches bezogen« im Gegensatz zu »auf das Seiende bezogen«. Der Begriff des Seins ist aber der metaphysische Begriff schlechthin und schließt die Vernunft und damit den Selbstbezug des Menschen mit ein. »Ontologisch« meint deshalb immer die eine umfassende Dimension der Identität des Seins, die sowohl »das Denken« als auch »die Welt«, das Seiende im Ganzen, umgreift. Das »Ontologische« ist die umfassende Einheitsdimension des Geistes, die immer schon vorwegnehmend Welt und Mensch miteinander vermittelt hat und in der beide gründen. Der Wahrheitsvollzug des Menschen ist deshalb nichts anderes als der Mitvollzug dieser Einheitsdimension des Geistes.

»Christologie von unten« im Gegensatz zu »Christologie von oben« meint den Ansatz der Ausweisung der Wahrheit über Christus bei dem historischen Menschen Jesus von Nazareth. Dies kann aber in zweierlei Sinn geschehen: erstens mit der Absicht, ihre Wahrheit letztlich vollkommen auf den Menschen zu reduzieren und alles genuin Christologische als unhistorisch a priori auszuschließen. Dies war der Weg der historisch-kritischen Leben-Jesu-Forschung seit dem 19. Jahrhundert. *Dies ist nicht der Sinn des Begriffs der »Christologie von unten« in dieser Arbeit.* Der hier gebrauchte Begriff meint die *Methode einer historischen Genealogie des immer schon ontologischen Sinns der Christologie.* Durch diese Perspektive einer »Christologie von unten« kann der Sinn und damit die Wahrheit der Rede von Jesus Christus als *dem Sohn* wirklich verständlich gemacht und gerechtfertigt werden. Die Perspektive der »Christologie von unten« erweist sich so als eine umfassende Verstehens- und Wahrheitsstruktur, *die aus dem Begriff Gottes selbst stammt*: Darum kann umgekehrt *sie allein* den Begriff Gottes von ihm selbst her – und zwar als trinitarisches Leben – ausweisen.

Mein Dank gilt meinem Lehrer Prof. Josef Schmidt SJ, der mich von Anfang an in selbstloser, kollegialer und freundschaftlicher Weise betreut hat. Durch ihn ist diese Arbeit möglich geworden. Er eröffnete souverän einen Raum echter geistiger Freiheit, in dem ich die entscheidenden Schritte zum Verständnis der Christologie gehen konnte. In zahlreichen Gesprächen mit ihm konnte ich diese Einsichten immer mehr vertiefen und zur Reife kommen lassen. Es ist ein großer Glücksfall in meinem Leben, dass ich diesen Lehrer und Mentor gefunden habe.

Mein Dank gilt darüber hinaus der Hochschule für Philosophie SJ und ihren Lehrern. Sie war und ist für mich eine geistige Heimat und bleibt immer auch die Gegenwart eines Versprechens: jenes Versprechens, dass es in der Gegenwart einen Ort gibt, an dem die Wahrheit der Metaphysik, die lebendige Wahrheit als solche, die auch den Glauben verbürgt, eine Wohnung hat und weiter haben wird.

Schließlich danke ich meiner Frau Susanna, ihrem Mut und ihrem Vertrauen. Sie hat nie aufgehört, an den Sinn dieser Arbeit zu glauben. Diese ist darum auch die Frucht ihrer Beharrlichkeit und ihrer Glaubensstärke.

Der Gedanke, der diese Dissertation hervorgebracht hat: dass die Wahrheit der Philosophie und die Wahrheit des Glaubens letztlich aus einer gemeinsamen Wurzel stammen, die wirklich zugleich *in uns und in der Welt gegenwärtig ist* – dieser Gedanke hat in seinem Vollzug etwas Unerschöpfliches und führt immer von Neuem zu

Vorwort

Erstaunen und Freude. Hat man ihn einmal berührt, dann lässt er einen nicht mehr los und er erweist sich als eine stetige Quelle des Glücks. Wenn sich dem Leser nur ein wenig von dieser Freude mitteilt oder sogar etwas von jenem Glück durch den Mitvollzug überspringt, dann ist der Zweck dieser Arbeit schon erreicht und diese geteilte Freude sei mir Lob und Anerkennung genug.

Einleitung: Die »Christologie von unten« als Ursprung des christlichen Gottesbegriffs

Eine denkerische Hinführung zum Thema der Untersuchung

Die folgende Arbeit hat das Ziel, den Wahrheitsanspruch des christlichen Glaubens herauszuarbeiten und damit in einem gewissen Sinn neu zu beleben und zu begründen. Ihre These ist: Der Kerngehalt der christlichen Glaubenslehre ist vernünftig, ist rational. Das heißt, er *behauptet nicht nur* Inhalte als Glaubensmeinungen, sondern diese Inhalte formulieren eine rational begründbare, einsehbare, allgemein kommunizierbare, gültige Wahrheit. Damit soll gesagt werden: Das christliche Credo weist nicht nur oberflächlich oder in analoger Weise neben vielem anderen auch noch eine gewisse äußerliche Rationalität auf – dies wäre eine unproblematische »schwache« These, denn diese äußerliche, narrative Rationalität kann allen Religionen zugeschrieben werden. Sondern es soll gezeigt werden: Der christliche Glaube ist *in seinem eigentlichen Wesen vernünftig*, er ist in seinem ursprünglichen Sinn auf etwas Vernünftiges bezogen und kommt aus einer ursprünglich vernünftigen Inspiration. Und dies so sehr, dass er umgekehrt die Vernunft selbst in ihrem Wesen verstehbar macht.

Die Disziplin, die sich mit dem Wesen der Vernunft und ihren ersten Prinzipien befasst, heißt seit Aristoteles »Metaphysik«. Es soll gezeigt werden, dass die christliche Theologie in ihrer ursprünglichen Mitte, der Christologie, und von daher weitergehend in der Trinitätslehre, die Grundfragen der Metaphysik mitvollzieht und in einer grundsätzlichen Weise beantwortet. In welcher Weise und wie ist das zu verstehen?

Selbstverständlich ist die Christologie keine direkte Antwort auf die metaphysische Frage nach den ersten Prinzipien. Aber es soll im Folgenden gezeigt werden, dass ihr ursprünglicher Sinn einzig und allein verständlich ist, wenn ihr philosophischer Kerngedanke festgehalten wird. Dieser philosophische Kern konvergiert aber von der Sache her natürlicherweise mit den Grundfragen der Metaphysik. Die Metaphysik, und damit die Philosophie überhaupt, ist in ihrem Wesen eine reflexive Disziplin – sie zielt in ihrer Fragerichtung an-

Einleitung

fänglich auf Gründe und Prinzipien der Welt, die sich dann im Verlauf der Untersuchung als identisch mit den Gründen des Erkennens erweisen. Auch die klassische Metaphysik bei Aristoteles ist deshalb immer schon »Idealismus« und muss es sein. Sie stößt in ihrer Frage nach den ersten Gründen notwendigerweise auf den Geist, den *nous*, die Vernunft als solche, und damit auf die Frage nach den Beziehungen von Gott, Vernunft, Mensch und Welt.

Diese umfassende Perspektive, die Gott und Endliches immer gleichermaßen mitbedenkt, liegt aber auch dem ursprünglichen Verständnis der Christologie und deshalb auch der Trinität zugrunde. Indem deutlich wird, was der innere Sinn der Christologie eigentlich immer schon meinte, erwächst gleichermaßen ein Verständnis für die wahre Gestalt der Metaphysik wie auch für das Wesen der Vernunft. Es ergibt sich also für uns heuristisch, bedingt durch unseren Verstehensweg, ein Schlüssel nach beiden Seiten hin: nach der Seite der Theologie *und* nach der Seite der Philosophie. Beides gehört im Wesen zusammen. Die Begründung dafür, dass die christliche Theologie in ihrem Kern vernünftig ist, geschieht also gar nicht mehr durch einen extern an sie herangetragenen Maßstab der Vernunft, der den Grad ihrer Rationalität bewertete. Sondern die christliche Lehre erweist sich am Ende deshalb in einem überragenden Sinn als vernünftig, weil sie es der Vernunft ermöglicht, sich selbst in ihrem inneren Wesen zu verstehen. Wenn dies aber das Ergebnis ist, dann erweist sich von diesem Tiefensinn her die Lehre von der Trinität als eminent *allgemeingültig* und dies deshalb, weil sie *ontologisch wahr ist*. Sie ist das schlechthin Vermittelbare und damit Vernünftige, weil sie den Wesenskern der Vernunft selbst darstellt. Sie ist die Wahrheit, die jeden angeht und deshalb auch einem jeden vermittelt werden kann.

Dieser rationale Wesenskern kann nicht einfach und ohne Weiteres an den christlichen Dogmen, so wie sie vorliegen, abgelesen werden – offenbar besteht hier ein Hindernis. Die unmittelbare, unreflektierte Verstehensintention des Glaubens zielt *auf einen Horizont von Vorstellungen*, in dem die Glaubensinhalte gewissermaßen weltlich und dinghaft vorliegen. Dieser vorstellungshafte Zugang ist universal und naheliegend, denn er entspricht dem natürlichen Grundzug des Erkennens, der auf *Ontisches*, das heißt *auf Dinge*, gerichtet ist. Er bezieht sich intentional auf weltlich Anschauliches und nicht auch auf den vermittelnden Geist selbst als einer fundamentalen Dimension der Wirklichkeit. Kurz: Er ist nicht reflexiv, und das heißt nicht ontologisch, nicht auf das Sein als solches bezogen. Dadurch gerät er jedoch in Gefahr, den Vernunftkern und damit die wirkliche Wahrheit der christlichen Lehre zu verstellen. Die Glaubensinhalte scheinen letztlich nur durch die Autorität der Schrift *gesetzt* und deshalb in einem schlechten Sinn dogmatisch zu sein. Die Kritik der Aufklärung zielt genau auf dieses Reich der religiösen Vorstellungen in ihrem vorgestellten Eigenleben ab und dies mit einem gewissen Recht. Wenn sich der Glaube wirklich nur an autoritativ gesetzte Vorstellungen klammert und seine Wahrheit nicht aus dem Geist selbst begründen kann, dann ist die negative Kraft der aufklärerischen Kritik eine gute Sache, denn sie fordert vom Glauben den Aufweis seiner Wahrheit. Für uns heißt dies, *dass wir die Aufklärung voll bejahen müssen.* Der Glaube braucht keinerlei Residuum, das er nicht der Diskussion der Vernunft öffnen dürfte, ja, zu seinem eigenen Besten sogar müsste. Im Gegenteil: Es ist gerade eine tiefe Befreiung für den Glauben, durch die echte Auseinandersetzung mit der aufklärerischen Skepsis auf einen Boden zu stoßen, der wirklich trägt und auf dem er von seinen Anfängen her immer schon steht. *Dieser Boden ist der wahre, vernunftgemäße Sinn der Dogmen.* Dieser tiefere Sinn der Dogmen bleibt von jener skeptischen Kritik unberührt, ja, ist in einem gewissen Sinn sogar das Gold, das von ihrem Feuer immer wieder geläutert werden muss. Dies heißt aber auch: Dieser tiefere Sinn muss letztlich gegen beide vulgarisierenden Tendenzen – sowohl die des nur auf ein System von *Vorstellungen* bezogenen Glaubens als auch die der Aufklärung – behauptet oder sogar erst freigelegt werden.

Die Einsicht in die wirkliche Wahrheit und allgemeine Gültigkeit der christlichen Offenbarung steht und fällt mit der Freilegung dieses tieferen Sinns. Er besteht in der wirklichen Offenbarung und im wirklichen Ausweis des Gottesbegriffs von ihm selbst her.

Unsere Aufgabe muss es also sein, bei dieser Freilegung mitzuwirken und die wirkliche Offenbarung des christologischen und trinitarischen Gottesbegriffs mitzuvollziehen. Zu Beginn soll der philosophische Gedanke, der diesen Gottesbegriff innerlich trägt, in seinen Grundzügen thesenhaft umrissen werden, um eine Richtungsanzeige zu geben und dadurch einem hartnäckigen Missverständnis vorzubeugen. Dieses Missverständnis besteht darin, die Inhalte des Begriffs Gottes und seines Handelns als ein ontisch erzählbares Geschehen anzusetzen, das grundsätzlich von der Welt und damit von uns und unserer Vernunft getrennt ist und so auf uns zukommt. Die

Einleitung

thesenhaften Grundzüge müssen selbstverständlich danach in den folgenden Kapiteln detailliert und in Auseinandersetzung mit Ratzinger und Pannenberg ausgearbeitet werden. Der entscheidende Gedanke soll jedoch in seinen Grundzügen und in eigenständiger, begrifflich möglichst offener, unverfestigter Weise und relativ unvermittelt an den Anfang gestellt werden, damit ein denkerischer Bezugsrahmen gegeben ist, der die nachfolgende Diskussion verständlich macht und trägt.

Dieses Ergebnis, das zunächst nur gerafft und thesenhaft an den Anfang gestellt wird, ist die Frucht von intensiven Überlegungen und Auseinandersetzungen mit den großen Denkern der Metaphysik und schließlich insbesondere mit jenen Denkern, die in dieser Arbeit explizit dargestellt werden sollen. Es ist ein systematischer, philosophisch-theologischer Gedanke, der sich im Verlauf der Auseinandersetzung mit jenen Philosophen und Theologen als der grundlegende erwies. Er verdankt sich in großen Teilen den Anstößen dieser Autoren, wie später ersichtlich werden soll. Der Gedanke wurde von ihnen jedoch in dieser zugespitzten, systematischen und grundlegenden Funktion nicht als solcher formuliert – auch dies soll später ausführlich aufgewiesen werden. Er spielt immer untergründig in die Argumentationen und Begründungsgänge dieser Autoren, aber schließlich auch der ganzen Tradition, mit hinein und wird von ihnen implizit vorausgesetzt. Er wurde aber nicht in seiner reinen Form dargestellt und festgehalten. Er erweist sich in dieser Form als das immer selbstverständlich, aber meistens unreflektiert in Anspruch genommene Licht, das die christliche Theologie, aber auch die Philosophie als solche, von innen her beleuchtet.

Damit ist aber auch gesagt: Der Gedanke ist für das Verständnis des christlichen Credo unverzichtbar. Die selbstgestellte Aufgabe der vorliegenden Arbeit ist es, dies nachvollziehbar zu machen. Dabei wird nicht Vollständigkeit behauptet. So, wie die Sache hier zur Darstellung kommt, bleibt sie im Entwurf anfänglich unvermittelt und ergänzungsbedürftig. Worauf es aber ankommt, ist, den Gedanken überhaupt erst in seiner Möglichkeit wahrzunehmen und zu denken – und damit auch seine Unverzichtbarkeit zu verstehen.

Unser Gedanke ist: *Die christliche Lehre ist in ihrem Kern im Großen und Ganzen vernünftig und wahr.* Sie spricht die *wirkliche Wahrheit* über Gottes Wesen und das Verhältnis der Welt zu ihm aus. Dieser Kern ist formuliert im *Credo*: Gott ist dreifaltig und er ist geschichtlich Mensch geworden. Er ist für unsere Sünden gestorben und ist auferstanden, er wird wiederkommen, um zu richten, es wird ein Leben in der kommenden Welt geben.

Vor dem Bewusstsein der Aufklärung und in der pluralistischen modernen Welt klingt diese Behauptung vermessen und vollkommen einsam. »Wie soll das alles rational begründet werden?«, so wird man sich fragen. Dies liegt daran, dass für gewöhnlich der gesamte Inhalt des Glaubens unmittelbar im Horizont von Vorstellungen verstanden wird. Die Glaubenden scheinen die in diesem Horizont festgehaltene Gewissheit nun wie folgt zu begründen: Die Vorstellungen entsprechen einer bestimmten Wirklichkeit, und zu dieser Wirklichkeit hat der Glaubende durch Tradition, Zugehörigkeit und gelebte Glaubenspraxis einen privilegierten Zugang. Darum behauptet er – von sich aus vielleicht mit einem subjektiven Recht, das man ihm als seine religiöse Meinung zugesteht –, dass die Vorstellungen »wahr« sind, dass sie die Wahrheit über Gott aussagen und vergegenwärtigen. Diese Behauptung des religiösen Bewusstseins wird vom aufgeklärten Bewusstsein aber selbstverständlich klar abgelehnt, denn es erkennt keinerlei Realität hinter den genannten Vorstellungen. Diese erscheinen ihm vollkommen auf das subjektive Glaubensbewusstsein bezogen und sie besitzen daher keinerlei verallgemeinerbare argumentative Kraft.

Auf diesem Weg ist also offenbar keine Wahrheit und Allgemeinheit der Vernunft anzutreffen. Es ist stattdessen offensichtlich geradezu das Gegenteil der Fall: Der Glauben behauptet scheinbar Dinge, die vollkommen partikulär sind und keinerlei allgemeine Verbindlichkeit haben. Wenn diese Verbindlichkeit also dennoch von uns beansprucht wird, dann muss es ein Verständnis des *Credo* geben, das diesem auf Vorstellungen bezogenen Verständnis vorausgeht.

Dieses Verständnis muss sich zunächst auf die Suche nach den Wurzeln der Vorstellungsinhalte des christlichen *Credo* begeben. Das *Credo* spricht neben vielem anderen vom *Vater*, vom *Sohn* und vom *Geist* – die Frage muss gestellt werden: Wo kommen diese Titel ursprünglich her und wie haben sie sich herausgebildet? Bei dieser Suchbewegung wird sehr schnell klar: Die Titel haben eine ganz bestimmte *historische Situation* als Voraussetzung, aus der heraus und in die hinein sie geformt und gesprochen wurden. Schließlich bildeten sie ein feststehendes Gerüst, das als dogmatisches Glaubensgut weitergegeben werden konnte. Diese festgegossenen Formeln gaben einerseits Verbindlichkeit, andererseits aber begünstigten sie von Beginn an die Möglichkeit eines Missverstehens: Denn von der ver-

Einleitung

festigten Idee dieser Formeln her bot sich natürlicherweise die Möglichkeit jenes Verständnisses in einem weltlich-dinghaften Vorstellungshorizont. Dieser ontische Vorstellungshorizont erscheint für das alltägliche Verstehen als der selbstverständliche Sinnschlüssel für diese Begriffe, ein sozusagen mythologischer religiöser Handlungsraum. Dieses vorstellungshafte Relief des Glaubensverständnisses kann nun – und muss sogar – durch die historische Kritik und Einordnung entzaubert werden. Durch die historische Kritik gelänge es dann, so könnte man in einem nächsten Schritt meinen, die Bedeutung der religiösen Titel in ihrer anthropologischen, historisch-konkreten Funktion zu verstehen. Gewöhnlich bedeutet dieses Verstehen, die religiösen Inhalte gleichzeitig damit auch gewissermaßen »dingfest« zu machen, sie also ihres nur vermeintlichen Wahrheitsgehalts zu berauben.

Die beiden Autoren, die hier im weiteren Verlauf in besonderem Maße zu Wort kommen sollen, Joseph Ratzinger und Wolfhart Pannenberg, vollziehen beide mit Akribie die aufklärerische Aufgabe dieser historischen Hermeneutik. Das Ziel ihrer begriffsgenetischen Forschungsarbeit ist aber *gerade nicht* die Entzauberung und Einordnung in das religionsgeschichtliche Museum der Menschheit. Überraschenderweise geschieht hier das Gegenteil: Durch die historisch-genetische Analyse kommt *ein ursprünglicher und wahrer Sinn* der Begriffe »Vater«, »Sohn« und »Geist« ans Licht. Es ist dieser Sinn, der *bei der Entstehung* dieser Titel Pate stand und sie in ihrer eigentümlichen Bedeutung einsetzte.

Die Frage muss also sein: *Was war es,* was die Apostel und Kirchenväter dazu bewog, diese Titel zu wählen und auf ihnen zu bestehen, und auf was beziehen sie diese Titel ursprünglich? Schließlich: Was ist der substantielle, gedankliche Gehalt, der die Anwendbarkeit dieser Titel von Anfang an und dann durchgängig, durch die Tradition der Kirche hindurch, trägt? Dieser Sinn enthält nun aber einen wirklichen Wahrheitskern, der den ursprünglich transzendenten Gehalt überhaupt erst voll ins Licht bringt und dadurch als etwas wirklich Wahres vergegenwärtigt.

Damit ist unsere These ausgesagt: Die christologischen und trinitarischen Titel erwachsen nicht einer freien mythologisch-religiösen Spekulation, sondern sie beziehen sich ursprünglich auf einen *wirklichen* Sinngehalt, eine ursprünglich philosophisch-reflektierte Bedeutung.

Diese Bedeutung gilt es festzuhalten und zu verstehen. Sie ist etwas Reales. Sie hat einen konstruktiven Charakter, denn sie bildete die Begriffe in einem *damals schon vorliegenden und vermittelbaren Verständnishorizont.* Aber genau deshalb muss sie auch immer schon *ein ursprüngliches Wahrheitsmoment* an sich haben. In einem zweiten, wichtigeren Schritt muss nach eben dieser Wahrheit jener Bedeutung gefragt werden: Was kann dies für eine Art von Wahrheit sein und wie kann sie ausgewiesen werden? Die These ist ja, dass sie anfänglich schon vorliegt und dann weiterhin die sich ausbildende christliche Glaubenstradition trägt.

Die Wahrheit der Christologie liegt also nicht vollkommen getrennt und fertig vor, außerhalb der historisch zu analysierenden religiösen Grundbegriffe. Sondern sie liegt deren ursprünglichem Anwendungssinn zugrunde und ermöglicht ihre Gründungsfunktion. Dies heißt aber für uns, dass deren Wahrheit in dem Maße hervortritt, in dem ein Verständnis dafür entwickelt wird, wie diese Begriffe überhaupt diese tragende Funktion übernehmen konnten.

Die methodische Ausrichtung ist also im Vergleich zu der ursprünglich geradezu auf die Vorstellungsinhalte zielenden Verstehensbewegung völlig umgewendet: Es geht weniger darum, sich *vorzustellen,* wie beispielsweise Gott mit seinem Sohn von Ewigkeit her verbunden ist – was dies heißt, *soll zwar auch verstanden werden* und muss auch am Ende durch den Denkversuch dieser Arbeit in neuer und vielleicht tieferer Weise verstanden werden, wenn sie einen Sinn haben soll –, aber *der Weg* zu diesem Verständnis und damit das primäre Interesse führt über die Frage: Was ist dies für ein ursprünglicher Sinnhorizont, aus dem heraus und für den der *christologische Begriff des Sohnes* überhaupt gebildet werden konnte? Dieser Horizont, dieser *Geist,* an den die Wahrheit sich wendet und der schon im historischen Geschehen der Offenbarung in einem anfänglichen und vorläufigen Sinn *gegenwärtig* gewesen sein muss, ist der eigentliche Träger und Garant der christologischen und trinitarischen Wahrheit. Er ist in gewissem Sinn von größerem Interesse für die Theologie als jene Begriffe, denn nur durch ihn und auf seine ursprüngliche Wahrheitsaffinität hin haben diese Begriffe ihren Sinn.

Kurz gesagt: Die trinitarischen Begriffe sprechen eine Wahrheit aus, die teils nur durch diese Begriffe erhellt wird, die aber umgekehrt teils erst die Voraussetzung bildet dafür, dass diese Begriffe überhaupt einen Sinn haben können. Der trinitarische Gedanke lebt also und wird von Anfang an getragen von einem philosophischen, zur Vernunft selbst gehörenden Horizont, einer Wahrheit, *in der die Ver-*

Einleitung

nunft schon steht. Die der Wahrheit schon anfänglich teilhaftige Vernunft wiederum entzündet sich an diesem trinitarischen Gedanken. Dies ist aber genau deshalb der Fall, weil diese geistige Dimension, an die die Selbstoffenbarung Gottes sich wendet und die immer schon der Wahrheit fähig ist, in einer gewissen, vorläufig noch nicht ganz voll verwirklichten Weise immer schon zum trinitarischen Leben Gottes und damit zur Wahrheit selbst gehört.

Vorwegnehmend und vom Ende her kann hier also gesagt werden: Der Grund dafür, dass unser Geist für die trinitarische Offenbarung offen sein und sie als Wahrheit vergegenwärtigen kann, liegt letztlich allein darin, dass *er selbst als Teil der Trinität* begriffen werden muss. Dies muss hier jedoch in einem weit vorgreifenden Sinn verstanden werden – in dieser unvermittelten Weise ist die Aussage missverständlich. Sie muss sich in den folgenden Analysen und über die Ausarbeitung einer »Christologie von unten« bewahrheiten.

Die perspektivische Vorwegnahme des Ergebnisses ist dennoch notwendig und soll hier noch einmal unternommen werden, denn der Gedanke der Trinität ist in seiner *Wahrheit* eigentlich nur begreiflich, wenn er im Licht dieses Gedankens, der ein Ergebnis ist, verstanden wird. Notwendig ist die Vorwegnahme aber auch deshalb, weil der Gedanke für das normale, vorstellende Glaubensbewusstsein fremdartig und irritierend ist. Es muss deshalb ein Rahmen entworfen werden, der den ungewöhnlichen *ontologischen* Anwendungsbereich der Begriffe ungefähr anzeigt. Denn: Das vorstellende Bewusstsein versteht sich für gewöhnlich als etwas, was *außerhalb* der als transzendent gedachten Wesenheiten steht. Es kommt nun aber alles darauf an, dass der tiefe Sinn der Trinität eben dies ist, dass die Wahrheit wirklich *in der Welt* ist, und dass Gott nur so gedacht werden kann, dass seine Wahrheit in irgendeinem, näher zu explizierenden Sinn *auch Teil* der Welt ist. Es ist dem Begriff Gottes, und das heißt seinem *Wesen,* unabdingbar, dass die geschaffene, endliche Welt immer schon *auch* von ihm umfangen ist. Gott ist immer schon *auch* auf der Seite der Welt. Dies heißt aber für das vorstellende Bewusstsein: In seiner Tiefe darf es sich *durch die Offenbarung Gottes* als seinem transzendenten Wesen zugehörig wissen. Gott ist in gewisser Weise immer schon, in vorläufiger Weise, *in ihm,* im menschlichen Geist, und belebt ihn von ihm selbst her.

Diese Gegenwart Gottes in der Welt wird aber erst vollendet und explizit in seiner Selbstoffenbarung in Jesus Christus. Diese Vollendung und Offenbarung geschieht in der wirklichen Übergabe des

Geistes an die Welt durch Jesus Christus, *den Auferstandenen*. Diese Selbstoffenbarung Gottes ist, wie zu zeigen sein wird, ein wirkliches Geschehen in der Geschichte, das für das Wesen Gottes, für Gott in seiner Gottheit, notwendig ist. Die Selbstoffenbarung hat aber nicht den Sinn der Übermittlung einer Information über etwas, was statisch der Welt gegenüber in ewiger Transzendenz bestünde – also Gott in seiner vorgestellten, ewig bestehenden Dreifaltigkeit. Sondern sie kann nur *von innen her, von der Welt her*, jene Wahrheit ein für alle Mal eröffnen und besiegeln: dass Gott selbst, die Wahrheit, in der Welt schon anfänglich ist und explizit und für immer in die Welt kommt.

Diese Eröffnung: dass die Wahrheit wirklich in der Welt ist, dass sie aber nun in einem endgültigen Sinn geschichtlich in die Welt kommen muss, und das heißt: dass *wir* ihrer endgültig teilhaftig werden und zu ihr gehören – dies ist der Ursprungssinn und der Ursprungsvollzug des christlichen Glaubens. Die Spitze unserer These ist nun, dass die *Trinität* die begriffliche Gestalt und Folge *dieses Ursprungssinns* ist. Nur auf ihn hin, auf seine inspirierende Kraft und Wirklichkeit hin, bilden sich diese Begriffe. Dieser Ursprungssinn ist ihre Wahrheit. Dies heißt, mit anderen Worten, dass die Bildung der trinitarischen Begriffe immer schon in den Raum der ontologischen Wahrheit hinein erfolgt sein muss, sonst wäre ihre Genese nicht verständlich. Dies heißt aber auch: Dieser ontologische Ursprungssinn ist etwas, was den Aussagen über die Dreifaltigkeit wirklich Gewicht und Wahrheit gibt. Sie sind keine religionsinternen Spekulationen eines partikulären, vorstellenden Glaubensbewusstseins, sondern sie haben durch den wahrheitsstiftenden Ursprungssinn verbindliche argumentative Kraft.

Aus dieser Sachlage wird klar: Das Grundproblem in der verwickelten Geschichte der christlichen Lehrtradition war es, dass die Trinität sehr schnell als etwas von jener Wurzel dieses wesenhaft vernunftbezogenen Offenbarungsvollzugs Losgelöstes, ontisch Verfestigtes, als etwas irgendwie für die Vorstellung Gegebenes aufgefasst wurde. Dieses durch Schrift und Tradition scheinbar nur autoritativ Gegebene, *diese Offenbarung des geheimnisvollen Wesens Gottes*, sollte nun – so der Anschein – vom glaubenden Bewusstsein in seiner paradoxen, dreifachen Differenzierung verstanden werden. Die Gefahr in dieser Situation besteht nun darin, die trinitarischen Begriffe von ihrem ursprünglichen Offenbarungssinn zu lösen und sich rein auf die inneren Möglichkeiten der Begriffe zu verlegen. Vom ur-

Einleitung

sprünglichen Offenbarungssinn der Wahrheit getrennt, bleibt dem Verstehen aber nur der apriorische Gehalt der Begriffe. Betrachtet man diese aber losgelöst von ihrem ursprünglichen historischen und zugleich ontologischen Wahrheitssinn, bilden sich sogleich und notgedrungen Aporien und Streitpunkte: Was heißt es, dass Jesus zugleich Mensch und Gott ist? Wie verhält sich der ewige Sohn zum menschlichen Sohn? Was heißt es, dass der eine, ewige Gott reine trinitarische Beziehung ist? Was heißt es, dass Gott etwas *wird* und sich inkarniert? – all diese Fragen und viele mehr werden rein in ihrer *begrifflichen* Denkmöglichkeit aufgeworfen und als äußerliche Kriterien an die als autoritativ gesetzt verstandene Offenbarungswahrheit herangetragen. Die Beilegung der Streitfragen geschieht oftmals durch eine elegante und kreative, aber wiederum rein apriorisch begriffliche Lösung, so zum Beispiel in der Formel von Chalkedon von den zwei Naturen, der menschlichen und der göttlichen, in der einen Person Jesus Christus. Das heißt: Die Kirche versucht sehr früh und dann die ganze Tradition hindurch, begriffliche Probleme mit der Trinität im Rahmen einer »*Christologie von oben*« zu beantworten. Dieser gedankliche Zug ist ihr offenbar natürlich und intuitiv einleuchtend. Sie klärt den Sinn der Dreifaltigkeit aus deren ewigen Wesenheiten und fragt nicht nach dem *ursprünglichen historischen, phänomenologischen Wahrheitssinn*, in Bezug auf den die trinitarischen Begriffe ursprünglich überhaupt gebildet wurden.

Der Weg dieser Verstehensbewegungen ist in den geschichtlichen Auseinandersetzungen der frühen Kirche abzulesen: in der vielfältigen Ausbildung und Abwehr von Häresien, die die Einheit und Lehre der Kirche bedrohten und in tiefe Krisen führten. Der Katalog der christologischen Häresien der frühen Kirche stellt sich in der Rückschau dar als das logisch-begriffliche Durchdenken aller Möglichkeiten im Rahmen der vorgegebenen christologischen Begriffe. Der heutigen Theologie erscheint dieser Streit deshalb formalistisch und papieren. Von daher muss dem modernen Bewusstsein auch vollkommen unverständlich bleiben, warum diese Fragen mit scharfer politischer und existenzieller Leidenschaft ausgetragen wurden. Dies liegt aber daran, dass gerade die nur noch formalistische und museal-begriffliche Tradierung der Dogmen die Tatsache verschleiert, dass es offenbar wirklich um die Verteidigung *einer ursprünglichen Wahrheitserfahrung* ging, die in der Kirche lebendig war und die an die christologische Frage geknüpft war.

Für uns heißt dies: Diese *untergründig präsente Wahrheits-*

erfahrung in der geschichtlichen Offenbarung Jesu Christi ist immer als Substanz und Basis der Kirche anzuerkennen, von den Anfängen bis heute. Die moderne Theologie kann nicht mehr verstehen, dass dieses scheinbar nur äußerliche und spitzfindige Ringen um die Begriffe untergründig einer ursprünglichen und anfänglich sehr starken Wahrheitsintuition folgt, weil sie den originären Zusammenhang von ontologischer Wahrheit und Christologie nicht sehen kann. Letztlich liegt dies daran, so unsere These, dass das moderne Bewusstsein – und das heißt auch: die moderne Theologie – den metaphysischen Begriff der Wahrheit nicht denkt. Damit ist ihr aber auch die Erfahrung der Wahrheit verstellt, sie dringt nicht zu diesem tragenden Fundament durch und *scheint es auch gar nicht zu wollen*. Der historische Streit um die begriffliche Ausfaltung der Christologie und Trinität hingegen war darum so intensiv, *weil es in ihm wirklich um alles geht*, weil klar war, dass es um die *Wirklichkeit der Wahrheit* geht! Dies kann aber für uns nur dann erneut deutlich werden, wenn der wesenhafte Zusammenhang von Trinität und Wahrheit in einer grundsätzlichen Perspektive aufgezeigt wird. *Wenn* dies aber geschieht, dann wird der scheinbar nur museale, formalistische Begriffsstreit der Häresien zum Leben erweckt. Denn nun ist ein Boden da, nun gibt es ein wirkliches Kriterium, mithilfe dessen man entscheiden und verstehen kann, aus welchem Grund es in der Abkehr von der ursprünglichen Gründungsperspektive der christologischen Wahrheit zu den Häresien kommen konnte und warum diese Häresien also tatsächlich die Wahrheit verfehlen. Gleichzeitig kann von dieser Tiefenperspektive her gezeigt werden, dass die Konzilien in ihrer Abwehr der Häresien und in der Sicherung der christologischen und trinitarischen Grundbegriffe eine überraschend konsequente und lebendige Intuition für die Wahrheit hatten.

Dies ist deshalb überraschend, weil die Dogmatik jenen philosophisch-metaphysischen Grundgedanken, der die Trinität ursprünglich mit der Wahrheit zusammenbindet, gar nicht explizit macht. Die Konzilien verhalten sich defensiv und in Bezug auf die Lehre bewahrend und konservierend; sie werden gerade nicht explizit philosophisch. Dennoch halten sie, gegen jede vorschnelle, vereinfachende denkerische Tendenz, an dem für jenes vorstellende Denken paradoxen Gehalt der Trinitätslehre fest. Dies zeigt, dass es eine untergründige Strömung der ontologischen Wahrheit gibt, die in der Geschichte der Kirche wirkt, die die scheinbar einleuchtenderen An-

Einleitung

gebote des Verstandesdenkens ablehnt und die Wahrheit letztlich doch zur Geltung bringt und durchsetzt. Diese Wahrheit ist immer gefährdet und muss notwendigerweise in ihrer jeweiligen Zeit immer wieder verdeckt und verdunkelt werden. Sie ist nie in einem endgültigen Besitz für die Menschen gegeben und kann es ihrem Wesen nach auch nicht sein, denn sie ist etwas Unverfügbares, das sich ihm von sich her gibt und das er sich immer wieder geben lassen muss. Nach den Maßstäben dessen, was auf der Hand liegt, müsste sie untergehen und schon lange untergegangen sein. Sie ist aber gegen alle Wahrscheinlichkeit das, was sich auch in der Geschichte immer wieder durchsetzt, weil sie der Boden, der Kern, die Substanz der Wirklichkeit und der Geschichte ist.

Darum aber ist die Trinität nicht etwas der Welt Gegenüberliegendes und kann von ihrem eigenen Begriff her nicht als etwas in dieser Weise Gegenüberliegendes, nur für sich selbst Bestehendes, thematisiert werden. Sie ist also sogar *von ihrer eigenen Sache her* genau jene Wahrheit, die *in die Welt kommt und kommen muss*. Ihr Wesenssinn ist die Offenbarung der Weltlichkeit der Wahrheit. *Darum kann aber die Christologie im Wesen immer nur »Christologie von unten« sein!* Erst diese Einsicht, dass Christologie notwendigerweise immer »Christologie von unten« sein muss, gibt ihrer Wahrheit und damit der Wahrheit überhaupt einen wirklichen Boden.

Wichtig ist noch einmal: Dies liegt nicht daran, dass sie nur *für uns, also für das Erkennen* »Christologie von unten« und von der Sache selbst, vom Sein her »Christologie von oben« wäre. Sondern hier kommt hinzu, dass die Trinität von ihr selbst her wesentlich mit der Welt verbunden ist und eine Geschichte mit der Welt haben muss. Die Trinität *folgt* aus dem Geschehen der Offenbarung. Was für uns also Wirklichkeit wird, wenn wir sie als Wahrheit mitvollziehen, ist, dass wir notwendig zu ihr gehören. Ihre Sache ist niemals ohne die Vermittlung zu uns hin thematisierbar.

Dies heißt aber: Die Trinität ist in sich so etwas wie die Übergabe der Wahrheit an die Welt. Nur *in* dieser Wahrheit *ist* sie und diese Wahrheit *muss* für uns offenbar werden. Die Trinität ist der Wesensausdruck dafür, wie allein die Wahrheit und die Welt zusammengedacht werden können. Darum ist sie aber etwas ursprünglich Philosophisches. Sie ist die wirkliche Antwort auf die klassische metaphysische Frage: Wie können die Wahrheit und die Welt zusammengedacht werden?

Aufschlussreich ist hierzu, dass sowohl Ratzinger als auch Pannenberg, wie später noch ausführlich zu zeigen sein wird, die Christologie festmachen an der wirklichen historischen Menschheit Jesu. Dabei darf es aber nicht bleiben: Entscheidend wird sein, den hier vorgestellten Zusammenhang von Offenbarung, Wahrheit und Trinität konsequent von innen her zu denken. Es darf nicht bei einer Nebeneinanderstellung und Versicherung bleiben, dass die Christologie sich nicht ablösen dürfe von dem konkreten historischen Ereignis des Lebens Jesu. Sondern es muss die Frage beantwortet werden, *warum dies so sein muss!*

Unsere These beinhaltet also etwas viel Stärkeres als nur eine historische Absicherung: Sie *erklärt* die Trinität aus dem Begriff der Offenbarung der Wahrheit. Sie bringt den inneren Zusammenhang von historischer Offenbarung und ontologischer Wahrheit ans Licht. Die Offenbarung Gottes in der Welt geschieht aber als das endgültige Angebot zur Teilhabe an seiner Wahrheit. Sie gibt also nicht eine methodische Information zur Erkenntnis Gottes, sondern sie sagt: Gott *ist genau darum* in seinem Wesen trinitarisch, weil es ihm wesentlich ist, seine Wahrheit in der Welt zu verwirklichen. Das trinitarische Wesen, das in diesem Vollzug der Offenbarung sich zeigt, enthält aber notwendigerweise jenen Geist, der der Welt gegeben wurde. Nur dies ist ja sein Sinn! Darum geht es hier nicht nur um ein methodisches, heuristisches Primat der Offenbarung im Geist, sondern um ein ontologisches Primat, ein Primat von der Sache her: Die Sache selbst kommt nur im Vollzug ihrer Offenbarung zur Realität. Der wirkliche Anfang der Trinität, ihre tatsächliche Verwirklichung, geschieht also *im historischen Lebensvollzug* Jesu von Nazareths. Wie das Verhältnis zur Präexistenz des Sohnes dann begrifflich dargestellt werden muss, ist eine weiterführende Frage.

Aus den einleitenden Überlegungen ergeben sich folgende Thesen:
1. Der metaphysische Begriff der Wahrheit ist notwendige Voraussetzung für eine echte Christologie und Trinitätslehre.
2. Der Sinn der Christologie wird nur deutlich, wenn sie von vornherein in der Perspektive der Offenbarung der ontologischen Wahrheit verstanden wird.
3. Die Offenbarung der Wahrheit kann der Welt nicht äußerlich bleiben, sondern vollzieht sich darin, dass die Welt endgültig und für immer an der Wahrheit teilhat. Dies geschieht *durch den Geist* im Menschen.

Einleitung

4. Dies kann nur verständlich werden durch die echte Durchführung einer »Christologie von unten«.
5. Durch den Aufweis der wirklichen Gegenwart der Wahrheit in der »Christologie von unten« ist ein vernunftgemäßer Boden erarbeitet für eine Rechtfertigung der christlichen Dogmatik und den Wahrheitssinn der »Christologie von oben« und der Inkarnationschristologie.
6. Dieser Boden ist aber nicht nur argumentativ rechtfertigbarer, rationaler Grund des Glaubens, sondern ebenso allgemein rechtfertigbarer, rationaler Grund des Erkennens. Die Teilhabe des Menschen an der Wahrheit ist die Teilhabe des Menschen am Grund der Welt.
7. Diese Teilhabe geschieht in der Geschichte der Menschheit durch den Lebensvollzug Jesu Christi. Weil sich Jesus Christus in seiner Auferstehung als »Sohn Gottes« offenbart, kann die Geschichte der Menschheit letztlich nur als die Geschichte Gottes verstanden werden.

Diese Thesen müssen im Folgenden in einzelnen Kapiteln untersucht und vertieft werden. Dazu sollen zwei wichtige Theologen des ausgehenden 20. Jahrhunderts ausführlich besprochen werden und thematisch zu Wort kommen: Joseph Ratzinger und Wolfhart Pannenberg. Beide Theologen formulieren die Grundvoraussetzung, dass der christliche Glaube einen Wahrheitsanspruch erheben muss, wenn er sich ernst nehmen will, und dass er diesen Anspruch auch erheben darf. Sie stellen sich damit gegen die moderne Theologie des Zeitgeists, die den allgemeinen Zug des Relativismus und des antimetaphysischen Affekts mitvollzieht.

Die Christologie Wolfhart Pannenbergs hat dabei einen stärker systematisch-begrifflichen Zug: In seiner Konzeption der »Selbstunterscheidung Jesu« liegt für uns ein, wenn nicht *der* Schlüssel zum Verständnis einer echt durchgeführten »Christologie von unten« und damit zum Verständnis dessen, warum Jesu Aussage in vernünftiger Weise gerechtfertigt werden kann:

»Ich bin der Weg, die Wahrheit und das Leben, niemand kommt zum Vater, außer durch mich.« *(Joh 14,6)*

I. Die Wahrheit der Christologie bei Joseph Ratzinger

Joseph Ratzinger ist einer der einflussreichsten Theologen des ausgehenden 20. und beginnenden 21. Jahrhunderts. Er war schon als junger Professor Teilnehmer und Ideengeber des Zweiten Vatikanischen Konzils. Seine »Einführung in das Christentum« erschien Ende der sechziger Jahre des 20. Jahrhunderts und wurde in den folgenden Jahrzehnten weltweit eines der meistgelesenen theologischen Bücher. Es hat seither im deutschen Sprachraum 30 Auflagen erlebt und ist bis heute in 23 Sprachen übersetzt worden. Der Bischofs- und Kardinalsernennung 1977 folgte nur vier Jahre später die Berufung zum Präfekten der Glaubenskongregation nach Rom. Durch diese Position übte Kardinal Ratzinger sehr starken Einfluss aus, insbesondere durch die sehr fruchtbare Zusammenarbeit mit *Papst Johannes Paul II.* bei der Konzeption seiner Enzykliken und bei der Neufassung des Katechismus. 2005 selbst zum *Papst Benedikt XVI.* gewählt, verfasste Ratzinger noch in seinen späten Jahren die umfassende Monographie »Jesus von Nazareth«, die als eine Zusammenfassung seines christologischen Denkens verstanden werden kann.

In vielen Einzelstudien, Reden, Aufsätzen, Interviews und schließlich in seinen großen Schriften geht es Ratzinger um den Zusammenhang von christlichem Glauben und Vernunft. Dies ist ein Leitthema seines ganzen theologischen Denkens.

Dieses große Leitthema durchzieht in Form dreier untereinander verknüpfter Einzelthemen ausdrücklich und unausdrücklich das ganze Werk Ratzingers:
1. Der Mensch darf sich in seiner Rationalität nicht autonom setzen, sondern in seiner Vernunft ist er auf etwas Größeres und allgemein Verbindliches angewiesen, das deren Quelle und ihr Leben ist. Dieses Größere, die Wahrheit, muss ihm *gegeben* werden, er kann es nicht erfinden oder als etwas Menschlich-Kontingentes von sich aus hervorbringen.

Die Wahrheit der Christologie bei Joseph Ratzinger

2. Das Christentum hat in seinem Kern einen Wahrheitsanspruch, einen Anspruch auf Allgemeinheit und Rationalität. Dieser Anspruch war von Beginn an historisch präsent und für das Denken der Kirchenväter selbstverständlich. Heute ist dieser Anspruch fast vergessen, mehr und mehr auch in der Kirche. Die Theologie ergibt sich dem Relativismus und dem Religionspluralismus. Ratzinger will an diesem Wahrheitsanspruch festhalten und ihn neu beleben.

3. Die entscheidende Bruchstelle, an der Ratzinger den Relativismus festmacht und aufzeigt, ist die Christologie. In der Christologie ist die zentrale Wahrheit des Christentums ausgesprochen: *Jesus ist Christus, der Sohn Gottes.* Diese Grundwahrheit steht am Anfang, sie ist der *Gründungssinn* des Anfangs der Kirche und wurde von ihr von Anfang an so verstanden und bekannt. Der Sinn dieser Wahrheit wird in der Moderne weithin nicht mehr verstanden und auch die moderne Theologie folgt diesem Trend: Die historisch-kritische Methode wird einseitig für die Auflösung jener Identität von Jesus und Christus gebraucht.

Ratzingers Bemühung, insbesondere in der großen Jesus-Monographie, zielt darauf ab, diese verlorene Einheit wieder zurückzugewinnen, und zwar *gerade mit* den Hilfsmitteln der historischen Kritik. Er zeigt akribisch auf, dass hier eine grundsätzliche und anfängliche Identität besteht, dass Jesus niemand anders ist als *der Christus*, von dem die Evangelien berichten.

Im Folgenden soll nun in Einzelanalysen gezeigt werden, wie Ratzinger den Wahrheitsanspruch des Christentums aus dessen ursprünglichem Selbstverständnis aufweist. Es soll gezeigt werden, wie er die ursprüngliche historische Identität von Jesus als *Christus* zurückgewinnt. Und es soll dargestellt werden, wie er den Wesenszusammenhang von Christologie und dem Zugang des Menschen zur Wahrheit herausarbeitet.

Wie im Vorwort schon erwähnt, hatte der Verfasser dieser Dissertation im Oktober 2015 die Gelegenheit, die hier thematisierten Inhalte in einem persönlichen Gespräch mit seiner Heiligkeit *Papst em. Benedikt XVI.* zu erörtern. In diesem gelösten und gleichzeitig ungeheuer dichten Gespräch gab er folgenden Hinweis zu seinem Selbstverständnis: Die philosophische Reflexion, die Metaphysik, ist tatsächlich in der Tiefe unverzichtbar für das rechte Verständnis der Inhalte des Glaubens – und zwar gerade deshalb und insofern, als

Das Christentum als wahre Religion und als Religion der Wahrheit

dieser wirklich wahr ist und Wahrheit beanspruchen muss. Wenn dies getrennt wird, dann bleibe alles im Beliebigen und letztlich subjektiv Ausgedachten, im Projizierten stecken. Darum sei es lebensnotwendig für den inneren Sinn des Glaubens, an der wirklichen, historischen Wahrheit der Auferstehung festzuhalten. Eine andere Frage sei nun die argumentative philosophische Begründung des inneren ontologischen Sinns der Glaubenswahrheit. *Er* habe es aus mancherlei Gründen nicht unternommen, diese Linie philosophisch »auszuziehen«, das heißt auf philosophisch-analytische Weise zu entfalten – unter anderem deshalb, um den Gläubigen in seiner Rolle als Hirte der Kirche nicht den Eindruck eines zu apologetisch aufzwingenden Denkens zu vermitteln. Da diese Eröffnung eines vernünftigen Zugangs zum Glauben aber unverzichtbar sei, müssten dies nun andere machen – fügte er hinzu. Wir betrachten diese Arbeit als einen Beitrag dazu, diese Eröffnung ein kleines Stück weit voranzubringen.

I.1 Das Christentum als wahre Religion und als Religion der Wahrheit

Das zentrale Argument Ratzingers gegen eine pluralistische Selbstinterpretation des Christentums findet sich in Ratzingers *Rede an der Sorbonne von 1999* »*Das Christentum – die wahre Religion?*«[1]. Der aktuelle Zugang zur Frage nach der Wahrheit des Christentums, so stellt Ratzinger dort eingangs fest, ist im Grundsätzlichen relativistisch. Danach gilt: Die Wahrheit Gottes als solche muss uns in unserer perspektivischen Endlichkeit verwehrt bleiben – so, wie es drastisch in der indischen Parabel über die Blinden und den Elefanten dargestellt ist. Wie in dieser Erzählung die blinden Untertanen eines Königs aus den Ausschnitten, die sie jeweils von einem Elefanten ertasten, sich ein Gesamtbild des berührten Wesens imaginieren, so rühren auch wir nur ungefähr an Gott heran und extrapolieren dann *unsere jeweilige Perspektive* als wirkliche Wahrheit über Gott. Der sehende König aber ergötzt sich an dem Schauspiel, da die Blinden über die Verschiedenheit ihrer Meinungen in Streit geraten und sich in der Folge mit Fäusten traktieren, das heißt einen physischen Machtkampf um ihre Meinungen austragen.

---

[1] Joseph Ratzinger: Das Christentum – die wahre Religion?, in: Glaube – Wahrheit – Toleranz. Das Christentum und die Weltreligionen, Freiburg i. Br. 2003, 131–148

Die Wahrheit der Christologie bei Joseph Ratzinger

Ratzinger verteidigt nun in seiner Rede gegen diese moderne Auslegung und sogar gegen das moderne Selbstverständnis der Religion selbst den Wahrheitsanspruch des Christentums, indem er sich auf eine Reflexion in *Augustinus' »De civitate Dei«* beruft. Die Pointe dieser Argumentation ist es, der relativistischen Interpretation *von der Wurzel her* zu begegnen. Die Voraussetzung für die Elefantenparabel ist gerade der bloße *Behauptungscharakter* der Aussagen, der dann in Streit und Gewalt übergeht. Den Blinden fehlt die Allgemeinheit und Objektivität des Sehens und daher die freie Einsicht des Urteils, über die nur der König verfügt. Darum wird ihre Behauptung zur Macht- und nicht zur Wahrheitsfrage – wie dies in religiösen Auseinandersetzungen der Fall ist, so kann man die angezielte Lehrmoral der Parabel ergänzen. Genau jene Allgemeinheit aber, die keinen Machtanspruch, sondern einen Wahrheitsanspruch impliziert, ist deshalb dasjenige, was Ratzinger als ursprüngliches Wesenselement der christlichen Religion herausarbeiten will.

Augustinus diskutiert an besagter Stelle in *»De civitate Dei«* einen seinerzeit für seine umfassende Bildung berühmten römischen Stoiker des 1. Jahrhunderts, *Marcus Terrentius Varro*. Varro denkt im Rahmen des stoischen Weltbildes und definiert Gott als *»animam motu ac ratione mundum gubernantem«*, das heißt als »Seele, die durch Bewegung und Vernunft die Welt lenkt«[2]. Entscheidend für das Verständnis der stoischen Perspektive ist, dass diese Weltseele, der Grund und die Mitte des Kosmos selbst, *keinen Kult empfängt*. Sie ist nicht Gegenstand der kultischen Verehrung, der *religio*, sondern auf sie beziehen sich Wahrheit und vernünftige Einsicht. Die Weltseele gehört der Ordnung der *res* an und nicht der Ordnung der *mores*. Umgekehrt sind die Götter, die kultisch verehrt werden, im Wesen eigentlich nichts von sich selbst her Seiendes, sondern sie wurden in einem gewissen Sinn vom Staat für den Staat bereitgestellt:

Nicht die Götter haben den Staat geschaffen, sondern der Staat hat die Götter eingerichtet, deren Verehrung für die Ordnung des Staates und das rechte Verhalten der Bürger wesentlich ist. Religion ist ihrem Wesen nach ein politisches Phänomen.[3]

---

[2] Varro denkt hier in der Nachfolge von Aristoteles' Metaphysik XII, 7 und 9 den »unbewegten Beweger«, der von Aristoteles als *nous*, näherhin als reines Selbstdenken, *noeseos noesis*, bestimmt wird. Dies wird im späteren Teil dieser Untersuchung von großer Bedeutung sein!

[3] Joseph Ratzinger: Das Christentum – die wahre Religion?, 133

Das Christentum als wahre Religion und als Religion der Wahrheit

Damit hat Varro eine grundsätzliche Unterscheidung getroffen: Kult bzw. Religion und vernünftige Einsicht beziehen sich auf zwei voneinander getrennte Phänomene: Politik und Natur. Diese prinzipielle Unterscheidung differenziert er näherhin in drei Phänomenbereiche, durch die sich drei »Wissenschaften vom Göttlichen« – *theologiae* – ergeben: eine *theologia mythica*, eine *theologia civilis* und eine *theologia naturalis*.

Varro grenzt im Folgenden mithilfe vier weiterer Bestimmungen die Besonderheiten der unterschiedenen Theologien gegeneinander ab:
1. Wer sind die jeweiligen Theologen? In der mythischen Theologie sind das die Dichter und Sänger. In der zivilen Theologie sind es die Völker selbst, die sich den jeweiligen Kult geschaffen haben. In der physischen Theologie aber sind dies die Philosophen, also die Gelehrten und Denker, die *nach der Wahrheit der Wirklichkeit* und nicht nur nach den Sitten und Gebräuchen fragen.
2. Was ist der jeweils zugehörige Ort des Gegenstands der Theologien in der Wirklichkeit? In der *theologia mythica* ist dies das Theater, der *theologia civilis* ist die *urbs* zugeordnet, das heißt das öffentliche Gemeinwesen, der *theologia naturalis* aber der Kosmos selbst, die *wahre Welt der Natur*.
3. Was ist der jeweilige inhaltliche Sachbereich der *theologiae*? Die mythische Theologie hat zum Gegenstand die Epen und Fabeln, die von Dichtern geschaffen wurden. Der Inhalt der zivilen Theologie ist der Kult und seine rechtmäßige Verwaltung. Die natürliche Theologie aber fragt *nach dem Sein der Götter selbst*.

Ratzinger zitiert hier Varro ausdrücklich, weil dies der entscheidende, fast ironische Punkt in Varros Kategorisierung ist, der das Ergebnis freilegt, das für die weitere Argumentation so wichtig ist. Varro paraphrasiert die Antwort der antiken Philosophen auf die Frage *nach dem Sein* der Götter nämlich so: Es sei die Frage

ob sie – mit Heraklit – aus Feuer sind oder – mit Pythagoras – aus Zahlen oder – mit Epikur – aus Atomen, und so noch anderes, was die Ohren leichter innerhalb der Schulwände ertragen können als draußen auf dem Marktplatz.[4]

Das Zitat ist deshalb so treffend, weil hier eine Entgegensetzung vorgenommen wird: Die Theologie der Natur ist *Aufklärung* und dem

---

[4] A.a.O., 135

Kult *entgegengesetzt*. Sie sollte darum, so Varros Anmerkung, sogar mit Vorsicht betrachtet und nicht in der Stadt und auf dem Marktplatz herumgereicht werden, weil sie skandalisierend auf die öffentliche Ordnung wirken kann.

4. Die letzte Bestimmung trifft Varro mithilfe der den verschiedenen Theologien zugeordneten Wirklichkeiten. Die natürliche Theologie hat zum Gegenstand die »Natur der Götter« – mit der wiederum ironischen Pointe, dass die Götter gar keine Natur haben, dass es sie also *in Wahrheit nicht gibt*. Der wahre Gegenstand der natürlichen Theologie ist also der Kosmos als solcher, er ist die letzte Wirklichkeit. Die anderen beiden Theologien beziehen sich auf die »göttlichen Einrichtungen der Menschen«.

Ratzinger fasst den Sinn der Differenzierungen nun in einem Resümee zusammen: der *eigentliche Unterschied*, den Varro herausarbeitet, besteht zwischen *Religion* und *Physik im antiken Sinn* – also zwischen *Religion* und *Philosophie*.

Die civilische Theologie hat letztlich keinen Gott, nur »Religion«; die »natürliche Theologie« hat keine Religion, nur eine Gottheit. Ja, sie kann gar keine Religion haben, denn ihr Gott ist religiös nicht ansprechbar: Feuer, Zahlen, Atome. So stehen religio (worin wesentlich Kult gemeint ist) und Wirklichkeit, die rationale Erkenntnis der Realität, als zwei getrennte Sphären nebeneinander.[5]

Die Frage ist nun jedoch: Warum bezieht sich *Augustinus* auf *Varro* und lässt ihn so ausführlich zu Wort kommen und warum wiederholt das Ratzinger? Varro ist deshalb so wichtig, weil Augustinus mit Hilfe dessen Kategorien eine Wahrheit formulieren kann, die entscheidend für das frühe Selbstverständnis des Christentums ist. An diesem Selbstverständnis ist Ratzinger interessiert. Die Frage des Augustinus ist: Zu welcher Kategorie gehört das Christentum? Für Augustinus ist die Antwort auf diese Frage vollkommen klar: Es gehört zur Philosophie, zur *theologia naturalis*!

Kehren wir also zu Augustinus zurück. Wo siedelt er das Christentum in der varronischen Trias der Religionen an? Das Erstaunliche ist, dass er ohne jedes Zögern dem Christentum seinen Platz in der »physischen Theologie«, im Bereich der philosophischen Aufklärung zuweist.[6]

---

[5] A. a. O., 135–136
[6] A. a. O., 136

Das Christentum als wahre Religion und als Religion der Wahrheit

Das Christentum gehört zur Aufklärung und sein letzter Maßstab ist nicht ein Kult, eine götterbezogene Einrichtung des Menschen, sondern *die Wahrheit, der wahre Grund der Welt*. Damit, so betont Ratzinger, weiß Augustinus sich aber einig mit den frühesten Theologen des Christentums, ja, schon mit Paulus, der diese Identifizierung in seiner Areopagrede ganz selbstverständlich anspricht *(Apg 17, 22)*. Was Augustinus, aber auch schon Paulus und die christlichen Apologeten vollzogen haben, ist ein geistiger Identifizierungsschritt, eine Synthese. Diese Synthese war für sie offenbar essentiell: Es gehört zum Wesen des christlichen Bekenntnisses, dass es *gerade nicht* ein politischer Kult ist, sondern dass seine Rechtfertigung *aus der Erkenntnis und der Wahrheit über Gottes Wirklichkeit* stammt. Das christliche Selbstverständnis ist von Anfang an auf Wahrheit, nicht auf Politik bezogen, so wie die vernünftige Einsicht auf Wahrheit bezogen ist. Und dies auch von Anfang an unter der Gefahr der Skandalisierung, gerade gegenüber den politisch-kultischen Ansprüchen der Öffentlichkeit.

Das will sagen: Der christliche Glaube beruht nicht auf Poesie und Politik, diesen beiden großen Quellen der Religion; er beruht auf Erkenntnis. Er verehrt jenes Sein, das allem Existierenden zugrunde liegt, den »wirklichen Gott«. Im Christentum ist Aufklärung Religion geworden und nicht mehr ihr Gegenspieler. Weil es so ist, weil das Christentum sich als Sieg der Entmythologisierung, als Sieg der Erkenntnis und mit ihr der Wahrheit verstand, deswegen musste es sich als universal ansehen und zu allen Völkern gebracht werden: nicht als eine spezifische Religion, die andere verdrängt, nicht aus einer Art Imperialismus heraus, sondern als Wahrheit, die den Schein überflüssig macht.[7]

Ratzingers Ausgangspunkt ist also eine in der heutigen Selbstinterpretation des christlichen Glaubens fast vergessene Tatsache: Das Christentum war von seinen Ursprüngen aufklärerisch, wahrheitsbezogen und in gewisser Weise ein Zweig der Philosophie, also der natürlichen Theologie, der Metaphysik – *und es verstand sich auch selbst so*. Es vollzieht von den Ursprüngen her eine Synthese von Metaphysik und Glauben, so, dass nun sogar gesagt werden kann: Die ursprünglichen Fragen und Intuitionen der Metaphysik werden in dieser neuen Religion erst voll beantwortbar und verständlich. Wie ist das aber möglich? Was hat die Religion der Metaphysik voraus, so dass sie deren Erfüllung sein könnte?

---

[7] A.a.O., 137

Die Antwort darauf skizziert Ratzinger in den folgenden Abschnitten der Rede. Historisch gesehen gab es offenbar schon unmittelbar vor Christus ein wachsendes Bedürfnis der hellenistischen Umwelt, sich an das Judentum anzuschließen, dessen Monotheismus in seiner inneren Rationalität den philosophisch Gebildeten attraktiv erscheinen musste. Diese Attraktion entstammte dem Bedürfnis nach einer Synthese zwischen den Forderungen der Vernunft und den als notwendig erachteten religiösen Lebensvollzügen. Das Judentum wurde als die Religion erkannt, in der diese Synthese irgendwie schon wirklich geworden war:

> Zu einem bloß gedachten Gott betet man nicht. Wenn aber der Gott, den das Denken findet, nun im Innern einer Religion als sprechender und handelnder Gott begegnet, dann sind Denken und Glauben versöhnt.[8]

Was Ratzinger hier gar nicht voll ausarbeitet, aber unterschwellig mit anklingen lässt, ist die Tatsache, dass der Rechtfertigungs- und Wahrheitsanspruch der Metaphysik hier einen entscheidenden Zug in die Religion mit einführt. Er sucht noch nach einer Ergänzung, weiß sich aber schon voll mit der Wahrheit verbunden. Die Metaphysik ist der Geist, der sich mit dem Wahrheitsgrund der Welt verbunden weiß.

Diese innere Verbundenheit mit der Wahrheit findet die Metaphysik in der christlichen Religion nun auf eine endgültige und unübertreffliche Weise ausgesprochen. Der Ursprung des Kosmos wird nun von diesem wirklich unterschieden, so, dass die Welt das Geschaffene des Schöpfers ist. Dieser Schöpfer tritt nun aber selbst in die Geschichte ein und verbindet sich real und historisch einmalig und für immer mit dem Menschen. Die Wahrheit als solche, die in der religiösen Pietät und ihrer Praxis als neutral und schweigend erlebt wird, kommt nun in die Welt und wird für den Menschen zum ansprechbaren Gegenüber. Ratzinger fasst dies in einer anspruchsvollen Wendung zusammen, die sehr genau gelesen werden will:

> Die Aufklärung kann Religion werden, weil der Gott der Aufklärung selbst in die Religion eingetreten ist. Das eigentlich Glauben heischende Element, das geschichtliche Reden Gottes, ist doch die Voraussetzung dafür, dass die Religion sich nun dem philosophischen Gott zuwenden kann, der kein bloß philosophischer Gott mehr ist und doch die Erkenntnis der Philosophie nicht abstößt, sondern aufnimmt. Hier zeigt sich etwas Erstaunliches: Die beiden scheinbar konträren Grundprinzipien des Christentums: Bindung an

---

[8] A.a.O., 138

Das Christentum als wahre Religion und als Religion der Wahrheit

die Metaphysik und Bindung an die Geschichte, bedingen sich gegenseitig und gehören zusammen: sie bilden zusammen die Apologie des Christentums als religio vera.[9] Die Überlegung ist in feinsten begrifflichen Schritten durchgeführt und daher auf den ersten Blick nicht leicht verständlich. Genau besehen lässt sie aber nur diese Interpretation zu: Die Hinwendung der hellenistischen Philosophie zum geschichtlichen Gott Jahwe wurde schon erörtert und ist auch von der Philosophie her verständlich. Ihr Begriff der metaphysischen Wahrheit öffnet ihr den Zugang zum Glauben an den *einen Gott*, aber dies heißt nun auch: zu einem neuartigen und auf eine souveräne Weise gerechtfertigten Glauben, der nichts mehr mit der mythischen Partikularität und Ethnizität des religiösen Erbes zu tun hat. Nun nimmt Ratzinger die umgekehrte Bewegung und Verwiesenheit in den Blick. Die Bewegung zwischen Religion und Philosophie ist nicht einseitig und kann es auch gar nicht sein, wenn die Wahrheit der Philosophie nicht nur in äußerlicher Weise zum Glauben gehört. Auch die Religion geht in einem gewissen Sinn von sich her auf die Metaphysik zu und *muss* dies von innen her auch notwendigerweise. Der Grund dafür scheint paradox: Gerade die radikale Geschichtsbezogenheit der Inkarnation ermöglicht die Zuwendung zum Gott der Philosophie *von der Religion* her. Denn es besteht offenbar ein tiefer Zusammenhang zwischen beiden Elementen, der sich nun erst, in der radikalen Geschichtlichkeit Gottes voll offenbart. Wenn Gott sich voll und ganz dem Menschen zuwendet und sich mit ihm verbindet, so, dass auch der Mensch sich *mit ihm* verbinden kann und wirklich an ihm teilhat, dann sind dabei immer schon die theologischen Wesensgehalte des echten, philosophischen Gottesbegriffs mit vorausgesetzt: Er ist radikal wirklich, radikale Präsenz, er ist unendliches Leben, Grund der Welt, aber von ihr zugleich unterschieden, er ist ihr Schöpfer, er ist der Grund der Wahrheit, er ist ontologisch verbindlich und zeigt sich in der Wahrheit der Erkenntnis vollkommen. Ratzinger hält nun fest: Erst die Inkarnation, die radikale Hereinnahme der Geschichte in den Begriff Gottes, öffnet jenen Begriff von der Religion her radikal für die Metaphysik. In dem religiös verstandenen, radikal geschichtlichen Geschehen von Inkarnation, Rettung und Vergöttlichung des Menschen kommt paradoxerweise kein anderer als der philosophische Gottesbegriff so zur Gel-

---

[9] A.a.O., 139–140

tung, dass er nun in verwandelter, aufgehobener Weise in der christlichen Religion voll wirksam wird. Es ist sogar so: Der eigentliche Rechtfertigungsgrund für die *Wahrheit* des Christentums ist genau dieser scheinbar paradoxe Sachverhalt, dass sich Metaphysik und Geschichte gegenseitig bedingen und dies im Christentum offenbart wird. Wenn die philosophische Wahrheit Gottes nicht anders gedacht werden kann als so, dass er sich auch geschichtlich auf der Seite der Welt verwirklichen muss, dann ist die trennende Wand zwischen Religion und Philosophie niedergerissen, denn dann findet die christliche Religion in genau dieser metaphysischen Wahrheit ihre Rechtfertigung und Apologie. Sie ist dann in ihrem Wesen der Vollzug genau dieser ontologischen Wahrheit, die unterschiedslos für alle gilt, weil sie allgemein und objektiv ist. Der Grund sowohl des Seins als auch des Erkennens muss sich in der Geschichte selbst erweisen und erscheinen – und dies geschieht in Jesus Christus.

Dies ist die *These* Ratzingers. Er führt dies nicht weiter aus, sondern formuliert nur den prinzipiellen Zusammenhang von der Seite der Religion her. Genau jenes, was eigentlich das Nichtphilosophische, das nur Religiöse hätte sein müssen, die geschichtlich-religiöse Erfahrung der Inkarnation, bildete einen gewissen Umschlagpunkt und führte die Religion auf den philosophischen Gottesgedanken. Dies wurde nötig, so muss man die implizite Argumentation verstehen, weil das nachdenkende Verstehen der Erfahrung des geschichtlich handelnden Gottes in der Inkarnation, also letztlich der Trinität, einen Rückgriff auf jenen philosophischen Gottesbegriff notwendig macht.

In diesen beiden Bewegungen, von der Metaphysik zur Religion und von der Religion zur Philosophie, zeigt sich also das Überraschende: Offenbar liegt gerade in dieser Zugehörigkeit und Verschränkung beider ihre eigentliche Wahrheit; eine Wahrheit, die tiefer wurzelt, als wenn sich beide Seiten nur auf sich gestellt hätten. An dieser Stelle kann Ratzinger darum schließen: Darum ist das Christentum die wahre Religion, oder, was genauso gilt, die Religion der Wahrheit. Es ist nicht *eine* Religion unter anderen, sondern es ist *gerechtfertigt* durch seine anfängliche Verschränkung mit der Metaphysik und dem wirklichen, wahren Gott der Philosophie.

Diese These von Ratzinger hat Gewicht, denn sie bringt die Vernunft mit dem christlichen Glauben in eine wirkliche Identität. Dabei fällt auf: Die These wird, so weitreichend sie ist, nicht eigentlich argumentativ ausgearbeitet. Man kann dies über die Gedankenführung

Ratzingers hermeneutischer Ausgangspunkt und die »Christologie von unten«

des ganzen Vortrags sagen: Es geht um nicht weniger, als die Apologie des Christentums durch ihre wurzelhafte Identität mit der philosophischen Wahrheit. Diese Identität wird in den Anfängen der Kirche aufgefunden, hat also eine sowohl historisch als auch systematisch höchste Relevanz. In keiner der beiden Dimensionen vertieft Ratzinger jedoch die Argumentation oder sucht nach einer eigentlichen Begründung für diese wahrheitsstiftende Identifizierung. Er stellt also nicht die Frage: *Was ist der tiefere Grund dafür, dass die Wahrheit selbst trinitarisch sein muss?* Kann dies noch einmal mit vernünftigen Gründen gerechtfertigt und eingesehen werden? Von der Sache her muss dieser Grund eigentlich gegeben sein, denn genau deshalb offenbart sich die Zusammengehörigkeit von Metaphysik und geschichtlicher Inkarnation als Wahrheit. Diese Wahrheit ist keine Intuition, sondern eine begründete Einsicht. Dennoch belässt es Ratzinger bei dieser summarischen, eher historischen Nacherzählung der Verschmelzung von Metaphysik und Religion, ohne den Grund für dieses Zusammengehören herauszuarbeiten.

Vorwegnehmend muss hier darauf hingewiesen werden, dass Ratzinger diesen Grund an keiner Stelle seines Werks im eigentlichen argumentativen, philosophischen Sinn erarbeitet. Man kann trotzdem sagen: *Alle* seine sonst verstreuten christologischen Versuche und Ansätze kreisen um genau diesen tieferen Grund der Zusammengehörigkeit von Vernunft und Glaube in der historischen Einmaligkeit von Jesus Christus. Vordergründig handelt es sich scheinbar um andere Fragen, z. B. um die Frage von Hermeneutik und historisch-kritischer Methode in der Jesus-Monographie, oder um Fragen der innertrinitarischen Relationen in der zentralen Reflexion »Christologische Orientierungspunkte«.

I.2 Ratzingers hermeneutischer Ausgangspunkt und die »Christologie von unten«

Der Sinn dieser Untersuchung ist nun im Folgenden, eine Unterströmung all dieser christologischen Bemühungen aufzuzeigen, die in einer tieferliegenden, einheitlichen Perspektive diese scheinbar nur skizzierten Bemühungen Ratzingers um die Christologie trägt und ihre Richtung vorgibt. Diese Perspektive ist die Perspektive der Wahrheit: dass Metaphysik und historische Menschwerdung Gottes als begründete Wahrheit zusammengehören und darum die Wahrheit der

Welt historisch offenbar werden musste und dies in Jesus Christus einmalig und für immer verwirklicht wurde.

Ratzingers Vorgehen lässt sich also zusammenfassend so interpretieren: Alle seine Untersuchungen sind vor dem Hintergrund entwickelt, dass diese philosophisch-theologische Grundkonzeption die Wahrheit ist. Wenn dies aber zutrifft, dann stellt sich die Frage: Wie kann dies allein realisiert werden? Wie wird Gott Mensch, so, dass in Identität damit die Wahrheit für den Menschen wirklich historisch wird?

Der Sinn unserer Untersuchung ist es also, aufzuzeigen, dass alle christologischen Einzeluntersuchungen Ratzingers auf diesen Wahrheitshorizont verweisen und letztlich allein auf ihn hin verstanden werden können. Nimmt man diesen Horizont nicht wahr, dann bleibt die Christologie nur ein vielleicht in bester Absicht vorgenommener, aber doch beliebiger Versuch, über Gott zu sprechen. Daher muss aufgezeigt werden, dass die Christologie einen *systematischen Sinn* hat in Bezug auf die Wirklichkeit der Wahrheit der Metaphysik. Wenn dies aber der Fall ist, dann sind damit *eo ipso* auch die christologischen Aussagen *wahre* Aussagen.

Damit ist gleichzeitig etwas Prinzipielles über den Sinn und die innere Struktur der Christologie als solcher gesagt. Es erscheint vordergründig so, als enthielte die richtig gedachte Christologie eine Aufklärung darüber, was das »Geheimnis« der Person Jesu sei. Diesem Geheimnis läge ein bestimmter Inhalt zugrunde, der dann in der Christologie entfaltet wird. Man kann ihm denkend und auslegend nachgehen und feststellen: Jesus war wirklich der »Sohn Gottes«. Damit behandelt man aber jenes, was erst Ergebnis der christologischen Verstehensgenese sein kann, als vorliegendes und erzählbares Geschehen. Dies Geschehen liegt, so die Vorstellung, als geheimnisvolles Faktum in der Vergangenheit vor und wurde damals bezeugt – kann aber dementsprechend auch bezweifelt werden. Die Behauptung des Glaubens wäre also in dieser Perspektive: Jesus trägt ein Geheimnis in sich und die Wahrheit dahinter ist: Er ist der »Sohn Gottes«. Mit dieser vorstellungshaften und allgemein gebräuchlichen Darstellung unterläuft die Christologie jedoch ihre schon implizite Wahrheit und fällt hinter sie zurück. Es erscheint nun nämlich so, als wäre dieser Inhalt »Sohn Gottes« etwas allgemein Bekanntes und jedermann Vertrautes, so dass dann nur noch die Frage bleibt, »ob es wirklich Jesus war«, auf den diese Beschreibung zutraf. Tatsächlich jedoch führt *allein* die Auslegung der Lebensgeschichte Jesu von Nazareths

Ratzingers hermeneutischer Ausgangspunkt und die »Christologie von unten«

vor dem Horizont der Wahrheit und auf ihn hin im Endergebnis auf diesen Titel. Die *Genese* dieses Ergebnisses, die Entstehungsgeschichte dieses Titels »Sohn Gottes«, wird von Ratzinger in diversen christologischen Untersuchungen und in verschiedenen Anläufen aufgezeigt. Der implizite Sinn dieser christologischen Begriffsgenealogie ist es, zu zeigen, dass und wie diese Begriffsbildung in ihrem ursprünglich historischen Verlauf nur stattfinden konnte in einem philosophisch begründeten Wahrheitshorizont.

Dabei ist wichtig zu betonen, dass diese analytische Arbeit nicht die echte menschliche Wirklichkeit und historische Gegenwart Jesu Christi entwertet. Es kann für die vorstellende Glaubensgewohnheit der Eindruck entstehen, als ginge es darum, die Frage nach dem Wirklichen, dem lebendigen, historischen, personalen Leben Jesu Christi durch eine Begriffsanalyse zu ersetzen. Es kann also so scheinen, als würde die lebendige historische Person Jesu von Nazareths aufgelöst in philosophische Begriffe. Die philosophisch-theologische Begriffsanalyse hätte dann, so scheint es, die historische Existenz des Jesus von Nazareth nur zum Anlass für die Ausbildung ihrer eigenen Reflexion genommen, hinter der diese dann verschwinden könnte. Und vor allem: Es hätte auch irgendein anderer besonderer Mensch mit messianischen Zügen sein können, der die Reflexion auf diese apriorisch bereitliegenden Gehalte hin hätte anstoßen können. Somit würde sogar die historische Einzigkeit des Jesus von Nazareth hinfällig – was hinter den Begriffen aufscheint und ihnen anlassgebend zugrunde liegt, wäre so gesehen ein apriorischer Typus.

Alle diese Fehlinterpretationen unseres Ansatzes decken sich genau mit der Tendenz und den Ergebnissen, die die nur destruierende historisch-kritische Methode an Jesus von Nazareth vorzufinden glaubt – ja, diese Interpretationen sind die gedanklich-apriorisch schon vorausentworfenen Ziele ihrer Destruktion. Es ist aber gerade Ratzingers erklärtes Ziel, dieser Destruktion entgegenzuwirken, indem er ihre Zirkelhaftigkeit und die daraus folgende Inhaltsleere unter Beweis stellt.

In seiner eigenen christologischen Arbeit und in unserer Analyse hingegen geschieht genau das Gegenteil! Es soll vielmehr sogar gezeigt werden, dass *einzig und allein* über den Weg einer echten philosophischen Begriffsgenealogie ein Zugang geschaffen wird zu dem *wirklichen historischen* Jesus von Nazareth in seiner historischen Singularität und in seinem originären Geheimnis, wirklich »Sohn Gottes« zu sein. Erst diese begriffsanalytische Arbeit bringt den Sinn und damit die volle, lebendige Identität des Jesus von Nazareth mit dem »Sohn Gottes« ans Licht. Im Licht dieser begrifflichen Wahrheit kann eigentlich erst gerechtfertigt verstanden werden, dass und warum dieser einzelne, besondere, historische Mensch, Jesus von Nazareth, wirklich und schon von Anfang an »Sohn Gottes« war. Allein von dieser gerechtfertigten Wahrheit her aber können dann weitere Einsichten entfaltet werden, die organisch und notwendigerweise mit jenen originären Grundeinsichten verbunden sind und wesensmäßig aus ihnen folgen. So beispielsweise die Präexistenz Jesu Christi: *Wenn* dieser historische Jesus von Nazareth von allem Anfang an Gott wesensgleich war, dann muss als Folge seiner geschichtlichen Existenz Gott selbst auch immer schon, von Ewigkeit her, auch »Sohn« gewesen sein. Dies ist nur durch die Verbundenheit mit der historisch-genealogischen Analyse der Begriffe eine ausweisbare, verständliche Wahrheit.

An dieser Stelle kann auch vorwegnehmend verdeutlicht werden, warum die Christologie vom Wesen her »Christologie von unten« sein muss und, recht verstanden, nie etwas anderes sein kann.

Die Wahrheiten der Christologie sind nicht einfach unterschiedslos verteilte Aussagen über transzendente und immanente Sachverhalte, sondern ihre Wahrheit hat eine ganz bestimmte genealogisch nachvollziehbare *Hierarchie des Sinns*. Dieser Sinn als solcher wird in der einmaligen Existenz Jesu von Nazareths Wirklichkeit. Von ihm allein und seiner historischen Präsenz gehen alle Sinngehalte ursprünglich aus, und zwar deshalb, weil sie in ihm wirklich in lebendiger Weise, in seiner Existenz, vollzogen wurden. Die Begriffe haben dann nur deshalb in der Folge einen weiterführenden Gehalt in Form einer »Christologie von oben«, weil sie aus der lebendigen, vollkommenen Bezogenheit und Hingabe an Gott gewonnen wurden, so wie sie im Leben Jesu Christi von Anfang an gegenwärtig war und wie sie in der Auferstehung bestätigt wurde. Diese Offenbarung steht also am Anfang und bringt die volle Wahrheit in ihrer ganzen Fülle ans Licht. *In Jesus von Nazareth ist deshalb immer schon der ganze Christus gegenwärtig*, er ist das Ursprungsphänomen und die Quelle. Damit ist vor allem eine Verständnishierarchie ausgesagt: Wenn man nicht versteht, was es heißt, *dass in Jesus die Wahrheit geschichtlich da ist*, dann hilft der Umweg über die »Christologie von oben«, also die Inkarnationschristologie, nicht weiter. Denn dann bleibt *inhaltlich* ungeklärt und leer, was die zweite Person Gottes, die sich inkarniert, denn sachhaltig *ist* und warum sie genau diese Wesenszüge ausprägt.

Ratzingers hermeneutischer Ausgangspunkt und die »Christologie von unten«

Darum ist *der historische Jesus immer auch schon* Christus, er ist das Ganze, das Ursprungsphänomen, aus dem alle Sinngehalte fließen. Durch den Bezug des Lebensvollzuges Jesu Christi auf die Wahrheit der Metaphysik kann also erst und im vollen Sinn verstanden und gerechtfertigt werden, dass und warum Jesus von Nazareth wirklich »*der Sohn*« ist. Es kann aus dieser Perspektive aber auch überhaupt erst vernünftig voll verständlich werden, was es heißt, dass sich in ihm zwei Wesensdimensionen unverkürzt vereinen und gleichermaßen in ihm gegenwärtig sind: die göttliche und die menschliche Natur. Die Gemeinsamkeit beider Wesensdimensionen in Jesus von Nazareth kann niemals durch eine nachträgliche Zusammenfügung verstanden werden, also niemals durch eine Inkarnationschristologie. Denn dies hieße, das ontologisch unverstandene und eigentlich ursprünglich abgeleitete Ergebnis der Offenbarung nun vordergründig *ontisch* zusammenzuzwingen.[10] Damit wird aber ein Vorstellungszusammenhang ausgebildet, der hinter das Ursprungsphänomen zurückfällt, das jene Zweiheit in Einheit möglich und originär verstehbar macht. Denn: Es ist allein der ursprüngliche, *auf die Wahrheit als solche bezogene Offenbarungssinn*, der zur Folge hat, dass in Jesus immer schon »göttliche« und »menschliche« Natur zusammen bestehen. In seiner Bezogenheit auf Gott kommt das Ewige, die Wahrheit, in vollkommener und letztgültiger Weise auf die Seite der Welt. Nur weil dies geschieht, kann in der Folge auf die darin implizierte seinsmäßige Verfasstheit geschlossen werden. Diese ontologische Verfassung Jesu kann aber ursprünglich niemals als System zusammengesetzter Bereiche erkannt worden sein, sondern umgekehrt: Die Fülle, der ganze Gehalt seiner historischen Existenz und damit seiner personalen Einheit lässt *durch ihre Bezogenheit auf die Wahrheit, das heißt aber: auf Gott*, verständlich werden, dass er »der Sohn« ist, dass Gott sich in ihm für immer auf die Seite der Welt begeben hat, dass er also selbst zu Gott in vollem Sinn gehört, weil sich Gott durch diese Bezogenheit auf ihn vollkommen zeigt. Aus dieser Fülle kann nun nachträglich extrapoliert werden: »in ihm« ist Gott *und* Mensch gleichzeitig und vereint »ganz da« – aber das fügt dem ursprünglich

---

[10] Dieses nachträgliche, ontische Zusammenzwingen ist ein Thema, mit dem sich Wolfhart Pannenberg in seiner Christologie intensiv auseinandersetzt. Die Aporien der klassischen Christologien führt er auf diese Nachträglichkeit zurück. Im zweiten Teil dieser Untersuchung soll darauf ausführlich eingegangen und Pannenbergs Lösungsvorschlag aufgezeigt werden.

ontologischen Sinn der Existenz Jesu Christi nichts hinzu. Es erläutert sie nur nachträglich zusätzlich mithilfe der aus der Gottesbezogenheit Christi gewonnenen Begriffe. In dem ursprünglichen Phänomen, das der Begriff des »Sohnes« erfassen will, ist die volle christologische Tiefendimension schon präsent und ausgesprochen, die das spätere, nachträglich einholende Verstehen dann mit der Zweiheit der Naturen erfassen will. Die ursprüngliche Fülle stammt aus dem historischen Jesus Christus selbst.

Die Konzilien versuchen, dies in oft vorstellungsmäßigen Unterscheidungen nachträglich begrifflich festzuhalten. Dies hat sein Recht und seine sachliche Notwendigkeit als eine terminologische Absicherung des ursprünglichen Zeugnisses gegen Häresien: also gegen begriffliche Reflexionen, die den Sinn der Christologie in abweichender Weise auslegen und darum das Zeugnis der Evangelien verfälschen. Die begriffliche Absicherung in einer »Christologie von oben« birgt aber immer auch schon die Gefahr einer Verfehlung des Ursprungsphänomens und daher eines schleichenden Verfalls des Glaubens. Denn die ursprüngliche Wahrheit, der ursprüngliche Sinn der Christologie, die in der historischen Existenz Jesu von Nazareths selbst liegt, wird dadurch eher verdeckt und kann dann nachträglich nicht mehr verständlich gemacht werden. Dadurch erstarrt das christologische Dogma dann in einer gewaltsamen Zusammenspannung der Begriffe – »wahrer Mensch und wahrer Gott« –, die ontologisch nicht wirklich als Wahrheit erfasst werden kann und darum autoritativ geglaubt werden muss.

Ratzingers christologisches Hauptmotiv ist die These, dass die christologischen Dogmen keine theologischen, theoretischen Konstruktionen sind, die dem unmittelbaren Kerygma von Christus und seiner Auferstehung aufoktroyiert wurden, sondern dass sie direkt auf die Lebensgeschichte, das Leben, Sterben und Auferstehen Jesu Christi zurückzuführen sind und aus seinen historischen Lebensvollzügen geschöpft wurden. Sie sind, so sagt er an verschiedenen Stellen, Übersetzungen aus der unmittelbaren Sprache des Bekenntnisses in eine spezifischere philosophische Terminologie. Die Übersetzung hat den Zweck, den Bekenntnisinhalt genauer herauszuarbeiten und als klar in Begriffe gefasstes Glaubensgut zu tradieren, nach außen hin aber sogar zu schützen vor dem Zugriff einer vorschnellen formalistischen philosophischen Kritik.

Am Beispiel des Wortes *homoousios*, das in das *Credo* von Nikäa einging und dort die »Gleichwesentlichkeit« des Sohnes mit dem Vater bezeichnen soll, diskutiert Ratzinger diese Verbindung der Glaubensaussagen mit der Philosophie und verteidigt sie gegen den Vorwurf der liberalen Theologie, dies sei ein Verrat am ursprünglichen Zeugnis vom Gottesknecht und käme einer Hellenisierung gleich. Gerade durch die Einführung der philosophischen Begriffe wird das Zeugnis von Jesus als dem »Sohn« gegen eine hellenistische Mythologisierung geschützt. Der Begriff der »Gleichwesentlichkeit« beharrt so auf jener Wahrheit des biblischen Zeugnisses, die für das Verstandesdenken zu skandalös wirken muss und die es deshalb mithilfe einer vorschnellen begrifflichen Reflexion umgehen will. Dadurch verfehlt es jedoch jene tiefere, grundlegende ontologische Wahrheit des biblischen Zeugnisses. Ratzinger zeigt dieses philosophische Ringen, das sich auf mehreren Ebenen im Hintergrund der Ausbildung des Credo abspielt, immer wieder anhand der arianischen Häresie und ihrem unter den antiken Zeitgenossen immensen Erfolg auf. Die arianische Häresie philosophiert – gegen das Zeugnis der Apostel. Arius spricht Gott das volle Menschsein in Jesus Christus ab, und das ist für den natürlichen Zugang zunächst auch viel plausibler. Gegen diese Plausibilität hält dann eine durch den *sensus fidei* geleitete Minderheit an der tieferen Wahrheit der Tradition fest und verteidigt diese ebenfalls mit philosophischen Begriffen.

Das bedeutet: Diese philosophische Vokabel »gleichwesentlich« fügt dem Neuen Testament nichts hinzu, sondern ist an der entscheidenden Stelle seines Zeugnisses die Verteidigung seiner Wörtlichkeit gegen jeden Allegorismus. Sie bedeutet also dies: Gottes Wort täuscht uns nicht. Jesus wird nicht nur als der Sohn Gottes *bezeichnet*, er *ist* es. Gott bleibt nicht auf ewig unter der Wolke der Bilder verborgen, die mehr verdecken als öffnen. Er rührt den Menschen wirklich an und lässt sich vom Menschen wirklich anrühren in dem, der der Sohn *ist*. Indem das Neue Testament vom Sohn spricht, durchbricht es die Bilderwand der Religionsgeschichte und zeigt uns die Wirklichkeit – die Wahrheit, auf der wir stehen, leben und sterben können.[11]

Die umfassendere Thematik also, die jenes Hauptmotiv trägt, ist Ratzingers These: Der Jesus der Bibel ist der wirkliche Jesus. Dies ist die Kernthese in der alle Motive seines christologischen Denkens zusammenfassenden späten Jesus-Monographie. Das heißt: Die Evangelien sagen die Wahrheit über Jesus Christus, *den Sohn*. Der Jesus der Bibel

---

[11] Joseph Ratzinger: Christologische Orientierungspunkte, in: Schauen auf den Durchbohrten. Versuche zu einer spirituellen Christologie, Freiburg 2007, 32–33

ist, so Ratzinger, die vorausliegende Einheit von Dogma und Kerygma. Jeder Versuch, diese ursprüngliche, substanzielle Fülle aufzulösen und zu hintergehen, führt in eine Konstruktion, die den Wahrheitsgehalt des Glaubens aufgibt und den historischen Jesus zu einer Projektionsfläche jeweiliger Zeitströmungen werden lässt.

Die Frage, die sich vor diesen Thesen stellt, ist nun jedoch: Was ist das unterscheidende Kriterium für die Sohnschaft Jesu in seinem Lebensvollzug? Wenn wir in den Evangelien die Wahrheit über Jesus besitzen, dann muss in genau diesen Darstellungen der Schlüssel zum Verständnis dafür liegen, dass von dort aus gesagt werden konnte: Jesus ist »der Sohn«. In der Lebensgeschichte Jesu, wie sie die Evangelien darbieten, muss der Ursprung liegen für jene grundlegende Einsicht, die oben dargestellt wurde: dass die Wahrheit selbst in die Welt kommen muss und dass dies nur geschehen kann als »Christologie von unten«. Unsere Frage an Ratzinger muss daher sein: Was ist der entscheidende Vollzug im Leben Jesu, an dem sich die Erkenntnis entzündet hat, dass in diesem geschichtlich einmaligen konkreten Lebensvollzug Jesu die Wahrheit der Metaphysik, das Ewige, endgültig und für immer in die Welt gekommen ist? Ratzinger geht an zentralen Stellen seines Werkes explizit auf diese Frage ein und beantwortet sie entschieden in einer bestimmten Weise.

Damit ist hier implizit eine These aufgestellt, die im Folgenden begründet werden soll: Sie behauptet, dass die hermeneutische Grundannahme Ratzingers, dass die Bibel die Wahrheit über Jesus Christus sagt, letztlich mit der Wahrheit der »Christologie von unten« unmittelbar zusammenhängt. Beide Wahrheiten sind im Kern identisch. Dies heißt aber, dass die ontologische Perspektive der »Christologie von unten«, und sei es auch nur als Intuition, immer schon in die historische Darstellung der Evangelien mit eingegangen sein muss.

Von der Seite des Verstehens her gesprochen: Wir können die Geschichtlichkeit der Evangelien genau dann verstehen, wenn wir verstehen, dass die Wahrheit wirklich als »Christologie von unten« in die Welt kommen muss. Dies ist die ungeheure Schwierigkeit und das Ärgernis für jenen Zugang, den man mit Hegel »Verstandesdenken« nennen kann: Solange der implizite und reale Bezug auf die Wahrheit als solche abgeblendet wird, solange also von der Realität der Wahrheit in der Geschichte selbst in ihrer letzten Konsequenz abstrahiert wird, solange wird auch die hermeneutische These Ratzingers nicht akzeptiert werden können. Die Auslegung der Evangelien muss sich dann immer an partikulären anthropologischen Sinnhorizonten orientieren, und diese definieren dann *im Voraus* deren mögliche Bedeutung. Damit ist die Wahrheit der Christologie *a priori* von ihrem historischen Ursprung in Jesus von Nazareth *abgeschnitten*. Dies bedeutet aber, von der Wurzel her gedacht, dass die *Wahrheit überhaupt ausgeschlossen* bleibt. Denn der Sinn der Christologie ist es letztlich, zu zeigen, dass die Wahrheit und damit Gott *wirklich ist* und dass genau dies impliziert, dass es Jesus Christus *geschichtlich wirklich geben muss!* Anknüpfend an die Beobachtung, dass die Väter die Arianer genau aufgrund dieser Trennung zwischen Jesus und Christus für Atheisten hielten, drückt Ratzinger dies in seiner Auslegung der arianischen Häresie als drängende Frage in folgender Weise aus:

> Aber sind wir im Stillen nicht längst wieder bei dieser Art von Atheismus angelangt? Scheint es nicht auch uns unerträglich, Gott ins Menschsein herabzuziehen, und unmöglich, der Mensch könne mit Gott wirklich etwas anfangen in der Welt? Haben wir uns nicht deshalb so leidenschaftlich auf den *Menschen Jesus* [Hervorhebung G. B.] zurückgezogen?[12]

Es ist also die Trennung des *Menschen Jesus* von dem als bloße geistige Wirklichkeit behaupteten *auferstandenen, lebendigen Christus*, die an der Wurzel der Häresien und letztlich an der Wurzel des Atheismus liegt. Darum sagt Ratzinger: Die eigentliche Krise des Glaubens liegt nicht in einer Antikirchlichkeit der Moderne, sondern sie liegt in der Christologie!

Wenn also die eigentliche Krise in der Christologie und nicht in der Ekklesiologie liegt, dann muss gefragt werden: Welches sind die Wurzeln dieser Trennung zwischen Jesus und Christus, von der übrigens schon der erste Johannesbrief eingehend handelt, der mehrfach von denjenigen spricht, die sagen, dass Jesus nicht der Christus sei (2,22; 4,3), wobei der Brief die Titel »Christus« und »Sohn Gottes« gleichsetzt (2,22 und 23; 4,15 und 5,1)? Johannes nennt dann diejenigen, die das Christussein Jesu leugnen, Anti-Christen; vielleicht ist dies überhaupt der Ursprung des Wortes Antichrist: gegen Jesus als den Christus sein, ihm das Christus-Prädikat absprechen.[13]

Worin besteht die Wurzel dieser Trennung? Mit Ratzinger möchte diese Untersuchung aufzeigen, dass diese Wurzel in einer Reserve

---

[12] Joseph Ratzinger: Jesus Christus, in: Joseph Ratzinger. Gesammelte Schriften (= JRGS) 6/2, Freiburg i. Br. 2013, 809 f.
[13] Joseph Ratzinger: Christus und die Kirche, in: Ein neues Lied für den Herrn, Freiburg i. Br. 2007, 49

gegen den metaphysischen Begriff der Wahrheit als solcher liegt. Wenn diese als die Mitte der Ontologie erst erkannt und verstanden ist, dann ergeben sich Stück für Stück weitreichende Folgen und es erwächst daraus die Möglichkeit der Christologie in einer fast selbstverständlichen Konsequenz.

Umgekehrt gesprochen ist aber damit das echte Verständnis der Evangelien als primäre, sachhaltige Quelle des wirklichen historischen Jesus radikal verknüpft mit dem implizit mitgedachten Verständnis der Christologie als Offenbarungsvollzug und Verwirklichungsvollzug der metaphysischen Wahrheit. *Der Durchbruch zur Hermeneutik der Wahrheit des historischen Jesus bleibt immer halbherzig, wenn diese umfassende Offenbarungsdimension nicht mitgedacht wird.* Die Lebensgeschichte Jesu muss immer schon als voll bezogen auf diese Dimension verstanden werden. Die geschichtliche Wahrheit der Evangelien wird dann genau dadurch erst eröffnet und verstehbar: weil dann erst klar werden kann, dass die ganze Fülle der Christologie allein aus dem geschichtlichen Jesus selbst stammt und stammen muss und dass alle christologischen Begriffe nur aus einer »Christologie von unten« geschöpft werden können. Man kann abschließend sagen: Der volle Sinn von Geschichtlichkeit überhaupt kommt nun in Jesus Christus erst voll heraus und zum Tragen. Denn unser Ergebnis war, dass die Wirklichkeit Gottes selbst, seine Wahrheit selbst, sich offenbart in seiner ganzen Fülle – aber im Vollzug dieser Offenbarung wird gleichzeitig deutlich, dass diese Verwirklichung der Wahrheit nur richtig gedacht werden kann, wenn sie geschichtlich sein kann. Damit aber kann die Geschichte ontologisch nicht mehr vom Begriff Gottes getrennt gehalten werden – der Sinn der Geschichte muss in einer Geschichte Gottes selbst liegen.

I.3 Ratzingers Durchführung seiner »Christologie von unten« in seiner Auslegung des Hebräerbriefs

An verschiedenen Stellen seines Werks und in mehreren Varianten entwickelt Ratzinger seine Version einer echten Ableitung des christologischen Dogmas aus dem historischen, konkreten Lebensvollzug des Jesus von Nazareth. Die Bezugspunkte, die er für dieses Vorhaben wählt, sind: (1) das Ölberggebet Jesu, (2) der Hebräer-Brief, (3) das Petrusbekenntnis bei *Cäsarea Philippi* und (4) die Verklärung.

Alle diese Bezugspunkte sind orientiert an der *Gebetsbeziehung* Jesu zu Gott, seinem »Vater«. Unsere Frage ist: Was kann es bedeuten, die Christologie auf diese Gebetsbeziehung zu gründen? Welche Erkenntnis kann daraus gewonnen werden? Was ist das Motiv Ratzingers für diese intensive Beschäftigung mit dem Gebet Jesu?

Wie zu zeigen sein wird, liegt in der Meinung, es handele sich bei den entsprechenden Passagen um neutral erzählte Begebenheiten aus dem Leben Jesu, eine eklatante Fehleinschätzung. Entsprechend hat man die Tiefendimension dieser Studien Ratzingers bisher völlig übersehen. Der Grund dafür ist der oben beschriebene Mangel an metaphysischer Perspektive. Aufgrund dieser perspektivischen Beschränkung erscheint nun die in den Evangelien dargestellte Gebetsbeziehung Jesu als etwas, was als Vorstellbares einfach in einer Linie mit den Dingen der Welt vorliegt. Die Vorstellung, dass Jesus in seinem weltlichen Lebensvollzug »mit seinem Vater spricht« scheint selbstverständlich darstellbar und nacherzählbar – und so scheinen es die Texte der Evangelien auch zu suggerieren. Damit hat man jedoch *jenes Entscheidende* schon unter der Hand und unreflektiert vorausgesetzt, was eigentlich durch die genaue Untersuchung der berichteten Vollzüge in ihrer begrifflichen Ausfaltung überhaupt erst mit den Mitteln der Vernunft nachvollzogen werden sollte: dass Jesus *»der Sohn«* ist und dass dies nicht nur ein Mythologem ist, sondern eine vernünftige, begründbare Einsicht. *Dass* er aber »der Sohn« ist, das können wir seinem Beten nicht äußerlich zugrunde legen, sondern das *wissen* wir nur durch sein Beten!

Ratzinger nimmt also nun genau diese Stellen des Neuen Testaments zum Anlass, die Inkarnation zu *begründen,* also den Begriff der Inkarnation von innen her und aus der Schrift verständlich zu machen. *Das Gebet erscheint so als eigentliches Geschehen der Inkarnation.* Er will damit erklärtermaßen der Interpretation der Inkarnation als einer kosmischen Mythologie entgegentreten. Die Frage ist nun aber: Wie kann das Gebet Jesu die Inkarnation und die Christologie begründen und plausibel machen?

Eine Möglichkeit wäre, die Gebetsbeziehung gleichsam als Initiationserfahrung zu deuten, analog zu der in der modernen Theologie immer wieder unternommenen entwicklungspsychologischen Deutung der Taufe des Herrn. Jedoch erhandelt sich diese Deutung dieselben Schwächen und Aporien, wie sie jener Vorstellung über das Taufgeschehen anhaftet: Es erscheint nun so, als geschehe ein *Übertragungs- und Identifizierungsvorgang,* der sich von dem ontisch vorgestellten Gott herkommend *an Jesus und in ihn hinein* vollzieht. Damit kommt aber der eigentliche Grund für die innere Wahrheit der Christologie *von außen* und liegt in dieser Äußerlichkeit in seinem Sinn schon fertig vor – als »der ewige Sohn«. Dieser Inhalt kann aber nur begriffen werden als schon aus dem ursprünglichen Gebetsgeschehen abgeleitete, *jedoch unverstandene* Sache, die in Jesus zurückprojiziert wird. Hier wird deutlich, dass in jenen Schlüsselszenen der Evangelien immer schon eine voll ausgebildete Christologie enthalten ist, was, wenn sie nicht in ihrem ursprünglichen Sinn verstanden wird, zu Aporien führen muss.

Damit ist schon die Richtung entworfen, in der allein eine sinnvolle Interpretation gesucht werden kann. Ratzinger sucht speziell die konkreten Gebetssituationen Jesu als Belegstellen für eine »Christologie von unten« auf. *In ihnen allein* muss der volle Sinn der später ausgefalteten trinitarischen Beziehungen schon gegenwärtig sein. Dies kann aber nur so gedacht werden, dass das Gebet Jesu *genau jener Vollzug* ist, durch den die Wahrheit als solche endgültig in die Geschichte eintritt und in ihr endgültig verwirklicht wird. *Das Gebet Jesu ist die wirkliche Tat, die die Welt endgültig zu sich selbst bringt, indem sie die Wahrheit in der Welt und für sie realisiert.*

In besonders exemplarischer Weise sichtbar wird diese Konzentration Ratzingers auf den tatsächlichen historischen Lebensvollzug, und das heißt den Gebetsvollzug Jesu von Nazareths, in seiner Interpretation der Verklärung *(Lk 9, 28–36)*. Gegen die exegetische Tradition, die Verklärung als eine Vorwegnahme der Auferstehung zu verstehen, betont er nämlich einen anderen Aspekt.

Die erste Frage, die gestellt werden muss, ist, *wie es zu dieser Vorwegnahme der Erscheinung des Auferstandenen überhaupt kommen kann.* Die Antwort ist: Dies kann nur geschehen, weil die Identität mit dem Auferstandenen schon jetzt gegeben sein muss, im wirklichen Lebensvollzug der personalen Bezogenheit auf und darin indirekter Einheit mit Gott. Die Mitte dieses Vollzugs ist aber das Gebet:

Die Verklärung Jesu geschieht nach Lukas, während er betet: Während er betet, verändert sich sein Gesicht. Im Beten kommt der Kern des Geheimnisses Jesu zum Vorschein; es wird sichtbar, wer er eigentlich ist. Man hat diese Geschichte eine ins Leben Jesu vorprojizierte Auferstehungserzählung genannt. Aber vielleicht muss man richtiger sagen: Eine »Auferstehungserscheinung«, ein Erscheinen vom Vater her und im Glanz, der davon ausgeht, kann deshalb schon vor der Auferstehung erfolgen, weil der innere

Grund der Auferstehung im irdischen Jesus schon da ist: die Versenkung des Kerns seiner Existenz in die Rede mit dem Vater hinein, die zugleich Herrlichkeit des Sohnes, ja, Gehalt der Sohnschaft ist.[14]

Damit ist ein weitreichender Gedanke eingeführt, dessen Bedeutung nicht hoch genug einzuschätzen ist, denn er gibt dem Trinitätsglauben einen echten Boden und einen vernünftigen inneren Sinn. Ratzinger selbst spricht den Gedanken ohne große Dramatisierung aus, in ruhiger, erzählender Hinführung, fast beiläufig die gewichtigen Zusammenhänge streifend. Typischerweise findet die Auseinandersetzung in Passagen von Reden und Vorträgen statt, nicht in einer größeren, systematischen Abhandlung. Es wirkt fast so, als wollte Ratzinger den Gedanken leicht verhüllt oder versteckt präsentieren, um mit ihm nicht zu provozieren oder Anstoß zu erregen. Durch diese Tendenz Ratzingers zum Understatement und zur scheinbaren Beiläufigkeit entsteht die Versuchung, die Brisanz des Dargestellten zu überlesen und in ihm sozusagen das Altbekannte und immer schon Gedachte wiederzuerkennen. Es besteht Anlass zur Vermutung, dass dies die Realität der Rezeption richtig beschreibt, denn bislang gibt es keine Studie, die diesen Kerngedanken Ratzingers wirklich so herausarbeitet.

Was aber ist dieser Kerngedanke, und wie wird er überlesen? Ratzinger setzt an beim Gebet Jesu. Diese Situation kann in ihrer Funktion als Ansatzpunkt nun so missverstanden werden, dass das christologisch-trinitarische Verhältnis *schon ontisch vorausgesetzt* wird. Jesus ist da und der Vater ist da, und Jesus spricht nun zu ihm – so die Lesart, die sich über diese Verhältnisse nicht wundert. Ratzinger will aber etwas anderes herausarbeiten: Er will zeigen, dass die scheinbar äußerliche, ontische Gegebenheit der Trinität schon in den Evangelien aus dem realen Existenzvollzug Jesu als deren ursprünglicher Quelle geschöpft wird.

Von hier aus darf man sagen, dass Lukas das Beten Jesu zur zentralen christologischen Kategorie erhoben hat, von der aus er das Sohnesgeheimnis beschreibt. Was Chalkedon mit einer Formel aus der griechischen Ontologie ausgedrückt hat, ist bei Lukas in einer ganz personalen Kategorie, von der geschichtlichen Erfahrung des irdischen Jesus her, gesagt; in der Sache besteht eine vollständige Korrespondenz zur Formel von Chalkedon.[15]

---

[14] Ratzinger, Jesus Christus, JRGS 6/2, 804
[15] Ebd.

Die Wahrheit der Christologie bei Joseph Ratzinger

Der tiefere Gedanke ist demnach, dass das Gebet Jesu darum für Ratzinger so wichtig ist, weil in ihm die Trinität selbst zur Erscheinung kommt und das heißt, überhaupt Realität wird. Man kann sagen: Ratzinger nimmt die Gebetsbeziehung Jesu, sein immerzu lebendiges Gespräch mit »dem Vater« als Vollzugsgrundlage für das, was im Evangelium dann in der Verklärung noch einmal ganz explizit wird. Der Sinn der Verklärung wiederum wird aber erst nun voll begreiflich, wenn man sie von diesem Entwurf einer »Christologie von unten« aus dem Gebet Jesu her versteht.

Der Sinn von Ratzingers Analyse ist also: *Nicht die Trinität ist die Voraussetzung für das Gebet Jesu, sondern das Gebet Jesu ist die Realisierung der Trinität!* In Jesus und seinem wirklich geschichtlichen Gebetsvollzug ist die ganze Fülle der Trinität anwesend und in der Welt wirklich. Das Gebet Jesu ist der wirkliche Vollzug und damit die wahre und unverkürzte Verwirklichung der Trinität.

Damit soll auch gesagt werden: Wir können die Trinität und damit die Wirklichkeit Gottes nicht in einer anderen Dimension verorten. Sie hat keine Realität außerhalb der wirklichen Gegenwart in Jesus Christus. Dies heißt aber gleichermaßen: Die theologische Aussage, dass Gott sich uns mitteilt, bekommt nun einen wirklichen, gerechtfertigten Sinn. Die ganze Wirklichkeit Gottes ist in Jesus Christus und in seinem Lebensvollzug gegenwärtig!

Diese Selbstmitteilung Gottes hat aber einen überraschenden und grundlegenden Sinn im Hinblick auf unser Verhältnis zur Vernunft. Wie schon bemerkt: Dieser Zusammenhang wird von Ratzinger nicht wirklich systematisch begrifflich ausgelotet. Tatsächlich findet sich hier aber die Erklärung und systematische Bestätigung für *die* entscheidende These von Ratzingers Theologie: dass Glaube und Vernunft auf eine Weise zusammengehören, die jede Seite für die andere unverzichtbar macht.

Der Aufweis der Trinität in der »Christologie von unten« liegt darin begründet, dass gezeigt werden kann: Der Begriff des inkarnierten »Sohnes« ist nur verstehbar durch die Einbeziehung eines aufgeklärten, philosophischen Gottesbegriffs. Christentum ist nicht Dichtung oder politische Religion, sondern es zielt auf Wahrheit. Christologie ist die Weise, wie diese vernünftig begründete Wahrheit von Gott selbst her in der Welt gegenwärtig wird und wie dies in den Horizont eines metaphysischen Wahrheitsbegriffs hinein geschehen muss. Genau darauf zielt Ratzinger ab, wenn er die Gebetsbeziehung Jesu zu seinem »Vater« als Ursprungsdimension der Trinität denkt.

Die Frage ist: Wie kann man dem Beten Jesu diesen ontologischen Gründungssinn zuschreiben? Einem nicht auf diese Vernunftgründe hin orientierten Verständnis stellt sich der Sinn der in den Evangelien immer wieder geschilderten Gebetssituationen so dar: Es wird gezeigt, dass Jesus immerzu in seiner ganzen Existenz auf seinen »Vater« bezogen ist, dass er also ganz relational, ganz »der Sohn« ist. Das ontische Dasein der Trinität bildet dabei scheinbar die Voraussetzung für diese Darstellung. Die Trinität wird also so gedacht, dass sie verborgen immer schon da ist, sich aber nun in der Welt und für die Welt zeigt in diesem unablässig betenden Bezogensein Jesu auf den Vater.

Für dieses Verständnis ist die Trinität etwas ontisch unhintergehbar Gegebenes, Faktisches. Die Inkarnation *folgt* aus diesem Faktum als ein Geschehen, das der Welt von außen her zustößt und dieser ihre eigentliche Wahrheit aufzeigt und eröffnet. Das Faktum der Trinität wird verstanden als nie voll ausschöpfbare Wahrheit, als ein Mysterium, das dem Glauben im Vorgang der Inkarnation offenbart wird. Darum stellt sich für diesen Zugang als Folge dieser Voraussetzung dann die Frage: »Wie muss man sich die Inkarnation als ein Geschehen vorstellen?« Denn die Frage des *Eintritts der Trinität in die Welt* wird nun zum Problem. »Wie kann die transzendente Sphäre von Gott selbst verlassen werden und wie kann er in die irdische Welt eintreten?« Die klassische Christologie versucht, darauf verschiedene Antworten zu geben und alle bleiben letztlich für die Vernunft unbefriedigend.

Nicht nur die Frage des Eintritts wird in dieser »Christologie von oben« zum Problem, sondern auch der innere Gehalt der Inkarnation selbst. Durch ihre Herleitung aus einem äußerlich vorgestellten, ewigen Bestand der trinitarischen Verfassung Gottes muss die Inkarnation notwendigerweise als ein Abstieg in einen im Wirklichkeitsrang untergeordneten Seinszustand erscheinen. Das Denken stößt sich dann aber an diesem Problem: In der so vorgestellten Inkarnation scheint der unendliche und allmächtige Gott den menschlichen Zustand nur äußerlich anzunehmen, er verkleidet sich sozusagen in etwas ihm Uneigentliches, in ein Stück der Welt. Der Sinn dieses Geschehens war aber die reale Vermittlung von Gott und Mensch, von Gott und Welt. Dieser Sinn ist aber durch diese äußerlich vorgestellte Menschwerdung prinzipiell in Frage gestellt, denn von diesem ontisch vorgestellten Geschehen her bleibt es für die Vernunft uneinsichtig, wie sich aufgrund von Abstieg und Wiederaufstieg Gottes für beide Seinsdimensionen etwas ändern sollte. Dies ist die philosophisch-ontologische Frage, die am Beginn aller christologischen Häresien steht. Die unbewusste innere Triebkraft des christologisch-häretischen Denkens ist also eine Frage, die aus dem Recht der Vernunft auf begründbare Einsicht stammt. Sie besteht auf einem ursprünglich *vernünftig verstehbaren Sinn* des Begriffs des »Sohnes« und die damit verbundene Idee der Menschwerdung Gottes selbst.

Diese Frage folgt aber aus der Veräußerlichung des Inkarnationsgedankens mit einer gewissen Folgerichtigkeit. Jede christologische Häresie beharrt argumentativ in irgendeinem Teilaspekt darauf, dass die Vermittlung letztlich nicht voll gedacht werden kann. Und dies vollkommen zu Recht: Der Seinsbereich Gottes und der Seinsbereich des Menschen werden jeweils ontisch nebeneinander gestellt und nun in einer Person, Jesus von Nazareths, als vermittelt gedacht. Aber, so die Kritik, die allen Häresien zugrunde liegt, dies ist nur ein nachträgliches Zusammenzwingen von Begriffen. Und der Sinn dieses Zusammenzwingens bleibt am Ende sogar offen und unverstanden. Die »Christologie von oben« nimmt die Ergebnisse der »Christologie von unten« als etwas Gegebenes und versucht nun, die Inkarnation von diesem Ergebnis her zu erklären. Sie versteht nicht, dass diese Begriffe schon abgeleitete Endpunkte eines Verstehensprozesses sind. Auf diesen ursprünglichen Verstehensprozess kommt es aber an! *Nur dann, wenn die Wurzel dieser Begriffe in den Blick genommen wird, kann die Trinität in ihrem systematischen Sinn und damit in ihrem ontologisch ursprünglichen Zusammenhang mit der Welt verstanden werden.* Dieses Verstehen ist dann aber nicht bloßer Glaube an ein Mysterium, sondern begründete Einsicht in eine wirkliche Wahrheit.

Ratzingers Ansatz ist also jener ontischen Vorstellung von der Inkarnation genau entgegengesetzt, und in dieser Gegensetzung liegt die Pointe seines theologischen Denkens. Er denkt gerade die Inkarnation nicht als ein kosmisches, letztlich doch irgendwie mythologisches Geschehen. Stattdessen nimmt er die erstaunliche philosophisch-theologische Kühnheit des *Hebräerbriefs* ernst und legt sie ganz streng aus: Die ontologische Wurzel der »Inkarnation« liegt im Gebetsvollzug Jesu. In Jesu Beten ist die ganze Trinität als solche offenbart und als solche gegenwärtig und wirklich. Dazu muss er gerade nicht eine philosophische Theorie konstruieren und von außen an die Evangelientexte herantragen, sondern genau dies ist der Sachgehalt des Hebräerbriefs, wie Ratzinger herausarbeitet. Die Inkarnation ist kein abgeleitetes Geschehen, das in einer der Seinsordnung nach untergeordneten Dimension die wahren Verhältnisse »darstellt«, sondern im Beten Jesu ist die Wahrheit des Sohnseins ohne Rest wirklich da und aus dieser Wirklichkeit heraus entwickelt das auslegende Glaubensverstehen dann die Begriffe der Inkarnation und der Trinität.

Im 10. Kapitel zitiert der Hebräerbrief den 40. Psalm auf eine ungewöhnliche Weise. Dieser Psalm ist der Dank eines Beters für seine Auferweckung aus dem Tod. Den Dank bringt der Beter aber nicht dar durch ein Opfer. Er vollzieht die typische Wendung vieler Psalmen in der prophetischen Tradition, in der das Opfer als etwas Äußerliches und deshalb letztlich Insuffizientes durchschaut wird.

Opfer und Gaben hast Du nicht gewollt, doch das Gehör hast Du mir eingepflanzt. Das bedeutet: Nicht Dinge will Gott, sondern die Ohren des Menschen: sein Hören, seinen Gehorsam und darin ihn selbst. Dies ist sein wirklicher, Gott gemäßer Dank: das Kommen in den Willen Gottes hinein.[16]

Der Hebräerbrief zitiert diesen Psalm mit einer kleinen Änderung, die leicht zu überlesen ist, die aber den entscheidenden theologischen Sinn des ganzen Gedankengangs ausmacht. Ratzinger zeigt nun, dass in dieser entscheidenden Variation eine ganze Theologie der Inkarnation enthalten ist.

Darum spricht er (Christus) bei seinem Eintritt in die Welt: »Opfer und Gaben hast du nicht verlangt, einen Leib aber hast du mir bereitet; an Brand- und Sühneopfern hast du kein Wohlgefallen. Da sprach ich: Siehe, ich komme – in der Buchrolle steht es von mir geschrieben –, deinen Willen, Gott, zu erfüllen«.[17]

Der biblische Autor nimmt also ganz offensichtlich eine Transformation an dem Psalmwort vor: Wo der Psalm vom »Gehör« spricht, lässt der Brief Christus sagen: »Einen Leib hast du mir bereitet.« Diese Worte spricht Christus »bei seinem Eintritt in die Welt«. Die Inkarnation, so schließt Ratzinger folgerichtig, ist eigentlich in ihrem tieferen Wesen kein äußerliches, kein ontisches, kosmisch vorzustellendes Geschehen, sondern ihr »Ort« ist eigentlich ursprünglich ein geistiger Vollzug und das heißt ein personales Geschehen. Der Hebräerbrief interpretiert also implizit: Das, was Inkarnation eigentlich ist, was »beim Eintritt in die Welt« wirklich geschieht, das ist die Hingabe und Rückgabe der ganzen Existenz. Die Inkarnation ist ur-

---

[16] Joseph Ratzinger, Jesus Christus, JRGS 6/2, 793
[17] A.a.O., 792

Die Wahrheit der Christologie bei Joseph Ratzinger

sprünglich und im Kern nichts anderes als die im Gebet vorwegnehmend vollzogene Hingabe Jesu von Nazareths selbst an Gott. Dies deckt sich mit der bisher in dieser Arbeit schon angeklungenen These, dass alle Christologie im Wesen »Christologie von unten« sein muss und dass alle diesbezüglichen Begriffe ihren Sinn aus dieser Wurzel beziehen. Im sich hingebenden Beten Jesu wird die volle Wirklichkeit Gottes in der Welt gegenwärtig. Jesus gibt sich im Gebet vorwegnehmend geistig hin, er gibt jenes restlos hin und zurück, als was er sich empfangen hat, und definiert gewissermaßen damit das, was später theologisch als sein Wesensbegriff festgehalten wird: Er ist »der Sohn«.

Für den Hebräerbrief sind diese Psalmworte das Vernehmlichwerden jenes Gesprächs zwischen Vater und Sohn, welches die Inkarnation ist. Darin wird ihm Inkarnation als innertrinitarischer, als geistiger Vorgang erkennbar. Er hat dabei nur ein Wort im Licht der Erfüllung ausgetauscht: An die Stelle der Ohren, des Gehörs, ist der Leib getreten – einen Leib hast du mir bereitet. Mit »Leib« ist dabei das Menschsein selber gemeint, das Mitsein mit der natura humana. Der Gehorsam wird inkarniert. Er ist in seiner höchsten Erfüllung nicht mehr bloß Hören, sondern Fleischwerdung. Theologie des Wortes wird zur Theologie der Inkarnation. Die Hingabe des Sohnes an den Vater tritt aus dem innergöttlichen Gespräch heraus; sie wird Hinnahme und so Hingabe der im Menschen zusammengefassten Schöpfung. Dieser Leib, richtiger: das Menschsein Jesu ist Produkt des Gehorsams, Frucht der antwortenden Liebe des Sohnes; er ist gleichsam konkret gewordenes Gebet. Das Menschsein Jesu ist in diesem Sinn schon ein ganz geistiger Sachverhalt, von seinem Herkommen her »göttlich«.[18]

Zu beachten ist bei diesem Zitat die scheinbare Unentschiedenheit zwischen einer klassischen Inkarnationschristologie, die immer wieder doch durchzuschlagen scheint, und der »Christologie von unten«, auf die die Grundtendenz des Gedankens ausgerichtet ist. Diese Schwebe ist bei Ratzinger, wie später noch zu zeigen sein wird, öfter anzutreffen. Er hält damit das nachträgliche, sachliche Recht der »Christologie von oben« und die begriffliche Tradition der Konzilien aufrecht, ohne dies in dieser systematischen genealogischen Nachträglichkeit in dieser Kürze kenntlich machen zu können.

Was ist damit für die Bezogenheit auf die Vernunft gewonnen? Wie kann die für das vorstellende Denken befremdliche Aussage des Hebräerbriefs – Jesus spricht »bei seinem Eintritt in die Welt« die

---

[18] A.a.O. 793–794

Worte des Psalms – einen philosophischen, auf begründbare Einsicht zielenden Zugang befriedigen? Auf den ersten Blick scheint dies viel schwerer verständlich als die sauber abstrahierenden, philosophischen Argumentationen der christologischen Häresien. Der Grund dafür ist jedoch, dass das Verstandesdenken sich immer schon in der ontischen Auslegung der Christologie eingerichtet hat. Wenn nun die sachliche Wurzel der Christologie wirklich freigelegt wird, dann erscheint sie vollkommen fremdartig und dem ontisch eingeübten Denken vernunftwidrig. Die Dramaturgie, die der Hebräerbrief skizziert, eben dies, dass Christus »bei seinem Eintritt in die Welt« die Worte des Psalms spricht, scheint seriös nur *metaphorisch* verständlich zu sein, im schlimmsten Fall aber wirkt sie wie ein mythologischer Rest. Dennoch wählt Ratzinger diese Stelle mit Recht als entscheidende Quelle für das Verständnis dessen, was die Schrift mit Inkarnation meint. Denn: Der Autor des Hebräerbriefs interpretiert selbst schon in einer für alle nachfolgende Christologie vorwegnehmend gültigen, genialen Weise den Sinn der Idee der »Menschwerdung«. Damit ist gesagt: Im Neuen Testament selbst liegt schon der Interpretationsschlüssel für alle nachfolgende Christologie bereit. Die Schrift selbst gibt gewissermaßen die Hermeneutik an die Hand, die die Wahrheit der Christologie vernünftig einsehbar werden lässt.

Stärker noch muss gesagt werden: Diese Herleitung des ursprünglich vernünftigen Sinns der Christologie aus der Schrift ist der einzig einleuchtende Grund dafür, dass die Kirche gegen alle vorschnellen abstrakt-philosophischen Argumentationen der christologischen Häresien an der Wahrheit des christologischen Dogmas festhalten konnte. Auch wenn diese Wahrheit als Geheimnis verstanden und im Sinn einer letzten hinzunehmenden Autorität tradiert wurde: Der *sensus fidei*, der sich im Zweifel für die Autorität der Schrift entscheidet, *beruht letztlich auf dem ursprünglich rationalen Zeugnis, das genau diese Schrift von Jesus Christus, dem Sohn, gibt.*

Ratzinger führt dies nicht in aller Breite aus, seine Andeutungen geben aber genug Klarheit in der Sache, dass gegenüber diesem als ursprünglich freigelegten Grundgedanken der Christologie die nachfolgende Geschichte der Häresien und Konzilien in vieler Hinsicht als gedankliche und begriffliche Eintrübung, als eine Entfernung von der Quelle erscheinen muss. Ratzinger legt frei, was der Hebräerbrief in genialer Kürze zusammengesehen und grundgelegt hat: Das *real, das geschichtlich vollzogene* Gespräch Jesu mit seinem Vater ist die Wurzel seiner Gottessohnschaft. Dies heißt gerade nicht, dass die Gottessohnschaft eine bloße Konstruktion ist, die dem Leben eines bestimmten Menschen nachträglich angedichtet wurde – genau das Gegenteil ist der Fall. Die Unterstellung dieser Konstruktion ist die Grundannahme der aufklärerischen, historisch-kritischen Leben-Jesu-Forschung. Was sie dekonstruiert, ist aber gerade nicht die ursprüngliche Quelle der Christologie, die Ratzinger im Hebräerbrief freilegt und an die sie gar nicht heranreicht. Ihre kritische Dekonstruktion richtet sich vielmehr gegen die abgeleiteten christologischen Denkversuche, die sich selbst von ihrem Ursprung entfernt haben. Es soll hier aber gerade gezeigt werden, dass die Idee der Inkarnation vernünftiger, philosophischer Auslegung entstammt, an deren genealogischem Ursprung *ein echtes Phänomen liegen muss*, die wirkliche lebendige Wahrheit. Die nur ontischen Versuche der Christologie hingegen sind tatsächlich nachgetragene Konstruktionen und machen sich dadurch angreifbar. Sie denken die christologischen Kategorien vorweg und abstrakt vom begrifflichen Ergebnis her, ohne Bezug zu der ursprünglichen Quelle ihres philosophischen Sinns und wollen sie dann im Rahmen einer religiösen Erzählung vorstellend, nacherzählend zur Darstellung bringen.

Die echt geschöpften Begriffe aber entstammen in ihrer Genealogie dem *realen historischen* Vollzug der Existenz Jesu von Nazareths, näherhin seiner *Gebetsexistenz*. Diese Begriffe verstehend zu bilden heißt aber, *die Existenz Jesu schon zu begreifen als in jenen Wahrheitshorizont hineingelebt, der der lebendige, immer gegenwärtige Grund der Welt ist.* Diesen Grund aber versteht schon die Vernunft als solche als etwas, was nicht nur vollkommen transzendent zur Welt gedacht werden kann, sondern was in irgendeinem Sinn auch notwendig in die Welt treten und in ihr anwesend sein muss. Der Begriff und der Glaube an die Trinität entstammen also einem wirklich primordialen Phänomen, der Erscheinung der Wahrheit Gottes in der Welt, in der Bezogenheit des Jesus von Nazareth auf den Schöpfer und Grund der Welt, den er seinen Vater nennt. Dies wurde den ersten Zeugen, den Aposteln und den Autoren der Schrift *ursprünglich evident, und dies wird überdeutlich am 10. Kapitel des Hebräerbriefes*: dass die gelebte Beziehung Jesu zu Gott selbst schon die volle Erscheinung Gottes, seine Wahrheit ist, die von seinem eigenen Wesen her zu ihm gehört und notwendig von ihm zu denken ist. In dieser Evidenz liegt deshalb jedoch unmittelbar ein Folgegedanke beschlossen: *Dieser Mensch Jesus gehört also selbst zu Gott.* Der ewige Gott muss in sich selbst als Vater und Sohn verstanden werden.

Diese Einsicht ist der Boden, auf dem die Evangelientexte und die Apostelbriefe schon aufruhen. Was nicht genug betont werden kann: Dieser Boden hat also eine durch und durch vernünftige Substanz. Die Apostelbriefe und Evangelien sind von vornherein durch eine philosophische Reflexion über die Wahrheit Gottes und seinen Begriff grundiert. Der lebendige Schöpfer und Grund der Welt *muss von sich selbst her in der Geschichte wahr werden,* er muss sich von seinem eigenen Wesen her so zeigen, dass die Welt ihm nicht äußerlich bleibt. Diese Wahrheit Gottes muss sich aber in der Welt wirklich vollziehen, sie kann ihr nicht von außen als diskrete Information zustoßen, denn dann bliebe sie ontologisch »transzendent«, sie hätte eben gerade keinen geschichtlichen Sinn. Ihr Wesen wäre immer noch von der Welt separiert vorgestellt. Die Wahrheit Gottes muss also eine reale Vermittlung *durch die Welt, durch das Leben eines geschichtlichen Menschen,* mit einschließen. Dies heißt: Gott lässt sich in sich selbst vermitteln durch einen Menschen, und dies gehört zu seinem Begriff. Dieser Mensch gehört zu Gottes Wahrheit und damit aber zu Gott selbst – dies ist die schockierende begriffliche Einsicht, die sich im »Neuen Weg« der Christen Bahn bricht. Diese Einsicht wird in den Evangelien immer wieder scheinbar nur versuchsweise und tastend und von vielen Seiten her, aber im Wesen völlig unzweideutig und konsequent entwickelt. Exemplarisch vollzieht diesen Gedanken der Vermittlung in Gott selbst der Hebräerbrief in dem von Ratzinger ausgelegten Beginn des 10. Kapitels. Die Vermittlung der Schöpfung mit Gott *von diesem selbst her* geschieht im und durch den Gebetsvollzug des Menschen Jesus von Nazareth. Gott, als vernünftig gedachter Grund der Welt, ist also einmalig und für immer in Jesus von Nazareth »erschienen«.

Damit sind die christologischen Paradoxien prinzipiell vermieden. Es ist aber auch vermieden, dass durch die nachträglich sich entfaltende »Christologie von oben« dieses eigentliche Grundphänomen in seiner Substanz ausgehöhlt wird. Die »Christologie von oben« verlegt den Ursprung und das Sein des Sohnes in einen transzendenten Seinsbereich. Von dort, so stellt sie nacherzählend vor, nimmt er dann im Geschehen der Inkarnation »Menschengestalt« an. Damit ist aber sachlich und inhaltlich jenes, *was in Jesus Christus eigentlich und ursprünglich* zur Erscheinung kommt, ausgelassen: seine reale menschliche Hingabe. Diese freie Stelle muss nun jedoch nachträglich durch jenen *Gedanken* einer äußerlich geschehenden Inkarnation gefüllt werden. Das vorstellende Denken hat dazu jene Begriffe, die autoritativ zu glauben sind, zur Verfügung. Diese haben nun aber selbst den Status eines scheinbar ewigen Geltens und Vorliegens – ganz entgegen der Tatsache, dass sie im Ursprung jene feinstufige Genealogie aufweisen, die auf das konkrete Leben Jesu zurückführt. Diese Begriffe versucht es nun, in das vorgestellte Geschehen hinein zu integrieren: »Der *ewige Sohn* nimmt die Gestalt dieses Menschen an.« Dadurch wird die *wirkliche Erscheinung der Wahrheit in Jesus Christus* durch eine vorgestellte Wahrheit ersetzt: Das Sohnsein Jesu wird konzipiert von seiner abstrakt gedachten Ewigkeit her, die in ihrem ursprünglichen begrifflichen Sinn doch phänomenologisch-reflexiv aus der konkreten Existenz Jesu abgeleitet war. Dadurch verfehlt dieses Denken jedoch den eigentlichen ursprünglichen Wahrheitskern, der in Jesus Christus als Ursprungsphänomen historische Wirklichkeit war. Die somit auseinandergefallenen Begriffe der Trinität können von diesem Denken niemals mehr in ihre ursprüngliche systematische und organische Einheit zusammengebracht werden, weil *die Wahrheit* dieser ursprünglichen Einheit in ihrem Lebensvollzug, in ihrer personalen Beziehung des Sohnes zum Vater nicht gesehen wurde.

Diese Wahrheit lag aber *allein* in Jesus von Nazareth wirklich gegenwärtig und in ihm auch *erfahrbar* vor. Diese Erfahrbarkeit, die Begegnung mit Jesus *dem Sohn*, bekommt nun erst einen einsehbaren und verständlichen Sinn. Die »Christologie von unten« scheint oberflächlich betrachtet und in ihrer vulgarisierten Form nur den historischen Menschen Jesus von Nazareth in den Blick zu nehmen, abzüglich seines Wesens als Christus. Die historisch-kritische Methode möchte genau dies erreichen: Sie hat die Destruktion des christologischen Überbaus zum Ziel und damit die Freilegung der realen historischen Person Jesu. So gesehen verstrickte sich die »Christologie von unten« jedoch in dieselben Probleme wie die »Christologie von oben«, jedoch nur spiegelverkehrt: Beide Ansätze verfehlen den eigentlichen Sinn der christologischen Begriffe, weil sie deren Wesenszusammenhang mit der Epiphanie der Wahrheit als solcher, also mit dem innersten Ziel der Metaphysik, nicht sehen können.

Daher kann aber auch nur jene echte »Christologie von unten«, wie sie hier anhand von Ratzingers Auslegung des Hebräerbriefs entwickelt wurde, das ursprüngliche Phänomen des *Geheimnisses* der Wirkung Jesu sichtbar machen. Jesus von Nazareth war wirklich zu keiner Zeit nur ein Mensch, sondern er ist von der Sache selbst her immer schon mehr, er ist Gott. Diese begriffliche Wahrheit muss auch erfahrbar gewesen sein, und diese Erfahrung bezeugen die Evangelien auch unermüdlich. Jesus von Nazareth hatte offenbar unbestreitbar eine geheimnisvolle Autorität, die in der fast zögernden Uneindeutigkeit, in der sie von den Evangelien dargestellt wird, sogar noch überzeugender wirkt. Diese Autorität entstammt aber nicht einem extraordinären menschlichen Gestaltungswillen oder einem besonderen menschlichen Wirkungstalent. Alles gut gemeinte Verbrüderungsstreben, das hinter einer solchen Vorstellung von einer heroischen Menschlichkeit Jesu steht, bleibt vergebliche Karikatur und kann die Gestalt Jesu, so wie sie bezeugt ist, nicht verständlich machen. Sondern, wie die »Christologie von unten« zeigt: Jesus von Nazareth selbst ist rein durch seine Bezogenheit auf Gott, den er seinen Vater nennt, die historische Quelle für die gesamte Christologie. Diese radikale Bezogenheit ist allein das Zentrum seines Geheimnisses. Dieses Zentrum war aber wirklich da, als erfahrbarer Mensch. Nur als dieser war er aber immer schon Christus, der Sohn Gottes.

Die volle Erscheinung der Wahrheit Gottes in der Welt steht also am Anfang aller christologischen Klärungsversuche. Aus dieser vollen Erscheinung Gottes entfalten sich in der Folge die Begriffe und die innere Struktur der Trinität. Nur wenn die Trinität von dieser ursprünglichen Epiphanie in Jesus Christus her gedacht wird, kann sie in ihrer Wahrheit gesehen werden – sonst bleibt sie eine schwebende begriffliche Konstruktion. Nur wenn das Denken an diesen Ursprungsort zurückgeht, kann auch die Wahrheit voll gewürdigt werden: dass »in der Menschheit« Jesu von Nazareths diesem nicht etwas Ewiges – »der Sohn« – hinzugefügt wurde, der dann sein göttliches Wesen ausmacht, sondern dass er selbst, in seiner menschlichen Geschichtlichkeit, wirklich von Anfang an zu Gott gehörte! Von daher entsteht dann erst die Frage, was dies für den *Begriff Gottes als solchen* bedeutet: Wie muss Gott von ihm selbst her gedacht werden, wenn es zu seiner Wahrheit gehört, dass ein geschichtlicher Mensch sein Wesen offenbart, so, dass dieser Mensch in dieses Wesen von Ewigkeit her miteinbezogen gedacht werden muss?

Nur wenn der Grund dieser Frage und ihre Beantwortung verstanden werden, kann auch eingesehen werden, woher der Wahrheitsanspruch der frühen Kirche und der Kirche bis heute kommt *und warum er gerechtfertigt ist*. Dieser Wahrheitsanspruch ist kein

Mittel zum Zweck in einem Kampf um Macht. Sondern der Wahrheitsanspruch folgt ganz selbstverständlich aus der inneren Reflexion und Wahrheitsbezogenheit der christlichen Lehre von ihren Ursprüngen an.

Es konnte mit Ratzinger aufgezeigt werden, dass die Idee der Inkarnation als solche in der Gebetsbeziehung Jesu gründet. Durch diesen Aufweis konnte deutlich gemacht werden, warum der Wahrheitsanspruch des Christentums eine echte Basis hat. Die Gebetsbeziehung Jesu ist das lebendige Leben Gottes, in dem die Wahrheit als solche in der Welt realisiert wird.

Hierin liegt nun eine ungeheuer weitreichende Möglichkeit beschlossen. In der lebendigen Beziehung Jesu zu seinem Vater gründet letztlich die Wahrheit und damit die Vernunft selbst. Der Geist ist in der lebendigen Beziehung der Inkarnation für immer in die Welt gekommen. Dieser Geist ist uns durch Gottes Verwirklichung in der Welt *gegeben*. Dies heißt aber: Dem Menschen eröffnet sich durch diese Wahrheit Gottes ein echter, vernünftig begründbarer Sinn, auf den er sein Leben stellen kann. Sowohl in seinem Streben nach Wahrheit als auch in seinem Streben nach wahrer Freiheit ist ihm nun in der durch Jesus von Nazareth geschichtlich verwirklichten »Inkarnation« eine wirkliche Möglichkeit eröffnet, sein Leben als eine sinnvolle, auf Ewigkeit hin vollzogene Existenz auszugestalten: In der Nachfolge Jesu und im Mitleben seiner Beziehung der Sohnschaft zu Gott, seinem Vater. Diese Beziehung Jesu zu Gott, die in seinem Beten Wirklichkeit wird, nennt Ratzinger deshalb mit einer starken Formulierung: *Laboratorium der Freiheit*. Diese eigentliche Freiheit steht uns offen durch den Mitvollzug dieser Bezogenheit. Im Mitleben dieser von Gott selbst in der Welt verwirklichten Beziehung lebt der Mensch, so Ratzinger, endlich als eine echte Möglichkeit auf das hin, was er im Innersten ersehnt und ohne welches Versprechen er sein Leben nicht sinnvoll gestalten kann: »seine Vergöttlichung«.

Auf solche Weise wird auch der Modus unserer Befreiung, unserer Teilhabe an der Freiheit des Sohnes einsichtig. In der Einheit der Willen, von der wir gesprochen haben, ist die größte denkbare Veränderung des Menschen erfolgt und zugleich die einzig wünschbare: seine Vergöttlichung. So kann man das Beten, welches in das Beten Jesu eintritt und im Leib Christi Gebet Jesu Christi wird, als Laboratorium der Freiheit bezeichnen.[19]

---

[19] Joseph Ratzinger, Christologische Orientierungspunkte, 37

Die »Thesen zur Christologie«

Wichtig ist es, festzuhalten, dass diese reale Möglichkeit der Wahrheit und der Freiheit allein durch den wirklichen Existenzvollzug Jesu, der in seinem Beten exemplarisch wird, dem Menschen gegeben wird. Es muss also begriffen werden, dass Jesus von Nazareth die »Inkarnation«, also die indirekte Verwirklichung Gottes in der Welt von diesem selbst her *wirklich historisch vollzieht*. Die Christologie muss also darum »Christologie von unten« sein, weil sie in ihrer eigenen ontologischen Genealogie nie anders war und sein kann. Was dies heißt, soll im weiteren Verlauf dieser Untersuchung schrittweise durchdacht werden.

I.4 Der Zusammenhang der »Christologie von unten« mit dem historischen Faktum der Auferstehung: Die »Thesen zur Christologie«

Bisher beschränkte sich die Untersuchung darauf, die innere Rationalität und Wahrheit der Christologie anhand des Lebensvollzugs des Jesus von Nazareth aufzuweisen. In der modernen Theologie wird hier gemeinhin vom »vorösterlichen Jesus« gesprochen. Damit sollte vermieden werden, dass die Genealogie der Trinitätslehre und ihre darin deutlich werdende Kohärenz mit dem philosophischen Gottesbegriff als von einer spezifischen und *außergewöhnlichen religiösen Erfahrung* abhängig gedacht würde. Es sollte gezeigt werden, dass Ratzingers Grundthese darin besteht, dass schon der *vorösterliche Jesus* in seiner Bezogenheit auf Gott, im Horizont der lebendigen Wahrheit in sich selbst voll und ganz Christus ist. Dass er »der Sohn« ist, wird zwar erst voll bestätigt in seiner Auferstehung, dennoch ist die ganze Christologie in ihm schon gegenwärtig und gründet sich auf seinen Existenzvollzug.

Von der Ordnung der Erkenntnis her jedoch ist der vorösterliche Jesus in einem bestimmten Sinn das *Spätere*. Ratzinger weiß sich in diesem Punkt, wie später noch zu zeigen sein wird, mit Pannenberg einig: Der Anfang der Christologie, das initiale historische Geschehen, auf dem alles Weitere aufruht, *ist die Auferstehung Jesu Christi* nach seiner schmachvollen Kreuzigung in Jerusalem. Die Auferstehung ist die entscheidende Realität, das historische Faktum, an dem sich die Erkenntnisbemühung und daher die frühe christologische Begriffsbildung entzündet. Durch die Auferstehung wird mit einem Schlag die ganze Existenz Jesu von Nazareths *als jene des Sohnes* sichtbar. In dieser ursprünglichen Selbstoffenbarung ist die ganze Wahrheit über Jesus Christus da, aber noch nicht begrifflich eingeholt. Darum muss nun in einem nachholenden, aber dennoch grundlegenderen Schritt dasjenige, was historisch am Beginn stand, in den Blick genommen werden.

Ratzinger macht dies zu Beginn seiner »Thesen zur Christologie« unmissverständlich klar.

In der ersten These schreibt er:

> Den Ausgangspunkt der Christologie bildet im Neuen Testament die Tatsache der Auferweckung Jesu Christi aus den Toten. Sie ist die offene Parteinahme Gottes für ihn in dem Prozess, den Juden und Heiden gegen ihn veranstaltet hatten.[20]

In den darauffolgenden Thesen erarbeitet Ratzinger in radikaler Knappheit Zug um Zug, wie sich aus dem Schlüsselereignis der Auferstehung in einem mehrere Jahrhunderte währenden, sich entwickelnden Verstehensprozess der Begriff »Sohn Gottes« als maßgeblicher Titel für Jesus herausschälte. Ein gewisser Endpunkt der Herausbildung der christologischen Grundbegriffe wurde gesetzt im *Konzil von Chalkedon* im Jahr 451 mit seiner Formel von den zwei Naturen, der göttlichen und der menschlichen Natur, die in der einen Person Jesu Christi unvermischt und ungetrennt vorliegen. Dazwischen liegen viele Generationen, die das, was am Beginn in voller und daher vielleicht auch zu großer Helle sich zeigte, nach und nach in Reflexionen und Begriffe fassten.

Die Methode der kurzen Reflexionen, die Ratzinger in seinen »Thesen« anwendet, kann paradigmatisch gelten dafür, wie die »Christologie von unten« durchgeführt werden muss. Ratzinger stellt sich wirklich in den historischen Prozess und vollzieht hermeneutisch jene Schritte nach, die gemacht wurden, um die Erfahrung des auferstandenen Jesus von Nazareth in die verfügbaren Begriffe und Vorstellungen zu fassen. Er denkt also in einem echten Sinn »historisch-kritisch«, das heißt, er legt die geschichtlichen Wurzeln der Entstehung des trinitarischen Glaubens frei, und zwar *aus dem Innenraum der Geschichte des Glaubensbewusstseins* selbst. Damit ist schon for-

---

[20] Joseph Ratzinger, Jesus Christus. Der Sohn Gottes (= Thesen zur Christologie), in: Credo für heute. Was Christen glauben, Freiburg i. Br. 2006, 51–54. Die folgenden Zitate der Thesen in diesem Kapitel sind allesamt dort zu entnehmen!

Die »Thesen zur Christologie«

mal ein hoher Wahrheitsanspruch verbunden, denn es wird ein realer historischer Prozess inhaltlich-sachlich nachgezeichnet.

Darüber hinaus ist in diesen sehr gedrängten Thesen vorweggenommen, was Ratzinger später in seiner großen Jesus-Monographie hermeneutisch grundlegt: Die *wahre historisch-kritische Methode* muss das Geheimnis der Christologie, die Gottessohnschaft Jesu, in seinem ursprünglichen sachlichen Sinn überhaupt erst sichern, bewahren und letztlich erklären. Das Verständnis der Sohnschaft selbst ist der Maßstab für das Gelingen der historisch-kritischen Methode. Letztere hat nur dann ihre Aufgabe erfüllt, wenn sie dieses Phänomen in seinem wesentlichen begrifflichen Gehalt durch die Untersuchung hindurch bewahrt und genau damit dem Verstehen den Weg vom Ursprung hin zu den Begriffen und Lehrinhalten aufzeigt. Sie hat dadurch aufklärerische Wirkung nach zwei Seiten:

Nach der Seite der oft zu leichtfertigen und oberflächlichen historischen Kritik zeigt sie auf, dass nur Ereignisse und Einsichten von sehr starker Überzeugungskraft die tatsächlich geschehene Begriffsbildung erklären können. Ratzinger zeigt so, dass die vorschnelle religionskritische Ablehnung und Einordnung selbst eine vorurteilsbehaftete Konstruktion ist, die an der tatsächlichen, sehr genau nachvollziehbaren Begriffsbildung vorbei, relativ frei und nach Wunschvorstellungen entworfen wurde.

Nach der Seite des Glaubens besteht die aufklärende Wirkung der »Christologie von unten« darin, dass der ursprüngliche Realismus der Inhalte der Verkündigung wieder zu seinem Recht kommt – wie zu zeigen sein wird, betrifft dies bei Ratzinger insbesondere das *leere Grab* und schließlich vor allem die *leibliche Auferstehung*. Bedingt durch ein Gefühl der argumentativen Schwäche gegenüber der neuzeitlich-aufklärerischen Kritik wurde dieser Realismus bis heute eigentlich vollständig preisgegeben. In der gegenwärtigen Theologie besteht ein stillschweigender, aber selbstverständlich geteilter Konsens darüber, dass jene Gehalte der Evangelien, die nicht in das moderne Weltbild integrierbar erscheinen, so umschifft werden müssen, dass der Verkündigungssinn dieser Inhalte gerettet werden kann, ohne am Realismus festhalten zu müssen. Damit hat sie sich mehr und mehr und ohne tieferen sachlichen Grund einem *ontischen Begriff des Historischen* ergeben und teilt ihn weitestgehend. Wie zu zeigen sein wird, hat die leibliche Auferstehung und mithin das leere Grab jedoch einen unverzichtbaren *ontologischen* Begründungssinn, an dem der Begriff Gottes selbst hängt. Gibt man den Realismus der

Die Wahrheit der Christologie bei Joseph Ratzinger

Auferstehung zugunsten des Maßstabs des Historisch-Ontischen auf, dann entzieht man dem Glauben also seine vernunftbegründete Basis und seine allgemeine Verbindlichkeit. Er wird in die Spiritualität und in den Bereich persönlicher Erfahrung abgedrängt.

Man kann also sagen: Die Position Ratzingers, die er aus seiner Hermeneutik entwickelt und die hier als eine Form der »Christologie von unten« aufgezeigt werden soll, hat ihr *Proprium* geradezu in diesem Realismus in Bezug auf die Auferstehung des Leibes. Ratzingers Realismus entstammt also nicht einfach einer äußerlichen, fideistischen Treue zur Schrift, sondern hat seinen systematischen Grund *im Begriff Gottes* selbst. Um seine Herangehensweise in ihrem wesentlichen Zug zu charakterisieren, zitiert Ratzinger selbst einen Wortwechsel zwischen Adolf Schlatter und Adolf Harnack:

Und deswegen ist es so wichtig, dass die Auferstehung nicht zu einem Interpretament verflüchtigt wird, während man den Leib Jesu im Grab verwesen lässt. Nein, die Materie ist Gottes; das ist gerade deswegen so zentral, weil unser subtiler Gnostizismus dies nicht mehr vertragen kann. Als Harnack in der Berliner Fakultät versöhnlich zu seinem orthodoxen Gegenpartner Adolf Schlatter hin bemerkte, sie beide seien eigentlich ganz einig, es trenne sie nur eine Kleinigkeit, nämlich die Wunderfrage, rief Schlatter energisch dagegen: »Nein, uns trennt die Gottesfrage, denn in der Wunderfrage geht es in der Tat darum, ob Gott Gott ist oder ob er nur dem Bereich der Subjektivität zugehört.«[21]

Es ist also ein entscheidendes Wesensmerkmal von Ratzingers Denken, dass er diesen Zugang Adolf Schlatters teilt. Dies unterscheidet Ratzinger von der zeitgenössischen Theologie und macht ihn dort schwer rezipierbar. Wie noch zu zeigen sein wird, beharrt Ratzinger auch in der Frage der *Jungfrauengeburt* aus systematischen, auf den Gottesbegriff selbst bezogenen Gründen heraus auf dem Realismus der Schrift und stellt sich damit gegen den größten Teil der Theologie der Gegenwart. Genau dies macht ihn jedoch interessant: In seiner frühesten Zeit wurde er als progressiver Theologe wahrgenommen, und genau diese »Modernität« kommt in seiner historischen Hermeneutik und seiner Rationalität auch später noch zum Tragen. Aber er wendet die historische Kritik so auf seinen Gegenstand an, dass *der Zusammenhang zwischen dem Realismus der Evangelien und dem systematischen Begriff Gottes* ans Licht und dadurch der Realismus des Glaubens wieder zu seinem vollen Recht kommt.

---

[21] Joseph Ratzinger, Jungfrauengeburt und leeres Grab, JRGS 6/2, 893

Die »Thesen zur Christologie«

Für seine Thesen zur Christologie bedeutet dies: Das christologische Ur-Ereignis ist die Auferstehung, und zwar verstanden als echte historische Tatsache.

Ratzinger unterstreicht diese Tatsache zu Beginn seiner »Thesen zur Christologie« durch eine überraschende, kontraintuitive Einordnung der Auferstehung in den historischen Rechtsstreit um Jesus von Nazareth. Die Auferstehung wird, wie oben bereits zitiert, ausgelegt als *rechtfertigendes Zeugnis Gottes für den Angeklagten Jesus in seinem historischen Gerichtsprozess:*

Sie ist die offene Parteinahme Gottes für ihn in dem Prozess, den Juden und Heiden gegen ihn veranstaltet hatten. (These 1)[22]

Von dieser Tatsache geht alle weitere Entwicklung und Begriffsbildung aus. Damit ist implizit immer gesagt: Diese Begriffsbildung und Glaubensentwicklung ist ohne die wirkliche historische Tatsache der Auferstehung nicht plausibel verständlich zu machen. Was genau Ratzinger hier unter »Auferstehung« versteht, soll hier zunächst eingeklammert werden. Der nächste Abschnitt wird sich ausführlich mit dieser Frage und ihrer Klärung befassen. Wichtig ist hier zunächst Ratzingers Bestehen auf diesem historischen und damit auch methodischen Fixpunkt: Das reale Geschehen der Auferstehung ist die Mitte und, wenn man so will, definiert die Höhe, von der aus alle Deutungsquellen abwärts fließen. Dass dies implizit in der Sinnbildung der christologischen Begriffe ablesbar ist, soll im Folgenden deutlich werden.

Die Frage, die Ratzinger in seinen »Thesen zur Christologie« zu klären versucht, kann im Kern so formuliert werden: Was *bedeutet* die Auferstehung – betrachtet als gesicherte historische Tatsache – *rückwirkend* für die Lebensgeschichte Jesu von Nazareths? Wie war die vollkommen unbekannte Größe »Auferstehung« mit den von Jesus und seiner Lebensgeschichte her erinnerten und überlieferten Ereignissen zu vermitteln? Die Klärung dieser Frage verfolgt Ratzinger in den inhaltlich aufeinander aufbauenden Paragraphen, in welchen nachvollziehbar wird, wie es zur Anwendung der bis heute tradierten Vorstellungen und Titel auf Jesus von Nazareth kommen konnte. Es wird also nachvollzogen, welche Reflexionsschritte die ersten Zeugen und die dann unmittelbar folgenden Generationen der ersten Christen gingen. Aus diesen Reflexionsschritten erwuchs die Grundgestalt des

---

[22] Joseph Ratzinger, Jesus Christus. Der Sohn Gottes. (= Thesen zur Christologie), 51

trinitarischen Glaubens, und dies macht Ratzinger im Nachvollzug verständlich und plausibel. Das Osterereignis ist dabei immer als das eigentlich motivierende Zentrum festgehalten. Dieses Zentrum wirft die Fragen auf, welche die Reflexion erst in Gang bringen, was wiederum zu jenen Ergebnissen führt, die letztlich in die Grundformen des Glaubensbekenntnisses eingingen und dort festgehalten wurden.

Dies heißt zweierlei: 1. Der historische Mitvollzug der Reflexionsschritte, die zur Bekenntnisbildung führten, macht deutlich, dass der christliche Glaube von Beginn an denkerisch und philosophisch-theologisch ist. Der Glaube ist immer schon innerlich reflexiv; er verarbeitet eine reale Erfahrung, das Osterereignis, und *deutet* sie in einem Horizont von alttestamentarischer Bundesreligion und natürlicher Theologie.

2. Wenn dieser Schritt erst einmal getan ist, wenn also klar ist, dass und auf welche tastende, vorsichtige und gleichzeitig genau gedachte Weise die heute so festgefügten Bekenntnisinhalte in einem frühen Prozess wirklich zusammengefügt worden sind, dann ergibt sich für die nüchterne historische Betrachtung nur *eine plausible* Erklärung für diesen historischen Prozess: Es musste ein sehr klares und starkes Motiv im Zentrum dieser denkerisch stringenten Entwicklung stehen und dieses Motiv musste einen massiven Realitätsgehalt haben, um jenen denkerischen Willen zur Synthese herauszufordern und die begriffsbildende Vermittlungsarbeit in Tätigkeit zu bringen und auch zu halten. Für Ratzinger ist völlig klar, dass diese Kraft nur *die Realität des Osterereignisses* ausstrahlen konnte. Aber auch für jeden sorgfältigen, neutralen historischen Beobachter lässt es sich nur schwer abweisen, wenn er sich auf diese Reflexion Ratzingers einlässt, dass an der Wurzel jener Bekenntnisbildung ein echtes, reales Ereignis stehen muss, das diese massive, organische Reflexion in Gang brachte und hielt.

Die christologischen Thesen legen selbst eine so komprimierte Fassung der historischen Bekenntnisbildung vor, dass eine weitere Verdichtung kaum möglich ist. Daher soll nun, Stück für Stück, in paraphrasierender Weise eine fast vollständige Wiedergabe erfolgen:

Wie schon gezeigt, formuliert Ratzinger die erste These herausfordernd so, dass die Historizität der Auferstehung von vornherein vorausgesetzt ist. Gott erscheint in ihr gewissermaßen als geschichtlich handelnder Zeuge, der in der Auferstehung Jesu vor dem Gericht der Juden und der Welt für Jesus aussagt und ihm Recht gibt. In dieser Rechtfertigung impliziert sind zwei weitere Bestätigungen Jesu:

Die »Thesen zur Christologie«

Seine Auslegung des Alten Testaments und sein darin enthaltener Hoheitsanspruch sind wahr und begründet. Daher ist sein Todesurteil falsch und ungerecht. Der zweite Schritt (These 2) betrifft die Kreuzigung. Die Frage, die sich unmittelbar aufwerfen musste, ist: Wie kann die Schmach der Kreuzigung als ein sinnvolles, auf Gottes Wirken bezogenes Ereignis verstanden werden? Denn wenn Jesus wirklich *der Auferstandene* ist, dann kann die Kreuzigung kein Fluch sein, sondern sie muss in einem bestimmten Sinnzusammenhang mit der Auferstehung stehen. Sie gehört nun in irgendeinem Sinn auch zu Gott selbst. Die Antwort darauf wurde gefunden in der Vorstellung vom leidenden Gerechten, die im Alten Testament exemplarisch in *Psalm 22* und in *Jesaja 53* vorliegt. Weil Jesus aber die Abendmahlsworte hinterlassen hat – wie dies in einem der nachweislich frühesten Zeugnisse des Christentums in *Kor 11, 23–26* überliefert ist –, drängt sich fast selbstverständlich, ja zwangsläufig die Bezugnahme auf die Opfertradition Israels auf. Der Stellvertretungsgedanke von *Jesaja 53* und der Opfergedanke Israels finden in Jesu Kreuzestod zusammen – so versteht sich Jesus selbst und so vollziehen es schrittweise die ersten Zeugen und die ersten Gemeinden verstehend nach:

Jesus ist das wahre Opferlamm, das Bundesopfer, in dem der tiefste Sinn aller alttestamentarischen Liturgie erfüllt ist. Auf diese Weise ist sowohl der Erlösungsgedanke wie der Kern der christlichen Liturgie eröffnet. (These 2)

Im folgenden Schritt (These 3) fragt Ratzinger implizit nach dem tieferen Grund zweier geschichtlicher Neuerungen, die mit der ersten Generation der Christen eintraten. Dies ist zunächst (1) der Auferstehungsglaube überhaupt und das damit verbundene plötzliche Auftreten der spezifischen christlichen Eschatologie. Der Auferstehungsglaube war in Israel nur in Erwähnungen und Teilströmungen vorhanden. Explizit taucht er erst im Makkabäer-Buch auf.[23] Er war zur Zeit Jesu also jüngeren Datums und vergleichsweise schwach verankert. Im Gespräch Jesu mit den Sadduzäern wird in *Mt 22, 23* deutlich, dass diese die Auferstehungsvorstellung ablehnen. Die Jünger

---

[23] In 2 Makk 7, 22–23 bezieht die Mutter der sieben Märtyrer aus der Idee der Schöpfung aus dem Nichts die Idee des ewigen Lebens, also der Neuschaffung der Gerechten. In dieser Passage ist der Glaube an das ewige Leben erstmalig in der Bibel theologisch begründet formuliert *durch den Rückbezug auf die schöpferische Allmacht des gerechten Gottes, der uns aus Nichts hervorgebracht hat und darum auch die Macht hat, uns wieder zum Leben zu erwecken!*

Die Wahrheit der Christologie bei Joseph Ratzinger

fragen sich nach der Verklärung, auf dem Abstieg vom Berg Tabor, was das sei: »von den Toten auferstehen« *(Mk 9, 10)*. Plötzlich setzt sich aber diese Idee nun in der jungen Christengemeinde massiv durch und wird zum Zentrum des Glaubens – dies ist das zu erklärende historische Faktum.

Die zweite historische Neuerung ist die sehr frühe Öffnung christlicher Bekenner hin auf die »Kirche der Heiden« (2). Von Israel aus ist diese Öffnung vollkommen undenkbar. Es musste ein massives Faktum hinzugekommen sein, das diese Öffnung der Judenchristen erklärbar macht.

Die erklärende These Ratzingers ist nun: Dieses historische Faktum, das verantwortlich ist für zwei so extreme Wandlungen, ist die »bleibende Herrschaft Jesu«, die in der Auferstehung gründet. Ratzinger denkt hier radikal geschichtlich, *intern* vom Glaubensbewusstsein der ersten Zeugen her: Wenn Jesus auferstanden ist, dann ist er jetzt und für immer *Herrscher über die und in der Geschichte*. Dies und nur dies, die wirkliche *geschichtliche* Gegenwart der Herrschaft Jesu, macht den Auferstehungsglauben also erst auf einmal allgemein verständlich und rezipierbar. Ebenso garantiert die bleibende Herrschaft Jesu die Freiheit von der offiziellen jüdischen Religion, denn diese Herrschaft *widerlegt* deren amtliche Auslegung gegen Jesus *bleibend*. Umgekehrt gesprochen: Ohne die Realität der Auferstehung und die darin beschlossene bleibende Herrschaft bleiben beide historische Tatsachen unmotiviert und vollkommen unerklärlich.

Der nun folgende Schritt (These 4) fragt nach dem entscheidenden entwicklungsgeschichtlichen Motiv für die Anwendung des Begriffs des »Sohnes« auf Jesus. Wie kommen die ersten Zeugen, die ja allesamt Juden waren, zu diesem für das jüdische Glaubensverständnis so abseitigen Bekenntnis von Jesus als »dem Sohn«? Ratzinger argumentiert in seiner Antwort wieder ganz immanent historisch und in folgender Weise: Die Auferstehung wurde festgehalten als die Bestätigung des Hoheitsanspruches Jesu – so wie er auch in den Erinnerungen an Jesus festgehalten wurde, wie es also seinem historischen Selbstverständnis entsprach. Diese Bestätigung wird nun übersetzt in das alttestamentarische Bild vom Sitzen Jesu »zur Rechten des Vaters«. Der Platz rechts neben dem König ist der Ehrenplatz schlechthin, es gibt keinen höheren Rang. Dieser Platz ist dem Messias vorbehalten. Die alttestamentarischen Messiasverheißungen münden also für die ersten Zeugen in Jesus selbst und werden auf ihn angewendet – dies und genau dies bedeutet die Einführung des

Die »Thesen zur Christologie«

Begriffs des »*Sohnes*«. Denn, der exemplarische Satz des Alten Testaments zur Figur und Stellung des Messias findet sich in *Psalm 2,7*: »Mein Sohn bist du, heute habe ich dich gezeugt.«
Wenn die ersten Christen Jesus »*Sohn*« nennen, dann vollziehen sie damit also in vollem Bewusstsein eine *bedeutungsgeschichtliche Reflexion*: Sie wenden einen vorliegenden, alttestamentarisch tradierten Titel an auf Jesus und geben ihm damit den in diesem Titel mitschwingenden Bedeutungsgehalt und Rang. Der Begriff »Sohn« geht also wiederum auf eine historisch sehr genau identifizierbare, *denkerische Entwicklung* zurück und hat darin seinen ursprünglichen Sinngehalt.

Die zunächst vielfältigen Ausdrucksformen für die Hoheit Jesu kristallisieren sich zusehends in den Begriffen »Christus« (Messias) und »Sohn«, die am meisten der alttestamentarischen Verheißung wie dem in der Erinnerung festgehaltenen historischen Anspruch Jesu entsprachen. (These 4)

Wichtig ist es, dabei immerzu die Erklärungsrichtung der Hermeneutik Ratzingers festzuhalten: Erklärt wird, *warum* der höchste Würdetitel des Alten Testaments von den ersten Christen auf Jesus von Nazareth angewendet wird. Die Antwort auf diese Frage besteht darin, dass dies historisch nur verständlich gemacht werden kann als eine Reaktion auf *ein massives Ereignis*, und dies, so Ratzingers Gedanke, kann nur die Auferstehung sein.

Im folgenden Schritt (These 5) fragt Ratzinger nach dem Wahrheitsgehalt der Darstellung des Lebens Jesu in den Evangelien. Der Gedankengang dahinter muss so verstanden werden: Es ist eine universale Eigentümlichkeit, ein wirkliches Alleinstellungsmerkmal des Christentums, dass in ihm von Anfang an tradiert wurde, dass ihre Gründungsgestalt ein Mensch ist, der verurteilt und verflucht wurde, öffentlich gefoltert und schließlich öffentlich am Kreuz zu Tode gemartert starb. Wenn, so Ratzingers Gedanke, die Gestalt Jesu Christi aus dem Bedürfnis heraus entstanden wäre, nachträglich einen »Lehrer in Israel theologisch zu verklären« (These 5), dann bleibt die tatsächlich gewählte Erinnerungstradition vollkommen unverständlich. Das heißt aber, dass gerade diese Erinnerung offenbar streng sachlich, das heißt aber auch: an der Wahrheit orientiert war. Warum sollte aber eine so hässliche und beklagenswerte Wahrheit tradiert werden? Für sich genommen gibt es dazu keinerlei Anlass. Darum entsteht hier, durch diese echte historische Rückbesinnung, ein sehr starkes Argument für die Wahrheit der Auferstehung. Neutral formuliert:

Die Wahrheit der Christologie bei Joseph Ratzinger

Es gab offenbar ein Ereignis von sehr starker Überzeugungskraft, das die ersten Zeugen dazu ermächtigte und innerlich dazu verpflichtete, den ganzen *wirklichen* Weg Jesu, das heißt auch gerade die Schmach der Passion und der Kreuzigung, darzustellen und erinnernd festzuhalten. Dass wir von diesem Ereignis wissen, ist also *kein Zufall, sondern Folge der Auferstehung.* Dass dieser Weg aber als so leidvoll und schwierig gezeigt wird, ist gerade ein Hinweis darauf, dass seine Darstellung wahrhaftig und richtig sein muss. Dies heißt aber auch, dass dieser Weg offenbar schon von Anfang an als *konstitutiv* begriffen wurde für das Wesen dessen, der »zur Rechten des Vaters sitzt«. Damit ist aber gesagt: Von Anfang an bestand bei den Zeugen und den darauf folgenden Anfängen der Tradition nie ein Zweifel darüber, dass es sich hier um eine einheitliche Gestalt handelt, die nicht auseinanderdividiert werden darf.

Deshalb gehört das erinnernde Festhalten der Worte Jesu und seines Weges, vor allem seiner Passion, von Anfang an zum Kern der christlichen Traditionsbildung und zu ihren Maßstäben. Die Identität zwischen dem irdischen und dem auferstandenen Jesus ist grundlegend für den Glauben der Gemeinde und verbietet jede spätere Zertrennung zwischen historischem und kerygmatischem Jesus. (These 5)

Es liegt hier also eine auch methodisch zwingende Einheit vor. Die Idee der Trennung des verkündeten Christus vom historischen Jesus geht über diese *genealogische* Einheit hinweg! Dass Jesu Leben und Passion tradiert wurde, ist aber gerade ein sachhaltiger historischer Beleg für die Wahrheit seiner Auferstehung. Aber dies wiederum beweist, dass auch schon der vorösterliche Jesus, der Jesus der Passionsgeschichte, der Gekreuzigte, im gewissen Sinn eins war mit dem auferstandenen Christus. Diese Einheit ist nicht nur eine historisch-lineare, sondern eine *Sinneinheit.*

Der folgende Abschnitt (These 6) schließt unmittelbar an diesen Gedanken an und entwickelt ihn weiter. Ratzinger beschreibt nun, immer in der historischen Perspektive verbleibend, einen echt christologischen Reflexionsschritt in der frühen Traditionsbildung. Der Titel »Sohn« stammt nämlich näher besehen aus dem Osterereignis und das heißt, aus der Interpretation der Auferstehung selbst.

Die Formel »Mein Sohn bist du, heute habe ich dich gezeugt« erscheint zunächst als Auslegung des Auferstehungsgeschehens: die Auferstehung ist die Thronerhebung Jesu, seine Proklamation zum König und zum Sohn. (These 6)

Die »Thesen zur Christologie«

Der Titel »Sohn« wird also in einem gewissen Sinn vom Augenblick der Auferstehung an gültig und beschreibt eine bestimmte, von Gott selbst verliehene Hoheitsstellung. Die Frage ist dann aber, so kann man den Gedanken Ratzingers im Hintergrund dieser These extrapolieren: Wie kommt es, dass in den frühesten Zeugnissen Jesus selbst als dieser Sohn erscheint? Dies liegt exakt an jenem anderen Sinngehalt des Osterereignisses, der in These 1 vorgestellt wurde: Die Auferstehung ist nicht nur Proklamation, sondern auch »Bestätigung des Hoheitsanspruches [...], dessentwegen Jesus am Kreuz sterben musste« (These 1). Dies heißt: Der Sohnestitel gilt schon vor der Auferstehung, er beschreibt gültig, wer Jesus war.

In dieser rechtsförmigen Argumentation unterstreicht Ratzinger seinen wirklich immanent historischen Zugang, also die Anwendung der Methode einer »Christologie von unten«: Alle christologischen Begriffe werden in ihrem Sinn aus dem wirklichen historischen Jesus von Nazareth verstehbar. Dies heißt aber gerade nicht, dass sie *nur anthropologische* Kategorien sind – das Gegenteil ist der Fall. Es wird gerade gezeigt, dass ihre christologisch inhaltliche Wahrheit wirkliche historische Wahrheit und keine Konstruktion eines religiösen Bewusstseins ist. Die Frage steht also danach, ob die *Anwendung* des Sohnestitels *wirklich gültig* ist, ob sie *gerechtfertigt* ist. Diese Gültigkeit allein, so Ratzingers Argument, *kann unter den frühen Zeugen und in der Gemeinde die Anwendung eines solchen Hoheitstitels tradieren*. Diese Gültigkeit kann aber nur durch eine herausragende Bestätigung, durch ein Ereignis *kath exochen*, überzeugend vermittelt worden sein. Daher zeigt sich in der tatsächlichen, faktischen Anwendung des Sohnestitels und der darin mitvollzogenen impliziten Anerkennung seiner Rechtmäßigkeit ein starker Hinweis auf ein herausragendes Bestätigungsereignis, die Auferstehung.

Im folgenden Schritt, in der These 7, wird gezeigt, wie das Johannesevangelium diese Erkenntnisbewegung zusammenfasst und vertieft: Die Auferstehung muss als die Bestätigung dafür verstanden werden, dass Jesus rechtmäßig immer schon »der Sohn« war. Dies liegt aber daran, dass, so Johannes, Jesus selbst nicht nur in höchster Autorität sprach und verkündete, sondern in seinem Wesen selbst dieses »Wort Gottes« *ist*.

Dieser Zusammenhang wird mit voller Deutlichkeit im Johannesevangelium zu Ende gedacht: Jesus verkündet nicht nur Wort Gottes, sondern ist selbst Wort Gottes seiner ganzen Existenz nach. In ihm handelt Gott als Mensch. (These 7)

Die Wahrheit der Christologie bei Joseph Ratzinger

Hier muss, wie schon die ganze Zeit über, der immanent historische Zugang Ratzingers betont und festgehalten werden. Der Beginn des Johannesevangeliums hat hymnischen Charakter und vermittelt den Anschein eines rein denkerischen Gedichts. Es kann darum leicht als philosophische Spekulation missverstanden werden und wurde auch in die Nähe der Gnosis gerückt. Ratzinger zeigt hier aber, dass diese innere Denkbewegung ganz konsequent und exakt anschließt an die Fragen und Antworten, die das Osterereignis für die frühen Zeugen aufwarf. Das Johannesevangelium spricht von Jesus als dem Wort, das »am Anfang« bei Gott war. Woher nimmt er das Recht zu dieser Aussage? Ratzinger klärt nun genau diese Frage nach dem Anfang, indem er Johannes in die »Christologie von unten« einordnet, und das heißt in die Perspektive, die vom Ende her eröffnet ist. Der christologische Gedanke der Identität Jesu mit Gott kommt zustande in einem schrittweisen Bekenntnis- und Erkenntnisprozess, der von der ursprünglichen Erfahrung der Auferstehung ausging. In diesem Ereignis zeigt sich der gekreuzigte Jesus als lebendig, gegenwärtig, erhöht, in irgendeinem offenen, aber grundsätzlichen Sinn zu Gott selbst gehörend. Wie gesehen, bezieht nun der frühe Bekenntnisbildungsprozess diese Inhalte auf das Leben vor der Kreuzigung zurück und nennt ihn schon bald Messias und »Sohn«. In der Auferstehung steckt aber offenbar noch mehr, und dies wird nun von Johannes zu Ende gedacht: Wenn der Gekreuzigte selbst lebendig ist und zu Gott gehört, dann müssen wir ihn uns so denken, dass er von Anfang an bei Gott war. Dann ist Gott selbst so, dass dieser Mensch Jesus immer schon zu ihm gehörte, als sein *Logos*, sein innerer, vernünftiger Sinn. Dies ist jedoch nur verständlich, wenn festgehalten wird, dass Gott sich in der Auferstehung des Gekreuzigten wirklich als jener, der er ist, gezeigt hat. Und nur über diesen »Umweg« kann der Anfang des Johannesevangeliums rechtmäßig verstanden und ausgesagt werden.

Ratzinger hält in der These 7 noch zwei Zwischenschritte fest, die das Johannesevangelium innerlich vollzieht:

Im Alten Testament ist erstens die Christologie im gewissen Sinn immer schon präfiguriert, denn dort sind immer schon zwei Verheißungslinien nebeneinander existent: »die Verheißung eines Heilbringers aus Davids Geschlecht und eine direkt theologische Verheißungslinie, die Gott selbst als das endgültige Heil Israels sieht« (These 7). Durch die johanneische Konsequenz, dass Jesus selbst Gottes Wort seinem Sein nach ist, wird nun klar, dass diese beiden

Die »Thesen zur Christologie«

Linien in ihm ihre Identität haben – denn er ist der Messias aus Davids Stamm, der gleichzeitig in irgendeinem Sinn Gott selbst ist.

Darüber hinaus wird von der Theologie des Johannes her erst voll und klar ersichtlich, wovon die Synoptiker sprechen, wenn sie Jesus in seiner Vollmacht darstellen. Die synoptischen Evangelien, so kann man Ratzinger verstehen, sagen eigentlich implizit nichts anderes als Johannes. Dieser gibt jenen Darstellungen, in denen Jesus faktisch durch seine Vollmacht an die Stelle Gottes tritt, den begrifflich erhellenden Kontext.

Den nächsten Schritt, die These 8, widmet Ratzinger der Frage nach dem Sinn der Überlieferungen der Geburt und der Kindheitserzählungen. Die dahinterstehende Frage ist: Wie erklärt es sich, dass die Erzählungen über die Geburt und Kindheit Jesu in die Evangelien und damit in die amtliche Überlieferungsform der Kirche aufgenommen wurden? Man kann, die Frage vertiefend, im Sinn Ratzingers ergänzen: Was ist die Motivation für die Aufnahme der frühesten Empfängnis-, Kindheits- und Geburtsgeschichte? Für jeden neutralen Beobachter und sicher auch für die frühen Christen ist klar ersichtlich, dass diese Erzählungen einen anderen Charakter haben als etwa die Passionen. Was ist also das Motiv für ihre Amtlichkeit? Der Grund kann nur ein theologischer sein. Im Alten Testament werden die Propheten schon im Mutterschoß berufen, aber hier bleibt doch eine klare Trennung von Göttlichem und Menschlichem gewahrt. Es bleibt eine gewisse Nachträglichkeit der Berufung bestehen. Die Kindheitsüberlieferung will theologisch sagen: Jesus wird nicht erst im Mutterschoß berufen, sondern er ist schon vor seiner Geburt und damit von seinem ersten Augenblick an, seinem ganzen menschlichen Sein nach »der Sohn Gottes«. Dies heißt: Er wird eigentlich überhaupt nicht mehr berufen, es fehlt jede Nachträglichkeit. Jesus ist immer schon ganz von Gott selbst. So gesehen sind die Kindheitserzählungen immer auch denkerische Aussagen. Sie sind nur zu verstehen vor dem Hintergrund eines Erkenntnisprozesses, der von dem Ereignis der Auferstehung ausgeht. Von dort aus wird für das verstehende Erkennen offenbar, dass die Hoheitstitel und göttlichen Attribute, die dem Auferstandenen zuerkannt werden, rechtmäßig schon für die Geburt und Kindheit Jesu gelten müssen.

Aber, und dies ist der immer und alles entscheidende Schritt für das Verständnis des Vorgehens Ratzingers in diesen Thesen: Diese Rechtmäßigkeit stammt aus einer verstehenden Transformation des historischen Bewusstseins, der Gemeinde, selbst. Sie stammt im ge-

Die Wahrheit der Christologie bei Joseph Ratzinger

wissen Sinn nicht von oben, sondern sie stammt aus der historischen Tatsache der Auferstehung. Aber in dieser historischen Tatsache ist eigentlich gesagt, dass Gott seine Allmacht und sein Leben dadurch erweist, dass er in Jesus, dem Sohn, selbst radikal geschichtlich geworden ist. Dies ist der substantielle Kern, den die Gemeinde im Geist mitvollzieht, versteht und tradiert.

Der nun folgende Schritt (These 9) fasst die bis dahin gewonnenen Ergebnisse aus der Sicht der Glaubensbekenntnisse zusammen, die die Aufgabe haben,»die zentralen Richtpunkte der Überlieferung zu markieren«. Der historische Bezugspunkt dieser Zusammenfassung ist das Konzil von Chalkedon im Jahre 451.

Die zwei bemerkenswerten Aussagen des Konzils sind für Ratzinger:

(1) Der Titel»Sohn Gottes« wird nun als der entscheidende und maßgebende Titel ausgewählt, um das Geheimnis Jesu zu fassen. In dem nun fortgeschrittenen Kontext der Bekenntnisbildung hat der Titel»Sohn Gottes« aber einen neuen Sinn. Er ist nicht mehr nur eine Anleihe an das Alte Testament und die dort tradierte Rede vom Sohn, sondern er markiert nun eine feste Größe innerhalb des Glaubens an die Trinität und bekommt den Charakter einer festen Institution, eines ontologischen Begriffs.

(2) Dieser Begriff»Sohn Gottes«, nun als ontologischer Begriff genommen, trägt paradoxe Wesensunterscheidungen in sich, die vom Konzil in Chalkedon mit aller Sorgfalt und Trennschärfe durchdacht und begrifflich festgehalten werden: Jesus ist als Sohn Gottes unverkürzt beides, Mensch und Gott.

Jesus ist Mensch in der unverkürzten Ganzheit menschlichen Seins. Gleichzeitig aber gilt, dass er Gott nicht nur durch sein frommes Bewusstsein verbunden war, sondern durch sein Sein selbst: Als Sohn Gottes ist er ebenso wahrhaft Gott wie er wahrhaft Mensch ist. (These 9)

Wie können aber beide Seinsweisen in Jesus so zusammen gedacht werden, dass sie sich nicht gegenseitig verunmöglichen? Und wie kann beides in Jesus als eine Einheit zusammengebracht werden? Das Konzil von Chalkedon fand dafür die berühmte Formel von der Zweiheit der Naturen und der Einheit der Person. Diese Formel bringt mit begrifflicher Eleganz den ontologisch erfassten Sachgehalt des Bekenntnisses auf den Punkt. Sie sagt also eigentlich nur präzise und in begrifflicher Nüchternheit noch einmal, was der Inhalt der Glaubensüberlieferung ist – und dies nun in philosophisch-theologischer Terminologie. Sie löst aber das Paradox, das sich hier zeigt, nicht eigentlich denkerisch auf. Dies war auch vermutlich gar nicht ihre Intention. Es ging um die begriffliche Fixierung der Glaubensinhalte im Dienst ihrer Bewahrung und der Verteidigung ihrer Tradition. Aus diesem Dienst an der Bewahrung und Sicherung des Bekenntnisses ergibt sich nun eine reflexive Erkenntnis, die sich zunächst als Paradox, als etwas eigentlich Undenkbares, darstellt: Es stellt sich heraus, dass dieser Jesus von Nazareth, der gekreuzigt wurde, aber auferstanden ist und lebt, dass er also immer schon »von seinem Sein her« Gott war, so, wie er auch »von seinem Sein her« immer auch Mensch war.

Ratzinger stellt diese Zusammenhänge in seiner These 9 nur dar, er gibt kaum einen erläuternden Kommentar. Der Hintergrund ist durch den Kontext aber sehr deutlich zu verstehen und soll nun noch deutlicher beleuchtet und profiliert werden.

Die ontologischen Aussagen sind Abschlüsse und Zusammenfassungen von Erkenntnis- und, von der anderen Seite und im Glaubensverständnis der Kirche gesprochen, *Offenbarungs*prozessen. Die Offenbarung wirkt in der Erkenntnisbemühung der frühen Kirche weiter. Gerät dieser Denk- und Reflexionsweg aber aus dem Blick und werden die Aussageinhalte wie ontische, naturhafte Tatsachen verstanden, dann verfehlen sie den ursprünglichen Sinn, der nur vom historischen Leben Jesu und von seiner historischen Auferstehung her verständlich ist. Von dort her ergibt sich ein Verständnis- und Erklärungsbedürfnis, das schließlich in die ontologischen Aussagen des Konzils von Chalkedon mündet. Als intentionale Antwort auf diese ursprünglichen Fragen genommen, stellt sich dann aber heraus: Die scheinbar paradoxen ontologischen Aussagen sind nicht nur Platzhalter aus Verlegenheit für einen vordergründig hybrid wuchernden Glauben, sondern sie sind *in einem tieferen Sinn wahr*. Diese Wahrheit kommt ursprünglich aus der Erfahrung des Lebens und Sterbens Jesu Christi, aber kann und muss nun auch für die Vernunft darstellbar werden. Die Ontologie hat also einen echten theologischen Erkenntnissinn. Das scheinbar undenkbare ontologische Paradox hält eine Wahrheit fest, die für die Vernunft von höchster Wichtigkeit ist: nämlich dies, *dass sich Gott, die Wahrheit, selbst in der Welt verwirklichen muss, weil er nur so universale Wirklichkeit ist*. Damit zeigt sich, dass die ontologischen Aussagen von Chalkedon eigentlich der konsequente und auch erkenntnismäßig *notwendige Abschluss einer gewissenhaft durchgeführten »Christologie von unten«*

Die Wahrheit der Christologie bei Joseph Ratzinger

sind. Sie erhalten ihren Sinn von der realen Existenz Jesu her, aber sie haben auch zusätzlich entfaltende und offenbarende Erkenntniskraft. So wird beides verständlich: die akribische Aufmerksamkeit, mit der Ratzinger die Genealogie einer »Christologie von unten« nachzeichnet, und seine gleichzeitig spürbar bejahende und apologetische Darstellung des ontologischen Zugangs des Konzils von Chalkedon in These 9. Ratzinger konzipiert seine »Christologie von unten« also nie nur als historische Methode, sondern zu dieser historischen Auslegung gehört immer auch der Bezug zu einer darin liegenden philosophisch-ontologischen und vernünftig nachvollziehbaren Wahrheit. Gerade daraus bezieht er aber seine spezifische Sicherheit in der Auslegung.

Sieht man diese Zusammenhänge nicht in dieser Einheit, ist die Versuchung auf der anderen Seite groß, die ontologischen Aussagen von Chalkedon von ihrem Offenbarungsursprung abzutrennen. Dieser Interpretationszugang hat in der Geschichte der Theologie eine feste Form angenommen in der Idee einer »Christologie von oben«. Die ontologischen Aussagen werden dabei bezogen auf einen transzendent gegebenen, sozusagen naturhaften Bestand gedacht. Die Geschichte dieses als transzendent vorliegend vorgestellten, trinitarischen Gottes in seiner Interaktion mit der getrennt von ihm vorliegenden Welt wird nacherzählt: Gott ist in seinem Wesensbestand trinitarisch und handelt von dort aus in die Welt hinein. Er tritt als »der Sohn« in die Welt durch seine Inkarnation *in Jesus von Nazareth,* bleibt dabei aber *in ihm* gegenüber dessen gleichzeitig realer menschlicher Wesenheit diskret und unterschieden. Er geht nach seinem Martyrium zurück zum Vater, nimmt dabei jedoch auch in irgendeinem Sinn die menschlichen Züge Jesu mit.

Es muss festgehalten werden: *Keine* dieser nachskizzierten Aussagen ist im eigentlichen Sinn falsch oder unwahr. Sie beziehen ihren Wahrheitssinn letztlich und am Ende von der »Christologie von unten« und haben deshalb ihr Recht! Dennoch ist es so, dass keine dieser Aussagen, allein als Sätze einer »Christologie von oben« genommen, den inneren Sinn der Inkarnation wirklich verständlich machen kann. Die ontologischen Aussagen verbleiben in einer Äußerlichkeit, ohne echte begriffliche Vermittlung, und die Glaubensaussagen über die Inkarnation wirken mythologisch kühl und nacherzählt. Die Erzählung über Abstieg und Himmelfahrt des *Logos,* Gottes selbst, steht begrifflich letztlich unverbunden neben der Welt und entbehrt darum der Geschichtlichkeit in einem echten Sinn. Sie steht aber auch als

Die »Thesen zur Christologie«

Erzählung unverbunden neben ihrer eigenen Wahrheit und muss sich diese von der Autorität der Kirche erst absichern lassen.

Dies liegt daran, dass die Trinität nicht als in ihrem ursprünglichen Offenbarungscharakter in der Lebensgeschichte Jesu verwurzelt begriffen, sondern als seinsmäßiger Bestand außerhalb der Welt angesetzt wird. Dadurch gerät die Welt in einem unbestimmten Sinn in den Anschein, als sei sie von sich aus ganz von der Trinität abgetrennt und ihr gegenüber. Genau dies ist aber der entscheidende Unterschied zur »Christologie von unten«. Die »Christologie von unten« entstammt und spricht hinein in eine *Einheitssicht*. Die Welt ist niemals ohne Gott, näherhin: seinen Geist, zu denken. Daher kann die Wahrheit Gottes niemals als etwas gedacht werden, das *außerhalb* der umfassenden Einheit von Welt und Gott vorliegt. Gott ist immer schon in irgendeinem Sinn in der Welt offenbar, er ist immer schon ihre Wahrheit. Darum kann die Rede von Gottes Sohn und ihre philosophische Vertiefung immer nur *aus der tatsächlichen Offenbarung Gottes selbst in der Welt* gewonnen werden, die schon die Offenbarung der ganzen Trinität sein muss. Die Welt gehört also in einem noch näher zu begreifenden Sinn immer schon zur Trinität dazu. Darum kann die Trinität nur *von der Welt her in deren Mitvollzug* verstanden werden und nicht von ihrer Vorgestelltheit her in Abgetrenntheit von der Welt.

Gegen den ontologischen Entwurf von Chalkedon besteht der Grundzug der modernen Theologie in einer Ablehnung der Ontologie und einer Hinwendung zu den existentiellen Gehalten, die in der religiösen Erfahrung und der Beziehung zu Jesus lebendig und fruchtbar werden sollen. Dieser Jesus wird von der modernen Theologie nur unbestimmt »Sohn Gottes« genannt, aber die Frage, was das genau bedeutet, bleibt offen. Der heftige Streit um die frühe Bekenntnisbildung scheint demgegenüber sekundär und sogar unverständlich. – Wie nun gesehen, ist dieser Impuls bedingt sogar gerechtfertigt, denn er wendet sich offensichtlich gegen die sterile Lehre einer missverstandenen »Christologie von oben«. Von der nun richtig verstandenen »Christologie von unten« her betrachtet aber verliert die moderne Theologie durch die Abwendung von der Ontologie ihre Basis und ihre Verbindlichkeit. »Ohne die Ontologie, ohne die Seinsaussage, ist alles beliebig«, so Ratzinger.[24] Die Onto-

---

[24] Persönliche Mitteilung im Gespräch im *Monastero Mater Ecclesiae* am 1. Oktober 2015

logie von Chalkedon fügt dem ursprünglichen Bekenntnis, Jesus sei der Sohn Gottes, nichts hinzu, sondern sie behauptet und sichert nur genau diese Verbindlichkeit. Sie sagt: Jesus *ist* der Sohn Gottes – und das ist nicht nur eine vage religiöse Ausdrucksweise, sondern dies ist wirklich wahr! Wie sich im Folgenden zeigen wird, ist die Ontologie jedoch nicht nur formales Mittel zur begrifflichen Absicherung des Glaubens, sondern in der Tiefe seine vernünftige Begründung.

Der folgende Schritt (These 10) schließt die Thesen als Ganzes ab. Es ist wichtig zu sehen, dass Ratzinger hier mit diesem Resümee explizit eine Mahnung an die »Christologie von unten« verbindet:

Aber diese ontologische Aussage behält doch nur Sinn unter der Voraussetzung des konkreten, realen und liebenden menschlichen Seins Jesu, in dessen Tod konkret das Sein des Menschen für Gott eröffnet und Gott übereignet wird. (These 10)

Da man davon ausgehen kann, dass das Schlusswort nicht zufällig gewählt wird, liegt darin noch einmal eine programmatische Bestätigung.

Ratzinger sagt also: Die Ontologie des Konzils von Chalkedon muss letztlich auf den Erlösungsgedanken rückbezogen werden. Mit dem Gedanken der Erlösung begannen die christologischen Thesen. Nun bindet Ratzinger das Ergebnis aller christologischen Reflexionen, die Ontologie der zwei Naturen in der einen Person Christi, zurück an diesen Anfang und macht deren Erklärungssinn an diesem Anfang fest.

Ratzinger geht in diesen kurzen Schlussbemerkungen noch einmal weit über das bisher Gesagte hinaus. Implizit vollzieht er hier wirklich eine große abschließende Synthese, die ins Licht bringt, warum die Idee des Opfers keine Marginalie ist, die an den Rand gedrängt werden darf. Was die Opfer ursprünglich anzielten, das ist genau *in dieser ontologischen Zugehörigkeit des Menschen zu Gott*, wie sie in Jesus Christus offenbart ist, Wirklichkeit geworden. Die Opfer mussten aber vergeblich sein und in ihrer Intention auch vergeblich erscheinen, weil sie etwas scheinbar Unmögliches anzielten: Sie wollten durch eine historische Tat die Welt mit dem unendlichen Gott verbinden und versöhnen. Dies scheint aber von vornherein zum Scheitern verurteilt, weil das geschichtlich Ungenügende des Menschen dem Unendlichen vollkommen inkommensurabel gegenübersteht und daher nach der Berührung des Göttlichen immer wieder zurückfallen muss in seine eigene Endlichkeit und Todverfallenheit.

Die »Thesen zur Christologie«

Nun stellt sich aber heraus, dass genau diese Versöhnungstat Gott selbst und »in sich selbst« schon vollzieht: aber wiederum *nur und allein als geschichtliche Tat.* Ratzinger schließt daraus nun zurück: Jene Vergöttlichung des Menschen, die im Bundesopfer angezielt war, war also keine leere Sehnsucht und kein Archaismus. Die Intention, die letztlich hinter den alttestamentarischen Opfern stand, war ein *ernstzunehmendes* Anliegen, ja, sogar die Bestimmung und das eigentliche Ziel des Menschen und der Geschichte. Die Opfer hatten in ihrer Tiefe nicht den Sinn einer Exkulpation, sondern sie hatten immer *den progressiven Sinn,* diese Vergöttlichung der Welt, den Sinn der Welt selbst zu verwirklichen. Dieses Ziel, die Vergöttlichung des Menschen und der Schöpfung, war wirklich immer möglich und sie ist nun historische Wirklichkeit geworden im Lebensvollzug Jesu von Nazareths. Dieser Lebensvollzug offenbart sich vom Ende her aber als die Verwirklichung des Lebens Gottes selbst, er ist seine Selbstoffenbarung. Seine Selbstoffenbarung bewirkt aber und ist letztlich die ontologische Verwandlung der Welt durch die »Übereignung des Seins des Menschen an Gott«.

Das heißt: Jesus ist deshalb ontologisch »der Sohn« und von Beginn an zu Gott gehörig, weil sein Leben der Inbegriff dessen war, was die Opfer intendierten: die Hingabe der ganzen Existenz, des ganzen Seins. Diese Hingabe geschieht in der Gebetsbeziehung zu Gott und schließlich in der Hingabe des Lebens im Tod als vollkommene Selbstübergabe und Selbstrückgabe. In der Auferstehung wird die Wahrheit dieser Hingabe eigentlich nur bestätigt. In ihr wird offenbar, dass dieser Vollzug das innere Leben Gottes selbst ist, dessen Ewigkeit und Vollkommenheit in dieser vollkommenen Hingabe bestehen. Es wird aber vor allem und zuerst offenbar – und dies ist der Offenbarungs- und Reflexionsprozess der ganzen Christologie! –, dass es dieses Leben Gottes wirklich gibt, dass es *zur Welt* gehört und vollkommen weltlich wurde und dass es *in der Welt* bestimmend wird und sich durchsetzt. Dass es also die eigentliche Wahrheit der Welt immer schon war, ist und in Zukunft umfassend sein wird. Damit ist gesagt: Wir sind erlöst, weil es diese Hingabe in Gott selbst gibt, die aber nun offenbar geworden ist als eine Möglichkeit unseres eigenen Lebens. Die Ontologie von Chalkedon, so Ratzinger, sagt letztlich: Dies ist wirklich unser Sein, wir können auf diesem Boden leben und sterben in der Gewissheit, zum Leben Gottes dazuzugehören.

Die Wahrheit der Christologie bei Joseph Ratzinger

Der Sinn der Ontologie zielt letztlich auf die Freiheit des Menschen, die Freiheit, diese Hingabe vollbringen zu können. Das Leben Gottes offenbart sich als Ziel der Geschichte selbst. Es zeigt sich als wirkliche weltliche Gegenwart Gottes im Leben und im Opfer Jesu, es zeigt sich als Mitte der Welt, die nun auch für die Welt und in der Welt und als Welt sichtbar wird.

Von hier aus wird deutlich, warum Ratzinger in seinem theologischen Denken zwei innerlich verbundenen Themenbereichen so großen Stellenwert einräumt und sich ihnen mit so großer Aufmerksamkeit widmet. Die beiden Themen sind: die Idee des Opfers und, daran anschließend, die Liturgie als die Wiederholung dieses Opfers, das Messopfer.

Wie schon bemerkt: Die moderne Theologie drängt die Idee des Opfers als ein Missverständnis an den Rand des theologischen und religiösen Interesses. Sie muss dies aber genau deshalb tun, *weil sie nicht metaphysisch und auf die Wahrheit bezogen denkt*. Daher wird der Schatz der trinitarischen Überlieferung nur noch rein lebensmäßig existenziell, als vielfältiges Erfahrungs- und Begegnungsangebot mit dem liebenden Gott verstanden und das Leben Jesu in der Funktion eines menschlichen Vorbilds interpretiert. Der Begriff des Opfers fügt sich in diese Verständnislinie nur sehr schwer ein, denn er ist mit Strafe und Sühne verknüpft. Weil die Moderne nun theologisch rein existenziell denkt, ohne Rückbindung an die ontologische Wahrheit, kann dieser Begriff des Opfers nicht mehr mit Gott in Zusammenhang gebracht werden: Denn in dieser existentiellen Sicht erschiene der mit Opfern konnotierte Gott damit als strafend und Sühne einfordernd. Diese Archaismen aber – so der Gedanke – *wurden jedoch durch Jesus gerade abgeschafft* und durch den Begriff der Liebe ersetzt! Darum muss sich in diesem Verständnis die Tradierung des Opferbegriffs in der Kirche letztlich als ein Missverständnis, als ein mythologischer Rest darstellen.

Hier wird deutlich, dass die moderne Theologie, die die Christologie nicht mehr auf die Wahrheit und auf die Metaphysik bezieht und aus ihr gewinnt, tendenziell in einen christlich verstandenen Mythos zurückfällt. Sie ersetzt in ihrem eigenen Selbstverständnis eine archaische Gottesvorstellung durch eine »humanere«. Sie kann dies aber nicht in einem tieferen Sinn als *Wahrheit* einsichtig machen, es bleibt bei einem »Gottesbild«, das sich aus einer extern gesetzten Quelle speist. So kommt es, *dass der ursprünglichste und wichtigste Teil der Überlieferung der Evangelien, der Opfertod Jesu,*

Die »Thesen zur Christologie«

als ein Missverständnis der Kirchengeschichte auf die Seite gedrängt wird.

Ratzinger hält durch sein ganzes Denken hindurch immer und entgegen diesem eigentlich überwältigenden Trend daran fest, dass der Begriff des Opfers ein Wesenselement der Christologie darstellt und dies nicht nur aus faktischen, historischen, sondern aus systematischen Gründen des inneren Sinns und also aus *Gründen der Wahrheit*. Die große Jesus-Monographie, aber auch viele andere Passagen seines Werks, sind der Bemühung gewidmet, die Idee des Opfers in die systematische, vernünftige Entfaltung des Lebens Jesu zu reintegrieren und den essentiellen Sinn des Zusammenhangs zwischen Ontologie und Opfer erkennbar zu machen. Die Erkenntnisrichtung verfährt dabei gegenläufig zu jener der modernen, aber ontologisch zu kurz gedachten Opferkritik, die deshalb den tieferen Sinn der Opfer gar nicht mehr verständlich machen kann und deshalb auch von Jesus fernhalten muss. Es muss also herausgearbeitet werden, was der wirkliche Sinn der Lebenshingabe Jesu ist! Dadurch soll aber am Ende zweierlei verstehbar werden: Es wird verstehbar, warum Jesus alle anderen Opfer in sich aufhebt und daher überflüssig macht. Und es wird verständlich, was diese Opfer ursprünglich eigentlich intendierten.

Dieser wirkliche ontologische Tiefensinn des Opfers Jesu wird in der These 10 also angedeutet durch die Rückbindung des ganzen vernunftgemäßen, ontologischen Charakters der Christologie an die konkrete Lebenshingabe Jesu. Jesus ist in Wahrheit und Wesen, von seinem Sein her, immer schon und ewig: Sohn Gottes. Aber: Diese Aussage ist nur deshalb wahr, weil er in einmaliger Weise und endgültig sich selbst und seine ganze Existenz Gott anvertraut hat. Das Opfer Jesu ist genau jener Lebensvollzug, durch den das Wesen Gottes, sein trinitarisches Leben, in der Welt offenbar und wahr wird. Diese Offenbarung der Wahrheit Gottes schließt aber im Vollzug den Menschen als solchen mit ein. Das heißt: Die Offenbarung der Wahrheit Gottes ist *nicht denkbar* am Menschen vorbei. Dadurch, dass »das Sein des Menschen für Gott eröffnet und Gott übereignet wird« (These 10), wird dieses Sein des Menschen letztlich als Gott zugehörig angenommen und in der Auferstehung bewahrt. Durch diesen Erweis der inneren Zugehörigkeit zu Gott wird dann die ontologische Ausdehnung und Rückübertragung der göttlichen Attribute auf das ganze Leben gefordert und gerechtfertigt: Denn von hier aus wird deutlich, dass nun Gott in seinem Begriff wirklich und vollendet realisiert ist, als der geschichtliche Herrscher der Welt.

Die Wahrheit der Christologie bei Joseph Ratzinger

Die ganze Ontologie hängt letztlich also an der Soteriologie und an ihrem Kern: am Opfer Jesu. Aber mit gleichem Recht kann gesagt werden: Die Soteriologie bekommt ihre Verbindlichkeit nur durch ihre innere ontologische Tiefe. Sie bringt das Sein Gottes und damit seine Wahrheit wirklich in die Welt und gibt der Welt dadurch einen Boden. Dadurch ist sie aber erst der eigentliche *Erweis* Gottes selbst. Gott ist in seiner Gottheit nicht ohne Jesus von Nazareth und die in ihm geschehende Aufnahme des Menschen und der ganzen Schöpfung in Gott. Die Wahrheit Gottes hängt an dem Opfer Jesu. Das Opfer ist also in seinem tiefsten Sinn keine Nebensache, die man übergehen könnte, kein archaischer Rest, sondern an seinem wirklichen Vollzug hängt die Wahrheit Gottes und damit die Wahrheit und das Leben der ganzen Welt. Das Opfer zeigt sich so als der vernünftige Mittelpunkt der Theologie, mit dem der Begriff Gottes steht und fällt.

Das Opfer ist demnach auch nicht ein Tausch oder die Wiederherstellung eines vorherigen Rechtszustandes durch Wiedergutmachung und Übereignung einer Sache. Sondern in dem wirklichen Opfer, das Jesus vollzieht, *erweist Gott selbst seine Wahrheit in der Welt*, und das heißt, *es erweist sich seine Realität*. Das heißt: Der einmalige Sinn des Opfers erschließt einmal und für immer *die ontologische Wirklichkeit Gottes in der Welt*.

In den »Thesen zur Christologie« arbeitet Ratzinger also den begrifflichen Wahrheitskern der Christologie heraus, so, dass gleichzeitig sachlich klar wird, dass dies nur als »Christologie von unten« geschehen kann. Gott erweist sein Sein indirekt, durch den Vollzug der Lebenshingabe Jesu von Nazareths. Diese Lebenshingabe wird als zu Gott gehörend offenbart in der historisch geschehenen Auferstehung. Dadurch zeigt er sich in seinem Sein als trinitarisch. Die trinitarische Wahrheit Gottes hängt also, in ihrem ontologischen Begriff, an der wirklich vollzogenen Lebenshingabe Jesu von Nazareths, der sich dadurch als Christus erweist, dass seine Hingabe, sein Opfer, ihn selbst als zu Gott gehörend offenbart.

I.5 Ratzingers Begriff der Auferstehung

Die 10 Thesen zur Christologie zeigen in großer Geschlossenheit, wie die Begrifflichkeit und der Sinngehalt der »Christologie von oben« und damit der Trinität, so wie sie im Glaubensbekenntnis zum Ausdruck kommen, aus dem realen historischen Erfahrungskern des Lebensvollzugs und der Auferstehung Jesu erwachsen. Ratzinger zeigt in seiner von ihm akribisch durchgeführten historischen Methode, dass am Ursprung der christologischen Begriffe ein realer Lebensvollzug, eine wirkliche Person steht: der historische Sohn Gottes, Jesus Christus. In den 10 Thesen wird als die zentrale Sinnquelle für alle weitere christologische Offenbarung und als das überwältigend neue historische Phänomen die Erfahrung der Auferstehung Jesu von Nazareths freigelegt. Der ganze Horizont und der systematische Sinn dieser Freilegung ist es aber, zu zeigen, dass die Christologie deshalb einen Anspruch auf Wahrheit hat, weil sie einen notwendigen Zusammenhang der Geschichtlichkeit als solcher mit den ersten Gründen der Vernunft offenbart. Von der Zuspitzung der 10 Thesen her muss gesagt werden, dass die Offenbarung dieses Zusammenhangs im eminenten Sinn mit der Auferstehung gegeben ist.

Damit erwächst nun interpretatorisch die Möglichkeit, den theologischen Sinn der Auferstehung grundsätzlich zu bedenken. Dies hat auch folgenden Grund: Die Auferstehung ist von jeher ein Stolperstein und ein Ärgernis. Matthäus fügt im Aussendungsbericht, in dem die Jünger dem Auferstandenen direkt gegenüberstehen und niederknien, lapidar ein: »Einige aber hatten Zweifel« *(Mt 28, 17)*. Die Jünger fragen sich nach der Verklärung auf dem Rückweg vom Berg Tabor, was das sei, »die Auferstehung« *(Mk 9, 10)*. Die Griechen zeigen sich auf dem *Areopag* der Rede des Paulus vom unbekannten Gott gegenüber aufgeschlossen, wie die Apostelgeschichte zu berichten weiß. Was die Auferstehung angeht aber, spotten die einen, die anderen vertrösten ihn auf ein anderes Mal *(Apg 17, 32)* – es schimmert der Eindruck hindurch, als lehnten sie eine fremdartige Ungehörigkeit, etwas, was ihren Geist beleidigt, auf mehr oder weniger höfliche Weise ab. Versteht man diese Ablehnung programmatisch, dann müsste man übersetzen: Die Frage der Auferstehung ist ein Thema des jeweiligen sittlich tradierten Glaubens, nicht der Philosophie und der Vernunft.

Die Ablehnung und Skepsis gegenüber der Historizität der Auferstehung steht schon am Beginn und wird in der Frage nach dem leeren Grab im Evangelium reflektiert, sowohl von den Pharisäern als auch von Maria Magdalena *(Mt 27, 62–66, Joh 20, 2.13.15)*. Paulus schreibt an die Gemeinde in Korinth ausführlich über die Auferstehung der Toten und deren Gründung in der Auferstehung Jesu, denn dort hatte sich offensichtlich Skepsis in dieser Frage ausgebreitet *(1 Kor 15, 13ff.)*. Der Zweifel in dieser Frage zieht sich durch die gan-

Die Wahrheit der Christologie bei Joseph Ratzinger

ze Kirchengeschichte und sie führt bis heute auf unsicheres Terrain. Das berühmteste Beispiel aus der jüngeren Theologiegeschichte ist sicher die Formel von Rudolf Bultmann, nach der *Christus ins Kerygma auferstanden sei*. Historisch verbürgt sei also nur der Glaube und die Verkündigung der Apostel. Die Auferstehung sei nur ein geistiger Gehalt, sie habe keine weltliche, historische Realität. Christus »lebe« in der Verkündigung und im Glauben der Jünger und schließlich der ganzen Kirche.

Rudolf Bultmann hat gegen den Auferstehungsglauben eingewandt, selbst wenn Jesus aus dem Grab zurückgekommen wäre, so müsse man doch sagen, dass »ein solches mirakulöses Naturereignis wie die Lebendigmachung eines Toten« uns nichts helfe und existentiell belanglos sei (vgl. *Neues Testament und Mythologie*, S. 19).[25]

Wie nun gesehen, stellt die begriffsgeschichtliche Hermeneutik von Ratzingers »Christologie von unten« gegen allen Zweifel die *historisch geschehene* Auferstehung an den Anfang und in den Mittelpunkt der Entstehung des christlichen Glaubens und der Kirche. Wie später zu zeigen sein wird, hat die Auferstehung auch bei Pannenberg diesen Rang als historisches Faktum und dadurch als Mitte der Christologie. Damit ist erstens eine historische These ausgesprochen, deren Plausibilität begründet werden muss – so wie dies Ratzinger in den »Thesen zur Christologie« schon unternimmt. Zweitens ist bei beiden Theologen damit aber gesagt, dass in der Auferstehung kein punktuelles, enigmatisches und *nur ontisches* Sonderereignis in die Welt kam, das den geschlossenen Kreis der Naturgesetze einmalig unterbrach, sondern dass dieses Ereignis die ontologische Sinnquelle für die Entfaltung der ganzen daran anschließenden Christologie ist. Die Christologie ist die Antwort des Verstehens und Auslegens auf die Erfahrung des Osterereignisses. In diesem Verstehensprozess ist aber immer schon mit vorausgesetzt, dass die Auferstehung wirklich wahr ist und dass sie einen bestimmten *umfassenden Sinn* für die Welt, die Schöpfung als solche hat. Dieser Sinn kann aber unmöglich so gedacht werden, als sei er an der vernünftigen Einsicht vorbei zu entwerfen. Die Auferstehung zeigt sich damit von Anfang an sowohl als historische als auch als eine grundlegend *ontologische Wahrheit, die die Welt als Ganze betrifft und von der her die Welt als solche neu oder überhaupt erst anfänglich bestimmt wird*. Wird dieser umfas-

---

[25] Joseph Ratzinger: Jesus von Nazareth II, Freiburg i. Br. 2011, 267–68

sende Sinn nicht gesehen, dann bleibt sie ein auch für den Glauben unverständliches Rätsel und Bultmann hätte mit seiner Rede vom Mirakel einer wiederbelebten Leiche recht.

Daraus wird schon ersichtlich, dass Ratzinger die historische Realität – und das heißt deutlicher: die Objektivität – der Auferstehung für ein unverzichtbares Wesenselement des christlichen Glaubens hält. Die Auferstehung, verstanden als wirkliches historisches Ereignis, ist das, womit der ganze Glaube steht und fällt – darin weiß sich Ratzinger mit Paulus einig.

> Wenn nämlich Tote nicht auferweckt werden, ist auch Christus nicht auferweckt worden. Ist aber Christus nicht auferweckt worden, ist nichtig euer Glaube, und ihr seid noch in euren Sünden. [...] Wenn wir in diesem Leben nur auf Christus hoffen, sind wir beklagenswerter als alle Menschen. *(1 Kor 15, 16)*

Schon diese Auffassung wird von den meisten Theologen nicht in dieser Entschiedenheit geteilt, das heißt, *schon diese strenge Betonung der Auferstehung als historisches Ereignis* unterscheidet Ratzinger von den meisten modernen Exegeten.

Damit aber nicht genug, beharrt Ratzinger zudem explizit auf der *leiblichen* Auferstehung. Für ihn besteht kein Zweifel daran, dass die Berichte der Evangelien von dieser Leiblichkeit der Auferstehung *als einem wirklichen Faktum* Zeugnis ablegen. Dies muss einerseits so verstanden werden, dass er *im hermeneutischen Nachvollzug* der Entstehung des Bekenntnisses und der Christologie mit dem Zeugnis der Evangelisten nachverstehend mitgeht und ihm Glauben schenkt. Darüber hinaus denkt Ratzinger jedoch das Phänomen der leiblichen Auferstehung *aus seinem systematischen Zusammenhang mit dem Gottesbegriff überhaupt* und fragt nach seiner nicht nur *faktischen*, sondern auch nach seiner *sachlichen* Wahrheit und das heißt, *nach seinem theologischen – und das heißt hier auch: ontologischen – Tiefensinn*.

Mit beiden zusammenhängenden Positionen stellt sich Ratzinger gegen die überwältigende Mehrheit der Zeitgenossen und die Tendenz, das Phänomen der Auferstehung rein psychologisch und spiritualistisch zu deuten, darin zu entschärfen und dadurch scheinbar diese Lehrgehalte für das moderne Bewusstsein zu retten. Ratzinger beharrt dagegen auf echter ontologischer Verbindlichkeit. Für ihn entscheidet sich an dieser Frage die Wahrheit des ganzen Glaubens.

Die Wahrheit der Christologie bei Joseph Ratzinger

Verlässt die Interpretation jene Verbindlichkeit, dann wird der Glaube beliebig und letztlich erodiert auch der Gottesbegriff.

Wie im Verlauf unserer Untersuchung immer deutlicher wird, ist aber Ratzinger in seiner »Christologie von unten« einem Ethos der Vernünftigkeit verpflichtet. Dass er den Begriff der leiblichen Auferstehung in seiner ontologischen Verbindlichkeit festhalten will, heißt gerade, dass er ihn als *wahren* Begriff festhalten und argumentativ entfalten will. Umgekehrt gesprochen: Für Ratzinger hängt offenbar die Wahrheit des Gottesbegriffs an der leiblichen Auferstehung Jesu von Nazareths und damit an der ontologischen Verbindlichkeit dessen, was die Evangelien berichten.

Für uns bedeutet dies: Es muss aufgezeigt werden, wie Ratzinger das Phänomen der leiblichen Auferstehung in seiner »Christologie von unten« aus der Überlieferung gewinnt und wie er es reflektierend einordnet. Dabei soll implizit eine Begründung dafür herausgearbeitet werden, warum Ratzingers Position ernst zu nehmen ist und gerechtfertigt werden kann. Es soll gezeigt werden, dass die Idee der leiblichen Auferstehung einen rationalen Tiefensinn in sich trägt, mit dem der Sinn und die Wahrheit des christlichen Glaubens direkt verknüpft sind. Wie aber gezeigt werden wird, ist genau dieser Zugang von der Idee der Wahrheit und Verbindlichkeit her die entscheidende Kraft, die den inneren Sinn der Idee der leiblichen Auferstehung überhaupt erst freilegen und plausibel machen kann. Es besteht hier also eine besondere innere Zuspitzung: *Gerade das scheinbar äußerlichste, sperrigste Dogma, das vom aufgeklärten Denken und von der liberalen Theologie als Mythologie beiseitegeschoben wird, die leibliche Auferstehung, erweist sich in Ratzingers »Christologie von unten« als jener Gehalt, der die Vernünftigkeit und Wahrheit des Glaubens überhaupt erst voll evident machen kann.*

Damit wird die Frage nach der leiblichen Auferstehung von vornherein in einen weiteren Verständnishorizont gestellt, als dies die Fokussierung auf ein isoliertes »materielles Wunder« zu leisten vermag. Dabei ist wichtig: Der historische Befund, das wirkliche Faktum, bleibt die unverzichtbare Basis für diesen weiteren Horizont. Das heißt: Das Wunder kann nicht und soll auch gar nicht in einen anderen Sinngehalt aufgelöst werden, so dass man sich danach nicht mehr daran stoßen müsste. Im Gegenteil – die Interpretation Ratzingers soll zeigen, dass gerade und genau das »materielle Wunder« der Auferstehung der Kern des *vernünftigen Sinns* und damit des Wahrheitsanspruchs des Christentums ist. Es geht um die wirkliche Verbindlichkeit des Glaubens in diesem Kern und die Abhängigkeit der Wirklichkeit und Wahrheit Gottes selbst von dieser Verbindlichkeit. Jede Unsicherheit in diesem Punkt bedeutet letztlich ein Zurückweichen vor dem Anspruch dieser Aufgabe: *den Begriff der historischen Offenbarung Gottes* verstehend nachzuvollziehen und zu bezeugen. Dem Versuch einer modernen Theologie also, die leibliche Auferstehung als ein zu konkretes Theologem zu umgehen oder psychologisch-subjektivistisch umzuinterpretieren, liegt eine fatale Täuschung zugrunde. Vermeintlich dient er dem Glauben der Kirche an Jesus Christus, indem er ihn von seinen zu legendären Gehalten reinigt und damit scheinbar für die aufgeklärte Umwelt öffnet. In Wahrheit aber *schwächt* er die Verbindlichkeit des Glaubens dadurch, dass er seinen Begriff inhaltlich entleert und damit seinen Wahrheitsanspruch untergräbt. Der an der Oberfläche scheinbar für die Vernunft bequemere Zugang zu Gott und seinem Begriff erweist sich als Sackgasse: Er ist ein Zugang zu einem *bloßen* Begriff, zu etwas nur Gedachtem, zu etwas Ungeschichtlichem, das seine Wirklichkeit gerade nicht offenbart hat.

Unsere Aufgabe dagegen ist es, den systematischen inneren Zusammenhang aufzuzeigen zwischen dem historischen Wunder der Auferstehung und dem argumentativ vertretbaren, vernünftigen, wahren Gottesbegriff. Dies kann nur dadurch geschehen, dass der theologische Tiefensinn des »materiellen Wunders« überhaupt erst einmal herausgearbeitet und gesichert wird.

Ratzinger geht methodisch ganz nüchtern und kritisch vor. Um jenen eigentlichen, vernünftig vermittelbaren theologischen Sinn der leiblichen Auferstehung aufzuzeigen, muss erst der sachliche Gehalt des historisch Überlieferten ganz genau gesichert werden. Darüber hinaus muss geprüft werden, was über den Wahrheitsgehalt dieser historischen Überlieferung ausgemacht werden kann. Dann erst kann in einem weiteren Schritt die theologische, denkerische Frage gestellt werden, wie dieses Ereignis einzuordnen ist, was es seinem Sinn nach *bedeutet.*

I.6 Das leere Grab und seine Bedeutung

Die erste Frage, die zu klären ist, sowohl dem sachlichen Zugang als auch dem systematischen Rang nach, ist die Frage nach dem leeren Grab. Dies muss einen modernen Zugang überraschen, und zwar aus

Die Wahrheit der Christologie bei Joseph Ratzinger

folgendem Grund: Die ursprüngliche und notwendige Verbundenheit des Glaubenssinns mit den Berichten vom Osterereignis in den Evangelien ist dem durchschnittlichen modernen Glaubensbewusstsein schon lange entglitten. Darum ist es sogar für moderne gläubige Christen – nicht zu reden vom säkularen Umfeld – ganz selbstverständlich, bestimmte, besonders sperrige Gehalte der Überlieferung dem Legendären zuzuschlagen. Für ein modernes Bewusstsein ist es deshalb überraschend, dass die Frage nach der *Wahrheit des leeren Grabes* überhaupt in dieser Offenheit gestellt werden kann. Denn es gilt doch – so die dahinter liegende Voraussetzung – als selbstverständlich, dass dies kein historisches Faktum sein *kann*, dass es also nicht den Tatsachen entspricht und deshalb nicht in einem auf Fakten bezogenen Sinn wahr ist. Der als selbstverständlich empfundene Verständnisschritt ist deshalb immer schon auf einen übertragenen und nachträglich konstruierten Sinn hin vollzogen und nimmt die Evangelienberichte an dieser Stelle als bildnerische Ausgestaltung für ein Ereignis, das sonst schwer zu fassen ist.

Dies lässt sich in allgemeiner, also glaubensmäßig noch nicht spezifizierter Weise so skizzieren: Die Jünger hatten vielleicht Visionen oder Erfahrungen einer geheimnisvollen, intensiven Präsenz Jesu von Nazareths nach seiner Kreuzigung. Dies führte zur Formulierung von ersten Bekenntnissen, dass er nicht wirklich tot sei, sondern lebe. Erst später und in einem Reflexionsschritt sei dann jene »Erfahrung« auf die Situation des Grabes rückprojiziert worden: Denn der Verweis auf einen verwesenden Leichnam wäre eine Evidenz gewesen, die zu stark gegen jene Erfahrung gesprochen hätte. Dies ist aber – so die übliche Interpretation – eine legendäre, zusätzliche Ausdrucksform für jene ursprüngliche besondere Erfahrung der Gegenwart Jesu, die der Kern des Geschehens war.

Ratzinger zeigt nun, dass diese Darstellung *aus mehreren Gründen nicht wahr sein kann*. Der skeptische Entwurf ist historisch ungenau gedacht und nicht an den wirklichen Befunden orientiert. Unsere These in diesem Abschnitt lautet also: Die Frage nach dem leeren Grab steht am Beginn der Verständigung über die Auferstehung – warum ist das so und warum bezieht Ratzinger hier so eine klare Position?

Die entscheidende, implizite Frage, die Ratzingers Perspektive leitet, ist jene nach dem *logischen Ort des Faktums des leeren Grabes*. *Welche Antwort* gibt das leere Grab auf *welche Frage*, und welche Situation wäre als wahr erwiesen, wenn das Grab *nicht* leer gewesen wäre?

Das leere Grab und seine Bedeutung

Der interpretatorische Kunstgriff besteht also darin, wirklich historisch zu denken und die Zeugnisse der Schrift in diese historische Perspektive miteinzubeziehen und auszulegen. Daraus ergeben sich mehrere Ergebnisse auf verschiedenen Reflexionsebenen.

Erstens: Das leere Grab ist kein Beweis für die Auferstehung, aber es ist *notwendige Bedingung* für deren Verkündigung. Ratzinger weiß sich mit anderen Theologen darüber einig:

Thomas Söding, Ulrich Wilkens und andere stellen mit Recht fest, dass im Jerusalem von damals die Verkündigung schlechterdings unmöglich gewesen wäre, wenn man auf den im Grab liegenden Leichnam hätte verweisen können.[26]

Wie später zu zeigen sein wird, ist auch Pannenberg von der Historizität des leeren Grabes überzeugt und rechtfertigt diese These mit starken Argumenten. Damit scheint zunächst ein bloß logischer Zusammenhang ausgesprochen, es ist aber implizit sehr viel mehr gesagt. Denn der Auferstehungsglaube hat sich wirklich und wahrhaftig von diesem Ereignis aus Bahn gebrochen. Er ist historisch ein überwältigendes Faktum! Das Argument ist nun: Dieses Faktum ist undenkbar, wenn der Leichnam Jesu im Grab verblieben wäre. Das heißt aber, von diesem historischen Faktum aus betrachtet, kann mit sehr großer Sicherheit gesagt werden: Das Grab war leer!

Dieser Befund muss für das moderne Bewusstsein schockierend sein, da er das allgemeine Vorurteil unterläuft, dass diese Frage offen bleiben muss und sogar offen bleiben soll, *weil es ja auf diese Frage für den tieferen Sinn des Glaubens – die geistige Begegnung mit Jesus – gerade nicht ankomme!* Man möchte die Frage nach dem Leichnam offen lassen zugunsten einer spiritualistischen, subjektiven Erfahrung und Begegnung mit »dem Auferstandenen«. Dies zeigt aber, dass dieses Konzept einer nur geistigen, spiritualistischen Begegnung mit dem Auferstandenen *letztlich nicht neutral bleibt, sondern gleichbedeutend mit jener Position ist, die davon ausgeht, dass Jesus wirklich im Grab verwest ist.* Die spiritualistische Interpretation will der Frage nach der Objektivität und der Wahrheit ausweichen. Die Behauptung, dass das Grab leer war, ist daher schon ihr sachlicher Antipode. Aber durch die oben vorgetragene Argumentation Ratzingers wird zumindest dies ganz klar deutlich: Die Verkündigung der Auferstehung wäre für die damalige Zeit nicht möglich gewesen,

---

[26] A.a.O., 279–280

wenn das leere Grab nicht ein allgemein bekanntes Faktum gewesen wäre. Jesus ist mit sehr großer Sicherheit nicht im Grab verwest. Das Grab war leer.

Zweitens: Damit eng verbunden ist eine kurze Interpretation, die Ratzinger von der Pfingstpredigt des Petrus gibt, die sich in der Apostelgeschichte findet. Ratzinger begründet die Diskussion dieses Passus bescheiden damit, dass er ihm für das »theologische Verständnis des leeren Grabes« »wichtig zu sein scheint«.[27] Es soll im Folgenden gezeigt werden, dass dies eine jener Untertreibungen Ratzingers ist, die er ins Spiel bringt, wenn er etwas Wichtiges zu sagen hat.

In der Pfingstpredigt spricht Petrus erstmals öffentlich und vor versammelter Menge von der Auferstehung. Um bei seinen jüdischen Mitbrüdern für die Vorstellung dieses Begriffs einen allgemein verständlichen Ansatz zu finden, setzt Petrus ein mit einer Interpretation von *Psalm 16*. Der Beter spricht im Psalm davon, wie Gottes Treue ihn vor dem Grab bewahren und ihn am Leben lassen wird:

Du gibst mich nicht der Unterwelt preis; du lässt Deinen Frommen das Grab nicht schauen. Du zeigst mir den Weg zum Leben. *(Psalm 16, 10f.)*

Petrus zitiert den Psalm jedoch in einer leichten Variation, die für die Interpretation seiner Predigt und ihre Bedeutung für die Frage nach dem leeren Grab entscheidend ist:

Mein Leib wird in sicherer Hoffnung ruhen, denn du gibst mich nicht der Unterwelt preis, noch lässt du deinen Frommen die Verwesung schauen. Du zeigst mir den Weg zum Leben. *(Apg 2,26)*

Petrus verfährt in seiner Rede nun so, dass er ausdrücklich auf David Bezug nimmt: David ist selbstverständlich als Beter des Psalms vorausgesetzt. Petrus sagt der Menge seiner jüdischen Mitbürger: Wir können offen zueinander sein und wissen alle, dass David in Hebron begraben liegt und sein Grabmal dort steht. Das heißt: *David ist dort verwest!* Wenn dies aber zutrifft, wie alle wissen, was bedeutet dann die Verheißung des Psalms? Hat Gott seine Verheißung etwa nicht erfüllt? Hier setzt nun die kühne Wendung des Petrus an: Die Verheißung *hat* sich wirklich erfüllt, aber an Jesus von Nazareth, der dadurch als der wahre David, der Messias, der Christus offenbart wurde. *Er* ist in Wahrheit jener Fromme, der die Verwesung nicht geschaut hat und dem Gott den Weg zum Leben gezeigt hat.

---

[27] Ebd.

Die leibliche Auferstehung als Erweis von Gottes Macht

Der entscheidende methodische Kunstgriff Ratzingers besteht nun darin, dass seine Interpretation völlig unabhängig von der Authentizität der Rede des Petrus erfolgt. Es ist unerheblich, ob Petrus dies tatsächlich so gesagt hat, und die Rede ist von ihr selbst her zunächst auch kein Beweis dafür, dass Jesus tatsächlich auferstanden ist. Was Ratzinger interessiert, sind die inhaltlichen Implikate des wirklich oder vermeintlich von Petrus Ausgesagten. Und dies ist: Petrus *identifiziert* bei der ersten öffentlichen Rede über die Auferstehung *vollkommen selbstverständlich das Faktum der Auferstehung mit dem Faktum des leeren Grabes und der Nicht-Verwesung*. Umgekehrt setzt die Rhetorik des Petrus das Einverständnis der Zuhörer mit ihm darüber voraus, dass die Verwesung und das Verbleiben im Grab ein Beweis dafür wäre, dass die Auferstehung nicht stattgefunden hätte. Aus der Rede des Petrus wird also klar ersichtlich, *dass der Begriff der Auferstehung als solcher historisch das leere Grab voraussetzte*. Wenn nun die Auferstehung tatsächlich verkündet wurde, woran kein Zweifel besteht, dann muss das Grab leer gewesen sein!

Ratzinger fasst den ganzen Sachverhalt paradigmatisch wie folgt zusammen:

> Diese Überwindung der Todesmacht gerade da, wo sie ihre Unwiderruflichkeit entfaltet, gehört zentral zum biblischen Zeugnis – abgesehen davon, dass es bare Unmöglichkeit gewesen wäre, Jesu Auferstehung zu verkünden, wenn jedermann wissen und feststellen konnte, dass er im Grab lag: Das wäre in unserer Gesellschaft unmöglich, die theoretisch mit Auferstehungsbegriffen experimentiert, für die der Leib gleichgültig ist; das war erst recht unmöglich in der jüdischen Welt, für die der Mensch sein Leib war und nicht etwas daneben.[28]

I.7 Die leibliche Auferstehung als Erweis von Gottes Macht

Der historische Befund, dass das leere Grab mit sehr großer Sicherheit eine Tatsache war, von der die Evangelien wahrheitsgemäß berichten, ist nur der erste Schritt auf dem Weg der Freilegung des Phänomens der Auferstehung. Wie gesehen, zeigt Ratzinger anhand der Pfingstpredigt des Petrus auf, dass die Tatsache des leeren Grabes ein

---

[28] Joseph Ratzinger: Jesus Christus, JRGS, 6/2, 818

integraler Bestandteil des Glaubens der ersten Christen *in dessen Selbstverständnis* war – dass sich dieser Glaube also in seinen frühesten Äußerungen explizit auf diese Tatsache *als entscheidendes Glaubensmotiv* beruft. Dies ist aber nur der erste, äußerlichste Befund. Gemeint ist in der Tiefe natürlich mehr, aber dieses »Mehr« wurde von den Zeugen und den ersten Christen selbstverständlich mit der Tatsache des leeren Grabes identifiziert. Dieses Mehr wurde schon in der Pfingstpredigt des Petrus deutlich: Das Grab ist deshalb leer, weil Jesus von der Verwesung bewahrt und zum Leben geführt wurde. Dies heißt, er wurde *wirklich in leiblicher Weise* zu einem neuen Leben auferweckt und verwandelt. Die ersten Christen und die frühe Kirche betrachteten dies als eine historische Tatsache. Gott handelt geschichtlich bis in den Leib hinein, verwandelt ihn und offenbart darin sich und seine Macht.

Ratzinger nennt dies die »historische Gewissheit« des Glaubens. Er meint damit: Der Glaube der Bibel ist *in seinem Selbstverständnis* niemals so etwas wie Gnosis, er bezieht sich nicht auf etwas ungeschichtlich Spirituelles. Sondern der biblische Glaube bezieht sich wesentlich auf die Geschichte und auf das Handeln Gottes in diese Geschichte hinein.

Kann der Glaube uns Gewissheit über historisch Geschehenes geben, oder kann man über Historisches nur auf historischem Weg, durch historische Forschung wissen? Wenn Letzteres der Fall wäre, bliebe alles, was im Glauben Geschichte betrifft, Hypothese, denn Geschichtswissenschaft kann ihrem Wesen nach nicht über die hypothetische Gewissheit hinausführen. Dem biblischen Glauben ist es aber wesentlich, dass er sich auf ein Handeln Gottes in der Geschichte bezieht; ein der Geschichte beraubter Glaube wäre seiner eigenen Grundlagen beraubt. Aus Glaube würde »Gnosis«: Der Glaube könnte sich nicht mehr auf die Geschichte beziehen, sondern wäre auf die Sphäre des Spirituellen beschränkt. Er wäre denaturiert. Dem biblischen Glauben ist es eigen, dass er von einem geschichtlich handelnden Gott redet, und deswegen gehören einige grundlegende historische Fakten zum Glauben als Glauben, dessen Gewissheit ganz anders geartet ist als die Wahrscheinlichkeit der Hypothese: Es ist eine Gewissheit, auf die man ein Leben bauen und für die man sterben kann.[29]

Dieses historische Handeln Gottes offenbart sich in zwei Ereignissen in entscheidender Weise: in der Jungfrauengeburt und im leeren

---

[29] Joseph Ratzinger: Jungfrauengeburt und leeres Grab, JRGS 6/2, 894

Die leibliche Auferstehung als Erweis von Gottes Macht

Grab. Ratzinger widmet der parallelen Betrachtung dieser beiden Ereignisse ausdrücklich eine kleine Abhandlung.[30] Jungfrauengeburt und leeres Grab sind darum die entscheidenden Ereignisse der biblischen Überlieferung, weil sie Teil des historischen Berichts über Jesus von Nazareth sind, aber den gewöhnlichen Lauf des Historischen in unvorhergesehener Weise durchbrechen. In beiden Ereignissen berichten die Evangelien von einem verwandelnden Handeln Gottes in die leibliche Sphäre hinein. Äußerlich und ins Unreine gesprochen, kann formuliert werden: Gott unterbricht den natürlichen Lauf der Dinge und wirkt mit seiner Macht so, dass durch diese Intervention seine Herrschaft sich durchsetzt.

Ratzinger will nun zunächst vor allem *den Begriff dieses biblischen Glaubens* herausarbeiten und festhalten. Durch diese historisch-kritische Klärung kann dann klar gesagt werden: Ein Glaube, der von diesen Inhalten absehen will, verlässt den Boden der Gemeinsamkeit mit dem biblischen Bekenntnis. *Er ist etwas anderes als der Glaube der Väter!* Dies ist zunächst der innerkirchliche Befund, der sich an die moderne Theologie wendet und zwar rein von der Kontinuität und Identität des Glaubensbegriffs her!

Ein zweiter, systematischerer Sinn ist in dieser Reflexion schon mit enthalten. Er möchte klarmachen: Das moderne Bewusstsein stößt sich an diesen Zeugnissen vom Handeln Gottes in der Geschichte. Die biblischen Zeugnisse sind wirkliche Ärgernisse und Stolpersteine für das vorstellende Denken. Wenn es aber nun dies zum Anlass nimmt, jene Ereignisse gleichsam aus der Überlieferung herauszuinterpretieren, dann nimmt es dem Glauben seine eigentliche Substanz. In diesen nur scheinbar mythologischen Gehalten der Überlieferung befindet sich der Kerngehalt des Gottesbegriffs: Dass Gott der Schöpfer ist, der Herr seiner Schöpfung bleibt und daher immer schon und auch auf der Seite der Schöpfung ist und wirkt.

Ein Gott, der nicht auch an der Materie handeln könnte, wäre ein ohnmächtiger Gott – die Materie wäre sozusagen eine dem Handeln Gottes entzogene Sphäre. Diese Vorstellung ist dem biblischen Glauben, den das Bekenntnis der Kirche artikuliert, radikal entgegengesetzt. Sie spricht letztlich Gott das Gottsein ab.[31]

---

[30] A.a.O., 892–897
[31] A.a.O., 896

Die Wahrheit der Christologie bei Joseph Ratzinger

In der Frage nach der leiblichen Auferstehung geht es also – wie bei der Frage nach der Jungfrauengeburt – nicht um »marginale Mirakel«, die man »zugunsten eines reineren Glaubens besser beiseite lässt«.[32] Sondern es handelt sich um Sachgehalte, die offenbar so eng mit dem *Sinn* der christlichen Offenbarung zusammenhängen, dass der Begriff Gottes selbst damit steht und fällt.

Damit ist klar: Es geht nicht nur um die historisch klare Aufarbeitung des *biblischen Begriffs* des Glaubens. Sondern *indem* Ratzinger diesen Begriff exegetisch klärt, erarbeitet er gleichzeitig Bedingungen für dessen *objektiven* Wahrheitssinn. Die leibliche Auferstehung ist kein enigmatisches Geschehen, das zur Gestalt Jesu Christi äußerlich hinzuaddiert wurde, so dass man auf sie als eine hybride Tradition auch wieder verzichten könnte. Sondern sie hat eine innere Verständlichkeit in sich, an der letztlich der ganze Gottesbegriff in seiner Wahrheit und Verbindlichkeit und damit der Glaube hängt.

Ratzinger formuliert dies so, dass er das Handeln Gottes direkt in Bezug setzt zur Materie. Die Materie als solche kann der Macht Gottes nicht entzogen gedacht werden, weil dies seinem Begriff widerspricht.

Es geht darum, ob der Glaube wirklich in die Geschichte hineinreicht. Es geht darum, ob die Materie der Macht Gottes entzogen ist oder nicht. Es geht darum, ob Gott Gott ist und ob er wirklich in der Geschichte bis ins Leibliche hinein gehandelt und sich als Herr über den Tod erwiesen hat, der ja schließlich ein biologisches Phänomen, ein Phänomen des Leibes ist. Und so geht es darum, ob wir uns dem Wort des Glaubens anvertrauen können, ob wir Gott trauen und ob wir auf dem Grund des Glaubens leben und sterben können.[33]

Ratzinger gebraucht diese Wendungen vom Zusammenhang der Macht Gottes mit seiner Macht über die Materie immer wieder, auch in der großen Jesus-Monographie. Dies könnte einem Missverständnis Vorschub leisten, nämlich der Idee, Gott sei zu denken als ein ontisch isolierter, externer Akteur, der der Welt gegenübersteht, auf sie als auf ein materielles Objekt bezogen ist und auf dieses einwirkt – in diesen besonderen Fällen Wunder wirkt. Die Aussage, dass Gottes Macht an der Materie keine Grenze haben kann, ist wahr und muss in dieser Offenheit gesichert werden. Es ist darüber hinaus essentiell, dass Ratzinger die Wahrheit, um die es hier geht, gewissermaßen un-

---

[32] Ebd.
[33] Ebd.

Die leibliche Auferstehung als Erweis von Gottes Macht

erschrocken ausspricht und festhält – gegen die Abbautendenzen der modernen Theologie, die immer wieder dieser Frage der Leiblichkeit der Auferstehung und ihrer Eindeutigkeit ausweichen und sie durch spiritualistische und mentalistische Begriffe ersetzen will. Genau das ist das Ziel dieser direkten Sprache.

Dennoch besteht hier die Gefahr, Ratzingers Begriff von Gottes Macht so zu verstehen, dass er als externe Kraft gezielt in der Welt zwei Wunder wirkt, indem er die Materie in einem gewissen Sinn ontisch-technisch verändert. Diese gezielten Interventionen hätten dann zum Ergebnis die Jungfrauengeburt und die Auferstehung. Dies entspräche aber genau jenem veräußerlichten Begriff des Wirkens Gottes, wie er in unserer Untersuchung als ontische Fehlinterpretation der Christologie und Trinität betrachtet und kritisiert wurde. Es wäre genau jene Veräußerlichung, die in der klassischen »Christologie von oben« den Horizont des Denkens bildet und diese in Aporien führt.

In dieser Veräußerlichung kann dann aber die Inkarnation und die Auferstehung in ihrem Offenbarungssinn und in ihrem Bezug auf die ontologische Wahrheit nicht mehr verständlich gemacht werden. Sie wären rein vorgestellte Teile eines Handlungsverlaufs, der in seinem Sinn schon von anderer Stelle her gesichert ist und nun von dieser Bedeutung her geglaubt werden soll. *Woher stammt aber dieser Sinn?* Das Ziel dieser Arbeit ist es, genau diese Frage zu beantworten: das heißt, aufzuzeigen, dass dieser Sinn der Christologie und der Trinität ursprünglich genau aus dem Offenbarungsgeschehen der Auferstehung selbst stammt. Bezogen auf die Frage nach der Leiblichkeit der Auferstehung heißt dies aber: *Die Antwort auf diese Frage muss genau in dieser Richtung gesucht werden und kann darin gefunden werden, dass die Leiblichkeit der Auferstehung den Kern der Offenbarung des Wahrheitssinnes der Christologie und der Trinität ausmacht.*

Pointiert gesprochen: Nicht der separierte, ontisch vorgestellte Gott schafft von außen die Materie um, sondern in Jesu Geburt tritt Gott wirklich von der Welt her in die Welt ein und erweist so erst wirklich seine Wahrheit und seine Macht, wird in einem gewissen Sinn wirklich und wahr. Und: Gott tritt nicht wie ein Arzt an den Leichnam Jesu und verwandelt technisch seine Leiblichkeit. Sondern die reale Ursache der Auferstehung *ist Jesus Christus selbst in seiner vollkommenen Hingabe an Gott.* Gott verwirklicht in dem neuen Leben und in der Verwandlung der Leiblichkeit des Auferstandenen *in*

Die Wahrheit der Christologie bei Joseph Ratzinger

indirekter Weise sein eigenes Wesen in der Welt und ist genau deshalb in seiner Wahrheit trinitarisch.

Es ist klar, dass Ratzinger die ontische, äußerlich-technische Fehlinterpretation der Ursächlichkeit Gottes gerade nicht teilt – darum ist es aber umso wichtiger, auf die Möglichkeit dieses Missverständnisses an dieser Stelle ausdrücklich hinzuweisen.

In der großen Monographie »Jesus von Nazareth« legt Ratzinger seinen abschließenden und ausführlichsten Kommentar zu dem Thema der leiblichen Auferstehung vor, in der er seine realistische Position abschließend sehr deutlich auf den Punkt bringt.

Das leere Grab ist als historisches Faktum mit sehr großer Sicherheit vorauszusetzen – die Argumente dafür wurden ausführlich betrachtet. Wie gesehen, kann Ratzinger auch mit sehr großer Überzeugungskraft aufzeigen, dass der Glaube der alten Kirche *niemals etwas anderes zum Inhalt hatte als die Auferstehung des Leibes*. Wie wurde diese Glaubensgewissheit aber historisch ursprünglich motiviert? Was kam zum leeren Grab hinzu? Ratzinger beantwortet diese Fragen gewissenhaft in der Weise, dass dabei implizit modernen skeptischen Einwänden begegnet wird.

Der erste Einwand stammt von *Rudolf Bultmann* und argumentiert, wie schon erwähnt, so: Die Wiederbelebung eines Toten, verstanden als ein exzeptionelles Naturereignis, ist existentiell und glaubensmäßig belanglos.

Die zweite skeptische Position, mit der sich Ratzinger auseinandersetzt, stammt von *Gerd Lüdemann*: Er meint, dass die Umwälzung des modernen naturwissenschaftlichen Weltbildes es nicht mehr erlaubt, die traditionellen Vorstellungen von der Auferstehung Jesu aufrechtzuerhalten. Er betrachtet diese als erledigt.

Beide Beispiele müssen theologisch darin münden, den inneren Sinn der Idee der Auferstehung auf eine andere Weise glaubhaft zu machen und dadurch zu transformieren – vollkommen unabhängig von den Fragen der Leiblichkeit und Materialität. Wenn trotzdem das leere Grab als historische Tatsache begründet herausgearbeitet wurde, dann muss dies für diesen Denkrahmen einen anderen Grund haben als die Leiblichkeit der Auferstehung. Das heißt, die moderne Interpretation muss in diesem Punkt davon ausgehen, dass der Leichnam Jesu von irgendeiner Partei fortgeschafft wurde. Es ist nicht sehr gewagt, zu vermuten, dass beide damit eine Position beziehen, der die Mehrheit der modernen Zeitgenossen, auch der Christen, nahestehen.

Wie schon gezeigt, führt diese Skepsis jedoch zu einer Aushöhlung des Gottesbegriffs und letztlich zu seiner Entwirklichung. Der ganze ursprüngliche Sinn der Trinität geht verloren, sie wird weder in ihrer historischen Genese noch in ihrem ontologischen, auf die Welt als Ganze bezogenen Wesenssinn verständlich. Weil aber der Gottesbegriff in seiner Wahrheit an der Trinität hängt, darum steht letztlich die Wahrheit Gottes auf dem Spiel. Damit ist aber die ganze moderne Welt in ihrem Gottesbegriff tendenziell atheistisch, weil sie den *realen historischen Sinn* Jesu Christi nicht mehr versteht, durch den allein Gott Gott ist. Sie versteht den Sinn der Auferstehung nicht mehr, der in deren innerer Verknüpfung mit der Trinität und der in ihr geschehenden »Realisierung« des Begriffs Gottes selbst liegt. Und durch den Verlust des vollen Gedankens der Trinität verliert sie letztlich also auch den einzig möglichen wahren Gedanken Gottes selbst.

Es ist das große Verdienst Ratzingers, dieser Tendenz zu widerstehen und gegen jede vorschnelle Plausibilität und Harmonisierung die Idee der *Materialität der Auferstehung mit Hilfe von Vernunftgründen zu verteidigen.* Dabei ist noch einmal wichtig, zu beachten, wie vorsichtig und genau die methodische Sicherung vorgeht, die zu diesem Ergebnis und damit zu diesem Widerstand führt. Die Besinnung auf Ratzingers Vorgehen soll daher auch eine Besinnung auf den inneren Argumentationsweg unserer Untersuchung sein.

Der erste Befund ist, dass es die Christologie und den Glauben der Kirche gibt, der sich in der Dreifaltigkeit begrifflich bekennt. Die Christologie hat verschiedene Quellen, letztlich steht und fällt sie aber mit der Auferstehung; diese ist ihr Anfangsereignis und ihr Zentrum. Was *ist* aber die Auferstehung und wie lässt sich ihre Realität beweisen?

Ratzingers Antwort darauf geht zunächst, wie gezeigt wurde, hermeneutisch einen indirekten Weg über den Glauben der frühen Kirche, der in der Pfingstpredigt des Petrus überliefert ist. In der Pfingstpredigt wird das ausgesprochen, was der Inhalt des Auferstehungsglaubens ursprünglich war und was die frühe Kirche darunter verstand. Sie verstand darunter, dass Jesus nicht verwest ist und nicht im Grab geblieben ist. Dies ist aber ein *echter* historischer Befund, der nicht bezweifelt werden kann. Dieser Befund *deutet* aber sehr klar auf ein reales Ereignis, das zu diesem Glauben geführt hat!

Auf zwei weitere, echte historische Befunde nimmt Ratzinger Bezug, um einen ähnlichen indirekten Aufweis dafür zu geben, dass ein exzeptionelles historisches Ereignis, ein Ereignis *kath exochen,* stattgefunden haben muss, weil die nachweislichen Folgen sonst nicht zu erklären wären. Diese Aufweise sind natürlich keine Beweise im strengen Sinn, aber sie tragen eine sehr starke Evidenz in sich.

Erstens: Es gibt die historische Tatsache der Überlieferung des dritten Tages. An diesem Tag feiert die Kirche bis heute den Sonntag, den ersten Tag der Woche. Ratzingers Argument ist: Der dritte Tag muss Gedenktag eines *historischen Ereignisses* sein, denn es gibt für ihn kein wirklich tragendes Schriftzeugnis im Alten Testament. Er hat also für die ersten Christen keinen bekannten theologischen Sinn, sondern kann nur einem faktischen, äußerlichen Sinn entstammen. Alle Versuche, ihn aus dem Alten Testament abzuleiten, bleiben unplausibel. Darum bleibt als Erklärung nur, dass er ein echtes, historisches Faktum zeichenhaft darstellen muss!

Der dritte Tag ist kein »theologisches« Datum, sondern der Tag eines Ereignisses, das für die Jünger zur entscheidenden Wende nach der Katastrophe des Kreuzes geworden ist.[34]

Dieses Ereignis muss aber von »umstürzender Gewalt« gewesen sein, so Ratzinger weiter:

Nur ein Ereignis, das sich übermäßig in die Seelen einprägte, konnte eine derart ins Zentrum gehende Umgestaltung in der religiösen Kultur der Woche auslösen. Theologische Spekulationen reichten dazu nicht aus. Für mich ist die Feier des Herrentages, die zur christlichen Gemeinde von Anfang an gehört, einer der stärksten Beweise dafür, dass an jenem Tag Außergewöhnliches geschehen ist – die Entdeckung des leeren Grabes und die Begegnung mit dem auferstandenen Herrn.[35]

Zweitens: Ratzinger zeigt sehr genau, dass in den Berichten über die Erscheinungen Jesu implizit ein starker indirekter Nachweis eines realen und neuartigen Geschehens erkannt werden kann. Denn: Als Erstes fällt auf, dass die Predigt der Apostel vollkommen kühn und freimütig über etwas berichtet, was keinerlei Vorbild in der damaligen Welt hatte. Dieser Mut kann aber nur durch eine reale Kraft »von außen« entstehen. Die Kühnheit und Neuheit der Predigt kann niemals durch etwas nur Erdachtes, durch Spekulationen oder mystische innere Erfahrungen hervorgebracht worden sein. Dieses Äußere muss aber plausiblerweise genau mit jenem identifiziert werden, von dem die Apostel gerade in dieser Kühnheit berichten: das Sich-Zeigen und das Sprechen des auferstandenen Christus.

---

[34] Joseph Ratzinger: Jesus von Nazareth II, 283
[35] A.a.O., 284

Die leibliche Auferstehung als Erweis von Gottes Macht

Darüber hinaus sind die Erscheinungen des Auferstandenen in den Evangelien auffallend *ungeschickt* vermittelt, sie sind nicht ganz einheitlich in ihrer Darstellung und in ihrem Bezug auf die in ihr berichtete Leiblichkeit ambivalent. Ratzinger sieht genau darin wieder einen indirekten, aber umso stärkeren Erweis für die Wahrheit dieser Berichte. Gerade darin, dass keine einheitliche, geglättete Konzeption in der Darstellung der Erscheinungen zu erkennen ist, erweisen sie sich als authentisch und wahrhaftig.

Die indirekte hermeneutische Methode, die *beim Gehalt* der Zeugnisse ansetzt, um erst dann darauf zu schließen, was diesen Gehalt in dieser Weise hervorgebracht hat, zeitigt nun als Ergebnis einen bestimmten Kreis von Inhalten, die mit großer Sicherheit und hohem Wahrheitsanspruch vom Osterereignis ausgesagt werden können:

Das Osterereignis, die Auferstehung, ist eine historische Tatsache. Diese ereignete sich am Tag nach dem Sabbath, an dem das Passahfest gefeiert wurde. An diesem Tag wurde das leere Grab entdeckt und der Auferstandene zeigte sich den Jüngern und sprach mit ihnen. Dieses Sich-Zeigen wurde von den Zeugen als eine massive Realität erfahren. Gleichzeitig war klar, dass dies keine mystische Schau oder die Erfahrung einer Geistererscheinung war. Im Gegenteil: Es werden intensive sinnliche, leibliche, materielle Erfahrungen bezeugt – aber dies dennoch so, dass diese Sinnlichkeit offenbar nicht in den normalen Verlauf der Kontinuitätserfahrung von der Welt einzuordnen war.

Die Erfahrung des Auferstandenen war also offenbar beispiellos und konnte in ihrer Sinnlichkeit nur schwer begrifflich erfasst werden. Dennoch gibt es bestimmte Grundelemente dieser Erfahrung, die in die Zeugnisse eingingen und als unverzichtbar festgehalten wurden: Jesus lebt wirklich. Er lebt aber nicht als wiederbelebter Toter, sondern »für immer« – das ist allen Zeugen unmittelbar klar. Er tritt in seiner Leiblichkeit auf. Diese ist authentisch, real, materiell, aber auch so verändert, dass sie sich den normalen Naturnotwendigkeiten entzieht. Schließlich: Die körperliche Gegenwart des Auferstandenen enthält offenbar für die Zeugen ein überwältigendes Moment der Universalität – ein Erkenntnismoment, das mit der Realitätserfahrung der Begegnung unmittelbar verknüpft war. Die Zeugen verstehen, dass mit der körperlichen Gegenwart Christi etwas offenbart wird, ein realer Einbruch, der alle Menschen, ja, der die ganze Welt betrifft. Die körperliche Erscheinung Christi ist das Ende der Welt, wie sie war, und der Beginn einer neuen Welt.

Diese Zusammenfassung der wesentlichen Züge der Auferstehung geht schon direkt über in das, was Ratzinger in seiner Interpretation als das »Wesen der Auferstehung und ihre geschichtliche Bedeutung« bezeichnet.

I.8 Die theologische Deutung der Auferstehung in Ratzingers Darstellung

Ratzinger geht hier wie immer in seinen Interpretationen sehr vorsichtig und bewahrend vor. Er zielt keinen großen begrifflich-spekulativen Wurf an, sondern er will das biblische Zeugnis in größtmöglicher Genauigkeit so auslegen, dass es als Quelle der Wahrheit, die es ursprünglich ist, wiederentdeckt werden kann. Dazu stellt er die biblischen Berichte in einen nur leicht kontrastierenden, moderneren begrifflichen Horizont. Er bleibt aber im hermeneutischen Mitvollzug in der Perspektive der Auferstehungsberichte. Man kann sagen: Er vollzieht an dieser Stelle eine Durchführung der »Christologie von unten«. Dies wird später wichtig für unsere Beurteilung von Ratzingers Deutung. Die drei Themenbereiche sind: die Leiblichkeit der Auferstehung, ihre Geschichtlichkeit und die Eigentümlichkeit des Handelns Gottes, die sich in der Auferstehung zeigt.

(1) Ratzinger verwendet an mehreren Stellen die Metapher vom »*Mutationssprung*«, um das Wesen der Auferstehung zu beschreiben. Er versieht diese mit einer Kautele: Es handele sich um eine analoge Verwendung des Begriffs, diese bleibe in vieler Hinsicht unangemessen und sollte mit Vorsicht gebraucht werden. Dennoch gebraucht er den Begriff wiederholt und hält ihn an dieser Stelle für sinnvoll.

Der Begriff muss in diesem theologischen Zusammenhang zunächst irritieren. Man darf annehmen, dass Ratzinger ihn wählt, weil er *eine bestimmte Vieldeutigkeit* in sich trägt, die ihn geeignet macht, sich dem umfassenden Phänomen der Auferstehung vorsichtig zu nähern: Der Begriff versammelt in sich Bezüge zum Lebendigen, zum strukturell Materiellen und zum entwicklungsmäßig Unvorhergesehenen, zum Neuen. Er beinhaltet Potentialität, das über sich selbst Hinauswachsen der Welt, aber ist in seiner biologischen Sachhaltigkeit ausdrücklich auf die Welt, auf die Natur in ihrer Eigenständigkeit bezogen. So, wie in der Natur die Mutation das unvorhersehbar Neue hervorbringt, so sieht Ratzinger die Auferstehung als einen Sprung an, »in dem sich eine neue Dimension des Lebens, des Menschseins auftut«.[36] Wie oben schon gesehen, geht Ratzinger dabei gewissermaßen direkt auf die Materie als die Basis dieser Veränderung ein. Gottes Wirken reicht bis in die Materie, sie wird »in eine neue Wirklichkeitsweise umgebrochen«.[37] Von dieser neuen Wirklichkeitsweise her deutet Ratzinger die Idee vom »kosmischen Leib Christi« bei Paulus *(Kol 1,12–20; Eph 1,10)*. Die Verwandlung und Umgestaltung der Materie in Christus ist also nichts Isoliertes, sondern der verwandelte Leib Christi ist der neu geschaffene »Raum« oder »Ort«, »an dem die Menschen in die Gemeinschaft mit Gott und miteinander eintreten und so definitiv leben können in der Fülle des unzerstörbaren Lebens«.[38] Dieser Ort ist in gewissem Sinn immer schon Bestimmung und Ziel des Menschen, der »von seinem Wesen her zur Unsterblichkeit geschaffen ist«[39] – aber erst nun, durch die historisch wirklich geschehene Auferstehung Christi, ist dieses Ziel erreichbare Realität geworden. Damit ist auch noch einmal gesagt, dass mit der Auferstehung eine universelle, kosmische Verwandlung eingetreten ist, nicht ein partikuläres Geschehen, das sich an einem Einzelnen vollzogen hat. Ratzinger spricht deshalb davon, dass

in der Auferstehung ein ontologischer, das Sein als solches berührender Sprung geschah, dass eine Dimension eröffnet wurde, die uns alle angeht und die für uns alle einen neuen Raum des Lebens, des Mitseins mit Gott geschaffen hat.[40]

(2) Ratzinger trifft zur Frage der Geschichtlichkeit der Auferstehung mit Hilfe der biblischen Zeugnisse einige sehr scharfe Unterscheidungen: Die Auferstehung ist wesentlich ein Ereignis *in* der Geschichte. Sie eröffnet zwar einen Raum über die Geschichte hinaus, sie schafft etwas gegenüber der bisherigen Geschichte prinzipiell Neues und gehört diesem Bereich auch schon zu. Dieser Bereich ist das Endgültige, das »Eschatologische«. Deshalb ist sie einerseits nicht so etwas wie ein gewöhnliches historisches Ereignis. – Überraschen-

---

[36] Joseph Ratzinger: Jesus von Nazareth II, 299
[37] Ebd.
[38] Ebd., 299–300
[39] Ebd.
[40] A. a. O., 300

derweise nimmt Ratzinger hier als Beispiele für echte historische Ereignisse die Geburt und die Kreuzigung Jesu! – Andererseits ist sie aber auch nicht einfach der Geschichte entzogen und gleichsam über der Geschichte in einem transzendenten Bereich angesiedelt. Sie geschieht in paradoxer Weise sowohl *in* der Geschichte, und deshalb konnte sie von historischen Personen bezeugt werden, als auch *außerhalb* der Geschichte und deren normalen Ereignis-Kontinuitäten.

Man könnte dies vielleicht so ausdrücken: Die Auferstehung Jesu führt über die Geschichte hinaus, aber sie hat eine Fußspur in der Geschichte hinterlassen. Deshalb kann sie von Zeugen als Ereignis einer ganz neuen Qualität bezeugt werden.[41]

(3) Eine eigene Überlegung widmet Ratzinger der Frage der historischen Unauffälligkeit, die der Auferstehung Jesu eignet. Das vorstellende Bewusstsein empfindet es als skandalöse Anmaßung, dass die Kirche zwar beansprucht, in der Auferstehung das einmalige und wichtigste Geschehen der Welt zu verkünden, dass dieses Ereignis aber welthistorisch marginal ist. Die Frage wird von Judas Thaddäus selbst im Abendmahlsaal gestellt *(Joh 14,22)*: Warum offenbart Gott seine ontologische Wahrheit als solche nur einer kleinen Schar unbedeutender Männer? Diese Idee reizt bis heute das aufgeklärte Bewusstsein. Die Antwort Ratzingers ist: Gerade hierin liegt ein Wahrheitsmoment. Gottes Wahrheit kann unmöglich kontingentherrscherlich und in äußerlicher Macht in die Welt treten. Sie ist zuinnerst mit der Freiheit des Menschen verbunden. Darum ist es ihr essentiell, es gehört näher besehen zu ihrem Begriff, *leise* in die Welt zu kommen und sich als etwas anfänglich scheinbar sehr Kleines Stück für Stück geschichtlich zu offenbaren und durchzusetzen. Wie zu zeigen sein wird, begreift auch Pannenberg in seiner christologischen Grundlegung genau diese scheinbare Ohnmacht Gottes in der Geschichte als essentiell für seinen wahren Begriff.

Wie anders als in solcher leisen und geräuschlosen Form sollte sich die Machtergreifung der göttlichen Liebe in der gegenwärtigen Welt, so wie diese Welt nun einmal ist, vollziehen? Daß die göttliche Liebe trotz ihrer auffälligen Schwäche und Ohnmacht dennoch in Wahrheit diese Welt regiert, das zeigt sich daran, daß alle den Lauf der Dinge scheinbar beherrschenden Mächte und Gewalten schließlich zunichte werden.[42]

---

[41] A.a.O., 300–301
[42] Wolfhart Pannenberg: Christologie und Theologie, in: Grundfragen Systematischer Theologie. Gesammelte Aufsätze Bd. 2, Göttingen 1980, 141

I.8.1 Die ontologische Wahrheit der leiblichen Auferstehung. Eine philosophische Rechtfertigung

Unser Ausgangspunkt war die Frage, warum die Auferstehung und nicht die Inkarnation der Anfang und das Zentrum der Christologie sein muss. Die Frage entstand bei der intensiven Reflexion auf die wirkliche Herkunft der Begriffsbildung, die in der anfänglichen Zeit der Kirche vollzogen wurde. Dabei wurde auf jeder Stufe wieder neu deutlich, dass der Sinn der Genese und damit der Wahrheitsanspruch der Christologie auf ein reales Ereignis, das Osterereignis, rückbezogen werden muss.

Dieses Ereignis ist nun selbst kein opakes Faktum, sondern es trägt den ganzen Sinn der Christologie schon wie ein Samenkorn in sich. Die »Christologie von unten« kann also, dies führt Ratzinger souverän vor, mit Aufmerksamkeit und Vertrauen auf das historische Zeugnis von diesem Ereignis zugehen und findet dort, eingefaltet, aber doch nachweisbar, einen substantiellen Kern vor, *eine vernünftige Wahrheit*, auf die alle Zeugnisse verweisen. Das schwierige Phänomen der Auferstehung in seiner begrifflichen Komplexität kann nun Stück für Stück entwickelt und darin zugleich festgehalten und in seiner Wahrheit plausibel und verständlich gemacht werden.

Wie schon mehrmals bemerkt, vollzieht Ratzinger keine genuin philosophische Apologie der Christologie. Er verfolgt den Ansatz der »Christologie von unten« vor allem im Vollzug seiner historisch-kritischen Hermeneutik, die aufzeigen soll, dass die Zeugnisse der Schrift immer schon auf eine historische Wahrheit hinweisen und bezogen sind, *die in sich selbst bereits christologisch ist*. Jesus von Nazareth in seiner historischen Wahrheit ist also keine neutrale geschichtliche Gestalt, die im Nachhinein religiös verbrämt wurde. Sondern die genaue und gewissenhafte Interpretation, die *vorurteilsfreie* Achtung der historischen Fakten, führt zu einem ganz anderen Ergebnis, als es die destruierende historisch-kritische Methode anzielt. Es wird deutlich, dass Jesus *immer schon der ganze Christus auch historisch war* und dass die Erfahrung des auferstandenen Christus historisch sogar am Anfang steht und als echtes Faktum betrachtet werden muss. Die Auferstehung in der ganzen Wucht und Potentialität ihrer inneren begrifflichen Komplexität steht am Anfang und wurde wirklich und wahrhaftig in dieser Wucht erfahren. Als zunächst unreflektiert hereinbrechende Erfahrung erhellt sie wie ein Blitz mit einem Schlag eine weite Sinnlandschaft, die dann im Laufe

Die Wahrheit der Christologie bei Joseph Ratzinger

vieler Generationen begrifflich durchschritten und ausgemessen werden musste.

Ratzinger schreitet diese Landschaft nun so ab, dass klar werden kann, was der Sinn des Bezeugten sein muss, so, dass die berichteten Erfahrungen plausibel und verständlich sind. Dabei verzichtet er zunächst auf eine philosophische Rückbesinnung. Er nimmt die Ereignisse in ihrer narrativen Gegebenheit auf und versucht, sie innerhalb dieses Rahmens zu plausibilisieren.

Dadurch kann aber ein bestimmter Tiefensinn übersehen werden, der der »Christologie von unten« eigentlich wesentlich ist und der gerade ihre Stärke ausmacht. Wie oben gesehen, hat die »Christologie von unten« in ihrer Tiefe eigentlich einen philosophischen, ontologischen Grund. Der Zugang zum Sinn der christologischen Begriffe geschieht gewöhnlich und intuitiv so, dass sie für das nachträgliche Verstehen auf einen vorstellungshaften Handlungsrahmen bezogen werden. Für diesen Horizont sind die Ergebnisse der christologischen Wahrheitsgenese – der Vater und der Sohn in ihrer ewigen Verwiesenheit aufeinander im Gegenüber zur geschaffenen Welt – immer schon vorausgesetzt und sie werden in einem gewissen Sinn als transzendente ontische Gegenstände und Akteure vorgestellt. Die »Christologie von unten« ergreift nun die Möglichkeit eines anderen Verfahrens: Sie nimmt die Wahrheit der christologischen Begriffe als gegeben, aber diese Wahrheit wird rein aus ihrem wirklich geschichtlich vollzogenen Offenbarungssinn gewonnen und dadurch überhaupt erstmals aus sich selbst evident. Ihr Ausgangspunkt ist also nicht die vorstellungshafte Faktizität der Gegenstände der christologischen Begriffe, die nachträglich zur Existenz Jesu Christi als präexistent angesetzt werden. Sie zeigt dieselben stattdessen in genau dieser ihrer weltlichen Genese und erweist genau dadurch überhaupt erst ihre Wahrheit.

Was damit gemeint ist, soll noch einmal deutlich gemacht werden anhand der Analyse des Wesens der Auferstehung, so wie Ratzinger sie vornimmt. In dieser Analyse erscheint das Ereignis der Auferstehung als ein verbürgter geschichtlicher Vorgang, in dem die Leiblichkeit eine entscheidende Rolle spielt. Ratzinger zeigt, wie im Detail deutlich wurde, dass eine Auferstehung ohne Leiblichkeit von der Lage der Quellen her undenkbar ist – aber dies wird zunächst nicht von der Sache selbst her, sondern historisch, als ein erwiesenes Faktum begründet. Die Wesensbegründung erfolgt von der Idee von Gottes Macht her. Das Argument lautet: Die Materie kann nicht als etwas vorgestellt werden, das Gottes Macht entzogen ist. Gottes schöpferische Macht reicht bis in die Materie hinein. Damit verlagert sich aber die Frage nach der inneren Zugehörigkeit der Leiblichkeit zur Auferstehung auf die Frage nach der Macht Gottes. Dadurch gerät die Untersuchung aber in die Gefahr einer Missdeutung. Es könnte nun der Eindruck entstehen, Ratzinger würde die »Christologie von unten« verlassen und die Idee der Auferstehung rein aus einem apriorischen Gottesbegriff und seiner Allmacht ableiten. Dies widerspräche aber dem genuinen Sinn der Christologie überhaupt, die Wahrheit Gottes als wirklich durch Christus und allein ihn offenbart zu erkennen! Die zwei Gefahren sind:

(1) Wie oben schon angedeutet, erscheint Gott nun als ein handelnder Akteur, der von außen auf die Welt einwirkt und in ihr Veränderungen bewirkt, die keinen innerweltlichen Grund haben können. Er verwandelt die Struktur der Materie so, dass sie umgebrochen wird in eine neue Leiblichkeit, die zu einem neuen, nun endgültigen Leben bei Gott gehört.

(2) Die Geschichte der Auferstehung ist nun als ein äußerlicher, historischer Handlungsverlauf erzählbar, in dem das Eingreifen Gottes eine Änderung der Seinsweise der Welt bewirkt. Die zweite Seinsweise ist die endgültige, die sich durch eine veränderte Materie von der ersten unterscheidet.

Beide Gefahren sind bewusst vergröbernd dargestellt. Dies soll an dieser Stelle rein der inhaltlichen Profilierung dienen: Es soll nur sichtbar gemacht werden, worin sich diese missverstandene Lesart von jener einer auch philosophisch durchgeführten »Christologie von unten« unterscheidet.

Das Problem ist: In beiden Fällen bleibt die Frage nach dem *inneren Wahrheitssinn der Materialität des Auferstandenen* unbeantwortet. Die biblischen Zeugnisse berichten von dieser eigentümlichen Leiblichkeit und Ratzinger sichert diese Leiblichkeit als eine echte Tatsache exegetisch. Das weitergehende Verständnis muss nun diese Leiblichkeit in ihrer wesenhaften inneren Funktion innerhalb der Offenbarung und der Genese der Christologie selbst einsichtig machen. Dadurch würde sie aber als eine vernünftige Wahrheit verstehbar und sozusagen von innen her evident.

Das heißt: *Die besondere Leiblichkeit des Auferstandenen muss in ihrem inneren Zusammenhang mit der Offenbarung der Wahrheit Gottes einsichtig gemacht werden.* Wenn dies gelingt, dann wird auch ihr eigener theologischer Sinn einsichtig und verstehbar. Sie kann nicht als etwas erklärt werden, was nur Objekt des Handelns Gottes ist. Genau dadurch bleibt sie der Offenbarung Gottes äußerlich und bietet nur Anlass für eine äußerliche Intervention. Vielmehr muss aus dem Ereignis der Auferstehung, zu dem die besondere Leiblichkeit des Auferstandenen gehört, verstehbar werden, dass Gott wirklich Gott ist und dass er wahr ist.

Pointiert gesprochen: Die Christologie darf nicht von einem unendlich vorgestellten Gott und seiner äußerlichen Macht her die Leiblichkeit der Auferstehung erklären. Dann bleibt diese neue Leiblichkeit ein in die Welt eingesetztes Wunder. Dieses ist zwar vielleicht durch die Quellen so bezeugt, dass es als erwiesen betrachtet werden kann. Es bleibt aber als solches in seinem ontologischen Sinn unverstanden und allein durch die Idee der Macht Gottes gesetzt. Man kann auch sagen: Der Vollzug des trinitarischen Handelns in der Auferstehung im Ganzen bleibt etwas äußerlich Gesetztes, das rein über die Idee der Macht Gottes mit der Wahrheit und der Welt vermittelt ist. Die menschliche Einsicht, die Vernunft, kann das Ereignis der leiblichen Auferstehung dann zwar in genau dieser äußerlichen Weise anerkennen, sie selbst bleibt aber in einem gewissen Sinn von dem Geschehen getrennt und ausgeschlossen. Die Auferstehung bleibt letztlich ein für uns enigmatisches, undurchschaubares Geschehen, das zwischen den vorgestellten trinitarischen Personen sich ereignet.

Wenn dies aber so ist, dann kann nicht in einem tiefen, wesentlichen Sinn verständlich werden, warum das Ereignis der Auferstehung universal ist und uns alle in einem gewissen Sinn schon umfasst. *Ratzinger hält aber berechtigterweise gerade diese Universalität als Wesenselement der Auferstehung fest.* Er legt großen Wert darauf, hinzuweisen, dass diese universale Bedeutung schon von den ersten Zeugen und in den Paulusbriefen auch genau in diesem Sinn aufgefasst und tradiert wurde. *Dies zeigt, dass schon in den ursprünglichen Zeugnissen ein vernünftiges Verständnis wirksam gewesen sein muss, das diese Universalität und Einbezogenheit in das leibliche Auferstehungsgeschehen mit umfasst.*

Im Folgenden sollen nun einige Züge dieses vernünftigen Verständnisses von einer erweiterten »Christologie von unten« her umrissen werden. Es soll also der *begriffliche Sachgehalt* zur Sprache kommen, der in der Erfahrung der Auferstehung immer schon implizit mit verstanden wird und der die Christologie in ihrer wahren Form als »Christologie von unten« hervorbringt.

(1) In dem Geschehen der Auferstehung – so das Verständnis der

Die theologische Deutung der Auferstehung in Ratzingers Darstellung

alten Kirche und mit ihr Ratzingers – kommt die geschaffene Welt von ihr selbst her in ihr Ende und ihre Vollendung, so, dass diese Vollendung für die Welt selbst noch einmal ausdrücklich wird. Die Erscheinungen Jesu Christi als Auferstandenen werden als Offenbarung dieser Vollendung unmittelbar begriffen – und zwar begriffen als vollkommenes, endgültiges, eigentlich immer schon angezieltes Leben – aber als Leben der *Welt*! Die Offenbarung dieser Endgültigkeit und dieses vollkommenen Lebens ist also nichts Zusätzliches zur Welt, sondern sie muss verstanden werden als integraler Wesensbestand ihrer selbst. Dass die eigene Endgültigkeit für die Welt wahr wird, gerade dies gehört zum Sinn der Welt selbst! Diese Endgültigkeit lässt sich deshalb nicht so verstehen, dass sie in ihrem Sachgehalt der Welt noch einmal entzogen wäre und ihr als etwas Fremdes gegenübertreten könnte. Sie kann also nicht als etwas gedacht werden, was einen bisher unbekannten Zusatz zur Welt hinzufügt, sondern das Wesen der Endgültigkeit ist gerade die zusammenfassende, alles integrierende Bestätigung, Bejahung und Bewahrung des schon Angelegten und schon in Verwirklichung Begriffenen. Die Endgültigkeit muss also in ihrem Sachgehalt gerade vollkommen auf die Welt bezogen sein, so, dass sich in ihr der Sinn der Welt entscheidet und zur Vollendung kommt. *Die Leiblichkeit und Materialität gehört aber in integraler Weise zum Wesen der geschaffenen Welt*. Die Vollendung der Welt muss deshalb den Sinn der Leiblichkeit wirklich und in Vollkommenheit an sich zeigen und zum Abschluss bringen.

Darum muss der Zusammenhang so ausgedrückt werden: *Was die Materie in ihrem eigentlichen Wesen ist, das wird erst deutlich von der Auferstehung her.* Darum muss die Auferstehung die Leiblichkeit in ihrer ganzen weltlichen Wirklichkeit in sich tragen, aber zugleich verwandelt von jenem endgültigen, vollendeten Leben her, das ihr Wesensinhalt ist. Die Auferstehung Jesu Christi ist die *Offenbarung des wirklichen Sinnes der Leiblichkeit,* der *in der Welt* aufscheinen muss als *ihre* endgültige Wahrheit. Von diesem Sachzusammenhang her betrachtet, ist es vielleicht deshalb angemessener, die Auferstehung nicht als einen Umbruchprozess zu etwas Neuem hin zu schildern. Von der Erfahrungsperspektive aus betrachtet ist diese Beschreibung nicht falsch. Die Offenbarung des Endgültigen, der Wahrheit, wird als Einbruch von etwas radikal Neuem erfahren. Aber der Sinn dieser Endgültigkeit ist gerade nichts Neues, sondern etwas »immer schon Bekanntes«, das nun in sein immer schon verborgen ihm zugehöriges Wesenslicht gestellt wird.

Die Wahrheit der Christologie bei Joseph Ratzinger

Die Leiblichkeit des Auferstandenen ist darum auch keine »Hyperleiblichkeit«, gleichsam eine übermenschliche Körperlichkeit, deren Neuartigkeit letztlich nur durch die Idee einer technischen Vervollkommnung verständlich wäre. Die Orientierung des Sinns der Auferstehung an dem Übergang von einem Seinszustand in einen anderen, neuen, bringt aber fast unvermeidlich diesen ontisch-technischen Sinn ins Spiel.

Dies wird besonders deutlich im Kontrast zu der hier angezielten Interpretation, die die Auferstehung radikal im Sinne der »Christologie von unten« verstehen will. Gott wirkt nicht von außen und technisch auf die Materie ein. In einem bestimmten Sinn ist Gott überhaupt nicht ontischer Akteur in diesem Geschehen. Er erscheint auch in den Zeugnissen der Schrift niemals in dieser Weise. Sondern seine Wirklichkeit und damit seine Herrlichkeit kommen zur Wahrheit in der Welt durch die Eigenständigkeit und Endgültigkeit jenes Lebens und seiner Hingabe, in dem Jesus Christus sich wahrhaftig zeigt. Sie kommen in *keiner anderen* Weise in die Wahrheit und Wirklichkeit. Dadurch wird die Freiheit des Lebens der Schöpfung erst ursprünglich ontologisch ermöglicht und gesichert, und nicht durch eine ontisch zwischengeschobene, nur vorgestellte Zurückhaltung, die Gott gleichsam diskret um dieser Freiheit willen gewähren müsste.

(2) Von der offenbarten Endgültigkeit des Lebens im auferstandenen Christus her kann nun auch deutlich werden, dass der Wesenssinn der Materie in keiner Weise technischer Natur ist. Wenn Gott der Welt äußerlich wäre und von dort aus auf sie ontisch einwirkte, so, dass ihr endgültiges Wesen auf diese Weise, also durch eine ändernde Modifikation zustande käme, dann müsste hingegen auch gesagt werden, dass die Materie und der Leib letztlich etwas Technisches seien.

Die »Christologie von unten« zeigt eine ganz andere Perspektive auf. Gott ist Ursprung der Welt. Aber in Christus wird deutlich: Seine unendliche Ursprünglichkeit kann nichts sein, was ganz außerhalb der Welt verbleibt, sondern sie muss immer schon auch bei und in der Welt sein. Er muss sich gänzlich *von der Welt her* offenbaren, damit die Welt selbst *seine* Welt wird und einmal seine Wirklichkeit und Wahrheit ganz zum Wesen hat. Diese Offenbarung muss dann aber auch die Wahrheit der Materialität und der Leiblichkeit in sich enthalten. Genau dies muss in der Auferstehung geschehen, wenn sie wirklich als universale Vollendung sein will: Christus zeigt sich als der Auferstandene in souveräner Weise. Er ist in neuartiger und unbekannter Weise Herr über Raum und Zeit und verfügt frei über seine Gegenwart und Abwesenheit. Aber dies alles geschieht nicht in Absehung von seiner Leiblichkeit. Er ist nicht deshalb Souverän über die Kategorien der Endlichkeit, weil er vom Leib befreit und nur noch Geist ist. Die Zeugen berichten das Gegenteil: Christus zeigt sich in einer verwirrenden und von den ersten Christen an bis heute in einer für die Gebildeten unter den Gläubigen suspekten Körperlichkeit. Diese offensichtliche Verknüpfung von vollkommener Freiheit und substantieller Leiblichkeit zeigt sich als ein Geheimnis.

Die aufgeklärte Theologie glaubt, dieses Geheimnis nur durch einen inhärent metaphorischen Sinn deuten zu können. Den leiblichen Erscheinungen Christi wird eine Bedeutung »im übertragenen Sinn« unterstellt. Damit begibt man sich jedoch der tieferen denkerischen Substanz, die im Osterereignis liegt. Man verlässt die Linie einer konsequenten »Christologie von unten« und verliert dadurch auch die Möglichkeit eines echten, wesentlichen Verständnisses der Trinität in ihrer Notwendigkeit und Wahrheit. Die Auferstehung wird in etwas nur noch Geistiges hinein sublimiert. Dieses Geistige kann aber letztlich die Welt nicht integrieren, sondern muss sie abstoßen. Durch die Abstoßung der Welt verliert aber auch der trinitarische Gottesbegriff seinen eigentlichen Boden und seinen Ursprungssinn. Seine Inhalte sind dann in ihrem Wesen unverständliche Glaubenssetzungen.

Darum soll hier die Ansicht vertreten werden, dass das Geheimnis der paradoxen Verknüpfung von Freiheit und Leiblichkeit nur verstanden werden kann, wenn man es in seinem substantiellen Gehalt vollkommen ernst nimmt und diesem Paradox denkerisch und theologisch nicht aus dem Weg geht. Der Weg zu diesem Verständnis führt über eine konsequent verfolgte »Christologie von unten«.

Die Auferstehung kann in dieser Perspektive nur als das Aufbrechen der wesentlichen Wahrheit der Welt selbst, aber das heißt: als *Offenbarung der Vollendung der Welt*, verstanden werden. Dass diese Vollendung von ihr selbst her nicht außerhalb der Welt verbleiben und gedacht werden kann, sondern *innerweltlich* wirklich und wahr wird, und wahr werden *muss*, das ist das Herzstück des Verständnisses der »Christologie von unten«.

Die Vollendung der Wahrheit über die Welt muss jenes umfassend integrieren, was die Welt immer schon war. Aber nun wird deutlich: Sie war dies zwar immer schon, aber in einem vorläufigen Sinn.

Die Wahrheit der Christologie bei Joseph Ratzinger

Was die Materie in ihrem ontologischen Sinn *ist*, was die Leiblichkeit *ist*, das ist also immer eine offene Frage – bis zur Vollendung der Welt. Erst der auferstandene Christus, die Epiphanie Gottes selbst *in seiner Schöpfung*, beantwortet diese Frage endgültig und gibt der Leiblichkeit ihren Sinn und ihren tieferen Gehalt. Diese Vollendung erst ist der substantielle Grund, der »Schlussstein«, der unserer hinfälligen und abgespaltenen Leiblichkeit Sinn gibt und sie mit ihrem eigentlichen tieferen Leben, auf das sie immer schon bezogen ist, zusammenschließt.[43]

Wichtig ist es hier, festzuhalten, dass dieser substantielle Grund und Schlussstein keine ontische Information darstellt, die uns gleichsam aus der Transzendenz heraus etwas Neues über unsere Zukunft mitteilt. Die Information bestünde darin, dass wir *jetzt* einen hinfälligen Leib haben und *dann* einen neuen, unzerstörbaren erhalten. In dieser Auslegung wird der Bezugssinn der Wahrheit der Auferstehung *auf die Welt* wieder verlassen und unterlaufen. Die Leiblichkeit Christi gibt keine Information, wie wir als Einzelne ausgestattet sein werden. Sondern sie schließt die Welt, uns alle, *jetzt schon und wirklich* mit sich zusammen durch die tiefere Substanzialität *seiner* Leiblichkeit, die auch *unsere* Leiblichkeit ist.

(3) Damit ist der technische und nur ontische Begriff der Materie verlassen und überwunden – dies aber gerade nur und genau dadurch, dass die scheinbar konkreteste und deshalb höchst irritierende Materialität der Auferstehung voll bejaht wird. *Der Sinn unserer Leiblichkeit ist immer schon und nur in Bezug auf die Leiblichkeit des auferstandenen Christus ausgerichtet zu denken.*

Dadurch wird aber auch der Sinn jener Aussagen der Apostelbriefe in einer vernünftig einsehbaren Weise entschlüsselt und legitimiert, die den auferstandenen Christus als Schöpfer der Welt auslegen *(Kol 1,16; Hebr 1,3; 1 Kor 8,6)*. Diese Aussagen müssen enigmatisch erscheinen oder in analoger, übertragener Weise verstanden werden, solange die »Christologie von unten« nicht konsequent vollzogen wird. Durch die Perspektive auf den auferstandenen Christus als die Offenbarung der Vollendung der Welt wird der Sinn dieser Aussagen jedoch auf einmal überraschend präzise in ihrem Wahrheitsanspruch gerechtfertigt und evident.

---

[43] Die Offenheit der eigentlichen ontologischen Bedeutung der Leiblichkeit auf ihre eschatologische Bestimmung in Christus wird später als Thema von Pannenberg, aber auch von Weissmahr und Rahner aufgezeigt.

Die theologische Deutung der Auferstehung in Ratzingers Darstellung

Der Begriff der Schöpfung wird sachlich erst voll verständlich und in seinem Sinn einlösbar, wenn die Wahrheit Gottes geschichtliche Realität in der Welt wird und werden muss. Die Schöpfung ist kein demiurgisches technisches Ereignis von außerhalb der Welt her, sondern ihr wahrer Sinn muss und kann nur verstanden werden von der wirklichen Offenbarung ihrer Vollendung her, von ihrem endgültigen, aber das heißt hier gleichzeitig: *ursprünglichen* Sinn her. Dieser ursprüngliche Sinn, *der Ursprung selbst*, muss in der Welt erscheinen und die Herrschaft über die Welt ausüben. Von diesem Ursprung stammt aber die Vollendung unserer Leiblichkeit – und er kann darum auch nichts anderes sein als der Anfang unserer Leiblichkeit. Diese Leiblichkeit ist aber der *Inbegriff* des Materiellen, von ihm her muss das Materielle unserer selbst verstanden werden. In der Vollendung, die in Christus erscheint und offenbart wird, wird über das Materielle gewissermaßen entschieden. In dieser Vollendung wird der Maßstab für das, was wir eigentlich sind, offenbart. *Dieser* Maßstab muss aber als der wirkliche Anfang und Grund unserer selbst und der Welt verstanden werden.

Entscheidend ist nun, dass dieser Grund nicht ein vorgestelltes Wesen oder Prinzip ist. Er muss sich von seinem eigenen Wesenssinn her als das offenbaren, was die Schöpfung in ihrer Mitte ist, und das ist der Mensch in seiner Freiheit und Vernunft und seiner Möglichkeit, in dieser Freiheit radikal auf Gott zuzugehen und sich selbst in seinem Geschaffensein in Freiheit zurückzugeben. Der Mensch, der diese Freiheit für alle vollzogen hat, ist Jesus von Nazareth, und darum ist er der Anfang der Schöpfung. Er ist die Mitte der Schöpfung, die ihr gegeben wird zu ihrer Vollendung.

Dies ist der vernünftige, ontologisch-begriffliche Rahmen für die Idee von Christus als Grund der Schöpfung, wie sie in den Apostelbriefen zur Sprache kommt.

I.8.2 Die philosophische Bedeutung des leeren Grabes

Aus diesem Verständnis heraus muss nun auch eine Erklärung für das Phänomen des leeren Grabes gesucht werden. Die Leiblichkeit des Auferstandenen steht sonst einerseits in ihrem tieferen universalen Sinn da, andererseits bleibt sie zusammenhanglos und unverbunden neben der Tatsache des leeren Grabes. Das leere Grab ist zwar, wie oben herausgearbeitet wurde, mit sehr hoher Gewissheit eine wahre

Die Wahrheit der Christologie bei Joseph Ratzinger

historische Tatsache, aber diese Tatsache bleibt dunkel und ist nicht von ihrem Sachgehalt her evident. Sie bleibt bislang in unserer Untersuchung ein nacktes Faktum. Dies widerspricht aber klar ihrem Wesensgehalt, der ja etwas zu tun haben muss mit der Wahrheit der Leiblichkeit Christi. Es muss also einen tieferen, einsehbaren Sinn des leeren Grabes geben, und dieser Sinn muss wiederum mit der »Christologie von unten« im Zusammenhang stehen.

In der ontisch-vorstellenden Deutung wird der Zusammenhang zwischen leerem Grab und Auferstehung des Leibes wie folgt gedacht: Gott wirkt in einer für die Welt verborgenen Weise auf den Leichnam Jesu, der im Grab liegt, ein und lässt ihn zum neuen, ewigen Leben auferstehen. Jesus kann daraufhin das Grab verlassen, dessen Stein weggewälzt wurde, und zeigt sich im Folgenden in verschiedener Weise, so wie es die Evangelien berichten.

Obwohl diese Interpretation durch die Abfolge der berichteten Ereignisse auf der Hand liegt, muss sie von der »Christologie von unten« abgelehnt werden. Diese Ablehnung ist aber *keinesfalls* zu verwechseln mit einer prinzipiell das Ostergeschehen destruierenden Interpretation, die alle diesbezüglichen Zeugnisse der Evangelien in den Bereich des Legendären abschiebt. Die »Christologie von unten« will *im Gegenteil* gerade die Zeugnisse schützen und plausibel machen, indem ihre tiefere philosophische Wahrheit evident gemacht wird. Dies allein ist aber der Grund dafür, dass sie jene ontisch-vorstellende Deutung zurückweist.

Denn: In dieser Darstellung kann nicht deutlich gemacht werden, warum dieses neue Leben Christi in Wahrheit das Ende und die Vollendung der Welt ist. Die vorgestellte Kontinuität der Gegenwart des Leichnams Jesu ist gerade der sachlich gegebene Widerspruch zum Begriff des Endes. Auch die Imagination eines äußerlichen Einwirkens Gottes belässt die Welt von ihr selbst her in ihrer endlichen, in sich immerzu rückläufigen, sich verzehrenden und fortzeugenden Gestalt. Wenn nun, wie vorgestellt, eine äußerliche Wirkung Gottes Jesus aus diesem Zusammenhang herauslöste, so bliebe die Welt davon letztlich unberührt. Dies entspricht der oben schon vorgetragenen Kritik an der ontisch gedachten »Christologie von oben«. Das entscheidende Versäumnis ist es hier, die Welt in ihrer Kontinuität und Übergänglichkeit nur von einer gedachten, ontischen Transzendenz aus vorzustellen. Sie kann deshalb den *Begriff* des Endes der Welt nicht analog zu einer »Christologie von unten« aus der Welt

Die theologische Deutung der Auferstehung in Ratzingers Darstellung

selbst so gewinnen, dass dieses Ende in der Welt selbst zur Erscheinung kommt und damit wirklich wahr wird. Das Ende der Welt ist aber, von der Welt selbst her betrachtet, ihr Verschwinden. Es ist das Verschwinden in jenes Nichts hinein, aus dem die Welt ursprünglich geschaffen wurde. Dieses Nichts *erscheint* aber im gewöhnlichen Lauf der Welt selbst nicht – das Ende der Gegenstände und der Lebewesen ist immer mit ihrem Vergehen in den Kreislauf der Welt hinein verknüpft. Die Welt ist in diesem Sinn sich selbst endlos und immer weiter gegeben. *Dieses Vergehen in die Welt hinein unterbleibt nun bei der Auferstehung Jesu Christi.* Der Leichnam Jesu verschwindet vermittlungslos. Dieses Verschwinden ist die Erscheinung des Endes der Welt in Jesus Christus. Das Ende wird nicht einfach nur vorgestellt als ein katastrophisches ontisches Ereignis, das in der Zukunft einmal über die Welt kommen wird, sondern, in einem gewissen Sinn, viel schlichter: Christus verschwindet vermittlungslos, und dieses Verschwinden ist das echte, wirkliche Auftreten des Endes der Welt *in der Welt.* Der Begriff der Erscheinung des Nichts, aus dem die Schöpfung ursprünglich selbst kommt, ist keine leere Spekulation, wie sich ein Einwand einem nur ontisch-vorstellenden Denken aufdrängen mag. Im Gegenteil: Der Begriff enthält eine schlichte Notwendigkeit und muss hier in seiner Unverzichtbarkeit klar gesehen werden. Wenn das Ende nicht selbst wirklich zur Erscheinung kommt und das heißt: wirklich wird, dann bleibt die Offenbarung des Auferstandenen ein Ereignis im endlichen Kontinuum der Welt. Es kann dann aber nicht wirklich aus der Sache heraus verständlich werden, warum diese Selbstoffenbarungen etwas anderes sind als eine Revitalisierung und Beschwörung des weltlich Vergangenen und dessen Fortsetzung, das sich nun doch in einem weltlichen Neuanknüpfen verlängert.

Man kann also sagen: Die »Christologie von unten« übertrifft die vorstellende Erzählung vom leeren Grab sogar noch in der Zumutung an weltlicher Konkretion. Sie denkt das Ende der Welt wirklich als geschichtliches Ereignis in der Welt, im Verschwinden Jesu in das Nichts, aus dem die Schöpfung selbst kommt. Durch die Erscheinung des Nichts dieses Verschwindens kann aber allein der Begriff der Vollendung der Welt aus seiner wirklich weltlichen Wahrheit gewonnen und evident werden.

Wie später bei der ausführlichen Diskussion der ontologischen Bedeutung der Jungfrauengeburt deutlich werden wird, ist der Sinn des weltlosen Verschwindens Jesu aus dem Grab in genauer Entsprechung zu denken zur naturhaften Anfangslosigkeit der Empfängnis Jesu. Die Vollendung der Welt in jener Mitte, die ihr in Jesus gegeben wird, ist reine personale, schöpferische Gabe und schließlich wirkliches Ende dieser Welt, das in Jesu restloser Hingabe und Auferstehung vollzogen wird. Durch diese personale Hingabe wird die Welt neu und für immer geschaffen. Das leere Grab bedeutet, dass diese Gabe der Vollendung und Mitte der Welt, Jesus Christus, gerade nicht naturhaft in den physischen Kreislauf der Welt zurücksinken kann – dies wäre gerade die Verunmöglichung des realen Sinns der Schöpfung, die Gott aus dem Nichts geschaffen hat. Die Schöpfung wird durch Christus in ihre ihr immer schon zugedachte Bestimmung geführt, in die Teilhabe am Leben Gottes selbst. Diese Teilhabe bedeutet aber ihre Vollendung und damit den Vollzug ihres wirklichen Endes. *In diesem Ende wird sie also erst wirklich abschließend geschaffen – und dies ist die ontologische Notwendigkeit des leeren Grabes!* Dieses Ende kann nicht von außen geschehen, sondern nur aus der Schöpfung selbst, aus ihrer eigenen Freiheit heraus als ein personaler Akt vollbracht werden. Dieser personale Akt ist die vollkommene Liebe und Hingabe Jesu von Nazareths an seinen Vater. Das leere Grab bezeichnet also in vorwegnehmender Weise das *wirkliche Ende* der Geschichte der Schöpfung und den wirklichen Anfang einer neuen Welt.

I.8.3 Die Frage der Kontinuität des auferstandenen mit dem vorösterlichen Jesus und der wahre Sinn des Opfers Jesu Christi

Wenn das historische Faktum des leeren Grabes in dieser Weise von seiner tieferliegenden Wahrheit her begründet ist, dann ergibt sich von hier aus die Notwendigkeit, eine Frage zu beantworten, die sich immer schon implizit im Zusammenhang mit dem Osterereignis stellt. Dies ist die Frage nach dem wirklichen, wahren, tieferen Grund der personalen Kontinuität und der Identität Jesu in diesem Geschehen. Wie schon mehrmals gesehen, erzeugt jene Perspektive, die das integrale Offenbarungsereignis im Nachhinein von außen aus vorgestellten Teilen konstruiert, immer wieder den Eindruck von Aporien, die das Geschehen von der Vernunft her unerklärlich und sogar undenkbar machen. In diesem Fall besteht die Aporie in der Frage der Kontinuität: Wie kann die Identität des Auferstandenen mit dem vorösterlichen Jesus sinnvoll gedacht werden, wenn dieser doch in ir-

Die theologische Deutung der Auferstehung in Ratzingers Darstellung

gendeiner Weise neu geschaffen werden muss?[44] Wie schon im Verlauf unserer Untersuchung immer wieder gezeigt, kann diese Identität nicht mit ontisch vorgestellten Mitteln rekonstruiert werden. Die Identität muss in ihrem tieferen Sinn schon ganz selbstverständlich aus dem Geschehen des Todes und der Auferstehung, wie es sich in der »Christologie von unten« darstellt, vorliegen und alles Weitere begründen. Der tiefere Grund dieser Identität liegt jedoch in dem Begriff des Opfers, wie Ratzinger ihn in seinen »Thesen zur Christologie« umrissen hat, in gewisser Weise schon vor. Dies soll im Folgenden in einigen grundsätzlichen Überlegungen gezeigt werden.

Der ursprüngliche Sinn des Opfers, das Jesus vollzieht, ist die Vollendung der Welt oder, wie man von der anderen Seite her formulieren muss, die Verwirklichung der Herrlichkeit Gottes in der Welt, und das wiederum heißt: die Verwirklichung seiner Herrschaft in der Welt. Die Vollendung der Schöpfung muss so geschehen, dass ihr eigentliches, bislang verborgenes Wesen ganz offenbar und Wirklichkeit in der Welt wird. Dieses Wesen der Schöpfung liegt aber darin, *dass sie sich selbst gegeben ist.* Die Schöpfung ist die freie Übergabe ihrer selbst an sich selbst. Dieses Sich-selbst-gegeben-Werden bleibt geschichtlich zunächst in einem gewissen Sinn immer vorläufig. Das Sich-selbst-Gegebensein ist der grundsätzliche Wesenszug von allem, was ist, aber dieser bleibt in der Geschichte selbst unausdrücklich. Vollkommen offenbar und in vollem Sinn verwirklicht wird das Wesen der Schöpfung in ihrer Vollendung. Warum aber ist diese in Christus gegeben?

Erst Christus verwirklicht die Schöpfung in vollem Sinn und macht die Gabe der Schöpfung in vollendetem Sinn möglich. Weil er den Sinn der Schöpfung in die Welt selbst bringt und ihn vollzieht, darum vollendet er die Schöpfung. Dies geschieht *in seinem Opfer,* also genau darin, dass er sich selbst restlos hingibt und das heißt, vom echten, sachhaltigen Begriff dieser Schöpfung her gedacht: an den Grund seines Seins, den er seinen Vater nennt, zurückgibt. Diese freie Hingabe seines ganzen Lebens an den Schöpfer wird vom Vater dadurch beantwortet, dass er ihn »*auferweckt*«, das heißt aber hier

---

[44] Pannenberg behandelt diese Frage ausführlich in seinem Aufsatz: Dogmatische Erwägungen zur Auferstehung Christi, in: Grundfragen systematischer Theologie, vor allem 172, und in seiner Eschatologie: Systematische Theologie III, Göttingen 2015, insbesondere 651 f.

eigentlich dadurch, dass er ihm den ganzen Schatz dieser Hingabe in vollkommener Weise zurückgibt, ihm von Neuem und von Grund auf überlässt, ihn sich selbst, in allem was er wesentlich war, *neu gibt*. Gott »erweckt Christus von den Toten« heißt eigentlich nichts anderes als: Er gibt ihn in vollkommener Weise und *von Neuem* sich selbst zurück, so wie er wirklich in der Welt war, in all seiner geschichtlichen Wirklichkeit und das heißt vor allem auch: in seiner Leiblichkeit.

Dieses Moment des *von Neuem* wurde in der Prophetie des Alten Testaments vorentworfen und vorausgesehen. In Jes 65,17 sagt Gott: »Denn seht, einen neuen Himmel erschaffe ich und eine neue Erde.« Der Sinn dieser Neuschöpfung des Himmels und der Erde wird in Christi Auferweckung erst voll verständlich, denn er ist die Mitte der Schöpfung und in ihm wird sie sich selbst neu und ganz gegeben, indem er sich selbst vollkommen an den Vater weggibt, um sich neu und ganz zurückgegeben zu werden.

Im Opfer liegt also dies, dass die Schöpfung zur Vollendung kommt, indem sie ihren eigenen Wesenssinn vollkommen verwirklicht und darin erstmals ganz sich gegeben wird und das heißt: neu und endgültig geschaffen wird. Gleichzeitig kommt darin aber der Schöpfer in vollkommener Weise in seine Erscheinung und seine Herrlichkeit. Das Wesen Gottes wird nun in seiner ganzen Größe und Macht erst voll gegenwärtig in der Welt. Gott vollzieht in einem gewissen Sinn *im Opfer* des Sohnes, das heißt: in seiner Lebenshingabe, die Übernahme seiner Herrschaft in der Welt. Durch das Opfer, also durch die vollkommene Preisgabe des Lebens, die der Sohn vollzieht, kommt Gott in seiner Gottheit erstmals ganz in die Welt. Ohne dieses Opfer bleibt Gott für die Welt zweideutig: Er erscheint als machtvoller Grund, aber auch als scheinbar machtlos gegenüber der Todverfallenheit der Welt. Erst in und durch das Opfer des Sohnes wird Gott in voller Erscheinung seines Wesens in der Welt das, was er ist: »*der Schöpfer*«, und zwar dadurch, dass er der Welt in Jesus Christus ihr Selbstsein ganz gibt in der Auferstehung. Jesus Christus wird darin und ist genau deshalb die Mitte der Welt, die Mitte der Schöpfung. Gott tritt nun wirklich in seiner Person als Vater in die Welt, vermittelt durch den Sohn und sein Opfer.

Entscheidend an diesen Überlegungen ist, dass hier keine Theologeme spekulativ erdacht werden, sondern dass ein Wahrheitsanspruch erhoben wird. Wenn die Berichte über das leere Grab und die Auferstehung Jesu in dieser tieferen ontologischen Perspektive

Die theologische Deutung der Auferstehung in Ratzingers Darstellung

der »Christologie von unten« durchdacht und mitvollzogen werden, dann bleibt kein Zweifel an ihrer Wahrheit. Die Auferstehung offenbart einen ontologischen Zusammenhang, *der im Begriff der Geschichte der Welt und des Menschen als Schöpfung immer schon waltet* und der sich dem vernünftigen Fragen als vernünftig verstehbarer, evidenter, trinitarischer Seinszusammenhang zeigt. Zu dieser einsehbaren ontologischen Wahrheit gehört essentiell die Vollendung der Welt in ihrer Neuschaffung.

Wie schon angeklungen ist, wurde dieser Zusammenhang im Alten Testament prophetisch gesehen und ausgesprochen. Dieser prophetische Entwurf wurde deshalb vom *Petrusbrief (2 Petr 3,13)* und in der *Offenbarung des Johannes (Offb 21,1)* zitiert, weil er als Vorausahnung dessen erkannt wurde, was in Christus offenbar geworden war. Die Prophetie entwirft also letztlich nicht unverbindliche Visionen, sondern ihr Kern, jenes, was sie auch über die Generationen der Kirchengeschichte hinweg unverzichtbar machte, ist ihre echte Beziehung zur ontologischen Wahrheit der Welt. Der prophetische Gedanke ist also etwas, was zwar verborgen, aber im Wesen der Sache schon vorliegt, was vom Begriff der Schöpfung her zu erahnen und schließlich vernünftig erkennbar ist. Dass die Welt letztlich und dann endgültig neu geschaffen werden wird, das ist kein frommer Wunsch, sondern das gehört zu ihrer eigenen Bestimmung als Schöpfung. Es ist ihre Wesensbestimmung, die unmittelbar mit dem Sinn der Gottheit Gottes selbst zusammenhängt. Diese Neuschaffung der Welt wird der Übergang in ihre Endgültigkeit und in ihr vollendetes Wesen sein. Dieser Eintritt in ihre Vollendung ist, so sagt der Petrusbrief, Inhalt »einer Verheißung«. Man kann aber von der Ontologie her auch sagen: Diese Vollendung wird mit Gewissheit eintreten und ist mit Christus schon eingetreten und Wirklichkeit geworden. Unerwartet und vollkommen überraschend ist nur die Art und Weise, in der die Vollendung angebrochen ist. Die alttestamentarische Verheißung denkt die Erneuerung der Schöpfung ausschließlich von außen, als einen kosmischen Vorgang von weltumspannenden Ausmaßen, aber als einen ontisch-dinglichen Vorgang. Die Christologie zeigt, dass diese Neuschöpfung in Wahrheit durch den »leisen« Eintritt des trinitarischen Gottes selbst in die Geschichte geschieht. Die »Neue Erde« ist schon in Christus Wirklichkeit geworden – nun aber nicht in visionärer Weise, sondern in der Weise eines wahren Geschehens.

Damit ist auch eine Vorstellung davon gegeben, dass die Auferstehung nur als gemeinsames Wirken der trinitarischen Personen

Die Wahrheit der Christologie bei Joseph Ratzinger

verstanden werden kann. Aber nicht nur dies, man muss sogar noch schärfer sagen, dass von der Sache her allein die umgekehrte Verstehensrichtung wesensgemäß ist. Das heißt: Die Auferstehung, wie sie hier vom Vollzug des Opfers des Sohnes und dem Schöpfungsbegriff her entwickelt wird, ist die Sinnquelle, die Mitte der Wahrheit, von der her die Trinität in ihren Begriffen aufscheint und evident wird. Die drei Personen »handeln« deshalb »gemeinsam« in der Auferstehung, weil dieses Ereignis der Auferstehung sie in einem ganz bestimmten Sinn überhaupt in die Welt bringt: Selbstverständlich nicht in dem Sinn, dass das Ereignis die Personen der Trinität *hervorbrächte*, aber so, dass ihre Wahrheit und tatsächliche Realität sich von dorther erst voll zeigt und von dorther inauguriert wird. Durch das Opfer und die Auferstehung tritt alles gewissermaßen in seine Wahrheit erst ein, und dies ist damit gemeint, wenn gesagt wird: Die Herrschaft Gottes setzt sich nun endgültig durch. Die Offenbarung der Trinität in ihrer wirklichen Wahrheit hängt aber unmittelbar an der »Christologie von unten«, die hier der offensichtliche und unverzichtbare denkerische Zugang ist. Durch die »Christologie von unten« allein kann in einem *vernünftigen Sinn* verständlich werden, was es heißt, dass Gott trinitarisch ist: Er ist trinitarisch, weil Jesus aufersteht. Dies liegt aber nicht daran, dass sie eine äußerlich »bessere Methode« wäre. Sondern die »Christologie von unten« stellt in ihrer Erkenntnisperspektive genau jene Struktur dar, in der Gott in seiner geschichtlichen Offenbarung sich selbst zeigt und zeigen muss. Dieses geschichtliche Sich-Zeigen muss aber selbst als zu seinem Wesen gehörend begriffen werden.

Durch die so gewonnenen Begriffe des Opfers und der Schöpfung im eigentlichen, vollendeten Sinn kann nun klar werden, was »Leben« im eigentlichen Sinn bedeutet. Das wirkliche und wahre Leben kommt in der Vollendung der Schöpfung zur Erscheinung. Es ist jenes Leben, auf das hin immer alles andere, vorläufige Leben zu denken war und von dem es seinen Sinn erhielt. Dieses endgültige, wesentliche Leben hat, dies wird nun klar, *kein ausschließendes Verhältnis zum Tod*. Denn der Tod, nun vollzogen als vollkommene Hingabe, als Sich-Weggeben und Zurückgeben der ganzen Existenz an ihren Schöpfer und Grund, dieser Tod ist eigentlich ein integraler Teil des wahren und wirklichen Lebens, das Sich-selbst-Gegebensein ist. Das Leben, als diese Gabe verstanden, kann niemals gerettet werden durch eine krampfhafte Absicherung des Gegebenen, sondern nur durch freie Rückgabe an den Geber.

Die theologische Deutung der Auferstehung in Ratzingers Darstellung

Damit das volle Leben Wirklichkeit in der Welt werden kann – das heißt: damit Gott sich zeigen kann! –, bedarf es *unseres* Opfers, unserer Nachfolge Christi, unserer ganzen Hingabe. Dieses wirkliche Leben hat sich aber in der Auferstehung als das Leben Gottes selbst erwiesen. In diesem wahren Leben, das den Tod miteinschließt, hat sich Gott als dreifaltiges, personales Leben offenbart. In dieser Offenbarung zeigt sich: Das wahre Leben schließt den Tod mit ein, insofern es vollkommene Hingabe ist. Die eigentliche Schöpfung und damit das eigentliche Leben vollzieht sich so, dass es den Tod als zu vollbringende Hingabe in sich enthält, aber zugleich so, dass dieser umfangen ist von dem wirklichen Leben, das Gott als Schöpfer gibt und in Treue auch erneut geben wird. Der eigentliche Lebensvollzug der Schöpfung, ihre eigentliche Bestimmung, ist nicht jenes Leben, das sich ängstlich vor dem Tod zu bewahren sucht. Das eigentliche Leben schließt den Tod mit ein, um sich gerade durch ihn vollkommen und endgültig zu empfangen.

Die scheinbar paradoxen Aussagen Jesu über das Leben, das erst dadurch gewonnen wird, dass man es verliert, erhalten hier also ihre begriffliche, ontologische Begründung:

Amen, amen, ich sage euch: wenn das Weizenkorn nicht in die Erde fällt und stirbt, bleibt es allein. Wenn es aber stirbt, bringt es reiche Frucht. Wer an seinem Leben hängt, verliert es; wer aber sein Leben in dieser Welt gering achtet, wird es bewahren bis ins ewige Leben. *(Joh 12, 24–25)*

Die Worte Jesu vom Verlieren und dadurch Gewinnen des eigentlichen Lebens gehören zu den am häufigsten wiederholten und variierten Aussagen in den Evangelien.[45] Wie durch die oben durchgeführte Reflexion deutlich wurde, die den Schöpfungsbegriff und den Opferbegriff zusammenschließt, sind sie nicht nur zuspitzende, existenzielle Ratschläge, sondern sie verweisen auf einen wahren philosophisch-ontologischen Boden der Wirklichkeit und erheben damit einen echten Wahrheitsanspruch. Sie verweisen auf eine realistische Tatsache, eine Tiefenstruktur der Wirklichkeit, die Gültigkeit hat.

Diesen allgemeinen, vernünftigen ontologischen Sinn erkennt auch Wolfhart Pannenberg als die Tiefenschicht, die jene Worte Jesu grundiert. Vorausgreifend auf unsere später folgende Untersuchung der Christologie Pannenbergs soll er deshalb hier in einer längeren Passage bestätigend zu Wort kommen, in der er die zentrale Bedeu-

---

[45] Parallelstellen sind: Mt 10,39, Mt 16,25, Mk 8,35, Lk 9,24, Lk 17,33.

Die Wahrheit der Christologie bei Joseph Ratzinger

tung der Hingabe Jesu als Vollzug der Mitte der Welt und des Lebens als solchen in ihrer vernünftigen Verstehbarkeit unterstreicht:

Zugleich ist Jesus in seiner Hingabe an den Vater und an seine Sendung für die Menschheit im gewissen Sinn auch exemplarisch für die Struktur jedes einzelnen Geschehens. Alles ist, was es ist, nur im Übergang in ein anderes; nichts bleibt für sich bestehen. Jede Besonderheit hat ihre Wahrheit in ihrer Grenze, durch die sie nicht nur abgeschlossen, sondern auch in ein größeres Ganzes aufgenommen wird. Durch die Hingabe seiner Besonderheit wird alles mit dem Ganzen und über seine Endlichkeit hinaus mit Gott vermittelt, der doch dieses Besondere innerhalb des Ganzen seiner Schöpfung gewollt hat. Das Lebendige muss aus sich herausgehen, um sich zu erhalten; es findet sein Dasein außerhalb seiner selbst. Auf höchster Stufe gilt Entsprechendes von der menschlichen Subjektivität, daß sie nämlich sich selbst an die Welt und an das Du entäußern muß, um sich selbst im andern zu gewinnen. *Jesu Wort vom Verlieren und Finden des Lebens Mk 8,35 parr. hat universale ontologische Relevanz.* [Hervorhebung G. B.] Wer sein Leben bewahren will, der wird es verlieren. Nur wer es hingibt, wird es gewinnen. Er wird es wiederfinden in demjenigen, woran er es hingegeben hat. Darum wird nur der sein Leben endgültig gerettet finden, der es hingibt für die endgültige, eschatologische Wirklichkeit des Gottesreiches, die mit Jesus erschienen ist.[46]

Wichtig ist an dieser Stelle Pannenbergs Hinweis auf den Wahrheitsanspruch dieser Aussagen über Opfer, Auferstehung und Leben Jesu und von dort aus über das Leben der Welt. Es handelt sich nicht um allgemein gehaltene Ahnungen über einen Zusammenhang von »Loslassen und Wiedergewinnen«.

Man findet diese Ahnungen als »Lebensweisheit« in unterschiedlichen Traditionen, Mythen, Theologemen, auch in der Dichtung in mannigfachen Variationen – als vielleicht berühmtestes Beispiel der deutschen Literatur sei hier an die Schlussstrophe aus Goethes Gedicht »Selige Sehnsucht« erinnert:

Und so lang du das nicht hast,
Dieses: Stirb und werde!
Bist du nur ein trüber Gast
Auf der dunklen Erde.[47]

---

[46] Wolfhart Pannenberg: Grundzüge der Christologie, Gütersloh 1964, 412
[47] Johann Wolfgang von Goethe: Selige Sehnsucht, West-östlicher Diwan, Hamburger Ausgabe Bd. 2, 19

Die theologische Deutung der Auferstehung in Ratzingers Darstellung

Diese »Weisheiten« sind selbstverständlich in einem bestimmten Sinn wahr und in ihrer Intuition zu respektieren. Dennoch darf das, was sich im Osterereignis als Tod im Leben und Leben aus dem Tod zeigt, nicht als ein Beispielfall dieser ungefähren Lebensphilosophie missverstanden werden. Wenn überhaupt, so besteht der Zusammenhang umgekehrt darin, dass die Lebensweisheiten *Vorahnungen von etwas ontologisch Verbindlichem* sind, das sich in Christus wirklich ereignet hat und durch ihn für immer Wahrheit wurde. Die Lebensweisheiten sind also in einem gewissen Sinn wahr, aber dies genau deshalb, weil sie durch Christus und seinen Vollzug wahr gemacht und gerechtfertigt sind. Ohne Christus aber bleibt ihre Wahrheit ein leeres Versprechen, das im Rahmen einer binnenweltlichen, existentiellen Lebenspraxis Rat und Trost geben, aber keinen echten ontologischen Anspruch erheben kann. Genau dieser Wahrheitsanspruch soll mit dieser Untersuchung jedoch herausgearbeitet werden: Das Osterereignis ist keine Variation eines lebensphilosophischen und poetischen »Stirb und werde!«, *sondern es ist eine historische und ontologisch gerechtfertigte und darum verbindliche Realität.*

Die abschließende Frage gilt der Lösung des Problems der Kontinuität und Identität über die Endgültigkeit des Todes hinaus. Die Fragestellung war: Wenn Jesus gestorben ist, begraben wurde und das Grab wirklich leer war, worin liegt dann die innere Kontinuität seiner Existenz als Auferstandener begründet? Daran angeschlossen ist die Frage nach unser aller kontinuierlichen Identität über den Tod hinaus.

Ratzinger behandelt diese Frage und ihre schwierige Diskussion in der Tradition bis in die Gegenwart in seiner Eschatologie.[48] Dort arbeitet er heraus, dass der Begriff der Seele und ihrer Unsterblichkeit in der christlichen Dogmatik seinen Sinn genau von dieser Funktion her erhält: Durch den Begriff der unsterblichen Seele kann der in sich schlüssige und notwendige Gedanke des Zwischenzustandes und damit der inneren personalen Identität der Toten plausibel gemacht werden. Denn die endgültige Auferstehung der Toten impliziert die Gemeinschaft aller Menschen im Ereignis der Wiederkunft Christi und des Gerichts. Dieses Ereignis steht aber noch aus. Ratzinger zi-

---

[48] Joseph Ratzinger: Eschatologie. Tod und ewiges Leben, dort vor allem: Anhang. Zwischen Tod und Auferstehung. Ergänzende Reflexionen zur Frage des »Zwischenzustandes«, 207 ff.

tiert dazu im Anhang seiner Eschatologie ein Lehrschreiben der Glaubenskongregation vom Mai 1979:

> Für den Zwischenzustand »zwischen« Tod und Auferstehung gilt, daß die »Kirche die Kontinuität und die selbständige Existenz des geistigen Elements am Menschen nach dem Tode« festhält, »das mit Bewußtsein und Wille ausgestattet ist, so daß das ›Ich des Menschen‹ weiterbesteht. Um dieses Element zu bezeichnen, verwendet die Kirche den Ausdruck ›Seele‹.« Das römische Schreiben weiß darum, daß dieses Wort »Seele« in der Bibel in unterschiedlichen Bedeutungen auftritt, stellt aber dazu fest, »daß es keinen stichhaltigen Grund gibt, dieses Wort zu verwerfen; sie sieht darin vielmehr das schlechthin worthafte Instrument, um den Glauben der Kirche festzuhalten.«[49]

Ratzinger macht also deutlich, dass der Begriff der Seele nicht in einer zu ontischen Weise missverstanden werden darf, sondern dass er vor allem einen bestimmten, vernünftigen Glaubensinhalt schützen soll. Diesem Glaubensinhalt geht es im Kern genau darum: Die menschliche Person bleibt im Tod in ihrem Für-sich-Sein erhalten. Die Bemühung um den Begriff der Seele ist also vor allem auch als eine Abwehr gegen die Gefahr zu verstehen, mit einer zu vorschnellen Verabschiedung eines ontisch verflachten Verständnisses des Begriffs der Seele diesen notwendigen Glaubensinhalt, die personale Identität der Toten, zu verlieren.

Pannenberg denkt die personale Identität der Verstorbenen durch das radikale Ende des Todes hindurch mithilfe der Idee der »Erinnerung in Gott« – also mithilfe der Vorstellung einer Bewahrung der Kontinuität der Toten in der ewigen Präsenz Gottes. In der Ewigkeit Gottes bleibe alles Geschehene gegenwärtig und werde darin als Gewesenes als solches bewahrt. Vor Gottes Ewigkeit sei alles Gewesene in einer nur ihm fasslichen Gleichzeitigkeit gegenwärtig. Die Auferstehung der Toten im Ereignis der Wiederkehr Christi und dem Gericht bestehe dann darin, dass Gott all jenem, was ihm immer schon gegenwärtig ist und in ihm bewahrt ist, sein Für-sich-Sein wiedergebe:

> Die Auferstehung der Toten und die Erneuerung der Schöpfung stellen sich darum dar als der Akt, durch den Gott dem in seiner Ewigkeit bewahrten Dasein der Geschöpfe durch seinen Geist die Form des Fürsichseins wiedergibt. Die Identität der Geschöpfe bedarf dabei keiner Kontinuität ihres Seins

---

[49] A.a.O., 209

Die theologische Deutung der Auferstehung in Ratzingers Darstellung

auf der Zeitlinie, sondern ist hinlänglich dadurch gesichert, dass ihr Dasein in der ewigen Gegenwart Gottes nicht verloren ist.[50] Auch Pannenberg denkt hier also sehr differenziert und von der Sache her: Ihm ist bewusst, dass die entscheidende Problematik im Bedürfnis des Verstandes besteht, eine weltlich-ontische Kontinuität für den Begriff der personalen Identität voraussetzen zu müssen. Seine Interpretation des »Zwischenzustandes« in der »Erinnerung in Gott« versucht, den Begriff der Seele zu vermeiden und dennoch eine Kontinuität im Geist Gottes festzuhalten.

Wir wollen an dieser Stelle zur Klärung dieser Frage einen anderen Aspekt betonen, der sich noch grundsätzlicher aus der Idee der »Christologie von unten«, das heißt aus dem Vollzug dessen ergibt, was in der Lebenshingabe Jesu von Nazareths tatsächlich schon geschehen ist.

Die Aporie wird dadurch hervorgebracht, dass der *volle Begriff des Lebens* nicht grundsätzlich genug *aus seiner Offenbarung im Vollzug des Opfers und der Auferstehung gedacht wird*. Dadurch fordert weiter jene Vorstellung ihr Recht, das Leben sei etwas je für sich ontisch Bestehendes, das sich in einem Zeitkontinuum durchhalten muss. Der Tod unterbricht diese zeitliche Kontinuität. Es scheint deshalb für die Idee der Auferstehung und des ewigen Lebens essentiell, diese Kontinuität von einem anderen Ort her *ontisch* zu überbrücken und dadurch die Identität der Person zu garantieren. Dies geschieht in der Idee der Seele, wie sie die katholische Kirche zur Wahrung des biblischen Glaubens festhält, aber auch, in subtilerer, begrifflicher Form, in Pannenbergs Konzeption der »Erinnerung in Gott«. Man kann also sagen: Sowohl in der Konzeption der Seele als auch in der Konzeption der »Erinnerung in Gott« verbleibt ein Rest von Zweifel an jenem wahren Leben, das durch Jesu Opfer und Gottes Schöpfertum Wirklichkeit wird. Beide Versuche erweisen sich darin als der ontischen Perspektive verhaftet. Beide Entwürfe versuchen noch einmal, im schon erfolgten Geschehen der Hingabe das endliche Leben gegen den Tod *abzusichern*, indem ein gedachtes ontisches Bindeglied an den Tod, der als ontisches Ereignis verstanden wird, angeheftet und dieses dann mit der Auferstehung verknüpft wird. Dadurch verfehlen beide Konzeptionen im Letzten den tieferen Sinn des eigentlichen Lebens der Welt, das durch Christus offenbart wurde. Dieses

---

[50] Wolfhart Pannenberg: Systematische Theologie III, 652

Die Wahrheit der Christologie bei Joseph Ratzinger

Leben ist aber das Leben Gottes selbst, *das sich nicht anders als in der Lebenshingabe und Auferstehung Jesu verwirklicht und von nun an in der Welt herrscht.* Die vollkommene Hingabe Christi in seinem Tod geschieht nicht als ontischer Abbruch, sondern ist selbst der grundlegende, schöpferische, *personale Akt, der dieses eigentliche Leben der Schöpfung als solcher erst vollendet und damit gründet!* Es ist aber gerade der Sinn dieses personalen Sich-Weggebens, dass die Selbstaufgabe restlos vollzogen wird. Dieser restlos vollzogene Akt der Selbsthingabe ermöglicht gerade das Leben als wahre Schöpfung, als echtes und vollendetes Sich-selbst-gegeben-Werden. In dem Akt der Hingabe, der Gottes indirektes Handeln selbst ist, wird jene volle Identität also letztlich *erst gestiftet,* die im Leben mit und in Gott besteht.

Das Problem der ontischen Interpretation stellt sich dar als eine Frage nach der Überbrückung der »Zwischenzeit«. Die ontische, vom vorstellenden Denken aufgeworfene Frage ist: Wo ist der Verstorbene nach seinem Tod – denn seine Auferstehung hat ja noch nicht stattgefunden. Sie ist noch nicht wirklich sichtbar geworden.

Von der nun gewonnenen, ganzheitlichen ontologischen Perspektive der »Christologie von unten« her betrachtet, kann aber sehr genau sichtbar gemacht werden, was *eigentlich* der Kern der Frage nach der Kontinuität ist. Denn das vorstellende Denken verlangt in dieser Form nach einer Gründung des wahren, ewigen Lebens in einer weltlichen Kontinuität. Es verlangt also eine ontische Kontinuität, ein ewiges Leben, das in einem gewissen Sinn auch jenseits des Lebens Gottes weiter vorliegen soll. Diese Forderung bezieht ihren Sinn jedoch aus der Identifikation des Lebens Gottes mit ontischer Kontinuität. Die eigentliche Kontinuität, die gesucht wird, muss aber schon und allein im Vollzug des göttlichen Lebens selbst liegen, der die Quelle aller ontischen Kontinuitäten ist. Dieser Vollzug des Lebens Gottes hat sich in Christus offenbart: Aber was heißt dies? Streng orientiert an der »Christologie von unten« bedeutet das: *Das Leben Gottes realisiert sich wahrhaft in der Welt als Jesu Lebenshingabe und Auferstehung!* Dieser Vollzug schließt aber den Tod mit in sich ein. In der Hingabe Christi erweist es sich, dass das eigentliche, göttliche Leben genau darin sich verwirklicht, dass es sich vom Tod treffen lassen kann, ohne von ihm vernichtet zu werden. Das volle, das göttliche Leben kann den Tod in sich integrieren. Dieser Vollzug des göttlichen Lebens ist Wirklichkeit und Wahrheit geworden in einem historisch einzigartigen Ereignis: im Opfer und in der Auferstehung

Die theologische Deutung der Auferstehung in Ratzingers Darstellung

Jesu von Nazareths. Dies ist deshalb keine abstrakte, spekulative Aussage, sondern eine Explikation dessen, was in Christus offenbart wurde. Der Gedanke folgt ganz streng der »Christologie von unten«. In dieser Perspektive immer verbleibend und sie festhaltend, kann man deshalb nun sagen: Wir sind von nun an von dem in Christus offenbarten göttlichen Lebensvollzug, der in die Welt gekommen ist, immer schon im Voraus umfangen und aufgefangen. Erst in ihm, in diesem göttlichen, personalen Lebensvollzug Jesu in seiner Bezogenheit auf den Grund aller Wirklichkeit, den er seinen Vater nennt, liegt unsere *wirkliche* Kontinuität und Identität. Darum kann von nun an jede Idee des ewigen Lebens nur im Hinblick auf diesen Vollzug des Lebens Christi begrifflich gefasst werden. Der Versuch, sich mittels einer anderen, weltlich vorgestellten Kontinuität abzusichern, ist zum Scheitern verurteilt. Darum ist die Aussage der Kirche in der Nachfolge der Evangelien eine ontologisch ernstzunehmende, wahre Aussage: dass Christus wirklich *unser Leben ist*. Damit ist gesagt, dass es wirklich eine Kontinuität, eine Basis, eine ontologische Substanz unseres Daseins und der Welt gibt, die nicht nur ein Gedanke ist, sondern die *in der Welt und in der Geschichte* selbst erschienen ist: Diese Substanz der Welt ist Christus, durch den Vollzug des Opfers seines Lebens und die darin liegende Verwirklichung des ewigen Lebens Gottes selbst. Unser Leben und unser ewiges Leben ist nichts mehr für sich, sondern hängt von nun an immer an dieser Wirklichkeit des Lebens Jesu Christi. Entscheidend für das Verständnis des Gedankens ist aber, dass diese Erscheinung in der Welt zur Sache selbst gehört: Durch das Opfer Christi wird diese Kontinuität in die Welt eingeführt, aber das heißt auch in einem gewissen Sinn: geschaffen!

Demnach unterliegt also die Idee, dass die Kontinuität unseres Wesens unterbrochen werde und nun durch eine weltliche Größe gesichert werden müsse, einer Illusion, denn die eigentliche, tieferliegende und substantielle Kontinuität unseres Lebens wird niemals bedroht. Sie liegt von nun an im Vollzug des Lebens Gottes, das uns durch Christus wirklich *gegeben* wurde: Durch sein Opfer wurde uns, der Schöpfung, ihre Mitte und ihre Vollendung schon geschenkt und gegeben. Durch sein Opfer wurde die Schöpfung in dem Sinn vollendet, dass ihr *ihr Leben endgültig geschenkt wurde*, indem ihr ihre Mitte und ihre Vollendung offenbart und darin *gegeben* wurde. Dieses Leben ist aber wesentlich das Über-sich-Hinausgehen in der liebenden Selbst-Aufgabe, das sich selbst endgültig von seinem Schöpfer und Grund zurückgeschenkt wird.

Die Wahrheit der Christologie bei Joseph Ratzinger

Dieses Leben, unser Leben, besteht von nun an im Mit-Vollzug des göttlichen Lebens, das in die Welt gekommen ist. Das heißt: Unsere Substanz liegt in dem, was in Christus in die Welt gekommen und wahr geworden ist. Dieser Mitvollzug darf aber nicht missverstanden werden als überfordernde Überbeanspruchung. Genau als solche erscheint der Tod im gewöhnlichen Fall des menschlichen Lebens. Die verständliche natürliche Abwehr gegen den Tod soll aber nicht durch eine heroische Bereitschaft zum Martyrium ersetzt werden, als sei jene Kontinuität des göttlichen Lebens, das in die Welt gekommen ist, etwas jeweils von Grund auf neu zu Vollbringendes. Im Gegenteil: *Das vollkommene, das ewige Leben ist endgültig und für immer verwirklicht worden* und wir, die Menschen, müssen uns von diesem Leben nur mitnehmen lassen. *Nicht wir müssen das Opfer vollbringen, sondern Gott vollbringt es in uns für uns.* Das Leben Gottes ist das Leben der Welt geworden, das sich in Christus offenbart und ein für alle Mal verwirklicht hat. Diesem Leben gilt es, sich anzuvertrauen.

Von diesem Zusammenhang her kann das Wort Jesu aus dem Johannesevangelium erst voll verständlich und in seiner ontologischen Bedeutung aufgeschlossen werden: »Wahrlich, wahrlich, ich sage euch: Wer an mich glaubt, der hat das ewige Leben.« *(Joh 6,47)* Oberflächlich betrachtet, entsteht der Anschein, als diene diese Aussage einer existenziellen Beruhigung. In einer vertrauenden Glaubensentscheidung, einem Sprung, wird, so scheint es, die kreatürliche Angst um das eigene Sein niedergehalten. Der Grund dafür aber, warum dies auch berechtigt ist und nicht nur auf einer Täuschung über die tatsächliche Wahrheit beruht, wird nicht explizit gemacht und bleibt im Vagen. Dieser gerechtfertigte Grund ist nun in unserer Untersuchung deutlich geworden. Die theologischen Kernsätze des Johannesevangeliums sind nicht nur existenzielle Versicherungen, sondern in ihnen wird eine ontologische Wahrheit ausgesprochen: In Christus ist das wahre Leben der Welt *Realität* geworden. Diese Verwirklichung des wahren Lebens der Welt in der Geschichte war aber immer ihr inneres Ziel, das ausstand. Dieses Ziel ist der eschatologische Grund der Geschichte überhaupt. Das ewige Leben ist nichts, was in einem zeitlichen Außerhalb zur Geschichte abgetrennt geschieht, sondern es gehört gerade zu seinem Wesen, in die Welt zu kommen und dort wirkmächtig zu sein und das heißt: zu herrschen. Diese Aussage ist nun aber in prägnanter Weise das Ergebnis der »Christologie von unten«. Der christliche Glaube besteht deshalb

Der Begriff der Liebe als Grundbegriff der Ontologie

nicht in der mentalen Imagination einer transzendenten Hoffnung, sondern er ist der verstehende Mitvollzug eben jenes Lebens Gottes, das schon in die Welt gekommen ist und uns in einem gewissen Sinn schon in sich aufgenommen hat. Darum kann der Glaube auch niemals nur als subjektives, isoliertes, mentales Streben verstanden werden, sondern nur als der Beginn des Wirksamwerdens des Lebens Gottes selbst in uns. Der Glaube ist also nie nur ein mentaler, sondern immer schon ein ontologischer Lebensvollzug.

Der Glaube ist schon Mitvollzug des Lebens Gottes, und darin ein Ereignis, das die ganze Welt mit einschließt. Er ist in dieser Perspektive der »Christologie von unten« darum immer auch ein kosmisches Ereignis.

Die geschichtliche Liturgie des Christentums ist und bleibt – ungetrennt und unvermischt – kosmisch, und nur so steht sie in ihrer ganzen Größe. Es gibt die einmalige Neuheit des Christlichen, und doch stößt es das Suchen der Religionsgeschichte nicht von sich ab, sondern nimmt alle bestehenden Motive der Weltreligionen in sich auf und bleibt auf solche Weise mit ihnen verbunden.[51]

Dies hat Ratzinger in vielen Kommentaren zum Wesen der Liturgie festgehalten. Die Liturgie als die Mitte des Glaubensvollzugs ist nicht nur erinnernde geschichtliche Bezugnahme, sondern sie ist immer zuerst und vor allem die neue Verwirklichung des Geschenks des Opfers Jesu Christi und damit Annahme und Mitvollzug des wirklich gewordenen, ewigen Lebens Gottes selbst. In der Messe geschieht in Realität das Geschenk dieses Lebens an uns: Aber nun, in der Perspektive der hier durchgeführten Phänomenologie hat dieser Satz wirklich ontologische Relevanz. Denn Gottes Leben ist wirklich die Mitte der Welt geworden und zieht uns immer schon in den Mitvollzug seines Lebens hinein.

I.9 Der Begriff der Liebe als Grundbegriff der Ontologie

Von diesen Überlegungen herkommend, kann nun noch einmal auf Ratzingers Untersuchungen zur leiblichen Auferstehung eingegangen werden. Denn bislang wurde vermieden, die letzte Konsequenz des Gedankengangs Ratzingers zu ziehen. In der oben durchgeführ-

---

[51] Joseph Ratzinger: Der Geist der Liturgie. Eine Einführung, Freiburg i. Br. 2007, 29

Die Wahrheit der Christologie bei Joseph Ratzinger

ten Diskussion der Problematik einer »Christologie von oben« wurde davor gewarnt, Ratzingers Auslegung des Handeln Gottes in seiner Allmacht selbst als Form einer technischen Umgestaltung der Materie misszuverstehen. Der neue, der auferstandene Leib wäre dann das Ergebnis dieser technischen Umgestaltung. Die Frage an dieser Stelle und das Problem der »Technik« ergaben sich jedoch, das sollte gezeigt werden, als Folge eines falsch verstandenen, ontischen Einwirkens des Schöpfers auf sein Geschöpf, die Welt. Die Vorstellung eines vorliegenden Gegebenseins der Schöpfung in einem Gegenüber zu der unbegrenzten Möglichkeit Gottes, in sein Werk – eingeschlossen die materielle Struktur – einzugreifen, erzeugt fast notwendigerweise die Idee einer äußerlichen Wirksamkeit und in diesem Fall einer technisch-ontischen »Vervollkommnung« des Menschen in der Auferstehung. Dass Ratzinger diese technische Ontologie nicht inhaltlich anzielt, das wird aus dem weiteren Horizont seiner Gedanken unmissverständlich deutlich. Das Festhalten an der Macht Gottes in ihrer Wirkung bis in die Materie hinein und der Realismus seiner Auferstehungstheologie könnten aber das Verstandesdenken dazu verführen, in dieser Richtung zu denken.

Der entscheidende Passus, der diese Spannung auflöst, findet sich in Ratzingers Abhandlung »Jesus Christus«. Dort wird unmissverständlich deutlich, dass Ratzinger etwas anderes im Blick hat als die ontische Wirkmächtigkeit Gottes. Die Passage soll hier *in extenso* zitiert werden, weil sie im Hinblick auf unser Bemühen um die Christologie Ratzingers einen zusammenfassenden und auch grundlegend abschließenden Charakter hat.

Gewiss, der Tod ist die Grundform der gegenwärtig bestehenden Welt. Aber die Überwindung des Todes, seine reale, nicht bloß gedankliche Beseitigung, ist heute so sehr das Verlangen des Menschen wie eh und je. Die Auferstehung Jesu sagt, dass diese Überwindung in der Tat möglich ist. Dass der Tod nicht prinzipiell und unwiderruflich zur Struktur des Geschaffenen, der Materie, gehört. Sie sagt freilich zugleich auch dies, dass die Überwindung der Todesgrenze letztlich nicht durch verfeinerte klinische Methoden, durch Technik möglich ist. *Sie geschieht durch die schöpferische Macht des Wortes und der Liebe.* [Hervorhebung G. B.] Nur diese Mächte sind stark genug, die Struktur der Materie so grundlegend zu ändern, dass die Todesschranke überwindbar wird.[52]

---

[52] Joseph Ratzinger: Jesus Christus, JRGS 6/2, 818

Der Begriff der Liebe als Grundbegriff der Ontologie

Hier sind alle Aspekte versammelt, die in unserer Auslegung der Christologie Ratzingers ausschlaggebend wurden. Sie können aber erst jetzt in ihrer ganzen spannungsgeladenen Intention restlos sichtbar gemacht werden. Ohne die schrittweise Erarbeitung der ganzen »Christologie von unten« muss die Passage nämlich als reine Glaubensaussage erscheinen. Wie anders ließe sich sonst verstehen, dass Ratzinger den schöpferischen Mächten des Wortes und der Liebe die Macht zuspricht, *die Materie in ihrer inneren Struktur zu verändern?* Die Spannung zwischen den Kategorien, die hier zusammengeführt werden, ist einfach zu groß und scheint nur in einer poetisch-metaphorischen Lesart überbrückbar zu sein: auf der einen Seite die personalen Kategorien des Wortes und der Liebe, auf der anderen die scheinbar nur ontisch verstehbare innere Struktur der Materie. Dadurch wird die Aussage jedoch in ihrem Wahrheitsanspruch depotenziert: Sie scheint eine schöne Hoffnung nur zu evozieren, scheint sie aber nicht rechtfertigen zu können.

Das Ziel dieser Arbeit lässt sich an diesem Punkt und auf ihn bezogen noch einmal neu formulieren. Es soll gerade und genau dies gezeigt werden: *Diese Aussage Ratzingers, dass die Liebe die Macht hat, die Materie zu verändern, ist eine ernstzunehmende ontologische Aussage.* Sie ist letztlich genau so zu nehmen, wie sie dasteht, und genau so hat sie einen Wahrheitsanspruch. Indem die »Christologie von unten« wirklich durchgeführt wird, kann dieser Anspruch nun aber gerechtfertigt werden. Es kann gezeigt werden, dass der behauptete Zusammenhang einen tieferen Wahrheitsgrund hat, der durch den intendierten Aussagegehalt wirklich sachgemäß getroffen wird. Dieser Wahrheitsgrund hängt aber reflexiv zusammen mit dem Begriff Gottes als solchen, wie in der oben durchgeführten schrittweisen Entwicklung der »Christologie von unten« erkennbar wurde. Ratzinger drückt dies im Fortgang der Passage so aus:

> Vor allem aber wird damit sichtbar, dass der Glaube an die Auferstehung Jesu ein Bekenntnis zur realen Existenz Gottes ist. Und ein Bekenntnis zu seiner Schöpfung, zu dem unbedingten Ja, mit dem Gott zur Schöpfung, zur Materie, steht. Gottes Wort reicht wirklich bis in den Leib hinein. Seine Macht endet nicht vor der Grenze der Materie.[53]

Hier wird also deutlich, welche Begründungshierarchie Ratzinger aufbaut. Es geht letztlich um den Begriff Gottes, um seine Gottheit.

---

[53] A. a. O., 819

Die Wahrheit der Christologie bei Joseph Ratzinger

Die Frage ist: Wie kann Gott Gott sein, wenn es den Tod gibt? Es liegt im Begriff Gottes, dass der Tod ihm unterworfen werden muss. Aber, dies wurde oben ausführlich gezeigt: Der Tod ist nur wirklich überwunden, wenn unsere leibliche Verfassung in das neue Leben mit integriert wird. Die Wahrheit Gottes kann nicht außerhalb der Welt und der Geschichte verbleiben, *sonst sind diese nicht seine Wahrheit, sondern etwas anderes, ihn Begrenzendes* – dies ist die Grundeinsicht der »Christologie von unten«. Damit ist die Aussage letztlich auch begründet, dass die Materie durch Gottes Macht so verändert werden muss und werden wird, dass sie in das neue endgültige Leben mit eingeht.

Wie kann dies aber geschehen? Die Antwort darauf gibt die Christologie, und dies, wie immer wieder deutlich wird, in der Weise der »Christologie von unten«: Im Osterereignis wurde etwas Endgültiges über Gott offenbart. Gott verändert die Materie, indem er in die Welt kommt und in der Welt die Herrschaft übernimmt. Dies geschieht aber genau dadurch, dass er die Materie so umwandelt und umbricht, dass sie integraler Teil eines neuen Lebens wird. Diese Umwandlung kann aber nicht von außen geschehen, sondern nur durch den hingebenden Lebensvollzug Jesu und die schöpferisch antwortende Rückgabe des Vaters. Die Materie wird also dadurch verändert, dass sie in den schöpferischen, trinitarischen Lebensvollzug Gottes endgültig miteinbezogen wird. Dieser Lebensvollzug ist die Liebe Gottes, ist sein Leben. *Diese Liebe war aber letztlich immer schon auch das Leben der Welt.*

In der »Christologie von unten« liegt unmittelbar der Folgegedanke, dass Christus »Alpha und Omega« ist – und darum wirklich auch Anfang der Welt. Mit der Durchführung der »Christologie von unten« wird deutlich: Die Welt ist von ihr selbst her gar nicht denkbar außerhalb des trinitarischen Lebensvollzugs. Die Materie in ihrer metaphysischen Fraglichkeit gehört immer schon anfänglich mit in diesen Lebensvollzug hinein. Die Vollendung dieses Lebens geschieht jedoch in der Auferstehung. In diesem Ereignis wird die Materie selbst verwandelt in eine neue, endgültige, in ihre immer schon vorgesehene und eigentliche Seinsweise. Und, so kann nun gerechtfertigt gesagt werden, dies geschieht nur durch die schöpferische Macht der Liebe: durch Jesu Hingabe und die Vollendung der Schöpfung durch den Vater.

Damit wird die Idee einer Ontologie erkennbar, die auf dem Begriff der Liebe aufruht. Die »Liebe« ist nun aber kein analoger Termi-

Der Begriff der Liebe als Grundbegriff der Ontologie

nus mehr, der an dieser Stelle dazu dienen könnte, zu komplexe Strukturen in einem symbolisch gedachten Begriff zusammenzufassen. Sondern der Begriff der Liebe hat hier eine echt sachhaltige Funktion. Die vordergründige kategoriale Spannung zwischen den Begriffen der Liebe und der Materie erweist sich als Schein. Die Liebe ist wirklich jene universale Ursache, die *real* in der Welt wirkt, sie geschaffen hat und in Vollendung neu schafft durch die Hingabe Christi.

Der Wahrheitsanspruch dieser Aussagen richtet sich nicht auf einen nur menschlichen Zusammenhang, sondern er ist immer universal kosmisch zu verstehen. Gott schafft den Kosmos immer schon in Christus. Dies wird aber erst realisiert und dadurch offenbar und verstehbar in der Auferstehung, von der Herrschaft Christi über die Welt her. Die Bedeutung der Auferstehung und Herrschaft Christi ist keine andere als die Vollendung des Kosmos und damit die Realisierung des Grundes der Welt in der Welt. Die Vollendung des Kosmos ist die Selbstoffenbarung ihres Anfangs. Diese Offenbarung ist jedoch keine Mitteilung, sondern selbst der Lebensvollzug, das Opfer und die Auferstehung Jesu von Nazareths, also die Verwirklichung von Gottes Dreifaltigkeit in der Welt, mit der Welt und in Integration der Welt. Die Offenbarung Gottes in Christus ist also selbst die endgültige Schöpfung: die Vollendung dessen, was die Schöpfung von ihrem Sinn her immer schon sein sollte.

In der wahren Ontologie, in der Ontologie der Liebe, gilt also klar die scheinbar auf den Kopf gestellte Rangfolge: Der Anfang ist Christus *in* der Geschichte. In seinem Opfer und in seiner Auferstehung schafft er die Geschichte des Menschen um, aber dadurch letztlich den Kosmos. Das Sein des materiell Seienden ist einbehalten in die Geschichte des neuen Menschen, der zu Christus, dem Auferstandenen, gehört. Die Unermesslichkeit des Kosmos in seiner ontischen Äußerlichkeit, Faktizität und Sprödigkeit ist *in seiner ontologischen Wahrheit also nicht Grund, sondern wirkliche Folge* der Geschichte Gottes und damit des Menschen und ihrer Vollendung. *Er bezieht sich in seinem Sein letzten Endes nur auf sie, die Geschichte des Menschen – und damit Gottes – und ihren Sinn.* Er erhält seinen eigenen ontologischen Sinn nur aus der Geschichte Jesu und aus der Geschichte des Menschen.

Die Wahrheit der Christologie bei Joseph Ratzinger

I.10 Die Wahrheit der Jungfrauengeburt in der Perspektive der »Christologie von unten«

Ratzinger sieht die Leiblichkeit der Auferstehung und die Jungfrauengeburt zusammen – dies wurde oben im Zusammenhang des äußerlichen Eingreifens Gottes schon thematisiert. Die Frage, was es in der Tiefe heißt, dass Gottes Macht bis in die Materie hinein wirkt, wurde – wie gesehen – von der Ontologie der Liebe her grundsätzlich aufgeschlüsselt und auch prinzipiell beantwortet. Von dieser tieferliegenden, grundsätzlichen Ontologie her, die aus der »Christologie von unten« gewonnen wird, kann das vernünftige Verstehen sich nun auch dem Thema der Jungfrauengeburt zuwenden.

Die Jungfrauengeburt ist ein Reizthema. Noch stärker als in der Frage der leiblichen Auferstehung wendet sich die aufgeklärte Welt von diesem Glaubensartikel ab und möchte ihn als mythologischen Rest identifizieren, der aus den antiken Religionen in die Dogmen der Kirche eingeschleppt wurde und dort die eigentlich angezielte monotheistische Reinheit verunklart.

Es muss daher umso stärker auffallen, dass Ratzinger beim Thema der Jungfrauengeburt ganz entschieden und ohne jeden Zweifel für die sachliche Wahrheit dessen eintritt, was in den Kindheitserzählungen über Empfängnis und Geburt Jesu überliefert ist. Dies ist überraschend, weil Ratzinger ein denkender Analytiker und Theologe ist, der zeit seines Lebens die Zusammengehörigkeit von Vernunft und Glaube in den Mittelpunkt seines Denkens stellte. Daher müssen die Gründe für diese Entschiedenheit das Interesse wecken.

Der Zugang Ratzingers zum Thema verläuft, wie schon bei der Frage nach der leiblichen Auferstehung und dem leeren Grab, von zwei Seiten her. Zunächst sichert er mit großer exegetischer Sorgfalt den Bericht von den Umständen von Verkündigung und Empfängnis bei Lukas und Matthäus. Dabei zeigt er mit Akribie den ganzen Reichtum der Verweise auf das Alte Testament auf, den beide Evangelisten auf ihre je eigene Weise entwickeln. Stellvertretend soll nur einer dieser Querverweise genannt werden:

Lukas lässt schon in dem Anruf des Verkündigungsengels »*Chaire* – freue Dich« ein Schriftzitat aufblitzen. Der übliche hebräische Gruß wäre nämlich, so Ratzinger, »Shalom – Friede sei mit Dir«. In der Ungewöhnlichkeit des Grußes liegt also ein Zeichen; Lukas will damit auf etwas aufmerksam machen.

Die Wahrheit der Jungfrauengeburt

Vor allem Stanislaus Lyonnet und René Laurentin haben gezeigt, dass in dem Gruß Gabriels an Maria die Prophezeiung aus Zef 3,14–17 aufgenommen und vergegenwärtigt ist, die so lautet: »Freue dich, Tochter Zion. Jauchze, Israel! ... Der König Israels, der Herr, ist in deiner Mitte.«[54] Ratzinger macht zusätzlich noch darauf aufmerksam, dass das Zitat wörtlich übersetzt heißt: »Er ist in deinem *Schoß*«. Dieses Wort »Schoß« wurde aber schon im Buch Exodus als Bezeichnung für den Ort der Bundeslade und damit für den Ort des Wohnens Gottes gewählt. Er wohnt »im Schoße Israels«. Der Erzengel Gabriel spricht nun im Fortgang noch einmal genau dieses Wort aus, indem er die Wendung gebraucht: »Du wirst empfangen in deinem Schoß« *(Lk 1,31)*. Lukas stellt also schon im Engelsgruß einen ganz bestimmten Zusammenhang her:

Maria erscheint als die Tochter Zion in Person. Die Zions-Verheißungen erfüllen sich in ihr in unerwarteter Weise. Maria wird zur Bundeslade, zum Ort wirklicher Einwohnung des Herrn.[55]

In der exegetischen Sicherung wird also klar, dass Lukas – und Vergleichbares kann bei Matthäus gezeigt werden – in der Erzählung über die Jungfrauengeburt als Theologe agiert. Lukas und Matthäus erarbeiten implizit eine Theologie der Inkarnation und der Jungfräulichkeit, indem sie jenem, was sie inhaltlich und als historische Tatsache berichten, immer schon eine Bedeutung verleihen, die aus der Schrift und ihren Verheißungen herrührt und auf sie Bezug nimmt. Diese Verheißung aus dem Alten Bund wird nun in einer überraschenden und völlig unerwarteten Weise wahr und erfüllt – so die Aussage der Evangelisten.

Damit ist aber zweierlei gesagt: (1) Durch die genaue exegetische Sicherung ist überhaupt erst festgehalten, was der *Inhalt* des Glaubens der Kirche ist. Es kann danach gerechtfertigt gesagt werden: Dies ist der Inhalt des Glaubens der Väter und dieser Inhalt ging in das Credo ein und wird dort ausgesprochen.
(2) Dieser Inhalt, der im Credo ausgesprochen wird: »geboren aus der Jungfrau Maria«, ist offenbar keine enigmatische Äußerlichkeit, die unverständlich in die Welt hineinragt und in einem unaufgeklärten Wunderglauben akzeptiert werden muss. Im Gegenteil: Die

---

[54] Joseph Ratzinger: Jesus von Nazareth. Prolog. Die Kindheitsgeschichten, Freiburg i. Br. 2012, 38–39
[55] A. a. O., 39

Die Wahrheit der Christologie bei Joseph Ratzinger

Evangelisten *wissen* offensichtlich schon sehr genau, *was* sie sagen wollen und *mit welchen Mitteln* sie dies tun. Der Inhalt des Glaubensbekenntnisses ist offenbar durch und durch, von seinem Beginn an, nicht bloß ein konkretes Faktum, das erzählerisch in den Raum gestellt wird, sondern immer schon *sinnerfüllt*. Er hat einen Bedeutungshorizont und damit einen ganz bestimmten Aussagegehalt und einen Wahrheitsanspruch. Dieser Anspruch ist für unser nachvollziehendes Verstehen nicht unmittelbar evident – *er war es aber ganz offensichtlich für die ersten Zeugen und die Evangelisten!*
 Nach der exegetischen Sicherung führt Ratzinger seine eigene theologische Interpretation durch. Dies geschieht in drei Schritten. Zunächst prüft Ratzinger kritisch den Versuch, die Jungfräulichkeit Marias religionsgeschichtlich als Mythologem zu erklären. Dieser Versuch, der seit dem 19. Jahrhundert dem modernen Denken als dogmenkritische Selbstverständlichkeit erscheint, muss scheitern, weil er exegetisch zu leichtfertig vorgeht. Ratzinger stellt fest, dass alle diese Versuche sachlich ihren Gegenstand deshalb verfehlen, weil sie die evidenten Unterschiede zwischen jenen Mythen und der biblischen Erzählung nicht erklären können. Die antiken Mythologien, vor allem jene Ägyptens und Griechenlands, erzählen von *geschlechtlichen Zeugungen von Halbgöttern*. Die Erzählungen dienen *formal der politischen Legitimation* des jeweiligen Herrscherkultes. Nichts von beidem ist in den Evangelien zu finden. Gerade die Idee der Geschlechtlichkeit und der geschlechtlichen Zeugung fällt vollkommen aus. Die Versuchung zur Pauschalisierung ist zwar verständlich, dennoch wird dadurch die Eigenart dessen, was in den Evangelien berichtet wird, übersehen. Dadurch kommt aber auch deren spezifische Wahrheit nicht ans Licht.

Die Erzählungen bei Matthäus und Lukas sind nicht weiterentwickelte Mythen. Sie stehen ihrer Grundauffassung gemäß fest in der biblischen Tradition von Gott dem Schöpfer und Erlöser. Ihrem konkreten Gehalt nach aber stammen sie aus Familientradition, sind weitergegebene Überlieferung, die Geschehenes festhält.[56]

Ratzinger betont also, wie im zweiten Teil des Zitats zu lesen ist, den *radikal historischen Charakter* der Jungfräulichkeit Marias, die in ihrer Familie offenbar bekannt war und tradiert wurde. Die zweite Säule, auf der die Wahrheit der Tradition der Jungfräulichkeit ruht,

---

[56] A.a.O., 61

Die Wahrheit der Jungfrauengeburt

ist dann die theologische Auslegung durch die Evangelisten. Ratzingers Deutung der Wechselwirkung zwischen beiden Wahrheitsquellen geht davon aus, dass die Familientradition aus Pietät im Verborgenen gehalten wurde. Erst als Maria gestorben war, konnte das Geheimnis öffentlich gemacht werden.

Damit kann ein sehr wichtiges Zwischenergebnis gesichert werden: Das Vorurteil der skeptischen Theologie besteht ja gerade darin, dass unterstellt wird, die Evangelisten hätten ein vorgefasstes Ideologem – die Jungfräulichkeit – zur Hand gehabt und diese der Biographie Jesu nun in legitimatorischer Absicht untergeschoben. Ratzinger zeigt an dieser Stelle durch seine genaue Exegese, dass dies nicht wahr sein kann, sondern dass vielmehr die umgekehrte Rangfolge grundgelegt werden muss: Es ist an keiner Stelle ersichtlich, dass Lukas oder Matthäus eine vorgefasste Mythologie der Jungfräulichkeit angewendet hätten. Die Jungfräulichkeit Marias ist in ihrem Sinn ein neues Phänomen und nur von der Christologie her verständlich. Es ist mit der Verkündigung und der Jungfrauengeburt also gerade nicht so, dass man aus einer Idee eine Geschichte entwickelt, eine Idee in eine Tatsache umgeformt hätte, sondern umgekehrt: Das Geschehene, ein nun bekanntes Faktum wurde bedacht; es wurde nach Verstehen gesucht. Vom Ganzen der Gestalt Jesu Christi her fiel Licht auf das Ereignis, und umgekehrt wurde vom Ereignis her auch die Logik Gottes tiefer begriffen. […] So wuchs Christologie.[57]

Aus der Perspektive der destruierenden historisch-kritischen Methode ist dieser Zugang ein wirklicher Stolperstein, ein Ärgernis. Ratzinger erkennt, wie schon bei der Frage nach dem leeren Grab, in einer für das moderne Bewusstsein fast unerträglichen Weise das Faktum der Leiblichkeit von Gottes Wirken an. Bei näherer Betrachtung können aber auch der aufgeklärten Skepsis Zweifel an der eigenen ablehnenden Haltung erwachsen: Die Argumentation Ratzingers ist sehr genau durchdacht. Sie erwächst aus einem wirklich historischen Denken, das die Glaubensinhalte nicht als erdachte Setzungen und Ideen versteht, sondern sie in ihrer historischen Genese nachvollziehen will.

Diese Frage nach der Genese drängt ganz selbstverständlich in den Vordergrund, sobald der Blick auf die biblischen Erzählungen von Vorurteilen gereinigt und ungetrübt ist. Dann wird nämlich klar:

---

[57] A.a.O., 62

Die Wahrheit der Christologie bei Joseph Ratzinger

Es ist vollkommen offen, was der theologische Sinn der Jungfräulichkeit in der Tiefe eigentlich ist. Ihr Sinn ist etwas Neues, vollkommen Inkommensurables! Diese gedanklich ertastete Neuartigkeit und Unableitbarkeit des Sinns führt aber das historische Nachdenken in der Folge auf die Frage nach dem geschichtlichen Ansatzpunkt, auf den sich dieser Sinngebungsversuch richtet. Das historische Nachdenken Ratzingers will also überhaupt erst erklären, *was es bedeutet*, dass Lukas – wie auch Matthäus – die Kindheitserzählung in den Kontext dieser Verheißungen stellt. *Es muss ein Faktum vorgelegen haben, das diese Erklärungsbewegung* der Schriftzitate angestoßen hat. Dieses Faktum war, so das Argument, die in der Familientradition bewahrte Tatsache der Jungfräulichkeit Marias.

Die Kritik setzt also immer schon viel zu früh einen theologischen Sinn als erdacht und vollendet an, um ihn als Erfindung abzutun. Ratzinger macht nun darauf aufmerksam, dass dieser theologische Sinn gar nicht in dieser Form gesichert war, sondern erst um ein historisches Phänomen herum wachsen musste. Dieser Sinn ist auch mit den Erzählungen von Lukas und Matthäus eigentlich noch nicht vollkommen ausgesprochen. Sie halten das Phänomen erst fest und verknüpfen es anfänglich verstehend mit den Heilsverheißungen der Propheten. Dies ist der anfänglich gesetzte Rahmen, in den das gläubige Verstehen eintreten kann und innerhalb dessen jenes Verständnis vertieft werden kann. Die Geschichte dieser Vertiefung ist die Geschichte der Ausfaltung der Christologie in der Kirche.

Was aber *ist* der theologische Sinn, der schließlich und endgültig in der Jungfräulichkeit Marias liegt? Ratzinger gibt hier, wie schon mehrmals bemerkt, keine explizit philosophische Apologie. Er zeigt mit einigen wesentlichen Strichen den für ihn entscheidenden Punkt an: Geburt und Auferstehung Jesu sind für ihn jene beiden Punkte, an denen sich die Gottheit Gottes wirklich geschichtlich erwiesen hat. Gott erweist seine Macht genau dadurch, dass er sich als Herr über die Materie zeigt. Ratzinger betont, dass genau dies das Ärgernis ist, an dem sich der aufgeklärte Geist stößt. Der aufgeklärte Geist will Gott im Bereich der Ideen belassen. Weil die Macht über die Materie aber entscheidend für den Begriff Gottes als solchen, also für die Gottheit Gottes ist, darum wird an dieser Stelle auch der atheistische Zug des modernen Bewusstseins deutlich.

Die Macht über die Materie ist jedoch nicht willkürlicher und unsinniger Selbstzweck, sondern vollkommen auf unsere innersten und daher vernünftigsten Hoffnungen bezogen: In dieser Macht über

Die Wahrheit der Jungfrauengeburt

die endliche Grundstruktur der Welt erweist sich Gott als Schöpfer, der uns einen endgültigen, neuen Anfang schenkt und dadurch erlöst.

Insofern sind diese beiden Punkte – Jungfrauengeburt und wirkliche Auferstehung aus dem Grab – Prüfsteine des Glaubens. Wenn Gott nicht auch Macht über die Materie hat, dann ist er eben nicht Gott. Aber er hat diese Macht, und er hat mit Empfängnis und Auferstehung Jesu Christi eine neue Schöpfung eröffnet. So ist er als Schöpfer auch Erlöser. Deswegen ist die Empfängnis und Geburt Jesu aus der Jungfrau Maria ein grundlegendes Element unseres Glaubens und ein Leuchtzeichen der Hoffnung.[58]

In einer abschließenden kleinen Betrachtung sollen die Gedanken Ratzingers zur Jungfrauengeburt von der Perspektive der »Christologie von unten« und von der oben entwickelten Ontologie der Selbsttranszendenz her erweitert werden. Dieses Weiterdenken erwächst aus der oben dargestellten Einsicht, dass die Erzählungen von Verkündigung und Jungfrauengeburt etwas vollkommen Neues in den Blick nehmen und verstehend zu durchdringen versuchen. Dieser Sinn ist aber dort nur umrissen und prinzipiell festgehalten. Unsere Aufgabe ist, ihn in seiner Wahrheit immer deutlicher in das vernünftige Verstehen zu heben.

Die These ist also: In der Jungfrauengeburt ist ein systematischer, theologischer Sinn inbegriffen, der sich mithilfe der »Christologie von unten« erst voll erschließt. Darum soll nun dieser Sinn gedanklich direkt mit der Christologie verknüpft werden. Es soll dadurch eine ontologische Wahrheit herausgearbeitet werden, die von Anfang an in der Erzählung von der Jungfrauengeburt enthalten war und ihre Tradition unausgesprochen motivierte und ihr festen Grund gab.

Wer ist Christus in seinem Wesen? Christus wurde vom Sinn seiner Auferstehung her erkannt als die Mitte der Welt, als die Mitte der Schöpfung. In ihm wird die Schöpfung vollendet und dadurch erst ganz sie selbst. Dies geschieht in der Weise, dass sie sich selbst in Christus an Gott, ihren Grund, zurückgibt als hingebendes Opfer. Gott, der Schöpfer, vollendet die Schöpfung, indem er diese Gabe annimmt und das heißt, sie sich ihr selbst in neuer Weise zurückgibt. Diese erneute Gabe ist Vollendung und Zusammenfassung der Schöpfung, die sich in Freiheit einbezogen findet in das trinitarische Leben Gottes.

---

[58] A.a.O., 65

Die Jungfrauengeburt ist nichts anderes als die Bestätigung genau dieses Geschehens vom Anfang her. In der Empfängnis Jesu geschieht von der Vollendung her gesehen dies: Gott schenkt der Schöpfung ihre eigene Mitte und ihre Vollendung. Gott schafft also die Schöpfung neu in Vollendung und Freiheit. Diese Schöpfung ist aber: Schöpfung nur von Gott selbst her, von seiner Anfänglichkeit her. Sie ist Schöpfung aus dem Nichts. Sie kann nicht durch etwas selbst wiederum Geschaffenes, Kosmisches, Irdisches vermittelt und ein von diesem her Abstammendes sein. Sie muss direkt von Gott kommen.

Diese Mitte, in der Gott der Schöpfung ihren eigenen Neubeginn und ihre Vollendung schenkt, ist aber Christus, der sich als Sohn hingibt und dadurch die Gottheit Gottes wirklich wahr macht. Diese Mitte, die neue Schöpfung, die Gottes Gabe selbst ist, muss deshalb von der Welt her gesehen in bestimmtem Sinn *anfangslos* sein. Sie kommt nicht aus der Welt, und zwar nicht nur in einem geistigen und erdachten Sinn nicht, sondern sie kommt als historische Person nicht aus der Welt. Nur wenn die Anfangslosigkeit wirklich weltlich und historisch wird in einem geschichtlichen Lebensvollzug, kann die Schöpfung als solche vollendet werden.

Diese Anfangslosigkeit ist in der Jungfräulichkeit Marias realisiert. Im Ereignis der Verkündigung ist zugleich in ungeheurer gedanklicher Genauigkeit ausgedrückt, wie dieser ontologische Zusammenhang der Neuschöpfung allein Wirklichkeit werden kann. Denn: Die Neuschöpfung, die Gabe ihrer Mitte und Vollendung an die Schöpfung selbst, geschieht nicht in opaker, naturhafter, dinglicher Neutralität und Anonymität, *sondern sie wird erreicht durch die Hereinnahme des Menschen in seiner Freiheit selbst in dieses Geschehen.* Die eigentliche Schöpfung, die Vollendung, kann letztlich nur ein personales Ereignis sein. Denn sie beruht auf der freien Hingabe des Sohnes. Die eigentliche Schöpfung ist letztlich nur denkbar als Einbeziehung des Menschen in das trinitarische Leben Gottes. Aber, und dies wurde oben in aller Ausführlichkeit klar: Dieses trinitarische Leben Gottes wird zur vollen Wahrheit gebracht *nur in der Geschichte*, in der Vollendung der Geschichte durch das Opfer und die Auferstehung Christi.

Diese personale Hereinnahme des Menschen in seiner Freiheit geschieht schon in der Verkündigung. Die Hereinnahme des Menschen ist die Einbeziehung Mariens in das Ereignis der anfangslosen Neuschöpfung durch die Verkündigung des Engels. Man kann sagen, und genau so wurde es in der Tradition des Glaubens verstanden: Das

Die Wahrheit der Jungfrauengeburt

»*fiat*« Marias, ihr Ja, ermöglicht die Vollendung der Welt. Damit ist gegeben: Der Mensch in seiner Freiheit ist in das Erlösungsgeschehen von Beginn an miteinbezogen und muss dies auch sein. Der weltlich unvermittelte, vollkommene Neuanfang ist durch eine freie Zusage, ein Einverständnis, möglich gemacht. Dadurch bekommt nun auch die Bedeutung der Jungfräulichkeit den ihr eigenen Rang, und die irritierende Sphäre des nur Biologisch-Geschlechtlichen kann zurücktreten und ihren intendierten Sinn freigeben. Denn die Frage ist: Was bedeutet das Faktum der Jungfräulichkeit in diesem Kontext? Es *bedeutet hier vollkommene Anfänglichkeit aus sich selbst, die reine, unerschöpfte Neu-Anfänglichkeit.* Diese Anfänglichkeit ist aber letztlich *Gottes eigenes Wesen,* sein Aus-sich-selbst-Sein, das das Wesen der Neuschöpfung mit ausmacht. So *kann man sagen: Die Jungfräulichkeit Marias ist eigentlich nur ein Spiegel jener reinen Ursprünglichkeit, die Gottes Wesen selbst ist.* Diese göttliche Ursprünglichkeit muss sich in der Welt selbst realisieren, um Gottes eigene Wirklichkeit und Herrschaft in der Welt zu vollenden.

An dieser Spiegelung der Ursprünglichkeit Gottes in Marias Unberührtheit wird etwas deutlich, was das Geschehen der Verkündigung erst in der Tiefe verständlich macht: Gott handelt hier nicht »von oben« oder von außen. Er wirkt nicht in einem äußerlichen Sinn auf Maria ein. Diese Vorstellung der *äußerlichen Einwirkung* ist es, die das Dogma von der Jungfräulichkeit in ein missverständliches Licht taucht. Dadurch wird die Szene zum Stolperstein und das aufgeklärte Bewusstsein wendet sich von ihr als einer hypertrophen und mythologisierenden Religiosität ab. Es lehnt dadurch aber eine substantielle ontologische Wahrheit ab, die in diesem Ereignis verwirklicht wurde. In Wahrheit geschieht hier nämlich keine äußerliche Einwirkung, sondern Gott wirkt trinitarisch im Sinn der »Christologie von unten«: Gottes erlösende Initiative tritt an seine Schöpfung heran und macht sich von ihr – von Maria – abhängig. Das antwortende Einwilligen Marias geschieht aber »im Geist«, ist also schon von Gottes Wesen umschlossen. Die Schöpfung ist niemals etwas abstrakt für sich selbst Seiendes, sondern sie ist immer schon sich selbst von Gott gegeben, so aber, dass Gott auch auf ihrer Seite steht. Dieses Stehen auf der Seite der Welt wird nun endgültig offenbart in der wirklichen Gabe der Mitte der Schöpfung an sie selbst – im vollkommenen Sichselbst-Gegebensein. Diese Gabe geschieht aber durch die wirkliche Einbeziehung der Schöpfung in das Leben Gottes selbst. Maria ist in ihrer Einwilligung der Beginn dieser Vergöttlichung der Welt, sie ist also schon ganz in das trinitarische Leben Gottes einbezogen. Daher geschieht auch der Eintritt des Erlösers in die Welt ganz unvermittelt und wirklich jungfräulich.

Abschließend ist noch einmal festzuhalten: Dieser systematische Gedankengang dient gerade nicht dazu, die Frage nach der Leiblichkeit der Jungfräulichkeit gewissermaßen in einen ontologisch spekulativen Gedanken zu transformieren, um sie deshalb danach beiseiteschieben zu können. Das genaue Gegenteil ist der Fall: Die Ontologie macht den *Wahrheitssinn* verständlich, der in den Erzählungen der Evangelisten noch halb verborgen liegt und der ihre untergründige Kraft und Substanz ausmacht. Sie zeigt, warum das berichtete historische Ereignis *auch* in einem tieferen, die Vernunft als solche angehenden Sinn *wahr ist. Erst dadurch* kann sich die Vernunft aber auch dem weltlichen Wunder öffnen, das sonst erratisch und isoliert bliebe. Aber: Dies heißt nicht, dass das weltliche Wunder in der Folge dieses »höheren« Verstehensprozesses in diesen hinein aufgehoben und sublimiert würde. *Die Wahrheit der Ontologie kann im Gegenteil die Wahrheit des Wunders erst voll bestätigen und rechtfertigen.* Denn, umgekehrt gilt: Sie ist ohne die wirkliche historische Wahrheit des geschichtlichen Wirkens selbst nichts wert. *Sie gilt nur – und sie muss gelten! – wenn Gott wirklich sich selbst in der Geschichte offenbart hat. Sie gilt nur, wenn es »Christologie von unten« wirklich und konkret, als geschichtliches Ereignis gab!*

Dies heißt aber für unser Ergebnis: Es ist Ratzinger in seinem Beharren auf der Leiblichkeit sowohl der Jungfrauengeburt als auch der Auferstehung Christi aus dem Grab voll Recht zu geben. Ratzinger rettet durch diese Beharrlichkeit den Wesenskern des Glaubens, aber nicht eines irrationalen Glaubens, der seine Erkenntnisfähigkeit opfern müsste. Sondern gerettet wird im Gegenteil die Möglichkeit eines Glaubens, der vollkommen auf die Vernunft bezogen ist und seine Gehalte aus dem vernünftigen Durchdenken des Begriffs Gottes gewinnt. Die wirkliche Wahrheit Gottes kann aber nur in einer »Christologie von unten«, also in Gottes Selbstoffenbarung in der Welt, zugänglich werden. Darum hängt aber an der radikalen Geschichtlichkeit Gottes seine Gottheit und die Wahrheit des Glaubens an ihn.

I.11 Zusammenfassung der »Christologie von unten« bei Ratzinger

Der Zusammenhang der Hermeneutik der Geschichtlichkeit der Evangelien mit der »Christologie von unten« bei Ratzinger ist nun offengelegt. In einem Zwischenfazit soll dieses Ergebnis noch einmal systematisch kurz vor Augen geführt werden.

Ratzinger besteht auf der historischen Wahrheit der Evangelienberichte, insbesondere der Berichte über die leibliche Auferstehung. Die Auferstehung ist das christologische Ur-Ereignis, von dem sich alle anderen Sinngehalte ableiten. Sie bildet den Ursprung und den bleibenden Wesenskern der Christologie. In einer gewissen Parallelität zählt auch die Jungfrauengeburt zu diesem Ur-Ereignis hinzu: Beide Ereignisse zusammen stellen den Beginn der Neuschöpfung und Vollendung der Welt in Christus dar. Beide Zeugnisse sind aber für das aufgeklärte Denken eine Zumutung oder sogar ein Ärgernis. Dies *müssen sie auch sein,* wenn sie vom Verstandesdenken her als ein nur äußerliches, ontisches Geschehen interpretiert werden, das in der Welt als Wunder auftritt. Die Evangelienberichte können deshalb nur plausibel gemacht werden *in einer systematischen Besinnung auf die ontologischen Grundlagen des in ihnen Ausgesagten.* Ratzinger vollzieht diese Besinnung vor allem durch den Begriff des Opfers, der Hingabe, die Jesus in seinem Leben als Ganzem vollbringt. Das Wesen des Opfers als Kern der Auferstehung wird aber erst dann voll verständlich, wenn gesehen wird, dass es die Voraussetzung ist für die eigentliche, endgültige Schöpfung der Welt. Die Vollendung der Welt, die endgültige Schöpfung, kann letztlich nur ein personaler Akt sein: *Die erneute Zurückgabe der Welt an sich selbst in ihrem eigentlichen, wahren Wesen,* das in der Teilhabe am Leben Gottes über den Tod hinaus bewahrt wird und nun wirkliches Leben ist.

Entscheidend ist nun: *In diesem und durch diesen* Vollzug der Vollendung der Welt offenbart sich Gott selbst als trinitarisches Leben. Diese Offenbarung bleibt dem Vollzug aber nicht äußerlich. Sondern in einem bestimmten Sinn muss gesagt werden: *Dass* Gott trinitarisch *ist,* das wird offenbar und wahr *nur* durch diesen Vollzug der Vollendung *der Welt.* Die Wirklichkeit Gottes selbst, die Gottheit Gottes, steht in der Geschichte der Welt auf dem Spiel: Denn in der Freiheitsgeschichte des Menschen bleibt seine Macht und Güte fraglich. Gott erweist seine Gottheit, indem er wirklich die Herrschaft in der Welt übernimmt: durch die Selbsthingabe und Auferstehung des

Sohnes und die darin mitvollzogene Hereinnahme der Schöpfung in sein göttliches Leben. Wenn also gesagt wird, dass Gott sein dreifaltiges Leben offenbart, dann ist damit nicht nur ein Vollzug gemeint, der sich auf die *geschichtliche Erkenntnismöglichkeit* seines Wesens durch den Menschen bezieht. Sondern es geht hier um *das Sein* Gottes selbst! Weil es die Schöpfung gibt, weil es die Welt gibt, weil Gott die Welt geschaffen hat, darum gibt es auch die Geschichte. Diese Geschichte aber ist deshalb zugleich und immer vom Anfang her auch Geschichte Gottes. Gott bezieht die Geschichte in sein Wesen mit ein, indem er sein eigenes Wesen in der Geschichte wirklich werden lässt und das heißt: verwirklicht. Diese Verwirklichung geschieht auf dem Wege der Offenbarung der Trinität, die identisch ist mit der Vollendung der Welt in der Auferstehung.

Die Offenbarung der Trinität als Verwirklichung des Lebens Gottes in der Welt ist deshalb immer schon die Hereinnahme unseres Lebens in das trinitarische Leben. Der Sinn der Verwirklichung Gottes in der Welt kann nie an uns vorbei gedacht werden. Daher ist Gottes Wahrheit nie ohne den Menschen zu denken und zu verstehen. Oder, von der anderen Seite gesprochen: Die Schöpfung, dessen Mitte der Mensch in seiner Freiheit ist, muss immer schon ontologisch so gedacht werden, dass sie, obwohl oder *gerade weil* sie frei ist, von Gott immer auch und schon umfangen ist, so also, dass Gott immer schon auch auf ihrer Seite steht. Ihr Leben ist immer schon *auch* Gottes Leben in dem Sinn, dass er dieses Leben geschaffen hat und es nun nicht außer sich fallen lässt, sondern in seiner Differenz zu ihm mitbegleitet und in einer bestimmten, noch zu klärenden, indirekten, differenzierten Identität mit ihm vollzieht.

Der Grundfehler des Verstandesdenkens ist es, die Schöpfung *in ein Außerhalb von Gott* zu setzen. In dieses Außerhalb, das die Welt gegenüber Gott ist, soll sich dann in der Folge Gott »von oben« inkarnieren. Weil dieser Gedanke aber den *ursprünglichen trinitarischen Wesensbegriff Gottes ontologisch nicht denkt,* darum scheitert diese Auslegung des Begriffs der Inkarnation an ihrer Äußerlichkeit.

Dies ist der Grund, warum alle Christologie im Wesen immer nur »Christologie von unten« sein kann. Nur so kann aber auch die Inkarnation als eine wirkliche vernünftige Wahrheit festgehalten werden: Die Inkarnation muss verstanden werden als die Vollendung der Einbeziehung der Schöpfung in den Lebensvollzug Gottes selbst. Diese Einbeziehung muss aber wirklich ernst genommen werden: auch als Vollzug der Welt selbst. Dieser Vollzug von der Welt her ist

Zusammenfassung der »Christologie von unten«

aber auch der *erkennende* Mitvollzug der Wahrheit Gottes, die gerade nicht an sich hält, sondern sich im Geist uns mitteilt. Der erkennende, vernünftige Mitvollzug gehört zur Wesensfolge der Neuschöpfung der Welt und der Übernahme der Herrschaft Gottes in der Welt. Die Trinität schließt immer schon die Offenbarung ihrer Wahrheit und damit ihren erkennenden Mitvollzug durch die Welt mit ein und *kann nicht außerhalb dieses reflexiven Mitvollzugs der Schöpfung vorstellungshaft gesetzt werden.* Weil Gott wahr ist, darum muss er also auch in der Welt und für die Welt wahr sein. Für das Verstandesdenken scheint diese Aussage die Freiheit Gottes einzuschränken, jedoch entstammt dieser fälschliche Eindruck einer abstrakten Trennung des Begriffs der Freiheit von dem Begriff des wahren Lebensvollzuges Gottes. Gottes Freiheit ist von diesem »Muss« vollkommen unbelastet, weil dieses Muss den Wesenssinn seiner eigenen Güte bezeichnet, die die Schöpfung wollte und will. Die Wahrheit Gottes *muss* sich also in der Welt zeigen und verwirklichen, *weil* er selbst wahr ist. Darum ist jeder Aspekt seiner Verwirklichung bezogen auf unser eigenes Sein und Leben, das nur in Bezug auf ihn, den Schöpfer, Sinn erhält. Darum ist aber unsere Wahrheit keine andere Wahrheit als seine Wahrheit. Man kann auch sagen: Unsere Wahrheit ist immer schon in seine für uns offenbare Wahrheit einbezogen. Im Lebensvollzug Gottes selbst geschieht jene Wahrheit, in die wir mit hineingezogen werden. Dieser Lebensvollzug Gottes selbst ist der Wesenskern der Geschichte.

Die Verwirklichung der Wahrheit Gottes ist aber nicht nur ein Gedanke oder eine Möglichkeit, sondern ein wirklich handelnder Vollzug seines Lebens. Darum ist die ontologische Wahrheit über die Dreifaltigkeit als Wesen der Welt keine spekulative, nur gedankliche und nur logische Entwicklung eines Begriffs Gottes. Sondern die Wahrheit Gottes muss notwendig geschichtlich selbst Wirklichkeit werden im Sinn der Herrschaft über die Welt und kann nur aus dieser geschichtlichen Verwirklichung selbst entnommen und erkannt werden. Diese Verwirklichung der Herrschaft über die Welt, die Verwirklichung und Ausübung seiner Macht, geschieht aber nur in der Miteinbeziehung des Menschen. Die Welt wird vollendet und neu geschaffen durch die Vollendung des Menschen in Jesus Christus. Diese Vollendung des Menschen ist aber seine leibliche Auferstehung. Weil Gott diese Vollendung aber selbst vollzieht in der schöpferischen Gabe seiner selbst an uns, darum muss diese Neuschöpfung vermittlungslos beginnen, ohne die Vermittlung der jeweils fremdbestimmten Zusammenhänge der Welt, rein aus Gott selbst und aus freier Zustimmung zu ihm. Deshalb muss die Verwirklichung der Herrschaft Gottes und die Offenbarung der Wahrheit über die Geschichte in der Jungfrauengeburt beginnen.

Die Offenbarung des wirklichen Begriffs Gottes setzt voraus, dass der Sohn das Opfer der Hingabe vollzieht und dadurch die Welt in der Auferstehung neu geschaffen wird. Darum hängt alles an der Wirklichkeit des Opfers – aber auch schon vorher an der freien Zustimmung Marias. Die radikale Geschichtlichkeit Gottes selbst ist also der Grund für die Notwendigkeit der »Christologie von unten« und das heißt: der substantiellen Wahrheit der Geschichte des Menschen selbst. Denn sie ist nicht denkbar ohne die Wunder von der Jungfrauengeburt und der leiblichen Auferstehung. Ohne diese Wunder gibt es in einem gewissen Sinn keine Geschichte. Denn die Geschichte ist wesentlich das, was sich vom Ursprung der Inkarnation ereignet bis zur Wiederkehr Christi und bis zum Gericht.

Dies ist die tiefere ontologische Begründung für die Notwendigkeit der Leiblichkeit der Auferstehung. Die Wirklichkeit der Welt in ihrem ontologischen Tiefensinn hängt an der Realität der Leiblichkeit der Auferstehung. Ratzinger sagt in einem gewissen Sinn nichts anderes, wenn er betont, dass die Leugnung der Macht Gottes über die Materie im Kern eigentlich Atheismus bedeutet. Diese Aussage ist im Wesen gleichbedeutend mit der Herausarbeitung dieses Zusammenhangs: dass die Wahrheit des Seins der Welt am Vollzug des Opfers des Sohnes hängt, welches die Auferstehung und die Vollendung der Welt ermöglicht. Durch die wirkliche, geschichtlich vollzogene, leibliche Auferstehung, das heißt in Ratzingers Worten: durch die »Umwandlung der Materie«, wird die Welt in ihr wahres Leben hineingenommen, das das Leben Gottes ist. Diese Integration besteht also in nichts anderem als in der geschichtlichen Verwirklichung der Heilsvorgänge und damit des Lebens Gottes selbst. Genau das, was in Jesus Christus, seinem Leben, seinem Opfer und seiner Auferstehung geschehen ist, ist die Verwirklichung des trinitarischen Lebens Gottes. Durch diese Verwirklichung des dreifaltigen Lebens in der Welt wird die Welt real erlöst: Sie wird in ihr wirkliches Leben umgeschaffen. Diese Umschaffung ist schon geschehen in Christus und wird zuletzt die ganze Schöpfung umfassen.

Damit ist gesagt: *Die leibliche Auferstehung ist kein Zusatz zum Glauben an Gott, sondern die Mitte des Glaubens an ihn – und dies aus vernünftigen Gründen.* Die leibliche Auferstehung ist beides zu-

Zusammenfassung der »Christologie von unten«

gleich: Sie ist der Grund des wahren Lebens und der Vollendung der Welt, und sie ist zugleich der Grund der Offenbarung und damit der Erkenntnis des wahren Lebens der Welt. Die Erkenntnis der Trinität ist also nichts, was unabhängig von ihrer Selbstoffenbarung geschehen könnte. Die Selbstoffenbarung ist aber nichts anderes als die Selbstverwirklichung, die Übernahme der Herrschaft Gottes in der Welt. Damit ist das Problem des Zusammenhangs zwischen der »Christologie von unten« und der »Christologie von oben« noch einmal prinzipiell thematisiert und kann nun gedanklich geklärt werden: Das Verhältnis beider Zugänge ist nicht analog zu verstehen zu dem ontologischen Rangverhältnis von Erkennen und Sein, wie es Aristoteles in *Metaphysik Delta* beschreibt.[59] Die Übertragung dieser Rangfolge auf das Verhältnis der Christologien legt sich hier von der Sache her scheinbar nahe, darum soll genau aufgezeigt werden, worin sich die Frage der Christologie von der Frage des Seins unterscheidet.

In der Metaphysik ist der Rang der Erkenntnis gegenläufig zur Rangordnung des Seins. Das, was der Erkenntnis nach das Frühere ist, das ist dem Sein nach das Spätere. Das, was dem Sein nach das Erste ist, das kommt für die Erkenntnis zuletzt. Die ersten Prinzipien des Seins, die ontologischen Gründe, liegen der Erkenntnis nicht unmittelbar vor Augen, sondern sie werden erst durch einen Reflexionsprozess, der am Ontischen, am Seienden seinen Anfang nimmt, freigelegt. Dieser Reflexionsprozess bringt aber gleichzeitig ans Licht, dass diese ersten Gründe des Seins immer schon und von Anfang an, von Ewigkeit her, jenes Erste darstellen, das in jeder Erkenntnis maßgeblich und leitend war.

Die Strukturähnlichkeit drängt sich also auf: Es scheint sich in der Christologie nun ganz analog zu verhalten. Der Ansatz bei Jesus von Nazareth, der Ansatz bei der »Christologie von unten« wäre dann jene Erkenntnis, die bei uns, beim Seienden, bei der Geschichte beginnt. Von der Sache her aber ist das Ewige und ontologisch immerwährend Gründende der ewige Sohn, der zum Leben der Dreifaltigkeit präexistent gehört.

Diese naheliegende Analogie scheitert, und der Grund dieses Scheiterns bezeichnet präzise das Spezifikum der »Christologie von unten«, so wie sie hier herausgearbeitet worden ist. Darum ist die

---

[59] Aristoteles, Metaphysik, Buch IV, 1018b-1019a

Die Wahrheit der Christologie bei Joseph Ratzinger

Profilierung und die Erkenntnis dieses Unterschiedes ein Prüfstein für das Verständnis dessen, um was es in der Christologie geht. Im ihrem Falle ist es nämlich so, dass *unsere Erkenntnis* niemals unabhängig gedacht werden kann von der *Initiative Gottes selbst*, der immer schon auf der Seite seiner Schöpfung steht. Der aber nun die Schöpfung vollendet, indem er sie, ihre Freiheit ihr immer weiter gönnend, in sein ewiges Leben einbezieht und an sich selbst teilhaben lässt. Diese Initiative Gottes ist nicht nur ein Sich-Zeigen, das im Sein an sich hielte, sondern es ist ein aktives Handeln auf der Seite der Welt selbst, das auch die korrespondierende Erkenntnis dieser Initiative auf Seiten der Welt anstößt, formt und mitbegleitet. Es ist das Handeln durch die und in der Auferstehung: durch das Opfer des Sohnes, das die Vaterschaft Gottes bestätigt und seine Herrschaft in der Welt inauguriert und durchsetzt. Es ist sein Handeln auch in der Jungfrauengeburt, in der die freie Zustimmung Marias aus demselben Geist kommt, an den die Gabe des Sohnes auch ergeht. Das heißt: Gott handelt, und er schafft und vollendet dadurch selbst die Geschichte. Die Geschichte des Menschen ist deshalb nun offenbar als die Geschichte Gottes, die eine Wahrheit in sich hat und von dieser Wahrheit her auf ihr wirkliches Ende, das Gericht, zugeht. Die Geschichte ist von nun an ein riesiger, einmaliger Fischzug Gottes, der im Handeln Gottes in Christus seinen Anfang nimmt und das Ende in ihm schon vorweggenommen hat.

Durch alle Jahrhunderte hat man den Tag der Ankunft Gottes vorausgesagt, und nie ist er eingetreten. Das kommt daher, dass Gottes Zeit eine ganz andere ist als die unsere: »Tausend Jahre sind vor ihm wie ein Tag.« So redet man überlegen und spöttisch von »Verzögerung«, naiver Enderwartung. Aber »der Herr zögert nicht mit der Erfüllung der Verheißung«. Er ist am Kommen, immerfort, und schleppt wie ein Fischer das riesige Netz der Weltgeschichte ans Land.[60]

Das unverzichtbare Spezifikum dieses Handelns ist aber seine wirkliche leibliche Dimension. Denn dieses leibliche Handeln an der Welt ist die Voraussetzung für den Einbezug des Menschen in den ontologisch-geschichtlichen Zusammenhang – mit Balthasar gesprochen: in das Fischernetz Gottes. Das heißt aber: Unsere Erkenntnisbewegung ist gegenüber der handelnden Initiative Gottes das Nachgeordnete. Sie ist in dieses Handeln Gottes vollkommen einbehalten und speist

---

[60] Hans Urs von Balthasar: Licht des Wortes. Skizzen zu allen Sonntagslesungen, Freiburg 1992, 135

Zusammenfassung der »Christologie von unten«

sich nur aus ihm. *Ohne die leibliche Auferstehung gibt es keinerlei Idee oder Begriff oder Erkenntnis der Dreifaltigkeit.* Dass wir Gott als trinitarisches Leben erkennen, ist nicht einem Entwurf unserer spekulativen Vernunft zu entnehmen, der sich dann von der Sache her bestätigt findet im transzendent gedachten Sein Gottes – wenn es so wäre, dann könnte man das Verhältnis der Theologie zum Sein Gottes in Analogie zur metaphysischen Erkenntnis entwerfen, wie oben gesehen. Sondern diese Erkenntnis stammt ihrem Begriff und ihrem Vollzug nach gänzlich aus dem Handeln Gottes in der Welt. *Darum* liegt hier etwas anderes vor als jenes Grundverhältnis der ontologischen Erkenntnis: »dem Sein nach früher« versus »der Erkenntnis nach früher«. In der Christologie *kann das Sein von dem Sich-Zeigen und damit von der Erkenntnis der Welt nicht getrennt werden*: und zwar in genau dem Sinn, dass Gott sich selbst auf das Spiel setzt, um die Welt zu vollenden und damit seine Wahrheit und Herrlichkeit an der Welt zu erfüllen. Das Handeln Gottes geschieht also wirklich und tatsächlich, es bleibt seiner Ewigkeit nicht äußerlich. Das Wort bleibt nicht außerhalb der Welt in der Ewigkeit, sondern es wird wirklich Fleisch – dies aber um der Wahrheit der Ewigkeit willen.

Dies heißt: Unsere Erkenntnis ist immer schon umfangen und bedingt von der Initiative Gottes in seiner Schöpfung und in seiner Übernahme der endgültigen Herrschaft über die Schöpfung. Von hier aus gesehen, kann unsere Erkenntnis auch als gar nichts anderes gedacht werden als ein Mitgehen mit dieser Vollendung, die Gott an der Welt vollzieht. Die Erkenntnis der Christologie muss als Teilnahme an der Schöpfungsvollendung durch Gott verstanden werden. Aber weil die Schöpfungsvollendung etwas wirklich Geschichtliches ist, der Eintritt Gottes in die Geschichte und die Offenbarung seiner Herrlichkeit in der Welt, darum ist dieses Mitgehen der Erkenntnis das Mitgehen mit Gottes Eintritt in die Geschichte.

Christologie ist also nicht deshalb »Christologie von unten«, weil sie *perspektivisch menschlich* wäre, sondern deshalb, weil Gott selbst sich verwirklicht *in der Geschichte und in der Welt*. Er realisiert sich aber nicht willkürlich in der Geschichte. Sondern indem er die Welt schafft, und das heißt: sie selbst sich ihr selbst in Freiheit schenkt und überlässt, muss er in dieser Welt um seiner eigenen Wahrheit willen die Herrschaft übernehmen. Die Christologie kann also nichts anderes als »Christologie von unten« sein, wenn sie wahr sein will. Denn die Wahrheit kann nur so wirklich gedacht werden, dass sie selbst geschichtlich wird und in der Welt und für die Welt sich

Die Wahrheit der Christologie bei Joseph Ratzinger

verwirklicht. Genau diese Verwirklichung der Wahrheit in der Geschichte ist aber im Wesen die Inkarnation. Die Inkarnation kann deshalb niemals in einer anderen Form vernünftig gedacht werden denn als »Christologie von unten«. Sie ist die Enthüllung der Wahrheit Gottes *von der Welt selbst her*, die Gottes Schöpfung immer schon ist und nun durch das Handeln Gottes verwandelt und erlöst wird.

Die »Christologie von unten« ist deshalb aber in der Tiefe auch der einzig gerechtfertigte, sachliche Anfang der Erkenntnis überhaupt, denn sie vollzieht die Wirklichkeit jener Wahrheit mit, die die *Mitte der Schöpfung* ist: Christus selbst. Die »Christologie von unten« ist also selbst lebendiger Ausdruck der schon geschehenen Verwirklichung der Inkarnation. Wenn die Christologie die Inkarnation erst »von oben« ableiten muss, *dann stellt sie sich ihre Wahrheit weiter nur vor* und sie stellt sie sich zudem *ungeschichtlich* vor! Im Wesen bleibt die Wahrheit deshalb dann aber unverstanden. Dies heißt, dass eine unvermittelt vorgehende »Christologie von oben« immer schon erkennbar und von vornherein ihren Gegenstand verfehlt, weil sie Gott nicht so denken kann, dass er als trinitarisches Leben immer schon auf der Seite der Welt sein muss. Sie versteht nicht, dass das trinitarische Leben Gottes niemals ohne Weltbezug zu denken ist. Die »Christologie von oben« trifft also gerade nicht jenes, was dem Sein nach das Frühere wäre: Das dem Sein nach Frühere *muss sich gerade geschichtlich offenbaren*, unter Einbeziehung der Geschichte, um seine Souveränität über sie zu erweisen.

I.12 Das Wesen der Liturgie aus der Perspektive der »Christologie von unten«

Von diesen zusammenfassenden Überlegungen herkommend, soll abschließend noch einmal ein Blick auf Ratzingers Interpretation der Liturgie geworfen werden. Es soll damit gezeigt werden, wie die oben entwickelte »Christologie von unten« und der in ihr sichtbar gewordene ontologische Wahrheitsanspruch ein tiefes Verständnis der christlichen Liturgie ermöglichen, die sie auch vor der Vernunft verständlich machen und rechtfertigen kann.

Das Verständnis dafür, was das *Messopfer* eigentlich ist, muss immer scheitern oder auf verkürzte Deutungen verfallen, wenn dieser grundsätzliche Standpunkt der »Christologie von unten« nicht eingenommen wird und stattdessen die christliche Liturgie von einem all-

Das Wesen der Liturgie aus der Perspektive der »Christologie von unten«

gemeinen anthropologisch-religionswissenschaftlichen Standpunkt aus gedeutet wird. Aber auch jene traditionelle kirchliche Deutung, die sich von der Perspektive einer »Christologie von oben« leiten lässt, muss immer wieder auf ein nur kompensatorisches Verständnis des Opfers verfallen und kann darum die Liturgie letztlich nicht als das vernünftige Zentrum der Wahrheit Gottes in der Welt ausweisen. Durch diese nur ontische Perspektive bleibt der Begriff des Opfers überhaupt dunkel und wird in seiner tieferen ontologischen Wahrheit nicht sichtbar gemacht. Es erscheint als ein archaischer Rest, der von einer vernünftigen, aufgeklärten, »humanistischen« Religion wie dem Christentum verabschiedet werden sollte – so die moderne Meinung.

Es soll hier aber gezeigt werden, dass im Gegenteil gerade der Vollzug des Opfers in der Eucharistie die einzig sinnvolle und vernünftige Folge des Osterereignisses ist. Das Osterereignis ist ein *Wahrheitsgeschehen*: In ihm zeigt Gott seine Wahrheit als Vater, Sohn und Geist, *indem* er die Welt in sein Leben neu und endgültig aufnimmt.

Wie oben dargelegt wurde, bildet der Opferbegriff den Angelpunkt für das Verständnis des trinitarischen Lebens, so wie es sich geschichtlich offenbart – und dies heißt in der Perspektive der »Christologie von unten« immer: wie es sich verwirklicht. Warum aber ist das Opfer die Mitte des trinitarischen Lebens und das heißt: des Lebens als solchen? Gott tritt die Herrschaft in der Welt an durch das Opfer des Sohnes, das die Voraussetzung ist für die Vollendung der Schöpfung und für die Verwirklichung des trinitarischen Lebens in der Welt. Gottes Geist selbst ist es, der die Mitte der Schöpfung in der Verkündigung und im »Ja« Marias entgegennimmt, und durch diesen Geist wird diese Mitte der Schöpfung auch sich selbst neu gegeben in der Auferstehung. Gott handelt also wirklich trinitarisch in der Welt und in der Geschichte, aber so, dass seine Schöpfung frei und mit ihm einstimmend mithandelt und sein Leben und seine Wahrheit in der Welt wirklich werden lässt. Diese Wirklichkeit Gottes in der Welt muss aber in irgendeinem Sinn bleibend gegenwärtig sein – von Ostern an und für immer. Gott ist in seinem Geist immer schon auf der Seite der Welt, dies ist die Wahrheit, die von Ostern aus gewissermaßen auf die Vergangenheit der Schöpfung ausstrahlt und sie von dort her erhellt. Aber das Leben Gottes selbst tritt nun nach Ostern in einer neuen Weise inmitten der Schöpfung auf, denn diese Schöpfung selbst ist von diesem Ereignis an schon verwandelt, neu geschaffen und erlöst.

Die Wahrheit der Christologie bei Joseph Ratzinger

Die unmittelbare Konsequenz dieser Verwandlung ist das, was in der christlichen Liturgie, im Messopfer vollzogen wird. Gott muss in seinem trinitarischen Leben von Ostern an immer wirklich Teil der Welt bleiben und in seiner Wahrheit in der Welt wirksam sein. Diese Wahrheit entfaltet sich in der Liturgie, die vor allem sein eigenes Werk ist und sein Handeln. In der Liturgie vollzieht sich sein Leben, das in der Hingabe des Sohnes liegt. Dieses Leben wird als »sein Leib« reale Gegenwart im Sakrament von Brot und Wein. Dieser »Leib Christi« wird ausgeteilt an die Gemeinde, die dadurch in sein göttliches Leben und seine Hingabe mit hineingezogen wird. Die Aufnahme seines Leibes und seines Blutes ist umgekehrt die Aufnahme der Gläubigen in den lebendigen Leib Christi, in seinen Auferstehungsleib. Aber nicht nur die gläubige Gemeinde wird zu Gott und seinem Leben gebracht, sondern die ganze Schöpfung, der ganze Kosmos.

Durch die »Christologie von unten« kann also der Sinn der Idee des Opfers in der Liturgie überhaupt erst verstanden und dadurch bewahrt werden. Dies ist von größter Wichtigkeit für das Verständnis des christlichen Glaubens überhaupt. Wenn die Linie, die von den alttestamentarischen Opfern zu Christus selbst und dann zur Liturgie und dem Messopfer führt, nicht durch ein einheitliches Verstehen zusammengehalten wird, dann brechen wesentliche Gehalte des Glaubens weg und müssen als Archaismen abgestoßen werden. Dadurch wird aber die Wahrheit der Verkündigung ausgehöhlt und in ihrem Kern sogar übergangen. Gerade das Wesen des Opfers Jesu ist, wie oben schon an zwei markanten Stellen gezeigt wurde, der Kern jener Wahrheit. Das moderne Verständnis sträubt sich gegen diese Tatsache, da es das Opfer von seinem relativistischen, anthropologischen Standpunkt aus nur als archaische, naiv religiöse Tauschhandlung versteht. Es gelingt ihm nicht, die alttestamentarischen Opfer als Vorahnungen, Vorwegnahmen dessen zu begreifen, *was in dem Opfer Jesu in vollkommener Weise von Gott selbst verwirklicht wird, und verwirklicht werden muss als Vollzug der Wahrheit der Ontologie als solcher.*

Es soll im Folgenden gezeigt werden, wie dieser Perspektivenwechsel Ratzingers, die alten Opfer als Vorahnungen des endgültigen Opfers Christi zu verstehen, mit einem Schlag die scheinbare Paradoxie der »Grausamkeit« Gottes auflöst und die ganze Religionsgeschichte in ein neues und verstehbares Licht taucht.

Der für uns entscheidende Ausgangspunkt in Ratzingers Deutung der Liturgie setzt an beim *Römerbrief* und beim *Hebräerbrief*

Das Wesen der Liturgie aus der Perspektive der »Christologie von unten«

und ihrem Bezug zum Versöhnungsfest der alttestamentarischen Kultordnung. Dem ist jedoch eine scharfsinnige Beobachtung vorangestellt. Ratzinger bemerkt nämlich, dass einerseits in weiten Teilen der Paulusbriefe und der Apostelgeschichte das Ringen in den frühen Christengemeinden um die Frage der Kontinuität des mosaischen Gesetzes durchschlägt und breiten Raum einnimmt. *Dass aber andererseits über die Frage der Opfer offenbar niemals gestritten wurde.*

Umso verwunderlicher ist es, dass – wie gesagt – über eines von Anfang an Einigkeit bestand: Die Tempelopfer – die kultische Mitte der Tora – hatten ausgedient. Christus war an ihre Stelle getreten. Der Tempel blieb ein ehrwürdiger Ort des Gebets und der Verkündigung. Seine Opfer jedoch galten für die Christen nicht mehr.[61]

Die Frage, die Ratzinger verfolgt, ist nun: Wenn über die Abschaffung des Opferkultes diese Einigkeit bestand, mit welcher inneren Begründung konnte Christus dann immer noch *als das wahre Opfer verstanden und festgehalten werden*? Was ist der innere Sinn und die implizit augenscheinlich mitvollzogene Wahrheit, die diese Transformation oder Aufhebung der Opfertradition in Christus hinein als dem einzig wahren Opfer ermöglichte?

Ratzinger zeigt an dieser Stelle wieder seine Fähigkeit zu einem echten geschichtlichen Denken. *Durch die Ausrichtung seiner Frage* kann nämlich eine wirkliche, gerechtfertigte historische Erkenntnis gewonnen werden. Gesichert ist nämlich: Paulus und die früheste Tradition verstanden Christus als Opfer. Aber, wie gesehen: Sie betrachteten den Opferkult als abgeschafft, er hatte keinerlei Bedeutung mehr für die ersten Christen und ihre Gemeinden.

Dies bedeutet in der Konsequenz, dass sie implizit und ohne dies ausdrücklich begrifflich auszufalten, fast selbstverständlich also, einen *gemeinsamen, verbindenden Begriff des wahren Opfers* zugrunde legten, der beides, sowohl die Abschaffung der *äußerlichen* Opfer als auch ihre Aufhebung in jenen wahren Begriff, ermöglichte! Ratzingers Ziel ist nun, diesen offenbar in den frühesten christlichen Kreisen tief verstandenen Sinn des Opfers neu zugänglich zu machen.

Der Verfasser des *Hebräerbriefes* versteht Christus und seine Selbst-Hingabe vom Amt des Hohepriesters der jüdischen Tradition her. Christus erweist sich als der eigentliche, der immer gesuchte Ho-

---

[61] Joseph Ratzinger: Jesus von Nazareth II, 255

hepriester. Denn: Einmal im Jahr, am Versöhnungstag, muss der Hohepriester zur Reinigung des ganzen Volkes und zur Versöhnung mit Gott den Deckel der Bundeslade mit Opferblut besprengen. Der Name des Deckels heißt *hilasterion*, hebräisch *kapporeth*. Paulus bezeichnet nun in *Röm 3,25* Christus mit genau jenem Begriff: *hilasterion*. Die neueren Übersetzungen vermeiden diesen Begriff und sprechen von »Sühne«. Sie klammern damit jenes entscheidende und konkrete historische Bindeglied zwischen dem suchenden Opferbegriff des Judentums und seiner Erfüllung in Christus aus.

Sagen wir gleich, wie die Christen diesen archaischen Ritus nun verstanden: nicht die Berührung von Tierblut mit einem heiligen Gerät versöhnt Gott und Mensch. In der Passion Jesu berührt der ganze Schmutz der Welt den unendlich Reinen, die Seele Jesu Christi und damit den Sohn Gottes selbst. Wenn sonst das Unreine durch Berührung das Reine ansteckt und verunreinigt, so ist es hier umgekehrt: Wo die Welt mit all ihrem Unrecht und ihren Grausamkeiten, die sie verunreinigen, in Berührung tritt mit dem unendlich Reinen – da ist er, der Reine, zugleich der Stärkere. In dieser Berührung wird wirklich der Schmutz der Welt aufgesogen, aufgehoben, umgewandelt im Schmerz der unendlichen Liebe. Weil im Menschen Jesus das unendlich Gute da ist, ist in der Weltgeschichte nun die Gegenkraft zu allem Bösen gegenwärtig und wirksam, ist immer das Gute unendlich größer, als die ganze noch so schreckliche Masse des Bösen.[62]

Dies heißt: Im Römerbrief des Paulus ist schon jene Theologie des Hebräerbriefs vorentworfen, die das Priestertum Christi mit seiner Selbsthingabe als einziges, nun für immer geltendes Opfer für die Welt identifiziert. Christus ist der wahre Hohepriester deshalb, weil er selbst das wahre, einmalige und für immer gültige Opfer ist. Umgekehrt heißt dies: Er ist der wahre Hohepriester deshalb, weil dieses Amt seinem eigentlichen Sinn nach immer auf diese einmalige, für immer gültige, die ganze Schöpfung miteinbeziehende Hingabe Jesu, *das wahre und einzig mögliche Opfer*, hinwies.

Damit hält Ratzinger aber fest: Der Begriff des Opfers ist im frühesten Verständnis der Christenheit ein integrales Sinnmoment der Gestalt Jesu. Christus ist schon von Paulus unzweideutig verstanden als die wahre Bundeslade, und sein Blut ist das wahre Opferblut. Schon die sehr frühe Gemeinde geht damit aber genau jenen Transformationsschritt, den Ratzinger hermeneutisch vollzieht: Sie bezieht die jüdische Opferpraxis so auf Christus, dass dieser sie erfüllt und

---

[62] A. a. O., 255–56

Das Wesen der Liturgie aus der Perspektive der »Christologie von unten«

vollendet, damit aber auch aufhebt. Die Auslegungsweise Ratzingers ist dadurch auch historisch legitimiert.

Die Frage bleibt aber: Was ist das systematische, gemeinsame Band, das die alttestamentliche Ahnung mit Christus als der Erfüllung verbindet? Um diese Theologie zu entwickeln, mussten Paulus und der Verfasser des Hebräerbriefs jene verbindende, substantielle Wahrheit vor Augen haben. Worin bestand sie? Was ist der Wahrheitskern, der in Christus erkannt wurde und den die frühe Kirche als das Ziel und die Mitte der alten Kulttradition verstehen konnte? Die Antwort auf diese Frage gibt Ratzinger erneut mit Hilfe des 10. Kapitels des Hebräerbriefs. Die Passage wurde oben schon ausführlich interpretiert, da Ratzinger aus ihr auch seinen Begriff der Inkarnation schöpft. Wie dort gesehen, wird durch diese Interpretation des Begriffs der Inkarnation deutlich, dass Ratzinger ganz gewissenhaft aus der Perspektive der »Christologie von unten« denkt – nur deshalb hatte diese Auslegung von Hebräer 10 einen Sinn. Der eigentliche Sinn des Begriffs der Inkarnation liegt, so sahen wir, im lebendigen Vollzug der Hingabe, im Lebensopfer Jesu. Daher wird derselbe Text nun, da es um den Begriff des Opfers als solchen geht, erneut relevant.

Schon oben wurde deutlich, dass sich an dieser Stelle im Hebräerbrief mehrere Verständnislinien kreuzen, daher wirkt die Logik seines Gedankens zunächst unklar und eigentümlich mehrdeutig. Dies ist aber nur ein anfänglicher Schein: Gerade durch die Auslegung Ratzingers wird deutlich, dass die verschiedenen und scheinbar ambivalenten Linien, die sich im Hebräerbrief treffen, in vollkommener Klarheit in dem Begriff des wahren Opfers Christi konvergieren und in ihrem gemeinten Sinn verständlich werden. Man kann sagen: Es ist geradezu der erste und wichtigste Sinn des Kreuzestodes Jesu und seiner Wahrheit, diese Bedeutungsstränge so in sich zusammenzuführen, dass sie in ihr immer schon gemeintes Ziel kommen.

Ratzinger entwickelt diese Wahrheit, indem er wieder von jenem Psalmzitat in Hebräer 10 ausgeht, in dem er das Gebet Jesu als wahren Vollzug der Inkarnation identifiziert. Wie schon oben gezeigt, zitiert der Hebräerbrief den Psalm 40 mit einer leichten Veränderung: Wo der Psalmist vom »Gehör« spricht, das Gott ihm gegeben habe, da spricht der Hebräerbrief vom »Leib«. *Genau anhand von dieser Differenz* zeichnet Ratzinger nun eine dreistufige Entwicklung des antiken Opferverständnisses nach, die in Christus als seinen eigentlich immer schon leitenden Sinn mündet.

Die Wahrheit der Christologie bei Joseph Ratzinger

(1) Die erste Stufe ist gegeben in der jüdischen und antiken Kritik des Opferkults. Der Psalmist spricht von dem Gehör und dem Gehorsam gegenüber dem Wort. Die Erfahrung der Zerstörung des Tempels und des Exils in Babylon führt zu einer prophetischen Besinnung und Kritik in Bezug auf die Opferpraxis. Die Opfer und ihr Blut dienten der Wiederherstellung der ursprünglichen Reinheit der Beziehung des Volkes Israel zu Gott. Diese Reinheit wird durch die Ungerechtigkeit und die Gesetzesverstöße der Menschen unvermeidlich immer wieder getrübt, darum muss auch die Reinigung immer wieder von neuem geschehen – dies ist die Opferpraxis. In der prophetischen Kritik kommt nun ein Gedanke zum Tragen, der diese Opferpraxis als Äußerlichkeit durchschaut. Der tiefere Sinn des Opfers, so wird erkannt, liegt eigentlich in der Verinnerlichung und letztlich der Vergeistigung. Gott kann keine veräußerlichte, religiöse Geschäftigkeit wollen, keinen Gesetzesformalismus, sondern die Reinigung, um die es eigentlich geht, muss etwas Tieferes anzielen: den Gehorsam des Herzens.

Im Alten Testament finden wir von den frühen Samuel-Büchern bis in die späte Prophetie Daniels hinein auf immer neue Weise das Ringen mit diesem Gedanken, der sich mit der Liebe zu Gottes weisendem Wort, zur Tora, immer enger verbindet. Gott wird recht verehrt, wenn wir im Gehorsam zu seinem Wort leben und so von seinem Willen durchformt, gottgemäß werden.[63]

Die verblüffende historische Tatsache, die Ratzinger immer wieder betont, ist nun, dass sich auf heidnischer, griechischer Seite die gleiche Entwicklung nachzeichnen lässt. Genau aus diesem Grund bestand ein starkes Interesse der gebildeten hellenistischen Umgebungskultur an der jüdischen Religion, in der die Beziehung zum Wort und Gebot Gottes so ausgeprägt war und mehr und mehr in den Vordergrund der religiösen Reflexion rückte. Ratzinger führt hier die Wendung vom »worthaften Opfer«, *logike latreia*, an und nimmt sie als Beleg für diese Strömung:

Auch in der griechischen Welt wurde immer drängender das Ungenügende der Tieropfer empfunden, derer Gott nicht bedarf und in denen der Mensch Gott nicht gibt, was dieser vom Menschen erwarten dürfte. So wurde hier der Gedanke des »worthaften Opfers« formuliert: das Gebet, das sich Öffnen des menschlichen Geistes zu Gott ist der wirkliche Kult.[64]

---

[63] Joseph Ratzinger: Jesus von Nazareth II, 258
[64] Ebd.

Das Wesen der Liturgie aus der Perspektive der »Christologie von unten«

(2) Diese Konvergenz des jüdischen und hellenistischen Strebens nach Verinnerlichung und Vergeistigung der religiösen Praxis könnte nun in einer gewissen aufklärerischen Folgerichtigkeit immer weiter fortgeführt werden, so, dass der Kult ganz in das Gebet und die Lebenspraxis aufgehoben würde. Dies entspricht aber nicht dem tatsächlichen geschichtlichen Verlauf. Ratzinger hält dies als zweite Entwicklungsstufe fest: In den Psalmen, die einerseits Kultkritik betreiben, setzt sich andererseits immer wieder eine gegenläufige Tendenz durch, nämlich *die Sehnsucht nach einem vollkommenen Opfer,* in dem die Versöhnung *wirklich* erbracht ist. Die tiefe Erfahrung dahinter ist, dass die Moralität des Menschen nicht dem Willen Gottes entsprechen kann. Der Entwurf des »worthaften Opfers« ist deshalb letztlich zum Scheitern verurteilt, weil der verinnerlichte Gehorsam nicht ausreicht, um die Gerechtigkeit wirklich werden zu lassen.

(3) Genau diese Sehnsucht nach der Realisierung des wirklichen Opfers wird erfüllt in Jesus Christus, der letzten, endgültigen Stufe dessen, was »Opfer« im eigentlichen Sinn bedeutet. Die Verdichtung des Sinns, die hier im Hebräerbrief stattfindet, ist erstaunlich. Vollzieht man diesen Gedanken mit, muss gesagt werden: Es kann kaum ein Zweifel daran bestehen, dass Ratzinger mit dieser Deutung ins Schwarze trifft. Denn es zeigt sich nun in der frühen Theologie der Zeugen und der Evangelien: Das wahre Opfer ist wirklich worthaft, denn es ist *das* Wort: *der Logos.* Der Logos ist aber der Sohn, die Wahrheit Gottes in der Welt, seine Offenbarung. Aber es ist zugleich auch wirkliches, leibliches Opfer. Dem Sohn ist nicht nur »das Gehör eingepflanzt«, sondern ihm ist »ein Leib bereitet, um den Willen Gottes zu tun«. Er ist das einmalige, endgültige Opfer, das allen menschlichen Gehorsamswillen übersteigt: Er ist die vollkommene Hingabe seines Lebens an den Vater.

Der Sohn wird Mensch und trägt in seinem Leib das ganze Menschsein zu Gott zurück. Erst das fleischgewordene Wort, dessen Liebe sich am Kreuz vollendet, ist der vollkommene Gehorsam. In ihm ist nicht nur die Kritik der Tempelopfer endgültig geworden, sondern auch die verbliebene Sehnsucht erfüllt: Sein leibhafter Gehorsam ist das neue Opfer, in das er uns alle hineinzieht und in dem zugleich all unser Ungehorsam aufgehoben ist durch seine Liebe.[65]

---

[65] A.a.O., 259

Die Wahrheit der Christologie bei Joseph Ratzinger

In dem Opfer Christi sind damit alle Schichten der alten Religiosität ins Ziel gekommen: sowohl ihr Opferkult als auch ihre moralische Transformation in »das Wort«. Warum muss aber »das Wort«, der Logos, noch einmal Fleisch werden? Eine tiefe, befriedigende Antwort darauf kann erneut und erst wieder durch die »Christologie von unten« gegeben werden. Der Sinn des vollkommenen Opfers kann ja gerade nicht in einem Akt von noch abstrakterer Veräußerlichung und von noch massiverer Grausamkeit bestehen. So gesehen bietet das Kreuz und seine erinnernde Darstellung bis heute auch in der Kirche den Anlass für intensive Missverständnisse. Sondern in ihm muss etwas erstmals und endgültig vollzogen worden sein, was in der Idee der alten Opfer vielleicht dunkel geahnt war, was aber dort noch wie ein ungelöstes Rätsel oder eine unbeantwortete Frage stehen blieb. Die religionsgeschichtlich-anthropologischen Verstehensversuche können diese Frage nicht beantworten. Denn: Sie sehen den Sinn des Opfers nicht in seiner vernunftgemäßen, ontologischen Tiefe, sondern versuchen es nur oberflächlich und funktional, als erzählende Projektion der menschlichen Gesellschaft, zu denken.

Die Frage nach dem Sinn des Opfers wird aber allein beantwortet durch die ontologische Perspektive, deren Gegenstand die Verwirklichung der Wahrheit in der Welt ist. Ihr Horizont allein ist weit genug, um sichtbar zu machen, dass sich im Opfer nicht ein vorgestellter Tausch oder eine archaische Gottesidee, sondern ein *ontologisches Wahrheitsgeschehen* vollzieht.

Das Ziel der Opfer war ursprünglich die Versöhnung des Menschen mit Gott. Was ist damit aber im Kern gemeint? Wie kann diese Versöhnung stattfinden? Sie kann nicht geschehen durch die erzählerische Inszenierung eines Mythos über die Menschen und die Götter. Darin liegt das Scheitern der archaischen Opfer: Sie vollziehen einen inszenierten Versöhnungsakt in eine vorgestellte ontisch-weltliche Dimension hinein, in der die Interaktion zwischen Menschen und Göttern »nachgespielt« wird. Genau diese Inszenierung kann dann von der Anthropologie und der Religionssoziologie zum Objekt gemacht und in ihrer bloßen Relativität auf die menschliche Gesellschaft durchschaut werden.

Der wirkliche Ausgriff auf die Versöhnung mit Gott und die Gerechtigkeit vor Gott kann nur geschehen durch die nicht nur vom Menschen symbolisch inszenierte, sondern wirklich und tatsächlich vollzogene Verwandlung und Vollendung der Welt in ihre Einheit

Das Wesen der Liturgie aus der Perspektive der »Christologie von unten«

mit Gott. Der eigentliche, tiefe Sinn der Opfer ist also immer schon *der Sinn der Schöpfung selbst*: die Einbeziehung *ihres ganzen Lebens* in das Leben Gottes selbst. Dieser Sinn der Schöpfung ist eingesenkt in den Menschen in Form seiner Sehnsucht nach dem unendlichen Leben und nach der Einheit und Einigkeit mit Gott und seinem Leben selbst. Die Verwandlung in das göttliche Leben hinein kann der Mensch aber nicht allein und von sich aus vollbringen, es ist zuerst Gottes eigene Tat. In einem bestimmten Sinn, wie wir oben gesehen haben, *muss* Gott sogar diese Tat vollbringen, weil und insofern er seiner Schöpfung ihr Selbstsein und ihren Selbststand gönnt. Diese Tat vollzieht er aber so, dass die Schöpfung dabei selbst in ihrer Freiheit, und das heißt: als Mensch, beteiligt ist. Die Schöpfung, die sich selbst gegeben ist, überbietet sich selbst in Jesus radikal und in freier Hingabe auf Gott hin, der diese Hingabe selbst indirekt mitvollzieht. In diesem schöpferischen Mitvollzug tritt aber Gott selbst seine Herrschaft in der wirklichen, leibhaften Welt an und offenbart darin seine Herrlichkeit und Wahrheit in der Welt. Diese Offenbarung seiner Herrlichkeit ist gleichbedeutend mit der Offenbarung seiner Dreifaltigkeit. Gott tritt seine Herrschaft in der Welt an durch den Vollzug der Wahrheit seines Wesens, die in der Dreifaltigkeit liegt.

Das innere Wesen des Opfers ist also nicht seine Grausamkeit, die sich in der schockierenden Brutalität des Kreuzes aufdrängt. Sondern dies, dass Gott in ihm, im Kreuz, die Welt an sich und zu sich zieht, indem er selbst seine Wahrheit in der Welt verwirklicht und durchsetzt. Dies kann aber nicht durch einen nur geistigen Akt geschehen, das *worthafte Opfer allein genügt hier nicht.* Es muss eine Neuschöpfung und Vollendung der ganzen Schöpfung sein: die Verwandlung des Todes in Hingabe und zurückgebende Neuschöpfung und das heißt: in endgültiges Leben.

Von nun an, von dem Opfer Gottes selbst in Jesus Christus an, geht die Welt auf ihre endgültige Verwandlung und Vollendung zu. Gott wirkt in ihr wirklich und tatsächlich und muss von nun an in ihr verwandelnd präsent sein – bis er alles in allem ist. Die Frage stellt sich aber: Wie muss diese Präsenz gedacht werden? Die vorläufige und nur ungefähre Antwort darauf ist: die Kirche. Die Kirche ist die Antwort auf eine Aufgabe, die sich aus der Sache selbst zwangsläufig ergibt: die Notwendigkeit der wirklichen, ontologischen Gegenwart des Wirkens Gottes in der Welt, seiner Herrschaft und seiner heilbringenden Wirkung. Aus der Perspektive der »Christologie von unten« ist die Kirche also die sachlich notwendige Folge des Osterereig-

Die Wahrheit der Christologie bei Joseph Ratzinger

nisses: Sie *muss* in der Schöpfung von dem Opfer Christi an bestehen als die reale Gegenwart Gottes und seines Wirkens in der Welt. Aber, und dies ist die Quintessenz dieser Überlegungen: Dies folgt hier allein aus der wirklich ontologischen Begründung der Christologie, besser, aus dem Aufweis des ursprünglichen Zusammenhangs zwischen Ontologie und Christologie. Nur deshalb, weil das Opfer und die Auferstehung Christi nicht nur *ontisch gesetzte* Ereignisse sind, sondern ein ontologisches und in bestimmtem Sinn notwendiges Wahrheitsgeschehen vollziehen – die Verwirklichung der Wahrheit Gottes selbst –, nur deshalb ist die Kirche nicht nur eine menschliche Institution, sondern von der Wahrheit her notwendig und gerechtfertigt. Aber aus dieser Rechtfertigung folgt nun auch: Sie ist selbst Teil und Fortsetzung dieser Wahrheit.

Umgekehrt ist klar: Eine nur ontische Begründung und Herleitung der Kirche und der Sakramente aus einer Setzung Gottes als transzendentes, dreifaltiges Leben ist zu schwach. Der Inhalt der Verkündung erscheint der Vernunft dann nämlich als die Erzählung eines faktischen Abstieges aus der Transzendenz und Wiederaufstieges in die Transzendenz. Die Kirche ist in dieser Deutung die historische, nur faktische Hüterin dieser Bewegung Gottes, die sich in einem zeitlichen Damals vollzogen hat. Alles hängt dann an der faktischen historischen Wahrheit des Wunders der Inkarnation und der Auferstehung, die von außen in die Welt einbrechen. Diesem Geschehen aber ist wiederum das Opfer äußerlich und muss noch einmal hinzugedacht werden: Es bleibt letztlich rätselhaft und für die Vernunft ein Stein des Anstoßes, warum der Sohn auf so grausame Weise geopfert werden muss. Die Auslegung des Kreuzestodes bleibt darum letztlich in der isolierten Idee der Stellvertretung stehen. Diese ist zwar nicht vollkommen unrichtig; sie müsste jedoch selbst auf ihre ontologische Bedeutung hin vertieft werden und das heißt, auf ihren wesentlichen Zusammenhang mit der Wahrheit als solcher.

Darum kann das Messopfer *in dieser Perspektive* letztlich auch nur als *ein erinnerndes Gedenken* an ein Geschehen verstanden werden, das ein für alle Mal Gottes Liebe in der Welt offenbart hat. Weil der Gedanke des Opfers aber ohnehin als problematisch und als archaischer Rest empfunden wird, darum ist es umso weniger einsichtig zu machen, warum es in der Messe, verstanden als bloßer Erinnerungsvollzug, unentwegt wiederholt werden soll. Das vollkommene Opfer, worin immer seine inhaltliche Rechtfertigung bestehen mag, ist ja schon vollzogen worden und hat alle anderen Opfer überflüssig

Das Wesen der Liturgie aus der Perspektive der »Christologie von unten«

gemacht – so könnte der Gedanke lauten. Also wäre es geradezu widersinnig, es nun noch einmal und sogar unentwegt zu wiederholen. Wenn das Opfer von Gott selbst kommt, dann kann und darf die Messe nur noch Erinnerung sein! An dieser die innere Logik jener Perspektive nachvollziehenden Analyse wird das Grundproblem der »Christologie von oben« überdeutlich: Weil sie nicht von der ursprünglichen Wurzel ausgeht, von der *indirekten Identität* des Menschen Jesus mit Gott durch seinen geschichtlichen Lebensvollzug, kann sie wesentliche Inhalte des Glaubens nicht einheitlich aus dieser Wurzel entwickeln. Die Theologie verliert dadurch den Bezug zu ihrem ursprünglichen Wahrheitskern, ihrer Quelle. Dadurch entsteht dann der Schein, als stünden scheinbar verschiedene Inhalte und Vorstellungen in einer gewissen Unverbundenheit nebeneinander: Inkarnation, Reich Gottes und Auferstehung auf der einen Seite, das Opfer und die stellvertretende Sühne auf der anderen Seite, schließlich aber das Messopfer in seiner rätselhaften Verewigung des Opfervollzugs. Die Inhalte des Glaubens fallen auseinander und müssen durch gedankliche Hilfskonstruktionen nachträglich wieder zusammengebracht werden. Diese nachträgliche Zusammensetzung ist aber zu schwach, um die Vernunft zu überzeugen. Die Vernunft kann sich damit nicht zufriedengeben – und dies zu Recht! Die Folge ist in der Kirchengeschichte abzulesen: Die Uneinigkeit, die seit der Reformation über das Messopfer besteht, ist ein Indiz dafür, dass hier schon eine tiefe Unsicherheit im Verständnis bestand, die jene Spaltung überhaupt ermöglichte. Der Sinn des Messopfers wurde nicht mehr richtig verstanden, weil die ontologische Basis fehlte. *Diese Basis ist der Begriff des Opfers als eines Wahrheitsgeschehens, in dem Gott seine Trinität offenbart und realisiert.*

Allein die oben immer wieder eingeforderte *ontologische Perspektive* der »Christologie von unten« kann deshalb die Eucharistie als die notwendige *Folge* des Opfers Christi und seiner Auferstehung verständlich machen.

Jesus, der Sohn, vollbringt das eine Opfer der Hingabe seines Lebens an den Vater und verwirklicht darin dessen Herrlichkeit in der Welt: Er bringt dessen Wahrheit in die Welt. Denn: Die Schöpfung ist in Christus auferstanden, das heißt, sie ist sich selbst in vollendeter Weise zurückgegeben und neu gegeben. Die Schöpfung findet sich aufgenommen in das Leben Gottes selbst. Aber dies geschieht nicht so, als würde sie einseitig aufgesogen und aufgehoben in sein

Die Wahrheit der Christologie bei Joseph Ratzinger

Leben, sondern der Schöpfung wird ihre Eigenständigkeit gerade für immer überlassen und gegönnt. Nur so, in dieser echten Selbstständigkeit, die Gottes begleitendes Bei-ihr-Sein natürlich immer impliziert, kann sie am trinitarischen Leben Gottes teilhaben. Die Welt, in der diese Offenbarung von Gottes Wahrheit geschah, befindet sich in einem eigentümlichen Zwischenzustand. Einerseits ist sie vollendet in der Vollendung ihrer Mitte, Jesus Christus. Andererseits muss sie selbst die Hingabe Christi, die Leben ist, erst noch wirklich vollbringen. Weil die Wahrheit Gottes selbst aber allein durch die Einbeziehung der Schöpfung selbst in Christus verwirklicht werden konnte, darum muss das Leben Christi, das die Wahrheit des Vaters ist, von der Sache her notwendig *in der Welt bleiben*. Man kann mit einem gewissen Risiko der Missverständlichkeit, unter der Aufnahme und Fortführung einer Formulierung Ratzingers vielleicht sagen: Die Gottheit Gottes hängt daran, dass das Opfer weiterhin vollzogen wird, um seine Realität leibhaft für uns in der Welt Gegenwart werden zu lassen. Es besteht hier also in einem gewissen Sinn gar keine Wahl: Gott kann sich nicht in eine wie auch immer vorgestellte Transzendenz zurückziehen. Gott muss in der Geschichte der Welt, die die Geschichte Gottes ist, von der Auferstehung an bis zum Ende der Tage in dieser Geschichte wirklich bleiben, in ihr wirken und sie von innen her verwandeln und an sich ziehen. Das Messopfer ist also eigentlich gar keine menschliche Handlung, sondern wirklich Gottes Handeln selbst in der Welt.

Der Grund dafür liegt in der »Christologie von unten«: Gott hat, wie wir gesehen haben, in einem gewissen Sinn selbst eine Geschichte, die Geschichte der Offenbarung und Verwirklichung seines trinitarischen Lebens in der Schöpfung – so, dass sogar die Geschichte des Menschen eigentlich die Geschichte Gottes ist. Er kommt nicht einfach von außen und in definierter Gestalt in die Welt, sondern er verwirklicht sein eigenes Wesen, indem er seine Wahrheit in der Schöpfung und durch sie offenbart. Darum gehört nun die Welt in einem neuen, konkreten Sinn zu Gott, denn sie geht ein in seine eigene Verwirklichung und das heißt: in seinen Begriff. Darum kann die Welt von nun an nicht ohne die leibhafte Präsenz seines Lebens sein.

Der Vollzug dieser lebendigen Gegenwart geschieht aber nun nicht durch ein quasi naturhaftes Dasein und Verbleiben Gottes in der Welt. Gott gibt die Wirklichkeit seiner Ankunft und seines radikalen Bei-der-Schöpfung-Seins in die Hände der Schöpfung selbst. Er steigert dadurch seine Zugehörigkeit zur Welt und zum Menschen.

Das Wesen der Liturgie aus der Perspektive der »Christologie von unten«

Gott gibt das, was er selbst vollbracht hat für die Schöpfung, seine Verwirklichung in der Welt durch das Opfer und die Auferstehung Jesu, in die Hände wiederum der Schöpfung, das heißt: in die Hände des Menschen, und macht in dieser Überlassung die neue und immer wieder erneuerte Gegenwart seines Lebens möglich. In der Feier des Messopfers verwirklicht sich immer wieder neu und realiter das Leben Gottes: die Hingabe Christi an den Vater und die Erneuerung seines Lebens durch den Vater. In der Eucharistie geschieht darum aber auch die reale Einbeziehung und Aufnahme unseres Lebens in die Wahrheit Christi.

Die Eucharistie ist im gewissen Sinn die ontologische Vorwegnahme und der Garant dafür, dass unsere Lebenshingabe möglich wird und gelingen kann.

Nur von diesen ontologischen Gründen aus kann also verständlich gemacht werden, warum die Eucharistie im Leben der Kirche und der Christen ihren überragenden Stellenwert hat. Sie ist keine bloß symbolische Erinnerungshandlung, aber auch kein Beschwörungsritual, sondern sie ist die bleibende, reale Tat Gottes, in der er uns sein Leben restlos zugänglich macht.

II. Die Christologie Wolfhart Pannenbergs

Wie es in den vorangegangenen Untersuchungen zu Joseph Ratzingers Christologie immer wieder angeklungen ist, soll nun in einem zweiten Teil die Christologie eines anderen großen Theologen des 20. Jahrhunderts zu Wort kommen: jene Wolfhart Pannenbergs. Diese Zusammenschau mag zunächst überraschen. Nicht nur die verschiedenen Konfessionen trennen die beiden großen Theologen. Auch ihr Denken scheint sich, zumindest auf den ersten Blick, kaum zu berühren. Die Bezugnahme der beiden Denker aufeinander bleibt sporadisch und auch dann eher vorsichtig kritisch: Immerhin widmet Ratzinger in den für seine Christologie grundlegenden »Christologischen Orientierungspunkten« Pannenberg eine ausführliche Fußnote.[66] Pannenberg andererseits setzt sich, was große katholische Kollegen anbelangt, immer wieder ausführlich und voller Respekt mit Karl Rahner auseinander und beurteilt ihn positiv. Ratzinger hingegen findet zwar auch lobend Erwähnung, vor allem dessen Überlegungen zum Kirchenbegriff und zur Eschatologie,[67] jedoch bleibt es im Großen und Ganzen lediglich bei Fußnoten.

Es muss also einen gewichtigen inhaltlichen Grund dafür geben, dass Pannenberg an dieser Stelle in ein geistiges Gespräch mit Ratzinger gebracht wird.

II.1 Der irrtümliche Ansatz der Inkarnationschristologie und Pannenbergs Antwort im Begriff der Selbstunterscheidung

Dieser Grund stammt von und deckt sich mit den zentralen Thesen dieser Untersuchung: Die Christologie ist im Kern nicht eine dogmatische Setzung, sondern kommt aus vernünftigen Einsichten über

---

[66] Joseph Ratzinger: Christologische Orientierungspunkte, 35–36
[67] Wolfhart Pannenberg: Systematische Theologie III, 122 ff. und 621 ff.

Der irrtümliche Ansatz der Inkarnationschristologie

Gott und seine Wahrheit. Sie lebt von einer Wahrheit, die der Vernunft zugänglich ist und die deren Lebensprinzip darstellt. Ihre Wahrheit hat in der Wurzel mit der Wahrheit der Metaphysik zu tun und ist mit ihr in einem noch herauszuarbeitenden Sinn deckungsgleich. Diese innere Übereinstimmung mit der Ontologie findet ihren folgerichtigen Ausdruck in der konsequenten Ausbildung der »Christologie von unten«.

Die »Christologie von unten« ist der einzig sachlich gerechtfertigte Zugang zur Wahrheit der Trinität, weil er das ontologische »Muss« der Gegenwart der Wahrheit in der Welt abbildet. Der Gedanke der weltlichen Wirklichkeit der Wahrheit als solcher ist die Wurzel, in der die Ontologie und die Christologie miteinander verbunden sind und aus der beide stammen: Die Wahrheit muss selbst in der Welt wirklich und wirksam sein und kann nicht als etwas nur Transzendentes konstruiert werden – dies ist die Entdeckung der Metaphysik, dies ist das Wissen der Ontologie. Die Antwort darauf aber, wie dies möglich ist, dass die Wahrheit, und das heißt: das Ewige, weltlich-geschichtlich sein kann, gibt in vollem Sinn erst die Idee der Inkarnation, aber diese ist sachgemäß nur möglich als »Christologie von unten«. Die Ontologie lehrt also in ihrer christologischen Anwendung, zu verstehen, was es heißt, dass Gott trinitarisch ist: Nämlich dies, dass Gott, mit der Schöpfung mitgehend, sich von ihr her in seiner Wahrheit so zeigen muss, dass die Schöpfung damit vollendet und Teil seines Lebens wird. Und umgekehrt: Die Christologie lehrt die Ontologie, was es allein heißen kann, dass die Wahrheit geschichtlich in der Welt sich zeigt – nämlich nicht dies, dass die Wahrheit nur »von oben« in die Welt eintritt und die Welt nur in der *theoria* punktuell an sie heranrühren kann, wie dies in der Metaphysik von Platon und insbesondere Aristoteles herausgearbeitet wurde. Sondern: Dass die Wahrheit in der Welt wirklich ist, heißt letztlich, dass die ganze Welt durch ihre Selbsttranszendenz im Menschen schließlich an jener Wahrheit teilhaben muss und teilhaben wird, die lebendiges Leben ist. Die Ontologie als die Frage nach den ersten Prinzipien lernt von der Christologie, dass der erste Grund aller Wirklichkeit lebendiges Leben ist, aber so, dass die Geschichte von diesem Leben nicht ausgeschlossen sein kann, sondern ihm zugehörig gedacht werden und letztlich gerade in seiner Endlichkeit und durch seinen Differenzvollzug sich als mit diesem Leben vereint zeigen muss. Die Christologie lernt von der Metaphysik, dass sie ihre Wahrheit nicht von einer vorgestellten Position außerhalb der Beziehung

Die Christologie Wolfhart Pannenbergs

zwischen Gott und seiner Schöpfung aus konstruieren kann, sondern dass sie die Wahrheit aus der lebendigen Beziehung zu ihrer Gegebenheit im Selbstvollzug der Vernunft, also »von unten«, vom Selbstvollzug der Welt her finden muss.

Der Zugang Pannenbergs zur Christologie ist nun genau *durch diese gegenseitige Verschränkung* und Angewiesenheit von Ontologie und Christologie bestimmt. Stärker als bei Ratzinger kommt dabei die Idee der menschlichen Geschichte als einer Geschichte der Wahrheit in den Blick, die letztlich nichts anderes sein kann als die Geschichte Gottes selbst. Pannenberg denkt die genannte Verschränkung von Christologie und Ontologie auch in einem bestimmten Sinn begrifflicher: Wo Ratzinger in den oben untersuchten Abhandlungen und Aufsätzen immer auch und vor allem als ein kerygmatischer Vermittler spricht, der die philosophische Wahrheit bewusst nur implizit anklingen lassen will, denkt Pannenberg seinen Gegenstand systematisch durch und will ihn explizit als einen Sachgehalt der wissenschaftlichen Wahrheit zur Geltung bringen.

Der alles entscheidende christologische Gedanke Pannenbergs ist der Gedanke der *Selbstunterscheidung Jesu*. Die Exposition dieses Begriffs soll deshalb am Anfang der Untersuchung der Christologie Pannenbergs stehen. Dies hat einen spezifischen sachhaltigen Grund: In dem Begriff der *Selbstunterscheidung* ist implizit der methodische Zugang und damit die Wahrheit der »Christologie von unten« enthalten. Der Begriff ist deshalb unserer Ansicht nach überhaupt nicht zu überschätzen. Pannenberg trifft hier einen Punkt, von dem aus die ganze Christologie auf eine neue Weise beleuchtet wird und, wie sich zeigen wird, streng genommen überhaupt erst in ihrem vernünftigen Gehalt verstanden werden kann. Weil der Begriff der Selbstunterscheidung aber der Schlüssel für das rechte Verständnis der »Christologie von unten« ist, darum trifft er gleichzeitig auch die oben aufgezeigte Verschränkung von Ontologie und Christologie. Der Begriff der Selbstunterscheidung dient also auch dazu, den internen Zusammenhang von philosophischer Wahrheit, das heißt Ontologie, und den christologischen Lehrgehalten zu sehen und zu verstehen.

Weil der Begriff diese herausragende Bedeutung hat, darum soll an dieser Stelle sehr genau untersucht werden, wie und in welchem Zusammenhang Pannenberg auf ihn stößt.

Uns kann es dabei keinesfalls um Vollständigkeit gehen. Pannenberg erspart sich in seiner Christologie nichts und geht jedem Argumentationsstrang der Geschichte der Christologie mit nüchterner

Der irrtümliche Ansatz der Inkarnationschristologie

Aufmerksamkeit und Willen zur gerechten Würdigung nach. So verfolgt er beispielsweise die Aporien der Zweinaturenlehre durch die ganze Kirchengeschichte hindurch: von den christologischen Häresien des 5. Jahrhunderts angefangen, über den Streit des Monotheletismus, über die Scholastik, über die Kontroverse der Idiomenkommunikation bis hin zum Streit um die kenotischen Theorien der Theologie der Aufklärung bis hinein in die jüngere Geschichte.

Unser Ziel ist nun nicht die wiederholende Darstellung jener Detailarbeit, und dies auch aus folgendem systematischen Grund: Pannenberg erarbeitet wirklich die Lösung einer zentralen Frage, die die gesamte Geschichte der Christologie beschäftigte. Diese Frage lautet: Warum ist der geschichtliche Mensch Jesus von Nazareth in Wahrheit Gottes Sohn? Wie muss die *Einheit* Gottes mit diesem Menschen Jesus von Nazareth gedacht werden, die in jenem Begriff des »Sohnes« offenbar ausgesagt werden soll?

Pannenberg zeigt nun souverän auf, dass und warum diese Einheit *nicht mithilfe des Ansatzes bei der Inkarnation* zu erklären ist. Die Inkarnationschristologie, die die Theologie der gesamten Geschichte bestimmte, denkt sich diese Einheit so, dass die Vermittlung zwischen den beiden Bereichen *in Jesus* stattfindet, und zwar bewirkt durch das Ereignis der Inkarnation. Sie ist immer eine »Christologie von oben« und geht aus von der vorgestellten Tatsache, dass Gott in der Transzendenz in einer dreifaltigen Weise von Ewigkeit her existiert. Von dort aus versucht sie die Frage zu klären, wie es möglich sein kann, dass Gott selbst in einem geschichtlichen Akt in die Welt eintritt und »Mensch wird«. Diese Menschwerdung Gottes musste deshalb als ein nachträglicher Identitätsvollzug gedacht werden: Wenn Jesus zugleich wahrer Mensch und wahrer Gott ist, dann müssen beide Wesenheiten in ihm anwesend und in irgendeiner Weise vermittelt sein und zusammengehalten werden.

Dieses Problem der Identität von Gott und Mensch in Jesus Christus scheint also die denkerische Aufgabenstellung zu sein, die von der Theologie der Evangelien und der Apostelbriefe ausgeht. Die Autorität ihrer Wahrheit kommt in dieser Perspektive aus der Offenbarung. Daher muss jenes, was im Neuen Testament als wahre Rede über Gott niedergelegt ist, so scheint es, nun in einem nachholenden Verstehensprozess als in sich schlüssiger, wahrer Zusammenhang aufgezeigt werden. Verhängnisvoll ist nun, dass diese vernünftige Explikation sich in Aporien verstrickt. Die Identität kommt niemals in einer befriedigenden Weise vor den klaren Blick der Vernunft. Die Spannung droht in geschichtlichen Häresien immer entweder die menschliche oder die göttliche Seite zu vernachlässigen und wird dadurch jenem, was die Schrift über Jesus Christus aussagt, nicht gerecht. Dies kann aber aus bestimmten Gründen nicht anders sein und ist zwangsläufig so: Denn die Aufgabenstellung beruht auf einem grundsätzlichen Missverstehen jener Wahrheit, die in den Evangelien über Jesus festgehalten wird. Dieses Missverständnis muss aber *am Beginn der Untersuchung einmal festgehalten und umschrieben werden*, sonst bleibt die Auseinandersetzung ein Abtasten von Aporien mit nur begrifflich-logischen Mitteln, die aber immerzu an der Oberfläche des Problems verbleiben. Die Widerlegung der jeweiligen christologischen Aporie bleibt papieren und scheint ein bloßes Gelehrtenthema zu sein, solange nicht der vitale Grund der Problematik erfasst ist.

Dieser vitale Grund wird durch die Frage beleuchtet: Was bedeutet eigentlich »Inkarnation«? Die traditionelle Christologie geht bei der Beantwortung dieser Frage von dem *Ergebnis* dessen aus, was die Evangelien über Jesus Christus berichten. Dieses Ergebnis wird nun so verstanden, dass sein Inhalt immer schon in einer ontisch vorgestellten Weise in der Transzendenz Gottes vorliegt. Die Evangelien, so der Anschein, berichten von dem Geschehen einer Offenbarung, die genau diesen Inhalt zum Gegenstand hat: nämlich das Wesen Gottes als Dreifaltigkeit. Gott vollzieht sein Leben in dreifaltiger Weise in einem transzendenten Außerhalb gegenüber der Welt. Die Evangelien berichten nun aber vom Leben, Sterben und Auferstehen des Gottmenschen Jesus, des Sohnes Gottes. Dies heißt: Der dreifaltige Gott muss in einem Abstieg, *in einer Kenose,* in die Welt gekommen sein. Die Inkarnationschristologie muss also von der Frage handeln, wie dieser Abstieg vorgestellt werden muss und wie es zu denken ist, dass Gott sich mit dem historischen Menschen Jesus von Nazareth so verbinden kann, dass von einer Identität zu sprechen ist.

Die entscheidenden drei Probleme im Ansatz der Inkarnationschristologie werden hier unmittelbar sichtbar:

(1) Sie trennt das *Ereignis* der Offenbarung von ihrem *Inhalt*. Dadurch, dass die Dreifaltigkeit als ein vorgestelltes Ergebnis schon fertig vorzuliegen scheint, von dem die »Christologie von oben« einfachhin ausgehen zu können glaubt, entsteht eine Doppeldeutigkeit. Einerseits soll *in Christus* die ganze und endgültige Offenbarung Gottes selbst geschehen sein. Andererseits wird der *Inhalt* jenes Be-

Der irrtümliche Ansatz der Inkarnationschristologie

griffs Gottes an der Offenbarung vorbei in einer ungeschichtlichen Transzendenz schon vorausgesetzt. In einem nun folgenden Schritt wird dann aber gefragt, wie es *möglich* ist, dass Gott selbst in der Geschichte sich in einem Menschen offenbart. An dieser Stelle wird überdeutlich, dass die christologischen Aporien aus einem fehlerhaften methodologischen Ansatz erwachsen. Von seinem sachlichen Sinn her müsste der Zusammenhang zwischen Offenbarung und trinitarischem Leben so vollzogen werden: In Christus offenbart sich Gott vollkommen – und dies wird als eine Wahrheit aus bestimmten Gründen wirklich erkennbar. *Weil* dies aber erkennbar und einsehbar ist, darum kann dann gesagt werden: Gottes Wahrheit, sein Wesen, schließt den Menschen Jesus Christus mit ein. Jesus Christus gehört selbst zu Gott dazu. Gott muss als Vater und Sohn begriffen werden. *Dann* kann aber nicht mehr umgekehrt gefragt werden: Wie ist es *möglich,* dass der trinitarische Gott sich mit einem Menschen so verbindet, dass er in diesem Menschen eine Einheit mit ihm bildet? Denn die Frage, wie diese Verbindung möglich ist, muss schon von der Offenbarung selbst her geklärt sein! *In der Offenbarung in Jesu Leben selbst muss also der Schlüssel dafür liegen,* wie diese »Verbindung«, diese »Identität«, zu denken ist. Denn: Nur die Offenbarung in Christus konnte die Apostel und die sehr frühe Kirche dazu veranlassen, von ihm als »dem Sohn Gottes« Zeugnis abzulegen. Wenn auch der Begriff des trinitarischen Gottes nicht in theologischer Reinform reflektiert wurde, so muss er doch von den frühesten Bekenntnissen an implizit mitgedacht worden sein.

Wenn dies aber festgehalten wird, dann kann die wirklich relevante, sachlich entscheidende Frage gestellt werden: *Worin besteht jene Wahrheit,* die in der Offenbarung in Jesus von Nazareth für die unmittelbaren Zeugen und die frühe Kirche aufbrach? Anhand von welcher inhaltlichen Wahrheit wurde den ersten Zeugen jenes bewusst, was sie zu der Formulierung der frühesten christologischen Bekenntnisse veranlasst hat?

(2) Sie ist in einer bestimmten, verhängnisvollen Weise ungeschichtlich. Die Inkarnationschristologie geht von dem fertigen Ergebnis aus, dass Gott in Ewigkeit in drei Personen lebt. Von diesem Sein in der Ewigkeit her, so die Vorstellung von der Inkarnation, greift Gott nun in die Geschichte der Schöpfung und des Menschen ein, um die Macht seiner Liebe zu offenbaren. Wie schon oben aufgezeigt wurde, verfängt sich der Gedanke hier in einer eigentümlichen Verdoppelung: Das, was eigentlich *nur als Frucht* der Ge-

Die Christologie Wolfhart Pannenbergs

schichte selbst verstehbar wird, die Zugehörigkeit Jesu von Nazareths zum ewigen Gott, erscheint hier als ewig schon vorliegend und wird dann noch einmal als nachträglich in die Geschichte eingeführt vorgestellt. Dadurch entsteht aber eine paradoxe Situation: Die Trinität steht nun der Schöpfung in abstrakter Äußerlichkeit gegenüber. Dasjenige, was sich von seiner eigenen sachlichen Wahrheit her als *Inbegriff* der Einheit zeigen müsste: die Identität Jesu als Gottes Sohn, erscheint von dieser Äußerlichkeit her nun als eine nachträgliche Zusammensetzung, die einer ausdrücklichen denkerischen Begründung bedarf. Diese Begründung zu leisten, scheint die Aufgabe der Christologie zu sein, und in der Tradition bemühte sich die Theologie in immer neuen Versuchen, dieser Aufgabe gerecht zu werden und jener Zusammensetzung einen tragenden Sinn zu unterlegen. Der ewige Logos erscheint als eine Entität, die gewissermaßen in den geschichtlichen Menschen Jesus von außen eindringt, um in der Folge mit ihm eine gewisse Einheit einzugehen. Durch diese Einheit wird dann der Mensch Jesus von Nazareth als über den Tod hinaus bewahrt gedacht und mit in die Ewigkeit »des Sohnes« gezogen: doch liegt die Initiative und das inhaltliche Gewicht ganz auf der Ewigkeit des Logos. Hingegen verblasst der eigene Wesensgehalt des geschichtlichen Menschen Jesus. Er wird in der Folge ganz dem abstrakt vorgestellten, immer schon Ewigen zugehörig gedacht. Dadurch gerät der Mensch Jesus von Nazareth gegenüber der eigentümlichen Verdoppelung im ewigen Sohn, bei dem die Initiative liegt, in eine bloße Passivität. Die Schöpfung wird Objekt des göttlichen Agierens. Damit wird jedoch die Freiheit der Schöpfung, und das heißt: ihr wesentlicher Inhalt, ausgehöhlt. Es kann von hier aus nicht verständlich gemacht werden, wie die Wahrheit der Geschichte der Schöpfung in ihrer Selbstständigkeit und Selbstgegebenheit mit der Ewigkeit des dreifaltigen Lebens *vermittelt* werden soll. Das heißt aber, die Wahrheit der Inkarnation ist so betrachtet reine Faktizität, sie kann nicht von sich selbst her als etwas Vernünftiges und in einem ganz bestimmten Sinn auch notwendig Wahres begriffen werden. Ihre Wahrheit ist letztlich dies, dass Gott nach seinem unerforschlichen Willen faktisch an der Welt so handelt. Das Wesen des Menschen bleibt dieser Wahrheit aber letztlich und in der Tiefe unverbunden.

(3) Sie trennt die Welt von Gott in einem gedachten ontischen Gegenüber. Dies schließt unmittelbar an das vorhergehende Problem an, der Schwerpunkt der Betrachtung liegt hier aber auf der Welt. Der Ansatz bei der Inkarnation denkt Gottes dreifaltiges Leben als einen

Der irrtümliche Ansatz der Inkarnationschristologie

in sich bestehenden Zusammenhang, der der Welt in Transzendenz gegenübersteht. Dieser Zusammenhang muss verstanden werden als der Lebensvollzug der Wahrheit als solcher. Die Welt steht diesem Zusammenhang als das Andere gegenüber. Dadurch ist die Welt aber von der Wahrheit ausgeschlossen, oder zumindest getrennt. Die Wahrheit kommt in der Inkarnation von außen in die Welt und verbindet sich dort mit einem Menschen. Dies bedeutet in der Folge jedoch, dass die Wahrheit Gottes letztlich nicht aus der Welt selbst verstehbar werden kann. Die Wahrheit ist ein für die Welt ontologisch verschlossener Bereich, der ihr allein durch die Gnade des Glaubens eröffnet wird. In diesem Gedankengang wird deutlich, dass die Inkarnationschristologie in den intensivsten direkten Widerspruch führt: Die Wahrheit, die Offenheit und Kommunizierbarkeit als solche, erscheint in ihr als etwas Verschlossenes, und zwar deshalb, weil es nicht gelingt, sie aus der Offenbarung in der Welt selbst zu denken. Dies liegt daran, dass das inkarnationschristologische Denken die Welt nicht in einer bestimmten, näher zu spezifizierenden, aber doch grundsätzlichen Einheit mit Gott denken kann. Diese Einheit ist aber nichts Ontisches, das Gott und die Welt in gegenständlicher Weise umgreifen würde. Sondern diese Einheit ist selbst die Einheit des Ontologischen und das heißt: der Wahrheit. Dadurch bricht an dieser Stelle, in der es um den Begriff der Wahrheit geht, die Aporie der Inkarnationschristologie sozusagen in vollem Ausmaß durch: Denn die Wahrheit der Ontologie ist genau jenes einheitsstiftende, umgreifende Gemeinsame, das Gott und die Welt immer schon verbindet. Die »Inkarnation« kann darum von ihrer eigenen Sache her nie als etwas anderes verstanden werden als die ausdrückliche Bestätigung dieser immer schon lebendigen Einheit in der Wahrheit. Das heißt aber: Sie muss ursprünglich von der Welt her und für die Welt ein *Wahrheitsgeschehen* sein und kann nur von diesem Geschehen von der Welt und für die Welt in ihrem Wesen verstehbar sein. Die Trinität muss als etwas begriffen werden, was die Schöpfung, und das heißt: der Mensch, in gewisser Weise in seinem Wahrheitsvollzug mitvollziehen muss, was nicht außerhalb des ontologischen Vollzugs der Schöpfung in abstrakter Setzung gedacht werden kann. Der Fehler der »Christologie von oben« ist es, dies nicht mitzudenken. Sie versteht das lebendige Ergebnis dieses geschichtlichen Wahrheitsgeschehens als einen naturhaft vorliegenden Ausgangspunkt, aus dem die Schöpfung und ihr Wahrheitsvollzug zunächst herausgestrichen ist. Dasjenige, was nur aus der lebendigen, geschichtlichen

Die Christologie Wolfhart Pannenbergs

Wahrheit des Schöpfungsvollzuges selbst, und das heißt: als echte, verstehbare Wahrheit, begriffen werden kann, wird nun als naturhaft gegeben gedacht und in abstrakter Weise von außen in die Welt eingeführt vorgestellt. Der ursprüngliche Zusammenhang von Wahrheitsvollzug und Trinität kann so aber niemals mehr erreicht werden. In diesen letzten Überlegungen ist ein Gedanke gestreift, der für das wirkliche Verständnis der Christologie Pannenbergs unverzichtbar ist. Darum soll er noch einmal kurz expliziert werden. Die Trinität muss als eine Folge davon begriffen werden, dass Gott nicht außerhalb seiner Offenbarung vorgestellt werden kann, sondern in einer bestimmten Notwendigkeit sich in Wahrheit in seiner Schöpfung zeigen muss. Darum ist die Geschichte der Schöpfung und des Menschen letztlich auch die Geschichte Gottes, in der er sich selbst in trinitarischer Weise so zeigt, dass er die Schöpfung gleichzeitig in diesem sich Zeigen vollendet. Dies heißt aber auch, dass *unsere* Fähigkeit zur Wahrheit, unser *ontologisches Wesen*, in unmittelbarem Zusammenhang stehen muss mit der trinitarischen Wirklichkeit Gottes. Es ist also nicht so, dass das trinitarische Wesen Gottes als etwas *festgestellt* werden könnte, was radikal außerhalb unserer Welt vorhanden sein kann. Sondern die Trinität muss als etwas gedacht werden, *was notwendig mit unserem Wahrheitsvollzug verknüpft ist*. Sie kommt zu ihrer geschichtlichen Wahrheit nicht ohne die Einbeziehung unseres Wahrheitsvollzuges, unseres Verstehens. Der Grund dafür kann aber nichts anderes sein, als dass unser Wahrheitsvollzug als solcher immer schon in irgendeiner Weise in das Leben Gottes – und das heißt von der Auferstehung her: in sein trinitarisches Leben – miteinbezogen ist. Wenn dies aber der Fall ist, dann kann der Inhalt der Christologie nicht einfach nur ein Glaubensbekenntnis im fideistischen Sinn sein, sondern sie muss eine echte Wahrheit zum Ausdruck bringen, die am Anfang unserer Vernunft steht und deren Grund ausmacht. Die Christologie hat in sich einen direkten Kontakt zum ontologischen Wahrheitsvollzug des Menschen, *weil sie selbst als Grund dieses Wahrheitsvollzugs sich offenbart* und darum nie außerhalb dieses Wahrheitsvollzuges, also außerhalb der Einbeziehung der Mitte der Schöpfung, verstanden werden kann.

Die Frage, die sich nach der Exposition dieser Probleme der Inkarnationschristologie stellt, ist also: *Was ist jener lebendige Vollzug*, auf dessen Ergebnis die abstrakte Vorstellung von der Trinität immer schon zurückgreift und den sie auf ontische Weise nicht mehr nach-

Christologie und Theologie

träglich verstehen kann? Die Antwort ist, wie gesagt, der Schlüssel zum Verständnis Pannenbergs und der Christologie überhaupt: Dieser lebendige, grundlegende Vollzug ist die reale, geschichtliche *Selbstunterscheidung Jesu*. Der Anfang der Christologie liegt also nicht in einem vorgestellten Identitätsvollzug zweier getrennter Naturen in Christus, sondern im Selbstvollzug Jesu Christi, der darin besteht, dass er sich unterscheidet, dabei aber in vollkommener Bezogenheit auf denjenigen verbleibt, von dem er sich unterscheidet: auf Gott, seinen »Vater«. Durch diesen radikalen Vollzug der Selbstunterscheidung kann nun aber erst dies möglich werden: dass Gott selbst sich in seinem wahren Wesen offenbaren und verwirklichen kann, in jenem Wesen, das immer schon das von ihm sich selbst Unterscheidende, die Schöpfung, mit umgreift. Die radikale Selbstunterscheidung Jesu erweist sich so als die alles entscheidende Handlung Gottes selbst: als die Verwirklichung seines eigentlichen Wesens und seines Begriffs.

Pannenberg bedenkt und entwickelt diese entscheidende Wahrheit in ungeheurer gedanklicher Verdichtung und Stringenz in dem kleinen Aufsatz mit dem Titel »Christologie und Theologie«.[68] Sie ist deshalb die entscheidende Wahrheit der Christologie, weil sie die Basis darstellt dafür, dass eine echte Argumentation, Beurteilung und Rechtfertigung des christologischen Denkens stattfinden kann. Der Aufsatz stellt den systematischen Gedankengang, der Pannenbergs Christologie zugrunde liegt, in komprimierter Weise dar. *Der Text ist daher ein Schlüssel zum Gesamtwerk Pannenbergs.* Im Folgenden soll dieser Gedankengang deshalb *in extenso* nachvollzogen werden.

II.2 Christologie und Theologie: Die Dialektik des christologischen und des natürlichen Gottesbegriffs

Pannenberg stellt zu Beginn die Frage nach dem rechten Zugang zum Thema der Christologie. Soll die christliche Theologie von Gott als solchem selbst ausgehen und dann zur Lehre von Christus fortschreiten, oder soll die Christologie ernst genommen werden und der Gedanke Gottes rein aus der Offenbarung in Jesus geschöpft werden? – dies ist die Frage. Dabei zeigt er auf, dass sowohl die Tradition in

---

[68] Wolfhart Pannenberg: Christologie und Theologie, in: Grundfragen systematischer Theologie. Gesammelte Aufsätze Bd. 2, Göttingen 1980, 129–146

Die Christologie Wolfhart Pannenbergs

ihrem Ausgang von der Inkarnation des ewigen Sohnes als auch die moderne Tendenz, rein von dem historischen Menschen Jesus aus die Christologie zu entwickeln, sich in Einseitigkeiten verstricken. Sie können ihren jeweiligen Zugang nicht rein von sich aus darstellen, ohne Rückgriff auf die jeweils andere methodologische Basis. Wie ist das zu verstehen?

Wenn die Tradition mit einem natürlichen Gottesbegriff beginnt und diesen reichhaltig expliziert, dann entsteht die grundsätzliche Frage, was die Christologie gegenüber diesem Begriff noch zusätzlich leisten kann. Dies ist die Frage nach dem Inhalt des christlichen Glaubens überhaupt: Ist sein Inhalt vor allem Gott, oder ist sein Inhalt Christus? Pannenberg nimmt hier auf *Adolf von Harnack* Bezug, der die ursprüngliche Intention Jesu Christi, seine Ausrichtung auf Gott, den liebenden Vater, retten will gegen die Tendenz einer Verselbständigung eines, wie er es sieht, zusätzlichen Glaubens an Jesus Christus selbst.

Wenn Gotteserkenntnis auch ohne Christologie begründbar ist, dann muss sich letzten Endes die Frage stellen, ob die Christologie nicht überhaupt eine überflüssige Hypertrophie christlicher Lehrbildung darstellt. Ist es doch Jesus selbst einzig um Gott gegangen. Auch dem Christen sollte es dann – mit A. v. Harnack – einzig um Gott zu tun sein, im Sinne der schlichten Religion Jesu und im Gegensatz zu der bei Paulus und Johannes beginnenden christologischen Deutung und Übermalung seiner menschlichen Gestalt.[69]

Pannenberg entwickelt aus diesen Ansatz unmittelbar die dialektische Gegenposition, die er aus folgender Argumentation gewinnt: Wenn wir Harnacks Gedanken ernst nehmen, dann ist die Frage, die an ihn zurückgeht, *warum* wir denn an *genau jenen Gott, den nur Christus verkündet*, glauben sollen. Wenn dieser Gott solche Wahrheit beanspruchen kann, dann ist doch die Frage, warum er gerade von Jesus und *nur von ihm* verkündet wird. Deshalb wird aber auf einmal die Person Jesu als solche auch für diesen rein auf Gott bezogenen Ansatz wieder wichtig: Denn wenn die Verkündigung des wahren, liebenden Gottes *allein von ihm und nur durch ihn* stattfindet, dann besteht in der Realität der Geschichte offenbar eine besondere, einzigartige Beziehung zwischen Gott und Jesus. Dann aber wird die Idee eines *nur natürlichen Gottesbegriffs* nebensächlich, denn Gott ist *allein* durch Jesus präsent.

---

[69] Wolfhart Pannenberg: Christologie und Theologie, 129

Christologie und Theologie

In dieser Linie der Argumentation besteht von daher sogar die Möglichkeit zu einer Übertreibung in die Gegenrichtung, so Pannenberg in seinem Text: Das theologische Denken will sich nun ganz auf Jesus Christus und seine Einzigartigkeit verlegen und den Begriff »Gott« sogar aufgeben – wie es in den extremsten Formen der dialektischen Theologie der Fall war.

Die Forderung nach Preisgabe des Gottesgedankens kann als Konsequenz der Konzentration aller Offenbarung auf die Person Jesu Christi allein erscheinen. Es ist vielleicht nicht zufällig, dass gerade bei den Erben der dialektischen Theologie, wo sie den Mut zu radikaler Konsequenz besaßen, dieser Schritt getan wurde: bei P. Van Buren in der Nachfolge Barths, bei H. Braun in der Schule Bultmanns.[70]

Diese extreme Position ist aber nicht zu halten: Der Mensch Jesus Christus ist nicht zu denken ohne seine spezifische Beziehung zu Gott, den er seinen Vater nennt. Die Eliminierung dieses Verhältnisses aus dem Kontext der Person Jesu kommt, wie Pannenberg sagt, nicht einer Übersetzung der Botschaft, sondern *einer Ersetzung durch einen anderen Inhalt gleich*. Wenn es aber zutrifft, dass der historische Mensch Jesus von Nazareth nicht gedacht werden kann ohne die Beziehung zu seiner einmaligen Gottesverkündung, dann entsteht eine erste Zuspitzung im Hinblick auf die Christologie:

Was es bedeutet, dass Jesus diese Botschaft verkündet hat, was also mit ihrer Verkündung eigentlich geschehen ist, das ist nicht ohne die Entscheidung über die Frage nach ihrer Wahrheit oder ihrem Scheitern zu erfassen. Daß der Mensch Jesus nicht ohne den Gott, den er verkündete, zugänglich ist, das bedeutet, daß er nur entweder als ein durch sein Scheitern widerlegter eschatologischer Schwärmer oder aber als der von Gott gesandte, in seiner Existenz von Gott her bestimmte Mensch verstanden werden kann.[71]

Mit anderen Worten: Durch die wechselseitige Vermittlung entsteht eine bestimmte Identität zwischen Gott und Jesus von Nazareth. Diese gegenseitige Bezogenheit in einer daraus folgenden Identität, wirft eine klare Alternative auf: Entweder ist Jesus, wie Pannenberg festhält, ein »eschatologischer Schwärmer« oder seine Botschaft über Gott ist *wahr. Wenn dies aber zutrifft, dann kann Gott nur durch Jesus und Jesus nur durch Gott verstanden werden.* Der Inhalt des

---

[70] A.a.O., 130
[71] Ebd.

Die Christologie Wolfhart Pannenbergs

Gottesbegriffs kann nicht mehr von dem *historischen Menschen* Jesus von Nazareth getrennt werden. In der Folge zieht Pannenberg aus diesen Zusammenhängen eine wichtige Konsequenz für die Methode der Christologie im Allgemeinen. Die ursprünglich vorausgesetzte Alternative schien zu bestehen zwischen der »Christologie von oben« und der »Christologie von unten«. Der Ausgangspunkt der Tradition war eine »Christologie von oben«, war also die Inkarnationschristologie. Die Glaubenslehre beginnt darin mit Gott und seinem Wesen und geht dann über zu der in den Evangelien verkündeten historischen Menschwerdung Gottes. Der Inhalt der christologischen Vernunft besteht dann darin, herauszuarbeiten, wie diese historisch berichtete Wahrheit möglich und denkbar ist. Auf der anderen Seite steht die »Christologie von unten«: Sie versucht, den Sinn der christologischen Dogmen rein aus der historischen Gestalt Jesu von Nazareths, aus seinem menschlichen Leben und Sterben zu begründen. Pannenberg sympathisiert mit diesem Verfahren und sieht seine eigenen »Grundzüge der Christologie« in dieser jüngeren Tradition einer »Christologie von unten«. Hier setzt nun jedoch eine weitere Differenzierung ein, die sich genau an der nun entwickelten Problemstellung festmachen lässt.

Die »Christologie von unten« in ihrer historisch-kritischen Ausarbeitung hat von Anfang an die Tendenz, ihren Horizont zu verengen und Jesus von Nazareth *rein als historische Person, unter Absehung von seinem Gottesverhältnis vorzustellen*. Es ist jener Versuch der modernen Theologie, der auch in Ratzingers Analyse als zentrales Problem identifiziert wurde: *Jesus ganz rein zurückzugewinnen*, ohne die – wie man meint – später einsetzende »christologische Überzeichnung«. Die Frage, ob dies mit einer für den Inhalt der Christologie positiven oder negativen Absicht geschieht, kann zunächst dahingestellt bleiben. Wichtig ist hier nur der historisch-kritische Ansatz bei jener menschlichen, historischen Person mit Namen Jesus von Nazareth, *unter Absehung* seines Gottesverhältnisses. Die moderne Theologie teilt mit der aufklärerisch-agnostischen Forschung seit dem 19. Jahrhundert diesen von der Idee der historischen Wissenschaft inspirierten Zugang. Die Wissenschaftlichkeit versteht sich hier jedoch in einem problematischen Sinn von einer Vorentscheidung her, die selbst keineswegs wissenschaftlich genannt werden kann: nämlich von der Idee her, dass Gott kein Gegenstand einer historischen Forschung sein kann. Gott kann nach dieser Vorentscheidung nur als anthropologisches Phänomen, *als intentio-*

Christologie und Theologie

naler, bewusstseinsmäßiger Inhalt einer Religionsgeschichte des Menschen vorkommen.

Pannenberg stellt nun die Frage: Kann die historische Gestalt Jesu in dieser Weise wirklich erfasst werden oder verfehlt dieser Ansatz seine menschliche Person auch und gerade in radikal historischer Sicht? Dabei ist die entscheidende Differenz, die hier beachtet werden muss, der *Wahrheitsbegriff*: Es wäre leichter, wenn auch nicht gänzlich unproblematisch, wenn Jesus, wie schon zitiert wurde, als »ein gescheiterter eschatologischer Schwärmer« betrachtet werden könnte. Die offene Frage ist aber hier gerade die, ob sein Bezug zum endzeitlichen Reich Gottes vernünftigerweise gerechtfertigt werden kann.

Die eigentliche Schwierigkeit ist mit dem Schritt von der Auffassung des Inhalts dieser Botschaft als einer menschlichen Gottesvorstellung unter anderen zu ihrer Deutung als Ausdruck der Gegenwart Gottes selbst im Auftreten Jesu verbunden.[72]

Damit befindet sich Pannenberg in einer gewissen Kongruenz mit Ratzinger und seinem Entwurf der Christologie aus einer historisch-exegetischen Hermeneutik heraus. Ratzingers Grundanliegen war es, wie oben gesehen, zu zeigen, dass der Versuch, den historischen Jesus von Christus zu trennen, ins Leere läuft. Ratzingers Ergebnis und Grundeinsicht ist, dass die christologische Wahrheit *gerade auch im historischen Sinn* zur Gestalt Jesu von Nazareths dazugehört und zu keiner Zeit gedanklich von ihr getrennt werden darf. Dies ist gerade der Wesensgehalt der geschichtlichen Gestalt Jesu *und* des Sinnes der christologischen Wahrheit selbst. Dies entspricht aber auch den biblischen exegetischen Befunden: Ratzinger zeigt auf, dass diese Einheit gerade in der Schrift von den Evangelisten und den Autoren der Briefe immer schon mitgedacht ist und das ursprüngliche Verständnis grundiert. Wird dies aber nicht gesehen und wird der aufklärerischen Versuchung des Verstandesdenkens zur Trennung nachgegeben, dann bleibt, wie Ratzinger feststellt, nur eine Hülle übrig, die für alle möglichen Projektionen der jeweilig theologisierenden Gegenwart herhalten muss. Auch darin liegt eine gewisse Übereinstimmung mit Pannenberg, der den ganzen Lebensinhalt Jesu gerade durch den Gottesbezug bestimmt sieht – daher muss eine Trennung von diesem Inhalt die Gestalt Jesu gerade vor dem Anspruch historischer Genauigkeit völlig verfehlen!

---

[72] A.a.O., 131

Die Christologie Wolfhart Pannenbergs

Für Pannenberg hat der Gedanke an dieser Stelle jedoch eine begründende Funktion in Bezug auf die Frage nach dem Primat der christologischen Methode. Wenn der Gottesbezug möglicherweise in Wahrheit zur historischen Person Jesu von Nazareths gehört und man deshalb sagen muss, dass Gott in Jesus erscheint, dann muss die Christologie *nun doch* in einem primären Sinn »von oben«, von der Inkarnation her, beginnen, denn wir werden *des Menschen* Jesus nicht sicher, wenn wir nicht zuvor schon *über Gott*, der in ihm erscheint, Gewissheit haben.

Doch auch darin kommt die Dialektik der beiden christologischen Ansätze nicht an ihr Ende! Die Inkarnationschristologie kann nur über Jesus, den Menschen aus Nazareth, vermittelt werden, denn nur in ihm ist Gott so verkündet, wie er sich wirklich von sich selbst her zeigen will. Andererseits muss auch die »Christologie von unten« ihre Aussagen an einem schon vorgefassten Begriff Gottes messen, denn nur dann kann sie ihre eigene Wahrheit wirklich begründen. Auch die »Christologie von unten« braucht also an ihrer entscheidenden Stelle, bei der Frage nach der Rechtfertigung ihrer Wahrheit gegenüber allen möglichen anderen Redeweisen von Gott, einen Gottesbegriff, der *nicht* aus der Offenbarung in Christus selbst stammt – so das Argument Pannenbergs.

Pannenberg intensiviert diesen Gedanken des voraus zu erbringenden Wahrheitskriteriums noch einmal, indem er nun das gemeinsame Problem beider Christologien zusammenfasst. Sein Zwischenfazit lautet nämlich: Beide leiden an einem gemeinsamen Mangel,

indem sie nämlich darin übereinstimmen, daß beide einen anders als durch die Christologie selbst erst zu gewinnenden Gedanken der Wirklichkeit Gottes schon voraussetzen müssen, damit die Christologie im eigentlichen Sinne überhaupt beginnen kann. Das bedeutet aber, dass weder das eine noch das andere Verfahren es vermag, Gott als durch Jesus von Nazareth offenbar zu denken und also die Einheit von Gott und Mensch in Jesus zu denken.[73]

Die »Christologie von unten« benötigt für den Ausweis ihrer Wahrheit, das heißt, für den Überschritt von einer bloßen hermeneutischen Aneinanderreihung religiöser Aussagen des Menschen hin zu einer wahren Aussage darüber, dass Gott sich *wirklich* in Christus offenbart hat, ein Kriterium, das in dem Begriff Gottes selbst gegeben

---

[73] A.a.O., 132

Christologie und Theologie

sein muss. Mit anderen Worten: Wenn Christus »in Wahrheit Gottes Sohn« ist, dann müssen wir diese Wahrheit erkennen können, sie muss für die Vernunft erkennbar und einsehbar sein, sie muss einen allgemeingültigen, rational ausweisbaren Charakter haben. Diese Wahrheit muss dann aber im Begriff Gottes selbst in einem gewissen *a priori* gegenüber dem historischen Ereignis des Lebens, Sterbens und Auferstehens Jesu zu finden sein.

Die Tatsache, dass dieser vorausliegende Begriff Gottes selbst diese bedeutende Stellung in der Christologie einnimmt, scheint also nun doch darauf hinzudeuten, dass die Inkarnationschristologie der angemessene Weg ist, die Fragestellung und ihre Probleme zu lösen. Denn sie macht ja gerade dies stark: zu zeigen, dass in Gott selbst und seinem ewigen Wesen alle jene Gehalte schon immer vorliegen, die in dem Geschehen der Inkarnation nur ausgefaltet werden und zum Tragen kommen. Dadurch entsteht aber erneut eine Aporie: Wenn Gott schon in begrifflicher Weise erkennbar ist und für die Vernunft spekulativ und apriorisch vorliegt, dann ist seine weltliche Offenbarung eigentlich überflüssig. Die Offenbarung tritt dann als ein rein äußerlicher Akt zu dem immer schon für das Denken vollkommen verfügbaren, trinitarischen Begriff Gottes hinzu, sie selbst ist aber nicht wesensnotwendig, sondern Zusatz. Als irritierend identifiziert Pannenberg vor allem einen eigentümlichen Anthropomorphismus, der in dieser Idee der Inkarnationschristologie unvermeidlich auftritt: Gott wird als allmächtig und ewig, aber als von der Welt getrennt vorgestellt, und er entscheidet sich dann zu einem bestimmten Zeitpunkt zur Inkarnation in Jesus von Nazareth. Pannenberg macht nun die Beobachtung, dass dieser Anthropomorphismus in direktem Zusammenhang damit steht, dass Gott *gerade nicht* von seiner Einheit mit dem Menschen her gedacht wird, wie es die eigentliche Aufgabe der Christologie sein müsste. *Gerade durch* die Trennung von der Welt aber und damit von der Mitte der Welt, dem Menschen, wird Gott eigentümlich vermenschlicht:

Solcher Anthropomorphismus in der Vorstellung des himmlischen Monarchen tritt eigenartigerweise in dem Moment ein, wo Gott gerade nicht als eins mit dem Menschen Jesu gedacht wird, sondern schon ohne Bezug zu seiner Menschwerdung als Gott vorgestellt wird.[74]

---

[74] A.a.O., 134

Die Christologie Wolfhart Pannenbergs

Der Grund für diesen Anthropomorphismus wird an dieser Stelle von Pannenberg nicht eigens erklärt, er lässt den Gedanken andeutungsweise stehen. Aus dem Zusammenhang wird aber klar, dass die Unterlassung des Denkens der Personeinheit mit Jesus zu dieser Verzerrung führt. Erst in der gedachten Einheit Gottes mit dem Menschen Jesus, die durch die von Jesus selbst vollzogene Unterscheidung von Gott dem Vater offenbart wird, kommt Gott gänzlich ohne jene Anthropomorphie, aber nun wirklich in die Welt!

Das Versäumnis der Inkarnationschristologie ist es aber, dies hält Pannenberg im Fazit fest, genau diese Personeinheit nicht aus dem Begriff Gottes selbst denken zu können. Aber auch das vom historischen Jesus ausgehende christologische »Denken von unten« vermag es nicht, zu dieser Personeinheit durchzudringen: Denn der Gottesgedanke als solcher bleibt ihm in seiner Wahrheit äußerlich und ein bloßes religionsgeschichtliches Interpretament.

Damit ist der Kreis von Aporien dialektisch vollkommen abgeschritten, mit dem Ergebnis, dass hier wirklich eine Lösung auszubleiben scheint. Pannenberg nimmt einen Gedanken Karl Barths zu Hilfe, um die Situation zusammenzufassen:

Gott wird nur durch Gott erkannt: Dieser Satz Karl Barths behält an dieser Stelle sein Recht. Ohne den Geist der Gemeinschaft des Vaters und des Sohnes gibt es keine Gotteserkenntnis und keine Christuserkenntnis.[75]

Von der Dialektik der Inkarnationschristologie und der »Christologie von unten« her kommend, stellt sich das Problem des rechten Zugangs als ein Zirkel dar, in den kein Eindringen möglich scheint. Gott und Jesus scheinen eine Erkenntniseinheit zu bilden, die in sich geschlossen ist, weil beide radikal aufeinander verwiesen und ohne den jeweils anderen nicht begrifflich fassbar sind.

II.2.1 Die Zirkelhaftigkeit des Erkennens Gottes:
Das Petrusbekenntnis von Cäsarea Philippi und der Messiasruf

Dass Pannenberg hier ein echtes sachliches Problem fixiert und keine gekünstelte philosophische Spekulation betreibt, wird dadurch belegt, dass an zwei entscheidenden Stellen der synoptischen Evangelien genau dieser Zusammenhang reflektiert wird. Es ist Jesus selbst, der das

---

[75] Ebd.

Christologie und Theologie

Problem formuliert und auch die Lösung ausspricht. Ohne dem weiteren Gedankengang Pannenbergs vorzugreifen, soll deshalb diese Übereinstimmung kurz aufgezeigt werden. Zugleich wird dadurch deutlich, dass die Frage nach der Wahrheit Christi, die Frage nach seinem wirklichen Sein, nicht erst eine nachgeordnete, zusätzlich auf die Verkündigung aufgepfropfte theologische Abirrung ist, sondern dass sie von frühester Zeit an in den Zeugnissen, und sogar in den Selbstaussagen Jesu von Nazareths, präsent war. *Der ganze Sinn der Evangelien ist ohne diese Fragestellung und ihre Lösung gar nicht verständlich.*

Das Petrusbekenntnis bei *Cäsarea Philippi* wird von allen drei Synoptikern berichtet, der Messiasruf Jesu von Matthäus und Lukas. Damit liegt auf beiden Stellen ein spezifisches Gewicht, da es um die Wiedergabe ausführlicher Worte Jesu geht, die einen denkerischen, fast philosophischen Charakter haben. Im Messiasruf formuliert Jesus die berühmten Sätze:

Ich preise dich, Vater, Herr des Himmels und der Erde, daß du dies vor Weisen und Klugen verborgen, Kleinen aber offenbart hast! Ja, Vater, so entsprach es deinem Willen. Alles ist mir übergeben von meinem Vater. Niemand kennt den Sohn als der Vater und auch den Vater kennt niemand, als der Sohn, und wem es der Sohn offenbaren will. *(Mt, 11, 25–27)*

In der fast identischen Perikope bei Lukas liegt eine winzige, aber entscheidende Variation vor: Lukas leitet die Aussagen Jesu ein, indem er schreibt: Jesus »frohlockte im heiligen Geist« *(Lk 10, 21)*. Lukas will damit vermutlich die besondere Gemeinschaft Jesu mit seinem Vater unterstreichen. Jesus verkündet nicht einfach irgendeine ontische, weltliche Wahrheit, sondern er spricht selbst allein aus dem spezifischen Geist der Gemeinschaft heraus, die sein Leben mit jenem des Vaters immer schon verbindet. Aus diesem Geist heraus spricht er in Wahrheit und spricht er *die Wahrheit* überhaupt aus.

Der messianische Jubelruf kommt erst in seiner ganzen Tiefe zum Tragen, wenn er zusammen mit dem Petrusbekenntnis bei *Cäsarea Philippi* gelesen wird, so, wie Matthäus davon berichtet. Jesus fragt die Jünger danach, für wen ihn die Leute halten. Nach unterschiedlichen Antworten, die aber alle an eine prophetische Existenz Jesu denken lassen, fragt Jesus die Jünger direkt: Und ihr, für wen haltet ihr mich? Petrus antwortet:

»Du bist der Messias, der Sohn des lebendigen Gottes.« Darauf sagte Jesus zu ihm: »Selig bist du, Simon Barjona, denn nicht Fleisch und Blut haben dir das geoffenbart, sondern mein Vater, der im Himmel ist.« *(Mt 16, 16–17)*

In beiden Perikopen geht es um die Frage danach, wie wir auf die richtige Weise Gott erkennen können, wie wir einen Zugang zu seiner Wahrheit finden können. Diese Frage wird beide Male so erörtert, dass das unmittelbare Verhältnis der christologischen Erkenntnis zur Gotteserkenntnis in den Blick kommt. In beiden Fällen wird genau jenes festgehalten, was Pannenberg in seinem dialektischen Reflexionsprozess durchdacht und als Ergebnis festgehalten hat: nämlich dies, dass beide Pole der Beziehung radikal aufeinander verwiesen sind, so radikal, dass kein Begriff für sich und ohne den anderen verständlich wird. Der abstrakt gedachte Mensch als solcher, der Mensch verstanden nur von sich selbst her, abzüglich seiner Beziehung zu Gott, ist von dieser gegenseitig sich vollkommen bedingenden und ergänzenden Erkenntnis ausgeschlossen. Die Lösung, die bei Matthäus durchscheint, ist deshalb: Es muss in beiden Fällen die *vermittelnde Kraft Gottes selbst* schon am Werk sein – sein alles verbindender Geist.

Im Falle des Petrusbekenntnisses kommt dies so zur Darstellung: Petrus erkennt und spricht aus, dass Jesus »der Sohn des lebendigen Gottes ist«. Jesus legt nun in seiner Antwort entscheidenden Wert darauf, den spezifischen Charakter dieser Wahrheit zur Sprache zu bringen. Es ist keine Erkenntnis, *die aus der Welt als solcher kommt*, sondern sie stammt »*vom Vater*« – also direkt von Gott selbst. Dies heißt aber implizit: Der Mensch, in diesem Fall Petrus, ist nicht einfach nur für sich, er ist nicht nur auf das verwiesen und für das empfänglich, was ihm »Fleisch und Blut offenbaren«. Er ist nicht nur weltlich, sondern er muss in einem bestimmten Sinn immer schon für die Wahrheit Gottes offen und ansprechbar sein. Gott wiederum ist nicht nur in sein eigenes trinitarisches Leben rückgebunden. Die Idee einer solchen Abgeschlossenheit und solchen Für-sich-Seins ist gerade die entscheidende Fehldeutung der Trinität, die von dem ungeschichtlichen Vorliegen der trinitarischen Glieder ausgeht und sie abstrakt gegeneinander vermittelt – unter Ausschluss der Schöpfung und der Geschichte. Sondern Gott zeigt sich in der Weise weltlich, dass er durch seinen Geist mit Petrus immer schon mitgeht und dessen Erkenntnis ermöglicht. Damit ist aber auch gesagt: Dem Menschen ist es von Gott her gegeben, durch das Mitgehen Gottes mit ihm, die Wahrheit wirklich zu erfassen und mitzuvollziehen: die

Christologie und Theologie

Wahrheit, die darin besteht, dass Gott sich in Jesus geschichtlich offenbart und in dieser Offenbarung sein eigenes Leben in Wahrheit vollzieht und verwirklicht.

Einschränkend muss gesagt werden: Die Offenbarung, die in *Cäsarea Philippi* an Petrus ergeht, ist wirklich eine *Prolepse*, eine Vorwegnahme – ein Begriff, den Pannenberg in dieser Anwendung geprägt hat und der in seinem Denken und seinem Werk eine maßgebliche Rolle spielt. Die darin ausgesprochene Wahrheit kommt erst voll in die Welt durch die Lebenshingabe und die Auferstehung Jesu. Insofern ist die proleptische Eingebung des Petrus wirklich eine »Offenbarung« im engeren Sinn, eine »*Eingebung*«: Ihm wird etwas im Voraus durch Gott selbst zugänglich gemacht, was er von der Sache her eigentlich noch gar nicht erfassen kann, da es noch nicht voll geschichtlich verwirklicht wurde. Entscheidend für die Frage der spezifischen Wahrheit der Christologie bleiben aber die Grundverhältnisse, die in dieser Eingebung ausgesprochen sind: Gott erscheint wirklich in seiner Wahrheit für den Menschen. Die Wahrheit wird Realität in der Geschichte und durch den Mit-Vollzug der Geschichte und der Schöpfung selbst. Der Mensch, hier in proleptischer Weise Petrus, wird in die Wahrheit Gottes selbst hineingenommen. Durch diese wirkliche Erkenntnis wird der Mensch »selig«.

In einem vielleicht noch direkteren und grundlegenderen Sinn zur Sprache kommt der Zusammenhang von Offenbarung Gottes und Geschichte des Menschen in der als »messianischer Jubelruf« tradierten Perikope. Auf den ersten Blick kann eine fundamentale Wahrheit, die hier ausgesagt ist, sogar überlesen werden, denn zunächst scheint einfach ein ontisches Binnenverhältnis der Trinität dargestellt zu sein. So gesehen läge hier eine äußerliche, faktische Bestätigung jener Aporie vor, die Pannenberg herausarbeitet: Gott kann nur durch Gott erkannt werden, der Mensch ist aus diesem Zirkel ausgeschlossen. Dieser Gedanke beruht aber allein auf der Prämisse, dass schon geklärt wäre, *was der Begriff »der Sohn« denn eigentlich meint!* Die Idee eines in sich zurücklaufenden, letztlich trinitarischen Wahrheitsvollzugs Gottes geht immer schon von dem vollendeten *Ergebnis* der Wahrheit der Christologie und damit des Begriffs des Sohnes aus. Wie in ausführlicher Weise in unserer Darstellung der *christologischen Thesen Ratzingers* gezeigt wurde, ist dieser Begriff aber selbst in äußerst inhaltsreicher und ungeheuer verdichteter Weise *vermittelt* und nur aus dieser historischen Vermittlung der frühesten Kirche überhaupt verständlich. Er stammt erwiesenermaßen aus

Die Christologie Wolfhart Pannenbergs

einem Prozess einer stückweise sich entfaltenden »Christologie von unten«. Das Absehen von dieser Genese und der unvermittelte Ausgang von einer als fertig genommenen Idee des Sohnes ist der Grundfehler einer unreflektierten »Christologie von oben«.

Damit ist aber mit einem Schlag die Perspektive des »messianischen Jubelrufs« verändert und eine Tür ist gleichsam aufgestoßen: Wenn die Frage, wer *der Sohn* ist, allein aus der *historischen Vermittlung durch Jesus von Nazareth* verstanden werden kann, dann heißt dies, dass hier eigentlich gar nicht von einem Zirkel die Rede ist. Im Gegenteil: Es wird an dieser Stelle schlicht ausgesprochen, dass die Wahrheit Gottes in einem bestimmten, noch erklärungsbedürftigen Sinn *abhängig* ist von einem geschichtlichen Ereignis, dem Lebensvollzug und der Person Jesu von Nazareths. Denn: Gottes Wahrheit ist allein »dem Sohn« übergeben. Es wird also die scheinbar paradoxe, aber entscheidende, grundsätzliche christologische These ausgesprochen, dass es wirklich einen Zugang zur Wahrheit Gottes gibt. Dass die Welt zu dieser Wahrheit fähig ist, und zwar deshalb, weil diese Wahrheit gänzlich an die Mitte der Welt übergeben wurde in Jesus, dem »Sohn«. Der Zugang zur Wahrheit der Welt geschieht also gerade *nicht in direkter Weise*, sondern der Zugang zur ewigen, absoluten Wahrheit geschieht *in indirekter Weise*, über die Mitte der Welt selbst, in der Gott zur Erscheinung kommt. Diese Erscheinung der Wahrheit Gottes, dies wird im Folgenden anhand von Pannenbergs zentralem Gedanken gezeigt, *geschieht gerade im radikalen, freien Vollzug der Differenz zu ihm*. Dieser Differenzvollzug ist letztlich das, was den Begriff »Sohn« definiert und was Jesus von Nazareth als »der Sohn« in seinem Leben vollbringt. Wenn dies das Wesen des Sohnes definiert, *dann ist dieser Differenzvollzug der Welt selbst in ihrer Mitte aber etwas, was Gott in seinem Begriff bestimmt.*

Dies heißt: Im messianischen Jubelruf wird nicht nur gesagt, dass der Mensch zur wahren Gotteserkenntnis – und das heißt: zur Erkenntnis der Wahrheit – fähig ist, indem er durch den Sohn mit in diese Wahrheit einbezogen wird. Sondern der noch tiefere Sinn der Aussage ist: Die Wahrheit Gottes muss als etwas gedacht werden, was letztlich den Menschen und seinen Lebensvollzug mit in sich enthält. Gottes Begriff, sein Wesen, kommt erst dadurch in seine volle Wahrheit, dass er sich dem Menschen zugänglich macht und das heißt: den Menschen an sich teilhaben lässt. Der Mensch ist aber die Mitte der Schöpfung, er ist die Schöpfung, die zu sich selbst gekommen ist in ihrem Sich-selbst-Gegebensein. Der Mensch ist in diesem sich selbst

Christologie und Theologie

bewusst gewordenen Sich-selbst-Gegebensein die freie Schöpfung, die Schöpfung, die sich selbst in Freiheit vollzieht. Gottes Wahrheit kommt nun dadurch zu ihrer Verwirklichung, dass die Schöpfung in ihrer Freiheit sich vollkommen dem Wesensvollzug Gottes überlässt und ihn dadurch indirekt zum Ausdruck bringt. Dies geschieht aber nicht durch eine direkte Abbildung oder Nachahmung von Gottes Allmacht, sondern gerade umgekehrt, durch den Vollzug einer radikalen Differenz – durch das Wesen des Sohnes. *Den Vollzug dieser radikalen Differenz nennt Pannenberg in seiner Christologie die »Selbstunterscheidung Jesu«.* Wie später zu zeigen sein wird, ist dieser Begriff und der damit verbundene Grundgedanke wesentlich für das Verständnis der »Christologie von unten« in ihrem eigentlichen und von Pannenberg letztlich positiv durchgeführten Sinn.

Der Begriff dieses Differenzvollzugs deckt sich aber weitestgehend mit der Interpretation, die Ratzinger in seiner Theologie der Inkarnation aus dem Gebetsvollzug Jesu entwickelt. Indem aber durch diesen Vollzug des Wesens des Sohnes Gott selbst in seiner Wahrheit wirklich wird, zeigt sich, dass der Sohn etwas sein muss, was schon immer zu Gott und seiner Wahrheit gehören muss. Gott ist in sich von jeher Vater und Sohn.

Entscheidend ist nun: Diese immer schon in Gottes Leben selbst vollzogene Differenz kann niemals als ein ontisches Vorkommen jenseits der Welt ergebnishaft thematisiert werden. Die Differenz kommt nur *in Jesus selbst* zur Wahrheit: in seinem lebendigen Vollzug als Sohn, der immer nur auf den Vater und dessen Reich verweist, in seiner Lebenshingabe und vor allem und zuerst in seiner Auferstehung. Dies spricht Jesus selbst im Messiasruf aus: *Ihm ist alles von seinem Vater übergeben worden.* Von dieser Selbstaussage *des lebendigen, geschichtlichen Jesus von Nazareth* her, der Gottes Sohn ist, wird die Trinität und dadurch Gottes Wahrheit erst offenbar und das heißt hier zugleich: wirklich, vollendet. Die Selbstunterscheidung Jesu als Sohn in seinem Leben, seiner Hingabe und seiner Auferstehung ist die Verwirklichung Gottes selbst – Pannenberg spricht, wie im Folgenden zu zeigen sein wird, *von der »Selbstverwirklichung« Gottes.* Die Trinität ist also nichts, was der Mensch als ein ontisches Objekt zu seiner Kenntnisnahme sich gegenüber halten könnte, sondern sie kann nur verstanden werden von ihrem realen, geschichtlichen Vollzug Gottes selbst her, der den Menschen mit einschließt. Der geschichtliche Vollzug in Jesus Christus ist dem Wesen Gottes nicht äußerlich, er kommt nicht zu ihm hinzu, sondern er ist selbst ontologisch substantiell das Wesen Gottes. Dieser geschichtliche Vollzug bezieht aber die Schöpfung mit ein – und das heißt, er bezieht die Mitte der Schöpfung, den Menschen in seiner Freiheit, mit ein. Die Erlösung des Menschen ist nichts, was zu Gott als eine äußerliche Sache noch hinzukommt. Sondern sie ist Gott in bestimmtem Sinn wesentlich, weil in ihr sich sein trinitarisches Wesen verwirklicht.

II.3 Die indirekte Identität der Geschichte Gottes mit der Geschichte des Menschen durch die Selbstunterscheidung Jesu

Der Schritt, den Pannenberg in seiner dialektischen Argumentation nun folgen lässt, deckt sich im Kern mit der hier eingefügten Auslegung der christologischen Perikopen bei Matthäus und Lukas. Denn: Pannenberg zeigt, dass die Aporie der Abgeschlossenheit der Beziehung in Gott von einer vollkommen falschen Voraussetzung ausgeht. Der Ausgang von einem abstrakt gedachten Menschen, unabhängig von Gott, ist verfehlt – und zwar deshalb, weil er von einem falschen Begriff des Menschen ausgeht. Der Mensch ist umgekehrt immer schon in den Zirkel der wechselseitigen Vermittlung von Vater und Sohn einbezogen. Er ist von seinem neutral verstandenen Menschsein her, unabhängig von geschichtlich konkreten religiösen Inhalten, immer schon auf Gott verwiesen, so aber, dass diese Verwiesenheit vorgestellt werden muss als ein Mitvollzug jener ursprünglichen Relationalität in Gott selbst. Pannenberg gesteht hier zu, dass dies sicher erst von Christus selbst her voll erkennbar wird, jedoch liegt darin gerade der offenbarende Sinn seines Lebensvollzugs: dass in ihm in einmaliger und vollendeter Weise der Begriff des Menschen als solchen in die Wahrheit gebracht wird.

Wenn der Mensch in seinem unentrinnbaren Bezogensein auf seinen göttlichen Ursprung und auf seine göttliche Bestimmung, so wie beide in der bewegten Geschichte der Religion als eines der für das Menschsein spezifischen Phänomene zum Ausdruck gelangen, thematisiert wird, dann wird auch die Gottesgemeinschaft Jesu nicht mehr als etwas dem Menschlichen im allgemeinen Fremdes und Ausgefallenes erscheinen. Vielmehr wird dann die spezifische Weise der Gottesgemeinschaft Jesu als Modifikation und möglicherweise als ein In-die-Wahrheit-Bringen des Menschlichen überhaupt zugänglich hinsichtlich desjenigen Themas, das in der Geschichte der Religionen ausdrücklich wird, also hinsichtlich der Gottesbeziehung des Menschen.[76] In diesem Gedankengang wird eigentlich von einer schon als durchgeführt gedachten Christologie her der Horizont, in dem der Mensch thematisiert wird, ungeheuer erweitert. Der Mensch muss immer schon von der Gottesbeziehung Christi her verstanden werden, sonst verfehlt die Betrachtung sein Wesen. Dies heißt aber zugleich, dass die Wahrheit der Christologie nichts anderes thematisiert als die Wahrheit des Menschen als solchen. Sie ist grundsätzlich auf die Geschichte des Menschen mit Gott bezogen und letztlich sogar durch sie vermittelt. Die Christologie wäre somit wirklich jene Wahrheit, die in allen Religionen immer schon angezielt war und auf die jene Religionen auch in ihren Abirrungen immer schon zuliefen. Damit entfällt aber die mühevoll aufgebaute Dialektik: Die extreme »Christologie von unten«, so, wie sie abstrakt und unter Absehung von der Gottesbeziehung angesetzt wurde, ist eine Fiktion. Sie entspricht gar nicht dem Begriff der Geschichte des Menschen. *Der Mensch als solcher, wie er von seinem Wesensbegriff her sich zeigt, ist durch und durch von seiner Gottesbeziehung bestimmt.*

In einem weiteren Schritt zeigt Pannenberg nun, dass diese Geschichte des Menschen *in diesem ringenden Bezogensein auf ihn selbst als eine Schöpfung Gottes verständlich gemacht werden muss.* Dies liegt im Interesse ihres eigenen Selbstverständnisses und im Sinn des Begriffs Gottes überhaupt: Denn der Sinn ihrer Bezogenheit auf Gott liegt ja gerade in der Bezogenheit auf ihren Anfang und Ursprung, das heißt aber: auf ihn als die alles bestimmende Wirklichkeit. Dies bedeutet jedoch, dass Gott so gedacht werden muss, dass er genau *diese Menschheit in ihrer Geschichte* und ihrem geschichtlichen Bezogensein auf ihn geschaffen hat – Pannenberg spricht hier in philosophischer Terminologie von »Setzung«. Das heißt: Die Geschichte der Religionen und damit die Geschichte der menschlichen Rede von Gott kann von ihrem eigenen Sachgehalt her nicht begriffen werden als eine Sammlung bloßer Projektionen und Dichtungen des menschlichen Geistes, sondern diese Geschichte des Zugehens des Menschen auf Gott muss begriffen werden *als die Geschichte Gottes mit dem Menschen selbst: als die Geschichte des spannungsreichen Ringens um seine Offenbarung und sein Sich-Zeigen für den Menschen.*

---

[76] Wolfhart Pannenberg: Christologie und Theologie, 136

Die Christologie Wolfhart Pannenbergs

Dieser Gedanke ist in strenger Parallele gebaut zu einem der oben erörterten dialektischen Argumente und will auch von Pannenberg in genau diesem Sinn gelesen werden: Die Christologie kann demnach nie verzichten auf einen schon als wahr und gerechtfertigt vertretenen Gottesgedanken, weil sonst alle Erforschung der Aussagen Jesu in Bezug auf Gott rein hypothetischen Charakter hat. Sie agiert dann abstrakt: Sie trennt die Geschichte der religiösen Begriffsbildung von Gott und seiner Wahrheit. Der Begriff dieser Wahrheit kann aber nicht vollkommen von seiner Erscheinung in der Geschichte getrennt gehalten werden – dies ist der originäre und folgenreiche Gedanke Pannenbergs! Wenn sowohl die Geschichte in ihrer Bezugnahme auf Gott als auch Gott selbst in seiner Wahrheit ernst genommen werden sollen, dann muss nicht nur die Schöpfung im allgemeinen und neutralen Sinn als das Werk Gottes selbst verstanden werden, *sondern dann muss die menschliche Geschichte in ihrer konkreten Suche, in ihrem Finden und Abirren von Gottes Wesen als ein Werk, ein Handeln Gottes an und mit der Welt verstanden werden!*

Der Gedanke ist also: Christus und sein Verhältnis zu seinem Vater ist nur die vollendete und herausragende Mitte eines *allgemeinen* Verhältnisses des Menschen zu Gott. Die in Selbstunterscheidung vollzogene differente Einheit Jesu mit Gott ist aber derart, dass Gott durch diesen hingebenden Lebensvollzug Jesu in ihm ganz erscheint. *Dann ist aber auch dasselbe von der Geschichte des Menschen im Allgemeinen zu denken*: In tastender und vorahnender, auch in verfehlender und sich verirrender Weise geschieht die Geschichte der Beziehung des Menschen zu Gott – und dies ist nun selbst *als das Werk* Gottes zu begreifen, als seine noch nicht zu Ende gekommene Erscheinung.

Es sind hier also zwei Wahrheiten festzuhalten, die gegen den landläufigen Sinn dessen gerichtet sind, was die Religionsgeschichte als die Abfolge der nur menschlichen Vorstellungen von Gott verstehen will.

(1) Die Art und Weise des Wirkens Gottes in der Welt geschieht nicht durch ein äußerliches, ontisches Eingreifen und sozusagen technisches Bewerkstelligen. Gott hat die Schöpfung vollkommen ihr selbst übergeben. Zum vollkommenen Vollzug kommt dieses Sichselbst-Gegebensein zwar erst in Jesus Christus, der Mitte und Vollendung der Schöpfung. Jedoch muss die Schöpfung als solche in ihrer Entwicklung auf Christus hin schon immer als diese Sich-selbst-Gegebenheit verstanden werden. Wie wirkt Gott aber dann in der Welt?

Die Antwort Pannenbergs ist: Er wirkt allein *durch den Differenzvollzug*, den die Schöpfung selbst in immer vollkommenerer Weise und schließlich in Jesus in Vollendung vollbringt. Um diesen Differenzvollzug möglich zu machen, muss die Schöpfung vor allem *sich selbst* vollziehen, aber dies gelingt nur durch die selbst erbrachte Unterscheidung von Gott, dem Grund und der Bestimmung aller Wirklichkeit. *Durch diese Selbstunterscheidung* kommt Gott selbst in die Welt und verwirklicht dort seine Wahrheit, aber in *indirekter* Weise!

(2) Die Religionsgeschichte ist nicht eine Abfolge von subjektiven Projektionen des nur menschlichen Geistes. So stellt sie sich für das gewohnte Verstehen dar und so wird sie einem als transzendent und für sich seiend imaginierten Gott gegenübergestellt. Aber, wie oben gezeigt wurde: Die menschliche Bezugnahme auf Gott ist in ihrem letzten Sinn nicht das subjektive Entwerfen von Bildern und Mythen, sondern sie geschieht durch einen Differenzvollzug, den Vollzug einer Selbstunterscheidung. In dieser Selbstunterscheidung geschieht aber die Erscheinung Gottes selbst in der Schöpfung in indirekter Weise. In voller Gültigkeit wird dies erst von Christus und seiner Auferstehung her offenbar: In ihm kommt die Wahrheit Gottes ganz in die Welt und herrscht von da an endgültig über die Welt. Diese Herrschaft *geschieht in der Offenbarung* der Wahrheit als solcher: jener Wahrheit, in der klar wird und verwirklicht wird, dass die Schöpfung als ihren Grund dies zur Voraussetzung hat, *dass Gott in sich selbst sich unterscheidet und von Ewigkeit her Vater und Sohn in der Gemeinschaft des Geistes ist*. Diese Offenbarung geschieht aber gerade dadurch, dass Jesus in seinem Lebensvollzug *sich nicht* mit Gott gleichsetzt. Die Offenbarung ist selbst die Verwirklichung dieser Wahrheit und die Entscheidung über ihre Gültigkeit. Dies heißt: Die Schöpfung gehört immer schon in diese Wahrheit mit hinein. Die Trinität kann niemals getrennt, ohne ihren Offenbarungsvollzug, in den die Geschichte mit hineingehört, angesetzt und gedacht werden.

II.4 Der Begriff der Strittigkeit

An dieser Stelle wird ein für Pannenbergs Geschichtstheologie zentraler Begriff relevant: die Strittigkeit. Pannenberg sagt: Die Wahrheit Gottes bleibt umstritten. Sie ist auch in der Auferstehung Christi nicht endgültig und abgeschlossen in der Welt offenbart und verwirklicht, sie ist also in ihrem geschichtlichen Wesen *strittig* – was bedeutet dies in diesem Kontext?

Der Begriff erwächst aus dem streng durchgeführten Gedanken der Erscheinung Gottes in der *tatsächlich geschehenden* Geschichte des Menschen mit Gott und in Bezug auf Gott. Die Geschichte des Menschen kann nicht anders verstanden werden als die *indirekte Erscheinung* Gottes selbst – also selbstverständlich gerade nicht in der Form einer glatten Übereinstimmung oder Abbildung.

Der Begriff der *Strittigkeit* wird von Pannenberg also geprägt und eingesetzt, um zweierlei festzuhalten: Die Geschichte muss einerseits begriffen werden als wirkliches Werk Gottes – dies wird schon voll sichtbar von Christus und seiner Auferstehung her. Gottes Wahrheit kann nicht als vollkommen der Geschichte transzendent verstanden werden, sondern sie ist nur von sich selbst her ganz wahr, wenn sie auch *in* der Geschichte herrscht. Andererseits muss der Begriff der Geschichte ein Nicht-ganz-Aufgehen festhalten, das zur Autonomie, zum Sich-selbst-Gegebensein der Schöpfung und des Menschen gehört: Die Geschichte des Menschen und Gottes ist bis zum Ende offen, die Wahrheit Gottes ist in ihr noch nicht endgültig entschieden, sondern erst von ihrem Ende her voll zu begreifen. Die Wahrheit Gottes hat sich in der von der Freiheit des Menschen bestimmten Schöpfung noch nicht vollkommen durchgesetzt. Dies heißt aber gerade nicht, dass die Geschichte der Religionen vollkommen beliebig und unwahr ist – im Gegenteil: Sie muss als das Werk Gottes und sein vorläufiges Erscheinen, als der *Weg* zu seinem endgültigen und wahren Erscheinen verstanden werden.

Der Begriff der Strittigkeit ist also nicht zu verwechseln mit einem Zugeständnis Pannenbergs an einen modernen relativistischen Wahrheitsbegriff. Er entsteht im Gegenteil aus dem Anliegen, die Geschichte in ihrer Offenheit und Kontingenz phänomenal festzuhalten, aber nun vor dem Hintergrund der tieferen geschichtstheologischen Wahrheit, die aus der Erfahrung der Auferstehung Jesu Christi und damit der Inkarnation stammt. Durch diese Wahrheit der Christologie als solcher wird deutlich, dass die Geschichte selbst nur von Gott her und seinem Wirken zu verstehen ist. Sie ist sein Werk, hin zu seiner Selbstoffenbarung in der Inkarnation. Sie gehört damit immer schon auch zu Gott und umgekehrt: Gott kann nicht richtig verstanden werden, wenn er nicht auch schon immer als auf der Seite der Schöpfung und ihrer Geschichte wirkend verstanden wird. Gott ist nur wirklich Gott, wenn sein Wirken nicht an der

Schöpfung seine Grenze hat. Damit ist aber die Geschichte selbst auf indirekte Weise eine Seite der Wahrheit Gottes.

Vor dieser christologischen Wahrheit wird nun aber dasjenige, was dem ontischen Verstehen eine vollkommene Trivialität ist, die Widersprüchlichkeit und der Pluralismus der menschlichen Aussagen über Gott, zu einem Phänomen, das einer ausdrücklichen begrifflichen Fassung bedarf. Denn die ontologische Frage ist nun: Wenn die Geschichte des Menschen immer schon als das Werk Gottes verstanden werden muss, wie kommt es vom Wesen Gottes her gedacht zu dieser Widersprüchlichkeit und zu diesem Pluralismus? Der Sinn des Begriffs der »Strittigkeit« ist es, dieses Phänomen zu erfassen und begrifflich festzuhalten.

Dieser Zusammenhang wird an einer entscheidenden Stelle der Geschichte voll und zwingend sichtbar, die deren Ende schon antizipiert: Jesus von Nazareth ist wahrhaft auferstanden. An ihm wird damit *proleptisch*, vom Ende her, schon jetzt sichtbar, was die Wahrheit Gottes ist und wie die Geschichte in diese Wahrheit letztlich einmündet. Pannenberg zeigt sich an dieser Stelle als wirklicher Meister der Unterscheidungen, denn *entscheidend für die Wahrheit* der proleptischen Offenbarung in der Auferstehung Jesu bleibt die Strittigkeit der Geschichte, *aus der diese proleptische Offenbarung stammt.*

Der christliche Glaube trägt dieser Strittigkeit der Wirklichkeit Gottes im Prozess der Geschichte in der Form der *theologia crucis* Rechnung, lebt jedoch andererseits von der Erfahrung einer antizipierten Vollendung der Geschichte und der Versöhnung ihrer Leiden durch Gott in der Auferstehung Jesu. Auf einer solchen Antizipation beruht auch das Bekenntnis des christlichen Glaubens zur Inkarnation Gottes in der Person Jesu. Insofern ist dieses christologische Zentralbekenntnis seinerseits geschichtstheologisch vermittelt.[77]

Damit hält Pannenberg fest, dass das Bekenntnis zur Inkarnation immer schon die ganze menschliche Geschichte bis zu ihrem Ende mitvollzieht und sie miteinschließt: Denn die Wahrheit über die Gottessohnschaft Jesu wird in der Auferstehung bestätigt. Jesus wird in der Auferstehung zum Sohn erhoben – so war das ursprüngliche Verständnis der ersten Bekenntnisse und das theologische Verständnis der Väter. Dies wurde oben in der Analyse der Christologie Ratzingers ausführlich dargestellt und dies ist auch Pannenbergs Verständ-

---

[77] A.a.O., 138

Die Christologie Wolfhart Pannenbergs

nis des Zusammenhangs von Auferstehung und Inkarnation des Sohnes. Das christologische Bekenntnis ist also wirklich, wie Pannenberg sagt, implizit geschichtstheologisch; es lebt von der Wahrheit des Endes der Geschichte, das in der Auferstehung antizipiert ist. Aber nicht nur in der Antizipation des Inkarnationsgedankens muss die Geschichte in ihrer unvollendeten Strittigkeit mitgedacht werden, sondern vor allem auch in der Deutung des Auftretens Jesu als Sohn Gottes in dieser Geschichte und aus dieser Geschichte heraus.

Die Inkarnation, die wirkliche und wahre Gegenwart Gottes in der Geschichte, geschieht nicht so, dass damit die Strittigkeit ihrer Entwicklung durchgestrichen und belanglos würde. Sondern die Inkarnation *hängt* in einem gewissen Sinn an der wirklichen, geschehenen Geschichte der Menschheit mit Gott bis zu ihrer Vollendung in Jesus Christus! Die Geschichte der Religionen in ihrer suchenden Strittigkeit kann nicht einfach abgestoßen werden gegenüber einem Einbruch des radikal Andersartigen und Neuen. Die Inkarnation ist gerade nicht der Einbruch Gottes aus der Vertikale. Würde die Christologie die Inkarnation so verstehen, dann würde sie Gott *gerade nicht* als den trinitarischen Gott denken, der in der Geschichte des Menschen selbst seine Wahrheit vollbringen muss. Dann wäre der Mensch in seiner Geschichte etwas Gott gegenüber vollkommen Äußerliches, in das seine Wahrheit einbricht und wieder auszieht, ohne dass die Schöpfung in ihrer Geschichte an diesem Einbruch in substantieller Weise beteiligt wäre. Demgegenüber muss der echte Begriff der Inkarnation festgehalten werden *als ein Vollzug der indirekten Verwirklichung Gottes* von der Geschichte des Menschen selbst her. Die Idee des vertikalen Einbruchs Gottes unter Absehung von der Strittigkeit stellt sich von dieser Analyse her als eine entscheidende gedankliche Verführung dar, die Inkarnation falsch zu interpretieren. Umgekehrt ist es entscheidend, Gott von der Christologie her so zu denken, dass er immer schon die Geschichte des Menschen und dessen suchende Beziehung zu Gott so mitvollzieht, dass sie als sein *indirektes* Werk verstanden werden muss. Der Grund dafür liegt aber letztlich im Begriff Gottes selbst: Erst wenn Gott sich wirklich von der Schöpfung her und in ihr als wahr erweist, ist seine Gottheit erwiesen und seine Herrschaft über alles und in allem wird verwirklicht und findet ihre Erfüllung. Die Wahrheit Gottes ist der substantielle Kern dieser Herrschaft. Sie kann aber nicht abstrakt und von außen in die Schöpfung einbrechen, sondern sie muss sich »von unten« offenbaren, so, dass von dieser Offenbarung her sich zeigt, dass die Ge-

Der Begriff der Strittigkeit

schichte immer schon nur als ein Werk Gottes verstanden werden kann.

Die Herrschaft Gottes kann letztlich nicht stringent begründet werden, wenn seine Wahrheit nicht aus dem Vollzug der Schöpfung heraus erwiesen wird: aber dies heißt auch, aus dem Vollzug der Strittigkeit der menschlichen Geschichte heraus. Diese Geschichte muss darum als in einem bestimmten Sinn zu Gott und seinem Wesen zugehörig gedacht werden: Erst dann ist seine Wahrheit und sein Wesen wirklich in vollem Sinne gegenwärtig und vollzogen. Das Suchen und Entwerfen der verschiedenen Religionen gehört also zu der Geschichte Gottes in einem bestimmten Sinn dazu, aber nur deshalb, weil das Ende der Geschichte sich im vollendeten selbstunterscheidenden Vollzug Jesu Christi zeigt. Dies ist der tiefere ontologische und daher wahre Sinn des Gedankens, dass wirklich alle Religionen auf Christus zulaufen, dass in ihm alles zusammengefasst ist, was die Menschen an trennenden Entwürfen hervorgebracht haben. *Nur in dieser Einheit Jesu Christi* werden diese Entwürfe nicht durchgestrichen und vernichtet, sondern haben ihr geschichtliches Recht. Darin liegt aber gerade dies, dass die Wahrheit Christi keine Konkurrenz zu allen anderen geschichtlichen Entwürfen sein kann, sondern dass er in seiner vollkommenen Selbstunterscheidung auch deren Teilwahrheit mit umfasst!

Pannenberg bringt dies in unnachahmlich genau gedachter Weise wie folgt zum Ausdruck:

> Würde sie (die Theologie) aber den Inkarnationsgedanken ablösen von der Strittigkeit der göttlichen Wirklichkeit in der Geschichte – oder ihn dieser Erfahrung lediglich entgegensetzen in einem Akt subjektiven Bekennens, – dann würde sie nicht mehr den Gott denken, der gerade unter den Bedingungen der Strittigkeit seiner eigenen Wirklichkeit in der Geschichte sich offenbart.[78]

Der Begriff der Strittigkeit bezeichnet also exakt die doppelseitige Bedingung der Verwirklichung der Herrschaft Gottes in der Schöpfung, deren Freiheit er ihr zugleich voll garantiert und gönnt. Die Strittigkeit ist deshalb gerade nicht zu verwechseln mit einer Beliebigkeit des Meinens und Projizierens oder als Relativismus des Erkennens Gottes. Der Begriff bezeichnet etwas anderes: Er versteht die Geschichte nicht als einen ontischen Vorgang, der von Gott absolut unterschie-

---

[78] Ebd.

Die Christologie Wolfhart Pannenbergs

den ist und darum auf ihn nur irrtümlich und projektiv Bezug nehmen kann. Sondern er versteht die Geschichte als schon prinzipiell umfasst von der christologischen Wahrheit der Auferstehung – und das heißt, der Inkarnation. Damit ist die Geschichte aber immer schon die Geschichte des Sohnes, die auf ihn als ihren inneren Sinn zugeht und kein anderes Ziel hat. Der Begriff bezeichnet im Gegenteil also das echte Phänomen der Offenheit der Geschichte, aber verstanden als die Geschichte der Wahrheit Gottes: als die Geschichte, in der Gott immer schon mit waltet. Die Wahrheit Gottes geschieht immer schon in der Geschichte und schließlich offenbart sie sich proleptisch sogar vollkommen in der Auferstehung Jesu, die als ursprünglicher Vollzug der Inkarnation des Sohnes zu begreifen ist. Pannenberg sagt mit dem Begriff der Strittigkeit also eigentlich dies: Die Auferstehung Christi ist die eigentliche Erklärung für die Pluralität der Religionen, mithin für die Strittigkeit. Die Strittigkeit der Geschichte hat ihren eigentlichen *Sinn* in der Einheit, auf die sie zugeht, und diese Einheit ist die radikale Selbstunterscheidung Jesu Christi und seine proleptische Vorwegnahme des Endes der Geschichte in der Auferstehung.

Gerade deshalb aber, weil die Geschichte immer schon Geschichte der christologischen Wahrheit ist, ist sie auch nicht ein im mechanischen Sinn notwendiges Abarbeiten eines Entwicklungsgesetzes. Dieses echte Phänomen – die der Sache nach wesentliche, lebendige Freiheit und Offenheit der Schöpfung im Menschen bei zugleich schon proleptisch vorweggenommener, notwendiger Vollendung der Wahrheit in der Geschichte in der Auferstehung Jesu Christi – will der Begriff der Strittigkeit zur Sprache bringen und festhalten. Er erweist sich so gegenüber den nur ontischen Vorstellungen von der Geschichte als einzig wirklich tragfähiger Begriff, und damit als wirklich vernünftig. Hier zeigt sich erneut, wie schon in der Analyse der Christologie Ratzingers, dass die Wahrheit der Christologie kein abgeschlossenes, subjektives Bekenntnis darstellt, sondern eine allgemein kommunizierbare Wahrheit, die gerade den Fragen und Ansprüchen der Vernunft als solcher gerecht wird.

Pannenberg fügt hier noch einen bedenkenswerten Nachsatz an: Erst, wenn die Religionsgeschichte des Menschen in dieser Weise als Gottes Werk selbst verstanden wird, kann die Wahrheit der Aussage in *Joh 1,11* begriffen werden. Dort heißt es, »er kam in sein Eigentum« – also in die Geschichte des Menschen, *die sein Werk ist*, so wie sie sich in Freiheit und Selbstgegebenheit vollzieht. Nur wenn dies wirklich wahr ist, so Pannenberg, kann die Tiefe der darauffol-

»Selbstverwirklichung« anstelle von »Selbstentäußerung«

genden Aussage ermessen werden: »doch die Seinen nahmen ihn nicht auf«. Damit ist nun aber gesagt, wenn es wahr ist, dass Gott gerade in dieser konkreten Geschichte sich dem Menschen immer schon gezeigt hat, dass sie also sein Werk ist: Die Seinen haben ihn nicht aufgenommen, nicht, weil sie in ihren Gottesvorstellungen und subjektiven Setzungen es nicht hätten besser wissen können, sondern weil sie es nicht wollten. Diese Sätze des Johannesprologs haben also außerhalb des echten christologischen Tiefensinns, der hier herausgearbeitet wurde, nur eine vage, metaphorische Bedeutung. Die Sätze scheinen in dieser Perspektive selbst aus einem Gleichnis zu stammen: Gott besucht die Geschichte der Menschheit, er ist dabei inkognito und wird nun abgelehnt und schlecht behandelt, schließlich sogar umgebracht. Der Ausgang ist beschämend, das Gleichnis scheint einen Vorwurf zu formulieren. Pannenberg will nun aber sagen: Gott kommt gar nicht »von außen« in die Welt. Die Welt ist nicht ein äußerlicher Gastraum für Gott, sondern sie ist nichts anderes als der Raum seiner eigenen Wahrheit und noch ausstehenden Wirklichkeit. Die Geschichte des Menschen ist immer schon die Geschichte Gottes – nur so kann die Gottheit Gottes wirklich in ihrem Wesen und ihrer Objektivität begriffen werden. Umgekehrt wird dadurch jene Ablehnung der Vollendung dieser Geschichte, von der *Joh 1,11* handelt, erst in ihrer ganzen Abgründigkeit verstehbar: Denn es ist die Ablehnung des Menschen seiner selbst, seiner eigenen Bestimmung und damit seiner Identität und Wahrheit!

II.5 »Selbstverwirklichung« anstelle von »Selbstentäußerung«

Durch die Einführung und Diskussion des Begriffs der Strittigkeit ist der Boden bereitet für einen abschließenden und christologisch prägnanten Terminus, wie er wohl nur bei Pannenberg auf diese Weise und in dieser Bedeutung gebraucht wird: Es handelt sich um den Begriff der »Selbstverwirklichung« Gottes. Wie in den vorangehenden Abschnitten immer wieder angedeutet wurde, wie aber auch in den Analysen zur Christologie Ratzingers mehrmals erarbeitet wurde, liegt der Erweis der Christologie als einer vernünftigen, allgemein ausweisbaren Wahrheit in ihrer Gründung in der Ontologie, also in der Wahrheit als solcher, die auch die Wahrheit des Menschen sein muss: Denn der Mensch ist das Wesen des *Logos*, der Vernunft. Die immer schon in der Geschichte des Menschen und seines Geistes einwohnende und tätige Wirklichkeit Gottes ist der ontologische Horizont für die Offenbarung dessen, dass Gottes Wahrheit auch die Welt mit umfassen und in ihr herrschen muss. Diese Wahrheit kann aber der Welt nicht »von oben« oktroyiert werden, sie kann nur in der Weise allgemein und real werden, dass die Schöpfung Gottes selbst sie vollzieht. Dieser vollendende Vollzug der Welt geschieht von ihrer Mitte her, von dem Menschen, den Gott der Welt selbst aus sich heraus schenkt. Die Schöpfung nimmt diese Gabe ihrer Vollendung in dem »Ja« Marias an. In der Hingabe und der Auferstehung Jesu erscheint Gott selbst in der Welt in seiner Wahrheit: als ewiges, trinitarisches Leben.

Die klassische Christologie interpretiert diese Gabe der Inkarnation als *Kenose*, als Abstieg und Entäußerung. Einer der berühmtesten und nachweisbar frühesten Texte des Neuen Testaments, der Christushymnus im 2. Kapitel des Philipperbriefes malt diese Entäußerung in schlichter und ergreifender Schönheit aus.

Er war wie Gott, hielt aber nicht daran fest, Gott gleich zu sein, sondern entäußerte sich, wurde wie ein Sklave und den Menschen gleich. Sein Leben war das eines Menschen, er erniedrigte sich, war gehorsam bis zum Tod, bis zum Tod am Kreuz. Darum hat ihn Gott über alle erhöht und ihm den Namen verliehen, der jeden Namen übertrifft, damit vor dem Namen Jesu alle Mächte im Himmel, auf der Erde und unter der Erde ihre Knie beugen und jede Zunge bekennt: Jesus Christus ist der Herr, zur Ehre Gottes, des Vaters. *(Phil 2,5–11)*

Dieser Hymnus wurde daher zum Modell für die Idee, dass die Inkarnation in Jesus als etwas verstanden werden muss, was Gott in seiner Macht in einem gewissen Sinn vorübergehend schmälert und seine eigentliche Wahrheit also zeitweise verhüllt. Diesen christologischen Grundgedanken fordert Pannenberg mit dem Begriff der *Selbstverwirklichung* heraus. Wie ist dabei seine Argumentation?

Indem die Geschichte des Menschen selbst nicht abstrakt und losgelöst von der Wahrheit Gottes gedacht werden kann, entsteht eine offene Situation: Gottes Wahrheit, seine Macht und seine Güte zugleich, müssen in der Welt, die seine Schöpfung ist, die Herrschaft übernehmen – sonst ist seine Gottheit in Frage gestellt. Damit ist aber die Übernahme dieser Herrschaft zugleich die Offenbarung seiner Wahrheit.

Dies heißt aber auch – das ist für die endgültige Diskussion der Christologie von größter Bedeutung –, dass die Wahrheit Gottes nur

»Selbstverwirklichung« anstelle von »Selbstentäußerung«

und allein durch eine »Christologie von unten« erkannt werden und sich darstellen kann. Nach der ausführlichen Dialektik, die Pannenbergs Diskussion der Christologien »von unten« versus »von oben« aufgezeigt hat, ist es klar, dass diese gerechtfertigte »Christologie von unten«, an der festgehalten werden muss, einer spezifischen Differenzierung bedarf.
Damit wird nun aber auch der Begriff der Macht Gottes selbst für die »Christologie von unten« Thema. Der Begriff der Allmacht Gottes kann nicht abstrakt und unabhängig von der Geschichte des Menschen gebildet werden, um ihn dann in einer vorgestellten, sozusagen mythologischen Tat von dort aus in die Welt einzuführen. Genau diesen Ansatz verfolgt aber die Inkarnationschristologie. Um dem *tatsächlich bezeugten Lebensvollzug* Jesu Christi aber Rechnung zu tragen, kann dieser vorgestellte Einbruch Gottes in die Geschichte nicht als gewaltsame Durchsetzung seiner Allmacht vorgestellt werden. Um dem gerecht zu werden, entwirft die Inkarnationschristologie die Idee der *Kenose*, einer Selbstentäußerung: Gott gibt seine Macht dahin, »wird wie ein Sklave und den Menschen gleich« *(Phil 2, 6 ff.)*. Pannenberg ist sich nun zwar dessen vollkommen bewusst, dass der Christushymnus des Philipperbriefes ein ursprüngliches Zeugnis der frühesten Christenheit ist. Dennoch hält er daran fest, dass es sich hier um eine heterogene Theologie handelt, die in gewisser Weise noch nicht in vollem Sinne die Wahrheit der Christologie und damit der Trinität widerspiegelt.

Darum ist die Gemeinschaft Gottes mit solcher menschlichen Schwachheit nicht als Entäußerung, als Ablegen einer Macht und Gewalt, die Gott bei sich selber eigentlich schon besäße, zu verstehen: So stellt es zwar ausdrücklich das berühmte Lied des Philipperbriefes dar (Phil 2,6 ff.), aber diese Ausdrucksweise erklärt sich dadurch, daß dieses urchristliche Lied die spezifisch christliche Erfahrung vom Verhalten Gottes auf der Folie der sonst üblichen Auffassungen von Gottes Macht und Herrlichkeit zum Ausdruck bringt.[79]

Das Christuslied des Philipperbriefes will demnach etwas ursprünglich Christologisches ausdrücken, sucht aber die Mittel dafür bei einem herkömmlichen Gottesbegriff und verfehlt dadurch den genuinen, rein aus der Offenbarung in Christus selbst geschöpften Begriff von Gottes Macht. Deshalb ist sein Gehalt und die von ihm sich herleitende Inkarnationschristologie heterogen.

---

[79] A.a.O., 140f.

Die Christologie Wolfhart Pannenbergs

In Christus wird aber etwas anderes offenbar, so Pannenberg, und diese spezifisch christliche »Erfahrung« des Handelns Gottes muss sich in der begrifflichen Durcharbeitung widerspiegeln: Gottes Macht darf nicht so verstanden werden, dass sie außerhalb der Hingabe Jesu Christi, die vor der Welt gerade als Ohnmacht erscheint, schon als ein fester Bestand auf der Seite Gottes vorläge. Sondern: Seine Macht *ist nichts anderes* als genau jenes scheinbar Schwache, was sich in der Welt gegen den äußeren Schein der weltlichen Mächte und Gewalten am Ende durchsetzen wird.

[Christliches Gottesverständnis] ... kann darum das Sichverbinden Gottes mit dem, was in dieser Welt schwach ist und scheitert, – aber wiederum nicht mit irgendwelchen Schwachheiten, sondern mit der Ohnmacht des reinen Herzens, des Mühens um Frieden und Gerechtigkeit –, nicht als eine Art temporären Verzicht Gottes auf seine wahre Natur deuten, nicht als Selbstentäußerung, sondern vielmehr gerade als Selbstverwirklichung Gottes in der Ausübung seiner Herrschaft über seine Schöpfung.[80]

Pannenberg ringt hier also um einen echten, originär christlichen, christologisch konsistenten Gottesbegriff. Selbstverständlich ist damit die Grundintention, die im Christushymnus des Philipperbriefes verfolgt wird, nicht als vollkommen verfehlt abgetan. Er erfasst wesentliche Momente des tieferen Sinnes dessen, was »Inkarnation« im Grunde bedeutet. Nur versucht dieser Lobpreis, so Pannenberg, das Wesen Christi zu erfassen vor dem Hintergrund von überlieferten Gottesbegriffen der Griechen und des Judentums. Dadurch wird der Begriff Christi und von daher der christliche Gottesbegriff selbst, der in Christus offenbart wird, in seiner Klarheit eingetrübt. Er wird mit Hilfe heterogener Komponenten dargestellt und nicht aus seinem eigenen, von ihm selbst her offenbaren Wesen. Dadurch wird aber nicht erreicht, dass der Gottesbegriff *wirklich* und in seiner Wahrheit, die in der Welt erscheint, gewonnen wird. Es wird also der Zusammenhang zwischen der Gestalt Jesu Christi und dem erst von hier aus sich offenbarenden Begriff von Gottes Macht nicht klargemacht und festgehalten.

Pannenberg will aber gerade zeigen, *dass nur und allein auf diesem Weg, auf dem Weg über die Hingabe Jesu Christi, der Begriff der Macht Gottes in seiner Wahrheit realisiert werden kann*. Genau darum ist allein Christus »der Weg und die Wahrheit«: Weil die Offen-

---

[80] A.a.O., 141

»Selbstverwirklichung« anstelle von »Selbstentäußerung«

barung in ihm allein die Wirklichkeit Gottes in der Welt und damit seine Macht und Herrschaft verbürgt. Indem sich diese Wahrheit der Macht Gottes offenbart und realisiert, zeigt sie sich aber gleichzeitig für die Vernunft als unmittelbar einsichtig und erkennbar. Die Vernunft steht nicht in einem äußerlichen Verhältnis zu dem Geschehen der Offenbarung der Wahrheit der Allmacht Gottes in der Hingabe Christi. Sondern die Verwirklichung der Macht Gottes in der Welt ist gleichbedeutend mit dem Mitvollzug der Vernunft und das heißt des Menschen. Die Wirklichkeit der Macht Gottes in der Welt kann der Vernunft nicht äußerlich bleiben, weil diese das allgemein Gültige und die Wahrheit von sich selbst her mitvollziehen muss. Sie muss gleichermaßen in diese Realität der Macht Gottes in seiner Schöpfung einbezogen sein.

Hier zeigt sich also überdeutlich eine Grundordnung, die in dem Geschehen der Offenbarung Gottes im Leben und in der Auferstehung Jesu von Nazareths waltet: *Weil der Begriff* Gottes erst in der Offenbarung des Lebens Jesu Christi zu seiner Wahrheit und zu seinem originären Inhalt kommt, *deshalb muss* die Christologie und mithin sogar die Theologie als Ganze immer »Christologie von unten« sein. Es ist dieser echte, ontologische Begriff einer »Christologie von unten«, der im Hintergrund des Denkens von Pannenberg präsent ist und auf den seine Christologie letztlich zuläuft. Genau dieser Begriff war aber, wie im ersten Teil dieser Arbeit herausgearbeitet wurde, auch bei Ratzinger im Hintergrund leitend präsent. In einer später folgenden, zusammenfassenden Betrachtung soll dies als Ergebnis noch einmal explizit zur Sprache kommen. Nicht nur als Feststellung einer bloß interessanten Kongruenz zwischen Ratzinger und Pannenberg, sondern als Ausweis für einen umfassenderen Anspruch, der in dieser Kongruenz sichtbar wird. In dieser Form der »Christologie von unten« und nur in ihr zeigt sich die Wahrheit des Christentums überhaupt, und seine Begriffe werden *ausweisbar*. Damit ist dann aber auch der Anspruch verbunden, der mit der »Wahrheit« von ihrer Sache selbst her ergeht: dass der Kern des christlichen Glaubens etwas ist, was allgemein einleuchtet und für alle und jeden gleichermaßen einsehbar ist.

Wenn auf diese Weise der innere Zusammenhang des wahren Begriffs der Macht Gottes mit dem Vorgehen der »Christologie von unten« aufgezeigt ist, kann aber nun auf eine neue Weise der Begriff der Kenose in seiner Bedeutung und in seinem wohl ursprünglich angezielten Gehalt gewürdigt werden.

Die Christologie Wolfhart Pannenbergs

Die Kritik Pannenbergs an dem Begriff zielt letztlich darauf, dass die Inkarnationschristologie Gottes Handeln an der Welt als eine *äußerliche Beziehung* versteht. Durch das Ausbleiben einer echten »Christologie von unten« entsteht die missverständliche Idee, Gott sei in einem »in Ewigkeit vorliegenden« trinitarischen Lebensvollzug in einem Jenseits zur Welt, abgetrennt von ihr und ihrem Selbstvollzug, ungeschichtlich gegenwärtig. Christus, so die Idee, nimmt an diesem ewigen, nur für sich selbst bestehenden Lebensvollzug als ewiger Logos immer schon teil.

Der Philipperbrief scheint nun in der Linie der klassischen Inkarnationschristologie so zu denken: *Wenn* Christus als ewiger Sohn eine Person des trinitarischen Gottes ist, dann hat er auch Anteil an der Allmacht Gottes. Trifft dies aber zu, dann entsteht die Frage: Wo ist diese Macht dann in Jesus und seinem schlichten Leben als Mensch geblieben? Die Lösung kann nur darin liegen, so scheint die innere Konsequenz des Philipperbriefes zu sein, dass »der Sohn« diese ewige Allmacht aufgegeben hat und »wie ein Sklave wurde und den Menschen gleich«. Damit wäre dann die Inkarnation verstanden als der freiwillige Machtverzicht des Sohnes, das temporäre Ablegen jener Macht, die er ursprünglich innehatte und die er in der Auferstehung wieder an sich nehmen wird.

Das Problem des Begriffs der Kenose, so wie ihn Pannenberg kritisiert, stammt also weniger aus seinem *sachlichen Gehalt*, der in seiner Bedeutung auch für andere Interpretationen offen ist, als aus der Rolle, die ihm innerhalb der ontisch denkenden Inkarnationschristologie zugewiesen wird. Daher kann nun in einem neuen Schritt gefragt werden: Was bedeutet der Begriff der Kenose in seinem Kern und warum bezeichnet er von den frühesten Zeugnissen an einen tragenden Gedanken im Glauben der Kirche?

Pannenberg legt größten Wert darauf, die Macht Gottes in ihrem wahren Sinn als *genuin christologisch offenbarten* Begriff zu explizieren. Daher kann diese Macht Gottes niemals auf der Folie eines weltlich-technischen Vorstellungshorizonts erfasst werden. Es muss vielmehr in der Person und im Leben Jesu Christi selbst etwas liegen, was jenen eigentlichen, tieferen Kern der Macht Gottes verstehen und begründen hilft.

In dieser Linie kann nun der Begriff der Kenose doch zu seinem Recht kommen. Es kann nämlich gezeigt werden, dass er dem *echten Begriff der Inkarnation* in seinem Wesen Ausdruck verleiht. Der recht verstandene Begriff der Inkarnation wurde aber sichtbar im Le-

»Selbstverwirklichung« anstelle von »Selbstentäußerung«

ben, Sterben und der Auferstehung Jesu. Als der Kern dieses Lebensvollzugs wurde festgehalten, dass Jesus *sich selbst* in grundlegender Weise von dem allmächtigen Gott, seinem Vater, *unterscheidet*. In dieser Selbstunterscheidung wurde aber in indirekter Weise Gott in seiner Wahrheit als der Grund aller Wirklichkeit in seiner tatsächlichen Macht offenbar. Gleichzeitig wurde erkennbar, dass die Selbstunterscheidung Jesu den wirklichen Begriff Gottes selbst definiert: Gott ist in Ewigkeit nicht anders als so, dass der ewige Sohn sich vom Vater in vollkommener Demut unterscheidet. *Das eigentliche Wesen der Kenose liegt also nicht in einem Verzicht Gottes auf seine Allmacht in einem Akt der Erniedrigung der Welt gegenüber.* Sondern der innere Sinn der Kenose, wie ihn Christus selbst offenbart, bezeichnet immer schon etwas, was Gott *als ihm selbst*, was ihm von seinem *eigenen Begriff* und *von Ewigkeit her* zukommt. Der genuine Sinn der Kenose besteht also nicht darin, die Macht zeitweilig auszusetzen, um die Menschen und damit die Schöpfung zu retten. Es geht also vornehmlich auch nicht um eine *Identifikation und Solidarität* Gottes mit dem Menschen, so als ob die Rettung des Menschen dadurch erreicht werden könnte, dass Gott sich, wenn auch zeitweilig, gleichsam aus Mitleid, herablässt und zum Sklaven macht. Sondern der Begriff der Kenose bezeichnet *überhaupt erst definitiv das*, was die eigentliche Macht Gottes in sich selbst ausmacht: das, was das Wesen seiner Unendlichkeit prinzipiell und eigentlich erst begründet.

Dieses innere Wesen seiner Unendlichkeit besteht darin, dass Gott sich selbst ganz dem Sohn übergibt, und umgekehrt: dass der Sohn diese Gabe annimmt und wiederum ganz dem Vater zurückgibt. Die Kenose, die Demut Gottes in sich selbst, *ist also das genuine innere Prinzip seiner göttlichen Macht*, sie bezeichnet nicht ein seiner Macht gegenüber abgeleitetes und zusätzliches Handeln. Die Souveränität Gottes besteht deshalb gerade darin, dass er wirklich dem Anderen seiner selbst, der Welt, Raum gibt und ihm alles, was dieses Andere ist und braucht, gönnt. Dieses Wesen Gottes bestimmt sein ewiges, beziehungshaft-trinitarisches Leben, das in Jesus Christus einmal und für immer offenbart, aber das heißt auch: verwirklicht wird. Die Kenose bezeichnet damit das christologische Verhältnis in Gott selbst, das generativ die Bedingung dafür ist, dass die Schöpfung Wirklichkeit werden kann.

Die Seinsart der Welt wird vom Philipperbrief jedoch implizit als »Sklavendasein« verstanden. Diese Seinsart ist also, wie jetzt deutlich wird, nicht zufällig, sondern in bestimmtem Sinn eine Wesensfolge der Demut Gottes in sich selbst. Gott selbst ist derjenige, der sich in sich selbst kenotisch vollkommen ausleert und sich an den Sohn übergibt. Der innere Sinn der Schöpfung besteht darin, diese Wahrheit wirklich zu erfassen und diesen alles bestimmenden kenotischen Grund ihrer selbst nun noch einmal ausdrücklich in ihrem eigenen lebendigen Wesen zu realisieren. Der Gründungsvollzug dieser Realisierung ist die Selbstunterscheidung Jesu Christi. In der Selbstunterscheidung Jesu findet aber, wie noch ausführlicher zu zeigen sein wird, in Verschränkung beides statt: Die Schöpfung findet Gott und darin sich selbst, und zugleich verwirklicht Gott sein eigenes Wesen, indem er die Geschichte der Welt vollendet durch die Übernahme seiner Herrschaft in der Welt. Jesus Christus wird also nicht deshalb Sklave, weil er sich zu den Menschen aus seiner göttlichen Sphäre herabbeugt, sondern seine vollkommene Demut ist nichts anderes als der personale Selbstvollzug Gottes in seinem ewigen Leben. Dass dieser Vollzug des Lebens Gottes selbst aber Wirklichkeit in der Welt wird, darin wird ihre Schöpfung und damit Erwählung und Errettung Ereignis: Denn in Jesus und seiner Selbstunterscheidung wird die Welt vollendet und Gott setzt sich in der Welt für immer durch.

Von dieser Sachlage her muss also gesagt werden: Die Kenose ist kein Vollzug, den Gott zusätzlich zu seinem schon vorliegenden Wesen ins Spiel bringt. Sondern sie gehört selbst zu seinem ewigen Wesen. Zu diesem ewigen Wesen Gottes gehört aber seine Allmacht als unverzichtbare Eigenschaft. *Es kommt also alles darauf an, den Zusammenhang dieser Allmacht mit der Demut Gottes zu verstehen*: Gerade darin, dass Gott seinem inneren Sinn nach kenotisch ist, sein Leben als Sich-selbst-Überlassen vollzieht, gerade und nur darin wird seine unendliche Größe und Macht manifest. Souveränität und Macht Gottes bedeuten also gerade nicht, dass er sich mit Hilfe einer gängelnden, zwingenden und schließlich gewaltsamen Einflussnahme durchsetzen muss. Viel substantieller ist jene Macht, die dem Anderen Raum geben kann. Dieses Raumgeben zeigt sich als entscheidende Wesensbestimmung des trinitarischen göttlichen Lebens auf allen Seiten. Das Raumgeben für den Anderen erweist sich so als tiefere Bestimmung dessen, was mit Kenose gemeint ist.[81]

Gottes Macht offenbart sich indirekt in seinem Sohn darin, dass dieser sich radikal von ihm unterscheidet. In der Unterscheidung aber

---

[81] Vgl. dazu die später folgende Diskussion des Begriffs der Allmacht bei Kierkegaard.

»Selbstverwirklichung« anstelle von »Selbstentäußerung«

und gerade nur durch sie erweist er sich als der, dem »alles vom Vater übergeben ist« *(Mt 11,27).* Denn: Der Vater macht seine Herrschaft und ihre geschichtliche Verwirklichung in Tat und Wahrheit abhängig von Jesus Christus, seinem Sohn. Der Vater zeigt sein allmächtiges, souveränes, raumgebendes, schöpferisches Wesen also gerade darin, dass er dem Sohn alle Macht überlassen hat.

Der Sohn ist der Ursprung alles Geschaffenen, weil er sich radikal selbst vom Vater unterscheidet, aber genau darin Möglichkeitsgrund der Schöpfung als etwas von Gott Unterschiedenem ist. Zugleich ist er aber auch Vollendung der Schöpfung, die nun in Christus sich von Gott selbst unterscheiden kann. In diesen Verschränkungen arbeitet Pannenberg also heraus: Die Selbstunterscheidung ist nicht nur eine Handlung des Sohnes, sondern sie wird zugleich möglich durch das Handeln des Vaters, der dem sich vollkommen unterscheidenden Sohn alle Macht übergibt. Der Vater macht sich und seine eigene Gottheit und damit seine eigentliche Macht radikal abhängig vom Sohn. Er setzt im Sohn alles aufs Spiel.

Es ist also gerade nicht zuallererst der Sohn, der seine göttliche Macht zeitweilig aufgibt und »wie ein Sklave wird«, wie der Philipperhymnus es zu fassen versucht. Sondern, streng genommen ist es der Vater, der *von jeher* seine Macht ganz dem Sohn überlässt – aber dies ist genau jener Sohn, der vor der Welt wiederum als der vollkommen Ohnmächtige erscheint. Die Übergabe der Macht an den Sohn darf also nicht in einem ontischen Sinn dahingehend missverstanden werden, dass Gott eine technisch-manipulative Gewalt an einen Stellvertreter abtritt. Die Übergabe aller Macht an den Sohn geschieht genau und nur in der Weise, dass Gott seine Herrschaft in der Welt und damit seine Gottheit abhängig macht von dem wirklichen Vollzug der Selbstunterscheidung Jesu in seinem Leben, Sterben und Auferstehen. Darum ist die Selbstaussage Jesu im Evangelium, nach der »ihm alles vom Vater übergeben ist«, in derselben Weise zweideutig und missverständlich wie alle messianischen Selbstaussagen Jesu. Ihre eindeutige Wahrheit ergibt sich erst dadurch, dass sie proleptisch auf seinen Kreuzestod und seine Auferstehung bezogen wird: Jesus hat alle Macht nur genau insofern, als er sich vollkommen selbst von Gott unterscheidet und sich ihm hingibt. Erst in dieser scheinbaren Ohnmacht des Sohnes konstituiert sich aber die ganze Macht des Vaters in der Welt und vollendet und bestätigt sich sein Wesen als die alles bestimmende Wirklichkeit. Erst in seiner eigenen Kenose in Bezug auf seinen Sohn Jesus Christus wird also Gott selbst wirklich und verwirklicht sich selbst und sein eigenes Wesen.

Von diesem Ergebnis herkommend lässt sich also der Begriff der Kenose mit dem Gedanken der Selbstverwirklichung zusammenbringen. Es ist von der Sache her derselbe Gedanke, und das einheitsstiftende Element ist wiederum die Perspektive der »Christologie von unten«. Gottes Wahrheit kann ihrem Wesen nach nicht als vollkommen außerhalb der Welt selbst gedacht werden. Sie muss deshalb mit ihrer Offenbarung in der Welt identisch sein. In der Umkehrung der Perspektive heißt dies: Die Weise, in der sich Gott in der Welt offenbart, kann ihm selbst nicht äußerlich sein, sonst wäre dies nicht die Offenbarung seiner selbst. Darum dürfen der Begriff Gottes und die Weise seiner Offenbarung nicht auseinandergerissen werden. Das Wesen Gottes muss demnach in radikaler Weise an Christus selbst abgelesen werden. Wenn dies aber so ist, dann ist die Theologie vom Abstieg Gottes in die Welt eine Fehldeutung des eigentlichen Phänomens, in dem sich Gott zeigt. Die Macht Gottes wird grundsätzlich missverstanden, wenn sie vor dem Phänomen der Kenose sozusagen bewahrt und geschützt wird. Sie muss im Gegenteil gerade in dem, was als Abstieg äußerlich erfasst wird, in ihrem eigentlichen Wesen erst aufgehen. Der scheinbare Abstieg kann also gerade nicht als Einschränkung der Macht Gottes, sondern muss als ultimative Verwirklichung und damit als genuiner Vollzug, als Präsentation, als Offenbarung der Herrlichkeit dieser Macht verstanden werden. Die Offenbarung von Gottes Macht in dieser Weise in der Welt ist aber nichts, was zu Gott als äußerliches Tun hinzugedacht werden darf. Sie erst ist gerade die Offenbarung seines ewigen Wesens und seiner ewig lebendigen Macht. Darum muss nun gesagt werden: Gott ist in sich selbst immer schon und von Ewigkeit her kenotisch. Er gibt sein Leben immer schon hin: Er übergibt dem Sohn immer schon alle Macht – jenem Sohn, der sich radikal von ihm als Vater unterscheidet und sein Leben hingibt.

Darum kann die Kenose nicht als etwas begriffen werden, das der Welt selbst äußerlich bleibt. Die Welt selbst muss in ihrem Wesen als in die Kenose inbegriffen verstanden werden. Die Mitte der Welt ist deshalb erst der Sohn, weil er sein Sich-selbst-Gegebensein kenotisch zurückgibt in der Hingabe seines Lebens.

Der Begriff der Kenose gehört also so gesehen essentiell zur Christologie dazu – er darf nur nicht in einem missverständlichen Nacheinander als Sachgehalt einer äußerlich gedachten Inkarnation verstanden werden. Die Kenose wird dann verständlich, nämlich als Raumgeben-Können, als raumgebende und darin schöpferische Allmacht Gottes, wenn sie als ursprünglicher Wesensvollzug Gottes in sich selbst verstanden wird. Dieser Wesensvollzug kommt nicht zu Gott im menschlichen Leben Jesu hinzu, sondern im geschichtlichen Lebensvollzug Jesu wird dieser ewige Wesensvollzug Gottes selbst offenbar. Gott entschließt sich also nicht, seine Macht in der Menschwerdung aufzugeben, sondern er gibt seine Macht immer schon ganz dem Sohn und ermöglicht so der Schöpfung ihr Eigensein und Selbstsein. Darum ist die Kenose nicht ein separates Ereignis, das zur Schöpfung noch hinzukommt, sondern sie ist der innere Grund der Schöpfung, der in Christus in der Welt notwendig offenbar werden muss.

Sören Kierkegaard hat diesen Zusammenhang in einem kurzen Eintrag in seinen Tagebüchern in unübertrefflicher Genauigkeit und dabei eigentümlicher Leichtigkeit durchdacht. Er definiert geradezu die Idee der Allmacht von der Idee der Hingabe her. Gottes Allmacht besteht gerade darin, sich zurückzunehmen, um ein anderes Wesen, alle anderen Wesen frei zu machen. Dies, ein anderes Wesen frei zu machen, ist das Höchste, was bewirkt werden kann. Es ist also das überraschende und für den Verstand schwer fassliche Wesen der Allmacht Gottes, dass sie gerade nicht im gewohnten Sinn sich durchsetzt mit Hilfe einer äußerlichen Überlegenheit und Gewalt, sondern dass sie ihr Ziel erreicht dadurch, dass sie sich selbst zurücknimmt.

Das Höchste, das überhaupt für ein Wesen getan werden kann, höher als alles, wozu einer es machen kann, ist, es frei zu machen. Eben dazu gehört Allmacht, um das tun zu können. Das scheint sonderbar, da gerade die Allmacht abhängig machen sollte. Aber wenn man die Allmacht denken will, wird man sehen, daß gerade in ihr die Bestimmung liegen muß, sich selber so wieder zurücknehmen zu können in der Äußerung der Allmacht, daß gerade deshalb das durch die Allmacht Gewordene unabhängig sein kann. [...] Nur die Allmacht kann sich selber zurücknehmen, während sie hingibt, und dieses Verhältnis ist gerade die Unabhängigkeit des Empfängers. Gottes Allmacht ist darum seine Güte.[82]

---

[82] Sören Kierkegaard: Die Tagebücher 1834–1855, 240–241

Die Christologie Wolfhart Pannenbergs

Der Begriff der Selbstverwirklichung Gottes
Mit dem Begriff der Selbstverwirklichung Gottes ist Pannenberg im inneren Kern seiner Christologie angekommen. Für ihn ist dieser Begriff der Schlüssel zum richtigen Verständnis der Menschwerdung Gottes, und zwar gerade als Alternativbegriff zu dem der Entäußerung:

Den Angelpunkt bildet die Einsicht, dass die Inkarnation nicht als Selbstentäußerung, sondern als Selbstverwirklichung Gottes zu denken ist.[83]

Für eine traditionell denkende Theologie bedeutet dies auch eine Provokation: Wie kann sich Gott erst selbst verwirklichen müssen, wo er doch die alles bestimmende Wirklichkeit ist, die die Welt hervorgebracht hat? Im vollen Wissen um dieses Argument aus der Gotteslehre setzt Pannenberg dennoch den Begriff der Selbstverwirklichung ein.

Letztlich ist dieser Gebrauch allein zu rechtfertigen durch jene ontologisch reflektierte Perspektive, die in dieser Untersuchung leitend ist. Mithilfe dieser Perspektive kann aufgezeigt werden, dass die allgemein rechtfertigbare Wahrheit des christlichen Gottesbegriffs sich in einer bestimmten, qualifizierten Form der »Christologie von unten« ausprägen muss. Mit diesem Horizont ist eine ganzheitliche Sicht verbunden, die von vornherein die Welt mit Gott zusammendenkt. Dieser grundlegende Ansatz wird von Pannenberg in dem Begriff der Selbstverwirklichung Gottes implizit mitvollzogen. Der Begriff der Selbstverwirklichung Gottes ist so gesehen eigentlich ein Element in der Durchführung der »Christologie von unten«.

Deren grundlegender Ansatz lautet: Wenn Gott wahr ist und als wirklich zu denken ist, dann kann seine Wahrheit der Welt, der Schöpfung, nicht äußerlich bleiben, sondern dann muss er sich in der Welt selbst auswirken und sich in ihr erweisen. Dann muss also seine Wahrheit für uns offenbar sein und wir müssen in diese Wahrheit letzlich miteinbezogen sein. Die Wahrheit Gottes kann unserer Vernunft nicht äußerlich bleiben. Dann muss sich aber Gottes Wahrheit als genau das letzlich herausstellen, als was er sich in der Welt erweist. Dann können die Welt selbst und ihre Geschichte aber nicht mehr als etwas dem Wesen Gottes bloß Äußerliches, sondern sie müssen als in dieses Wesen mit einbezogen gedacht werden.

---

[83] Wolfhart Pannenberg: Christologie und Theologie, in: Grundfragen systematischer Theologie, 142

»Selbstverwirklichung« anstelle von »Selbstentäußerung«

In dieser Bedingung der Wahrheit Gottes ist *in nuce* das ausgedrückt und zusammengefasst, was Pannenberg in der oben dargestellten Dialektik akribisch durchdacht hat. Sein Ergebnis war dort: Der Begriff Gottes kann nicht abstrakt und getrennt von seiner Offenbarung in Christus – und das heißt dann implizit: vom Menschen und seiner Geschichte überhaupt – entworfen und gedacht werden. Von Christus und seiner Auferstehung her wird deutlich: Die Geschichte des Menschen ist selbst Gottes Werk und gehört zu ihm.

Pannenbergs Gedanke der Selbstverwirklichung Gottes ist nun nichts anderes als die konsequente Weiterführung dieses Zusammenhangs. Die Religionsgeschichte des Menschen in der Ausbildung und suchenden Bewegung ihrer unterschiedlichen Gottesbilder und Theologien wird von Pannenberg identifiziert als teleologische Geschichte der schließlichen Auffindung Gottes selbst in Christus. Diese Teleologie ist nicht in einem mechanischen und linearen Sinn ableitbar oder errechenbar – die Geschichte bleibt immer, wie gesehen, in einer grundsätzlichen Strittigkeit. Aber diese Strittigkeit beruht auf einer prinzipiell schon gewährten Sicherheit des Zieles und der Bestimmung der Schöpfung, die in Christus vom Ende her schon offenbar geworden ist. Dieses Ende ist aber die Bestimmung und die Vollendung der Geschichte selbst: Es kann nicht als ein Ende gedacht werden, das von außen in die Welt hereinbricht. Es ist die innere Selbsttranszendenz der Schöpfung selbst im Menschen, die zur Auffindung Gottes als der Bestimmung des Menschen führt.[84]

Pannenberg denkt hier einerseits die Auffindung der Wahrheit in Christus durch den Menschen als identisch mit der Selbstfindung des Menschen, mit seinem Ziel und seiner Bestimmung. Diese Selbstfindung des Menschen in seiner Bestimmung wiederum ist aber identisch mit der Selbstverwirklichung Gottes. *Beide Bewegungen sind wesenhaft miteinander verschränkt.* Die Bestimmung des Menschen ist es, zur Wahrheit selbst, zu Gott zu gehören. Der Mensch erfüllt aber genau diese seine Bestimmung – die Auffindung der Wahrheit *in der Welt*, die zugleich die Auffindung seiner selbst ist –, indem sich Gott in Christus, aber das heißt gerade: in dessen Selbstunterscheidung, zeigt.

Den Prozess dieser indirekten Auffindung der Wahrheit Gottes durch den Menschen, der zugleich die Offenbarung, das Sich-Zeigen

---
[84] Vgl. die unten folgende Diskussion der Selbsttranszendenz als Wesen der Schöpfung bei Rahner und Weissmahr.

Die Christologie Wolfhart Pannenbergs

Gottes von sich selbst her ist, identifiziert Pannenberg nun mit der Selbstverwirklichung Gottes in der Welt. *Gott wirkt dadurch in der Welt, dass er sich vom Menschen auffinden lässt – aber als dessen eigenste, tiefste Bestimmung.* Die Auffindung geschieht selbstverständlich also nicht so, dass der Mensch Gott als ein ihm vollkommen äußerliches, ontisches Objekt in der Welt entdeckte. *Sondern er findet Gott auf in dem Vollzug der Selbstunterscheidung, die er selbst, der Mensch, vollbringt.* Letztlich und in vollem Maße wird diese Selbstunterscheidung aber erst durch Jesus Christus vollzogen, der darum die Wahrheit selbst und die Mitte der Schöpfung ist. Genau in diesem Vollzug der radikalen Selbstunterscheidung, die sich ganz auf Gott ausrichtet und verlässt und sich ihm zurückgibt, wird aber die Schöpfung selbst in ihre Vollendung gebracht – durch ihren eigenen Vollzug, durch ihre eigene Selbstüberbietung. Diese Vollendung ist aber zugleich ihre Bestimmung und ihre Wahrheit.

Pannenbergs entscheidender Gedanke ist nun: Dieser und kein anderer Vollzug, die Selbsttranszendenz des Menschen in Jesus Christus, die indirekte Auffindung der Wahrheit Gottes in der Selbstunterscheidung Jesu von Nazareths, *genau dieser Vollzug also muss als die Selbstverwirklichung Gottes bezeichnet werden.* Erst in der Selbstunterscheidung Jesu vollzieht sich das Wesen Gottes in Vollendung in der Welt. Denn: Gott muss sich um seiner Gottheit willen in der Welt als herrschend erweisen. Seine Wahrheit muss sich in der Welt selbst und nicht außerhalb von ihr durchsetzen, sonst erwiese er sich nicht als Herr seiner Schöpfung und damit nicht als Gott selbst. Seine Herrschaft setzt sich aber nicht von außen, gleichsam als eine fremde Macht durch: Dies kann nicht konsistent gedacht werden und widerspricht deshalb dem wahren Begriff Gottes. Denn dann wäre die Schöpfung als etwas ihm Fremdes aufgefasst, in das er einbrechen müsste. Genau diese Begrenzung durch etwas Äußeres und Fremdes jedoch kann für Gott nicht zutreffen. Daher kann Gottes Wirken in der Welt *nicht anders als in indirekter Weise sich durchsetzen*, durch die Einbeziehung der Welt selbst, die sich ihrer selbst als geschaffene, als Sich-selbst-Gegebensein, bewusst wird. Sie wird aber in genau dem Maße sich ihrer selbst als Schöpfung bewusst, als sie sich in diesem Zu-sich-selbst-Kommen ihres Unterschiedes zu Gott bewusst wird. In dem vollendeten, endgültigen Vollzug dieses Unterschiedes im Leben, Sterben und Auferstehen Jesu Christi setzt Gott selbst seine endgültige Herrschaft in der Welt ein: Das heißt aber, dass er sich selbst als Handelnder und Bewirkender in diesem Geschehen erweist.

»Selbstverwirklichung« anstelle von »Selbstentäußerung«

Er bewirkt seine eigene Vollendung in der Welt, die Einsetzung seiner Wahrheit und die allumfassende Durchsetzung seiner Macht, durch die Selbsttranszendenz, die die Schöpfung von sich aus auf ihn hin vollzieht – aber eben diese Selbsttätigkeit der Welt ist sein eigentliches Werk. *Die Indirektheit der Selbstverwirklichung Gottes durch die Auffindung seines Wesens seitens der Schöpfung selbst garantiert also allein die Konsistenz seines Begriffs.* Darum sagt Pannenberg: Genau in dem Vollzug der Selbstunterscheidung des Menschen in Christus geschieht die Selbstverwirklichung Gottes. Die Selbstunterscheidung des Menschen ist daher *identisch* mit der Selbstverwirklichung Gottes.

In dieser Auffindung des göttlichen Selbst durch den Menschen in der Religionsgeschichte vollzieht sich zugleich die Verwirklichung Gottes als der alles bestimmenden Wirklichkeit. Dieses Geschehen muss als Selbstverwirklichung Gottes bezeichnet werden; denn obwohl das Selbst Gottes erst in der Geschichte gefunden, und zwar vom Menschen – nämlich definitiv, wenn sie wahr ist, in Jesu Botschaft und Geschichte – gefunden wird, so ist es doch Gott, der dieses Finden wirkt.[85]

Der Begriff der Selbstverwirklichung erweist sich so als der entscheidende Schritt, um die Gültigkeit und Wahrheit des trinitarischen Wesens Gottes verstehbar und einsichtig zu machen. Gott ist nicht trinitarisch in seinem Leben, indem er jenseits der Welt und abgetrennt von ihr als eine dreifaltige personale Gemeinschaft in Ewigkeit anwesend ist und in dieser Weise vorgefunden werden könnte. Die Auffindung des trinitarischen Gottes geschieht nicht durch einen direkten Zugriff des Menschen auf eine vorgestellte Transzendenz, in der Gott trinitarisch existierte und aus der heraus er sich als trinitarisch dem Menschen zeigte. Eher noch muss man sagen: Die Trinität ist nichts anderes als die Weise der Selbstverwirklichung Gottes, die sich in seiner Auffindung in der Welt selbst, in indirekter Weise also, realisiert. Die Wahrheit, und das heißt der Begriff der Trinität, *hängt an der geschichtlichen Offenbarung Gottes* und der darin sich vollziehenden, sich vollendenden Integration der Schöpfung selbst in sein Leben.

In der Tradition der Christologie wird dieser Zusammenhang aber nicht gedacht, sondern die Trinität wird durchaus in jenem ontischen Sinn, als in der Transzendenz existierend und von dort aus

---

[85] A.a.O., 142

Die Christologie Wolfhart Pannenbergs

sich inkarnierend, vorgestellt. Weil der eigentliche und tiefere innere Sinn der Inkarnation aber die Selbstverwirklichung Gottes in der Schöpfung ist, bleibt diese ontische Vorstellung für die Vernunft rätselhaft und hat deshalb letztlich einen im negativen Sinn dogmatischen Charakter. Sie kann nicht wirklich im Kern deutlich machen, warum Gott von seinem eigenen Wesen her in Jesus Christus geschichtlich wird und werden muss.

Die Vorstellung des trinitarischen Existierens Gottes in der Transzendenz ist nicht vollkommen verfehlt, sie hat ein bestimmtes nachträgliches Recht. Dieses Recht muss jedoch erst vermittelt werden durch jenen Vollzug der Selbstverwirklichung Gottes, wie er hier von Pannenberg entwickelt wird. Wenn diese geschichtliche Vermittlung aber mitgedacht wird, dann ist der tiefere Sinn der Inkarnation schon verstanden als gegenseitige Verschränkung der Schöpfung mit Gott in einer gemeinsamen Geschichte. Dann ist aber die Trinität schon verstanden als eine umfassende Geschichte der Offenbarung – und das heißt nun: der historischen Verwirklichung der Wahrheit Gottes –, die die Welt notwendig miteinschließt. Der Sinn der Trinität kann nicht außerhalb dieser Verwirklichung von Gottes Wahrheit in der Welt – und das heißt: außerhalb der Geschichte der Auffindung Gottes durch den Menschen in der Selbstunterscheidung Jesu – gedacht werden. Das Recht der Aussagen über die Präexistenz Christi, des ewigen Sohnes, des *Logos*, folgt also erst aus der ursprünglichen Vermittlung der Trinität durch die Geschichte des Vollzugs der Selbstunterscheidung Christi, das heißt aber: *durch den Vollzug der Selbstübersteigung der Schöpfung auf Gott hin*. Dieser autonome Vollzug muss aber, wie gesagt, als durch Gott selbst bewirkt verstanden werden. Dieses indirekte Wirken Gottes in der Selbsttranszendenz der Schöpfung auf ihn hin ist in seinem letzten Sinn die Inkarnation. Weil aber die Wahrheit und die Verwirklichung Gottes nur auf diesem indirekten Weg über die Welt und unter Einschluss der Welt vollzogen werden kann, darum muss die echte Christologie im Wesen immer »Christologie von unten« sein.

Die These, die letztlich hinter dem Begriff der Selbstverwirklichung Gottes steht, ist also:

Die Trinität Gottes kann ontologisch nicht direkt, ohne die Vermittlung durch die Geschichte der Schöpfung selbst, gedacht werden. Die Trinität ist kein Seinszustand für sich, sondern schließt notwendigerweise die Schöpfung und ihre Geschichte, *sofern sie ist*, schon mit ein. Es liegt hier also nicht ein ontologisches Primat des trinitari-

»Selbstverwirklichung« anstelle von »Selbstentäußerung«

schen Wesens Gottes gegenüber einer nur epistemologischen Geschichtlichkeit der Auffindung ihrer Wahrheit vor. Würde man diese Hierarchie von Sein und Erkennen ansetzen, dann könnte man zwar die Wahrheit Gottes bequem auf die Seite der Transzendenz einordnen und sie also in ihrer Ontologie von der Welt getrennt belassen – dies aber mit dem Ergebnis, dass die Welt nicht mehr in *ihrer* substantiellen und eigenen Wahrheit, zu der Gottes Präsenz in ihr immer schon gehört, gedacht werden könnte. Dadurch würde dann auch die Inkarnation in ihrer Wahrheit und Vernünftigkeit nicht mehr verständlich – sie bliebe ein letztlich rätselhaftes, bloß zu glaubendes Geheimnis.

Tatsächlich aber ist die Geschichtlichkeit der Selbstunterscheidung Christi gleichbedeutend mit der Selbstverwirklichung Gottes, die sich trinitarisch vollziehen muss. Die These ist also: Die Trinität kann in ihrer Wahrheit nur verstanden werden, wenn sie selbst als etwas Geschichtliches begriffen wird, also als etwas, in das die Schöpfung in ihrer Geschichtlichkeit immer schon mit hinein zu denken ist. Die Begriffe der Trinität, der Offenbarung und der Geschichtlichkeit Gottes gehören also zusammen, sie können nicht nach jeweils einer Basis hin aufgelöst werden: So, als ob Gott zuerst trinitarisch in seinem ewigen Bestand zu denken wäre und dann sich außerdem in einer ihm zusätzlichen, äußerlichen Weise auch noch offenbaren würde. Gott kann, sofern er die Schöpfung will, nicht anders, als sich zu offenbaren – sonst wäre er nicht der Gott, der auch in der Schöpfung und über sie herrscht. Diese Offenbarung muss aber von der Seite der Schöpfung her selbst und autonom, also von Gott her in indirekter Weise geschehen, als ihre Selbstunterscheidung – aber gerade *darin* realisiert sich die Herrschaft Gottes in der Schöpfung. Genau dies ist erst der *innere Sinn* der Trinität, nur so ist sie in ihrer allgemeinen Notwendigkeit und Wahrheit einsichtig und verstehbar.

Die Schwierigkeit für das Verstehen besteht hier darin, die Geschichtlichkeit der Welt – und damit auch jene Gottes selbst – nicht abstrakt gegen eine als nur für sich bestehend gedachte Ewigkeit Gottes in seinem trinitarischen Leben zu stellen. Vielmehr muss begriffen werden, dass die Ewigkeit Gottes selbst nicht undurchsichtig bleiben kann, sondern sich in der Schöpfung selbst offenbaren muss, denn sonst wäre Gott nicht als ihr Schöpfer und Herrscher erwiesen. Diese Ewigkeit kann sich in ihrer Wahrheit aber nicht anders als in indirekter Weise offenbaren: Gott kann sich nicht als eine der Welt gegenüberliegende, äußerlich einbrechende und damit endliche

Die Christologie Wolfhart Pannenbergs

Macht erweisen, denn dann wäre er nicht der unendliche Grund aller Wirklichkeit. Sein Selbsterweis muss in indirekter Weise erfolgen, als die freie Selbstüberschreitung der Schöpfung selbst. Seine Offenbarung als unendlicher Grund aller Wirklichkeit ist damit zugleich der Erweis und die Durchsetzung seiner Macht über die Schöpfung. In dieser Durchsetzung erweist er sich aber durch die Indirektheit seines Wirkens als trinitarisch in seinem Wesen. Dieser Erweis ist damit aber zugleich die Wahrheit seines Wesens als ewiger Gott.

Göttliches Wirken und menschliches Suchen verschränken sich in diesem Prozess der Selbstverwirklichung Gottes. In dem Moment aber, in dem das Selbst Gottes definitiv gefunden ist, – wie es möglicherweise die Wahrheit der Geschichte Jesu ist –, wird diese Verschränkung in der Identität des göttlichen Wesens selbst aufgenommen als trinitarische Selbstbeziehung Gottes in der Unterschiedenheit des Vaters und des Sohnes durch den beide verbindenden Geist, der ebensosehr ein Geist der Selbstunterscheidung wie der Gemeinschaft ist.[86]

Für eine traditionell und nicht vom Ganzen von Gott und Welt her denkende, sondern isoliert auf den Gottesbegriff fixierte Christologie ist diese Gedankenführung provozierend und eigentlich nur schwer erträglich. Denn Pannenberg scheint darin die Idee eines »werdenden Gottes« zu vertreten. Schon der Begriff der Selbstverwirklichung enthält diese Tendenz zur Idee eines geschichtlich sich erst bildenden, einem Werdeprozess unterliegenden Gottes. Nun scheint Pannenberg an dieser Stelle wirklich zu sagen: Gott *wird* in dem Augenblick trinitarisch, in dem die Schöpfung in Christus sich selbst überschreitet und darin vollendet. Die Trinität Gottes wäre so gesehen etwas, was mit Gott als Folge einer Tätigkeit der Schöpfung, und das heißt des Menschen, geschieht.

Diese Aporie kann nur aufgelöst werden, indem begriffen und festgehalten wird, dass Gott von seinem eigenen Wesen her nicht verborgen bleiben kann. Gott kann von seinem eigenen Begriff her nicht in einem undurchdringlichen Gegenüber zu seiner Schöpfung verbleiben, sondern seine Wahrheit muss sich in dieser Schöpfung, die Gott sich selbst in Freiheit überlassen hat, offenbaren. Gott muss sich, wenn er Gott ist, in seiner Wahrheit erweisen. Das Geschehen dieser Offenbarung ist aber zugleich die Übernahme der Herrschaft über die Schöpfung durch sein indirektes Wirken im und durch den Menschen.

---

[86] A.a.O., 143

»Selbstverwirklichung« anstelle von »Selbstentäußerung«

Dieser Vorrang des Wahrheitsbegriffes und damit des Offenbarungsbegriffes führt aber zu der Erkenntnis: Die Ewigkeit Gottes selbst kann nicht in einer statischen Unaufhörlichkeit abgetrennt und der Welt gegenüber gedacht werden – so ist sie gerade nicht Gottes Ewigkeit! Sondern sie kann nur *durch diese geschichtliche Offenbarung ihres Wesens vermittelt* und erst so in ihrem vollen Begriff gedacht werden. Das heißt: Die Geschichtlichkeit der Trinität in der Offenbarung ihres Wesens in Jesus Christus ist gerade nicht ein Widerspruch zu ihrer Ewigkeit, sondern die notwendige innere Vermittlung ihrer selbst. Genau deshalb, weil sich in Christus die Wahrheit Gottes in der Welt in indirekter Weise offenbart hat, darum kann nun *gerechtfertigterweise* von Gott als dem Ewigen und Wahren gesprochen werden. Weil aber diese Rechtfertigung nur allein durch Christus und seine Selbstunterscheidung geschieht, darum ist Gott in seiner Wahrheit trinitarisch. In der geschichtlichen Offenbarung in Christus wird dasjenige vermittelt, was Gott nicht nur dogmatisch, sondern lebendig, in Tat und Wahrheit wirklich in Ewigkeit ist und wie er sich daher zeigt. Dieses Sich-Zeigen bleibt seinem Wesen nicht äußerlich, sondern strukturiert diese Ewigkeit von innen her mit.

Genau deshalb ist aber die Christologie immer »Christologie von unten«: Dem Sich-Zeigen Gottes korrespondiert nicht etwa ein äußerliches Feststellen auf Seiten der Schöpfung, das heißt immer: auf Seiten des Menschen. Sondern dieses Sich-Zeigen Gottes kommt gerade dadurch und nicht anders zustande, als dass die Schöpfung selbst es auf indirekte Weise vollziehen muss in der Selbstüberschreitung Jesu. Der Mensch ist also in seiner Freiheit in die Selbst-Offenbarung Gottes mit hineingezogen: Sie kann niemals eine äußerliche Erkenntnis oder ein verfügbares Wissen sein. Sondern die Offenbarung Gottes vollzieht genau die Durchsetzung seiner Herrschaft in der Welt, die in nichts anderem besteht, als in der Hereinnahme des Menschen in seine Wahrheit selbst. Diese Einbeziehung des Menschen in das Leben Gottes selbst ist aber seine Bestimmung und sein Ziel. Mit einem anderen Begriff ausgedrückt: Dies ist seine Erwählung, seine Prädestination. Damit ist aber der innere Sinn der Trinität selbst von diesem Ziel, der Verwirklichung der Einbeziehung des Menschen in das Leben Gottes, nicht zu trennen. Was Gott also *in Ewigkeit* ist, das wird erst auf dem Wege und im Vollzug der Hereinnahme des Menschen in sein Leben in Wahrheit offenbar! Pannenbergs Gedanke sagt also in letzter Konsequenz: Die Ewigkeit Gottes steht in einem geheimnisvollen Sinn noch aus: Was sie sein wird, das entscheidet sich durch die Geschichte als Ganze, in ihrem Ziel. Die Geschichtlichkeit ist also gerade nicht ein Widerspruch zur Ewigkeit Gottes, sondern die notwendige Vermittlung für ein Wesenselement, das zu ihr gehört: ihre Offenbarkeit und Wahrheit für den Menschen, der zu dieser Offenbarkeit und Wahrheit gehört.

II.6 Die Schöpfungsmittlerschaft Jesu Christi

Der Gedanke der Verschränkung von menschlicher Auffindung Gottes in Jesus Christus und der Selbstverwirklichung Gottes ist nun einsichtig und plausibel gemacht. Die Christologie kann von diesem Gedanken der Selbstverwirklichung Gottes her und als »Christologie von unten« durchgeführt werden. Pannenberg schließt an dieses Ergebnis unmittelbar ein Thema an, das an dieser Stelle überraschen mag und das vielleicht niemand vor ihm in dieser Konsequenz so platziert hat. Es soll hier aber begründet werden, warum dies zwingend gedacht ist und warum es die Sache in ihrem Wahrheitsgehalt erst voll zur Geltung bringt.

Pannenberg bringt die Schöpfungsmittlerschaft Jesu an dieser Stelle in unmittelbaren Zusammenhang mit dem Gedanken der indirekten Selbstverwirklichung Gottes. Es geht also um die Aussage der Schrift, dass Christus selbst der Grund der Schöpfung ist. Der Kolosserbrief sagt:

Er ist das Bild des unsichtbaren Gottes, der Erstgeborene der ganzen Schöpfung. Denn in ihm wurde alles erschaffen im Himmel und auf Erden, das Sichtbare und das Unsichtbare, Throne und Herrschaften, Mächte und Gewalten; alles ist durch ihn und auf ihn hin geschaffen. *(Kol 1, 15–16)*

Diese Aussagen können in einer traditionellen Auslegung kaum anders verstanden werden als halb mythologische Intuitionen. Es scheint sich hier also um heterogene, nicht primär christlich gegründete theologische Elemente zu handeln. Der historische Jesus von Nazareth, so der Eindruck, wird in einer unangemessenen Weise in einen Schöpfungsmythos hineinprojiziert, der nun religionshistorisch auszulegen wäre.

Demgegenüber soll hier aber mit Pannenberg die sachliche Genauigkeit dieses Gedankens nachvollzogen werden. Es soll gezeigt werden, dass die genannten Aussagen der späten Paulusbriefe einen eindeutigen sachlichen Sinn enthalten, der nur durch den Gedanken

Die Schöpfungsmittlerschaft Jesu Christi

der Selbstverwirklichung Gottes in seiner indirekten Offenbarung durch Jesus Christus verstehbar wird. Mit anderen Worten: Der Begriff dessen, was mit »Schöpfung« eigentlich immer gemeint ist, wird nun, an dieser Stelle erst in seiner Wahrheit voll gültig und in seiner wirklichen Bedeutung eingelöst.

Warum also ist gerade *Christus*, nach dem Kolosserbrief zu urteilen, der *Herr der Schöpfung*, warum ist *durch ihn und auf ihn hin alles geschaffen*? Wie im vorangegangenen Abschnitt ausführlich aufgezeigt wurde, geschieht die Selbstverwirklichung Gottes in der Geschichte der Welt durch die Selbstüberschreitung der Schöpfung, die ihr immer schon eignet, sofern sie Geschöpf Gottes ist. Diese Selbsttranszendenz der Schöpfung ist jedoch nicht nur formale Möglichkeit und greift deshalb in ihrer Evolution nicht in eine inhaltliche Leere, sondern sie greift aus nach ihrer Bestimmung, nach jenem, zu dem Gott sie erwählt hat, und dies ist: sein eigenes, unendliches Leben. In Jesus Christus ist diese Selbstüberschreitung in vollkommener Weise vollzogen, und zwar genau dadurch, dass er in vollkommener Weise sich von Gott selbst unterscheidet.

Im Duktus der Verschränkung von Gottes Geschichte und jener der Menschen, die Pannenberg herausgearbeitet hat, könnte man nun vorschnell schließen: Die Selbstverwirklichung Gottes ist in Jesus Christus vollzogen, verstanden als ein einmaliges, singuläres Sonderereignis. Genau dies entspricht aber nicht dem Sinn jener Wahrheit, die in der »Christologie von unten« thematisch wird, der Wahrheit der Welt also, die zugleich die Wahrheit der Selbstverwirklichung Gottes ist. Denn es liegt ja gerade in dem eigenen Sinn dieser Verschränkung, dass das Sein der Welt selbst, das Sein der Schöpfung, nun in einer neuen und erst wirklich gerechtfertigten Weise substantiell bestimmt werden kann.

Die Schöpfung ist Sich-selbst-gegeben-Sein: Gott lässt der Schöpfung ihr Eigensein und ihre eigene Entwicklungsmöglichkeit aus sich selbst. Er tritt also nicht von außen in sie ein, er wirkt also nicht punktuell und quasi technisch in ihr, sondern er gönnt ihr ihr wirkliches freies Selbstsein und ihre Autonomie. Dennoch ist er, wie Pannenberg gezeigt hat, in ihr immerzu am Werk. Dies geschieht jedoch *in indirekter Weise*: nämlich in genau dem Maße, in dem es der Schöpfung gelingt, sich in ihrem Selbstvollzug von ihm selbst in Freiheit zu unterscheiden. Durch diese Selbstunterscheidung kommt die Wahrheit Gottes aber in der Schöpfung *rein von ihrer Geschichte her*, also »*von unten*«, ins Spiel und kommt zu ihrer eigenen Durchsetzung und Verwirklichung. Die Schöpfung kommt dadurch zu ihrer Bestimmung und in ihr Ziel, dass Gott selbst in ihr zu vollkommener Herrschaft gelangt. Dies geschieht so, dass Gott sich in Christus in gewissem Sinn ganz von der Schöpfung abhängig macht, indem er ihm alles übergeben hat, all seine Macht![87] Christus antwortet hierauf, indem er sich selbst dadurch vollkommen auf Gott hin überschreitet, dass er sich vollkommen von ihm unterscheidet und sich ihm wiederum überlässt: indem er also sein Sich-selbst-gegeben-Sein dem Vater vollkommen zurückgibt. Diese Hingabe beantwortet Gott in der Auferstehung Jesu, in der er die Schöpfung in Christus vollendet: Die Schöpfung wird selbst in Gottes Leben aufgenommen und wird darin in Ewigkeit neu geschaffen, indem sie ihr Sich-selbst-gegeben-Sein in Freiheit hingegeben hat und genau dadurch sich von Gott in Ewigkeit neu empfängt.

Die Vollendung der Schöpfung und zugleich die Selbstverwirklichung Gottes in der Durchsetzung seiner Herrschaft in der Welt ist der vollkommene Vollzug der Selbstunterscheidung in Freiheit. Entscheidend ist nun: Dies ist *niemals nur persönlicher* Akt zwischen Jesus Christus und Gott, seinem Vater, sondern der Wesenssinn dieses Geschehens ist immer schon seine kosmische Bedeutung. Christus ist nur insofern die Selbstverwirklichung Gottes in der Welt, als er die Vollendung dieser Welt im Ganzen ist, über die Gott als Ganze herrschen muss. Er ist die Selbstverwirklichung Gottes deshalb nur insofern, als in seiner Selbstunterscheidung die ganze Schöpfung, der ganze Kosmos, sich mit ihm unterscheidet. Er ist also in dieser Selbstunterscheidung das Urbild dessen, was die ganze Schöpfung in ihrer eigentlichen Bestimmung ist und worauf sie zuläuft.

Damit ist aber gesagt: *Erst in Christus* ist die Schöpfung eigentlich vollzogen in dem, was sie wesentlich ist und sein soll. *Erst die Auferstehung Jesu Christi ist deshalb der eigentliche Schöpfungsakt.* Seine Selbstüberschreitung in Selbstunterscheidung ist darum das, *wodurch alles und auf das hin alles geschaffen ist* – wie der Kolosserbrief es sehr genau ausspricht. Dieser Zusammenhang wird aber erst in einer echten »Christologie von unten« sichtbar, in der die Geschichte der Welt nicht mehr abstrakt von Gott und seiner Geschichte getrennt wird. Gottes Wahrheit und Allmacht kann, weil er seine Schöpfung liebt und ihre Freiheit will, nur indirekt in seiner Schöpfung herrschen, durch das freie Handeln jener Schöpfung, und das

---

[87] Vgl. messianischer Jubelruf, Mt 11,27

Die Schöpfungsmittlerschaft Jesu Christi

heißt: »von unten«! Erst in dieser »Christologie von unten« wird also deutlich, dass die Inkarnation – richtig verstanden nun als die Einsetzung des auferstandenen Jesus »zur Rechten des Vaters« – den wirklichen Einzug von Gottes Wahrheit in die Welt bedeutet. Dies bedeutet aber gleichzeitig, dass die Wahrheit der Welt selbst zu Gott gehören muss. Damit ist aber gleichzeitig gesagt, dass die Schöpfung selbst in ihrer Geschichte noch nicht vollendet ist, sie läuft auf ihre Vollkommenheit erst zu.

Die Schöpfung ist Sich-selbst-Gegebensein: Ihr Geschaffensein kann also gerade nicht ein anonymer, undurchsichtiger Vorgang in ihrem eigenen Hintergrund bleiben, sondern muss etwas sein, was ihr selbst in ihrer Selbstbezüglichkeit durchsichtig wird und als Wahrheit zu ihr gehören muss. Damit wird aber deutlich: Erst in der Offenbarkeit der Wahrheit Gottes in der Welt wird die Schöpfung vollendet und vollzogen, und es wird erst in dieser Offenbarkeit wirklich, was der Wesenssinn aller Dinge ist. Sie werden, so gesehen, im Vollzug dieser Offenbarkeit der Wahrheit Gottes in der Welt erst endgültig geschaffen. Diese Offenbarkeit ist aber Christus selbst in seiner Selbstunterscheidung vom Vater, der stellvertretend für die ganze Schöpfung diese Selbstunterscheidung vollzieht und sie damit als Ganze in diese Offenbarkeit der Wahrheit Gottes und damit in ihre Bestimmung als Schöpfung mit hineinzieht. Damit ist Christus in seinem Lebensvollzug, in seiner Hingabe und in seiner Auferstehung derjenige, »durch den« wirklich alles geschaffen wird.

Dies kann jedoch nicht mehr vorgestellt werden als ein anfänglicher, demiurgischer Akt physischen Anwesenlassens. Sondern »Schöpfung« in ihrem wirklichen Begriff muss nun verstanden werden als das Wahrheitsgeschehen der Geschichte selbst, die unvollendet ist und auf ihre Bestimmung erst und immer noch zugeht. Die eigentliche Schöpfung *geschah also nicht* in einem undurchdringlichen Anfang, sondern *sie geschieht als die gemeinsame Geschichte Gottes und des Menschen* und *wird erst vollendet* und in ihrem Sinn definit in der vollkommenen Durchdringung der Welt durch Gottes Anwesenheit und Wahrheit. Die Wahrheit Gottes kommt aber notwendigerweise von ihrem eigenen Wesen her in die Welt: Sie kommt in ihr Eigentum. Die Schöpfung in ihrem vollkommenen Selbst-Vollzug im Menschen ist aber von dieser Wahrheit gerade nicht abgetrennt, sondern dies gerade ihr Selbst-Vollzug: die Wahrheit Gottes zu vollziehen, die die Wahrheit der Geschichte der Schöpfung ist. Damit ist aber gesagt: Die Schöpfung in ihrem echten Begriff muss in

Die Christologie Wolfhart Pannenbergs

der Wahrheit der Welt selbst geschehen, sie muss im Vollzug der Vernunft selbst da sein und kann diesem Vollzug nicht vollkommen äußerlich bleiben. Im Vollzug unserer Vernunft erkennen wir also und vollziehen also mit die Wahrheit der Schöpfung aller Dinge durch unsere Erkenntnis Christi als des Sohnes. Die Schöpfung als solche, dasjenige, was Schöpfung eigentlich heißt, muss, so könnte man sagen, *vor aller Augen liegen*, um in seiner Wahrheit ausgewiesen zu sein. Genau dies geschieht in der Vollendung der Schöpfung in Christus, die allen Dingen ihre Bestimmung gibt.

Pannenberg drückt diesen ganzen komplexen Zusammenhang auf folgende Weise aus:

> Sofern die Selbstverwirklichung Gottes in der Person Jesu zustande kommt, ist in ihm alles zusammengefaßt, was in allen Dingen auf die Selbstverwirklichung Gottes hin am Werke ist. Und umgekehrt gilt: Nur unter der Bedingung, daß in der Geschichte Jesu zum Ziel kommt, was in der gesamten Schöpfung als Moment göttlicher Selbstverwirklichung am Werke ist, nur unter dieser Bedingung läßt sich behaupten, dass in der Geschichte Jesu die Selbstverwirklichung Gottes, des Schöpfers aller Dinge, definitiv vollbracht sei. Darum gehört zum Gedanken der Inkarnation untrennbar der Gedanke der Schöpfungsmittlerschaft Jesu Christi, und aus demselben Grund ist die Wahrheit der Geschichte Jesu gebunden daran, dass sie zum Ziele kommt in der Versöhnung der Welt, durch die Christus sich als der Messias erweist.[88]

Pannenberg zieht also eine direkte innere Verbindung von dem echten Gedanken der Inkarnation als Selbstverwirklichung Gottes zum Gedanken der Schöpfung der Welt durch Christus. Beides hängt zusammen und ist im Kern dasselbe. Dieser Zusammenhang kann aber nur durch die Perspektive einer »Christologie von unten« erwiesen werden, die die Wahrheit von Gottes Selbstverwirklichung notwendig mit dem Sich-selbst-gegeben-Sein in Freiheit, das die Schöpfung von ihrem Begriff her ist, zusammenbringt.

Die Schöpfung ist in diesem Sich-selbst-gegeben-Sein wesentlich Selbstsein und das heißt letztlich: Sie ist von ihrem Sein her ein Wahrheitsvollzug. Dieser Wahrheitsvollzug kann aber nicht als von Gottes Wahrheitsvollzug vollkommen separiert und ausgeschlossen betrachtet werden. Damit ist aber zugleich angelegt, dass die Schöpfung als solche, in ihrem Begriff und ihrer Bestimmung, sich selbst nicht verschlossen bleiben kann. Ihr eigener Begriff muss im Raum ihrer eigenen Wahrheit zur Realität kommen und sich verwirklichen.

---

[88] Wolfhart Pannenberg: Christologie und Theologie, 143

Die Schöpfungsmittlerschaft Jesu Christi

Weil die Schöpfung im Kern Selbst-Sein und damit Geist und Freiheit ist, kann ihre Realisierung letztlich nicht nur anonym und naturhaft verschlossen gedacht werden, sondern ihre eigene Gründung und Realisierung muss für sie, als eine Seite ihrer eigenen Wahrheit, *verstehbar* werden. Die Schöpfung muss ihren eigenen ontologischen Begriff als ihren eigenen ursprünglichen Vollzug und ihre Gründung wirklich werden lassen, und dies so, dass dies zugleich als eine Offenbarung für ihren eigenen Wahrheitsvollzug verstehbar werden muss. Dieser wirkliche Vollzug der *Schöpfung als solcher* geschieht in der Selbstunterscheidung Jesu Christi. Erst in seiner radikalen Selbstunterscheidung wird die Schöpfung für sich selbst, in der Geschichte und aus der Geschichte heraus, dasjenige, was sie selbst im Wesenskern, ihrem eigenen Begriff nach ist. Sie wird dadurch in einem vollen und endgültigen, ontologischen Sinn geschaffen.

Damit ist aber auch gesagt: Die Aussagen des Kolosserbriefes sind sachlich konsequent und vollziehen in ursprünglicher Weise genau diesen gedanklichen Schritt: den Schritt von der richtigen Interpretation der Inkarnation hin zu der Notwendigkeit der Schöpfungsmittlerschaft Jesu Christi. Wie kommt der Kolosserbrief jedoch zu diesem kühnen Gedanken? *Dies lässt sich nur so erklären, dass in diesen Zeugnissen und Auslegungen der sehr frühen Kirche jene Wahrheit der »Christologie von unten« lebendig war und implizit auch verstanden wurde:* nämlich dies, dass Christus die Selbstunterscheidung der Schöpfung vollzieht, dass er dadurch aber die Selbstverwirklichung des Vaters und gleichermaßen die Vollendung und damit offenbarer Sinn und Grund der Schöpfung ist. Darum ist Jesus Christus der *Logos* und damit »Anfang« der Welt, er ist der »Erstgeborene der ganzen Schöpfung« *(Kol 1,15)*. Erst wenn die Perspektive der »Christologie von unten«, wie sie hier entwickelt wurde, eingenommen wird, werden die Aussagen über Christus als den *Anfang der Schöpfung* voll gerechtfertigt und von ihrem nur scheinbaren, mythologischen Sinn befreit. Aber dies heißt für die Frage der Genese dieser Aussagen: In den deuteropaulinischen Briefen muss ein Bewusstsein dieser ursprünglichen Perspektive lebendig gewesen sein. Sonst ist ihre Entstehung nicht erklärlich.

Erst in der Perspektive der »Christologie von unten« werden die Gehalte der christologischen Prädikate in ihrem Wahrheitssinn voll ausgefüllt: Er ist der *Logos* und er ist Anfang und Ende des Kosmos. Wie kann das begründet werden? Wie kommen diese Aussagen zustande? Warum ist Christus der *Logos*, das heißt, der allgemeine, ver-

Die Christologie Wolfhart Pannenbergs

nünftige Grund aller Wirklichkeit? Die Antwort kann in der besagten Perspektive gegeben werden: Er ist Vernunftvollzug, weil er wirklicher Selbstvollzug in Freiheit schlechthin ist durch seine *geschichtlich vollzogene* Selbstunterscheidung von dem allmächtigen, unbedingten Grund aller Wirklichkeit, der Selbstsein schlechthin ist. Er ist aber nicht nur irgendein Vernunftvollzug, sondern er ist *der Logos*, also Vernunftvollzug schlechthin und in vollkommener Weise, weil er jenen Selbstvollzug verwirklicht, in dem die ganze Schöpfung in ihrer Allgemeinheit zusammengefasst wird und, wie sich damit zeigt, in dem sie von jeher zentriert ist. Es ist derjenige Selbstvollzug, auf den hin die ganze Schöpfung angelegt ist und auf den sie in ihrem autonomen, sich selbst gegebenen und überlassenen Streben als ihr eigentliches Ziel zugeht. Dieses innere Ziel der ganzen Schöpfung und das heißt vor allem: des Menschen als solchen, mithin aller Menschen, ist das Allgemeine und Vernünftige schlechthin. Christus steht in seiner Selbstunterscheidung für die Vernünftigkeit der ganzen Schöpfung und fasst sie in dieser Vernünftigkeit seines Selbstvollzugs in Selbstunterscheidung zusammen.

Genau darin aber ist er gleichzeitig wirklicher Grund und Prinzip der Schöpfung, er ist wirklich ihr Anfang: Deshalb ist die Bezeichnung des Kolosserbriefes, er sei der »Erstgeborene der ganzen Schöpfung«, keine poetische Überhöhung, sondern eine sachlich angemessene Aussage. Christus ist wirklicher Anfang der Schöpfung, weil die Schöpfung im Wesen lebendiger Selbstvollzug ist. Darum kann aber ihr Anfang nicht als ein von ihr abgetrenntes, anonymes Wesen in einem abstrakten Außerhalb gedacht werden. Der Anfang der lebendigen, sich selbst vollziehenden Schöpfung muss sich vielmehr wiederum in ihr selbst, in ihrer Mitte offenbaren und sich als ihre immer schon wirkende Mitte manifestieren.

Die Diskussion beider Wesenseigenschaften Christi: dass er und warum er berechtigterweise der *Logos* und der Anfang der Welt ist, soll in der Schlussbetrachtung noch einmal aufgegriffen und fortgeführt werden.

Der gedankliche Schritt Pannenbergs von der Inkarnation zur Schöpfungsmittlerschaft erscheint für sich genommen überraschend und gewagt. In seinen »Grundzügen der Christologie« und in seiner »Systematischen Theologie« widmet er diesem Schritt jeweils ein ganzes Kapitel. Die Überschrift in den »Grundzügen« lautet in der für Pannenberg so wunderbar typischen Mischung aus sachlicher Kühle und untergründigem Pathos: »Die Erschaffung der Welt durch

Jesus Christus«. Schon dieser Titel wirkt kühn und kann in seinem Sinn von der traditionellen Christologie her eigentlich nicht voll verstanden und ausgeschöpft werden. Die Identifikation von vertiefter Inkarnationschristologie und Schöpfungsmittlerschaft wurde vermutlich aufgrund dieser Orientierungslosigkeit seither auch nicht theologisch rezipiert oder vertieft. Der Gedanke scheint also als eine bloße Spezialität Pannenbergs stehengelassen worden zu sein. Tatsächlich formuliert der Gedanke jedoch äußerst konsequent eine zwingende Wahrheit, die, wie gesehen, aus einem tieferliegenden Grund folgt. Dieser Grund ist: Die Inkarnation kann in ihrer Wahrheit nur verstanden werden als die Selbstverwirklichung Gottes durch die Selbstunterscheidung der Schöpfung. Die Schöpfung ist, wie gesehen, in ihrem Kern »Sich-selbst-Gegebensein«, sie ist letztlich Selbstsein und reflexive, geistige Freiheit – und dies schon von ihrem Begriff der Selbst-Gegebenheit her. Als geistbegabte Freiheit ist sie aber immer schon auf Wahrheit bezogen. Ihre wesentliche Freiheit hat also eine Bestimmung, ein Ziel, sie ist für sich genommen unabgeschlossen und strebt auf eine ihr bestimmte Vollendung hin. Sie ist zu diesem Ziel immer schon und vorweg erwählt. Dieses Ziel kann nicht abgetrennt werden von dem Wirken Gottes selbst, von seiner eigenen Geschichte der Offenbarung und Durchsetzung seiner Wahrheit. Seine Wahrheit wird also inauguriert durch die Mitte der Schöpfung selbst, die wiederum nichts anderes ist als die Gabe, die Gott ihr selbst gibt und überlässt. Diese Mitte ist Jesus Christus. In Jesus Christus gibt Gott der Schöpfung also noch einmal ihre eigene Mitte und ihr wahres Selbstsein, ihre eigentliche Freiheit und ihre Bestimmung. Durch das, was Christus bewirkt, durch seine eigene Selbstunterscheidung und Lebenshingabe, wird die Schöpfung und werden alle Dinge, die in ihr sind, erst in Wahrheit geschaffen und in ihr wahres, immer schon erwähltes Sein gebracht. Die Schöpfung ist also selbst ein unabgeschlossenes Geschehen, das auf seine Vollendung hin zustrebt.

Diese Vollendung kann aber nicht als von außen in sie einbrechend gedacht werden, denn dann wäre sie in ihrem Wesen, *das Selbstsein ist*, übergangen. Die Vollendung muss in ihrer eigenen inneren Tiefe immer schon vorweg präsent und leitend sein. Dieses Ziel und Urbild muss aber letztlich selbst in der Welt verwirklicht werden und in dieser Vollendung der Welt kommt Gott endgültig zur Herrschaft in der Welt. Diese Verwirklichung Gottes in der Welt und damit die Vollendung der Welt selbst ist aber nun das, was eigentlich unter Schöpfung zu verstehen ist. Das »*Urbild der Schöpfung*« und damit der »*Erstgeborene*« ist deshalb aber Christus.

Entscheidend für das Verständnis des Gedankens ist auch hier wieder der volle Mitvollzug der Idee der »Christologie von unten«: Gottes Wahrheit kann und will sich niemals von seiner Schöpfung separieren, sondern sie muss sich in dem freien und das heißt geistbegabten Selbstsein der Schöpfung offenbaren. Wenn aber die Wahrheit selbst der Sinn und das Ziel ist, auf das hin die Schöpfung im Menschen zugeht, dann heißt dies, dass es zum Wesen der Welt gehört, dass ihr Sinngrund sich in ihr selbst und *durch sie* offenbart. Damit ist aber letztlich dies mitausgesagt, dass »Schöpfung« im eigentlichen Sinn sich erst durch die Offenbarung der Wahrheit Gottes in der Welt vollzieht. Es gehört also zu der Würde ihres eigenen Wesens als Selbstsein und Freiheitsvollzug, dass ihr eigentliches Sein damit geschaffen und vollendet wird, dass der Grund dieses Geschaffenseins, Gott, sich ineins mit dieser Vollendung offenbart und sogar sich von der Schöpfung indirekt mitvollziehen lässt.

Pannenberg drückt dies in den »Grundzügen der Christologie« so aus:

Gewiss ist auch der Anfang der Welt als von Gott gesetzt zu denken, aber nicht isoliert für sich, sondern mit dem Ganzen der Welt von ihrem Ende her. Wenn nun in Jesus das Eschaton vorgreifend schon erschienen ist, auf das hin alle Dinge sind, so ist er als der zum eschatologischen Richter Erhöhte auch derjenige, von dem her alles ist. Nur von ihm her, durch ihn haben alle Dinge ihr Wesen (1 Kor 8,6).[89]

Hier ist implizit gesagt, dass der Grund aller Dinge sich eschatologisch, als die Mitte und das Ende der Geschichte selbst, erweisen muss. Die Dinge empfangen ihr Wesen von etwas her, auf das sie selbst in der Geschichte zulaufen und das nicht außerhalb der Geschichte stehen kann. Dieses Eschaton ist aber die Selbstunterscheidung Jesu, in der sich Gott selbst verwirklicht.

Nicht nur der Kolosserbrief, auch der Korintherbrief *(1 Kor 8,6)*, der Epheserbrief *(1,9 f)* und der Hebräerbrief bringen diesen Zusammenhang und die Idee, dass durch Christus und auf ihn hin alles geschaffen ist, zur Sprache. Der Hebräerbrief sagt:

Nachdem oftmals und in mancher Gestalt und Weise dereinst Gott zu den Vätern gesprochen hatte in den Propheten, sprach er am Ende dieser Tage

---

[89] Wolfhart Pannenberg: Grundzüge der Christologie, 408

Die Schöpfungsmittlerschaft Jesu Christi

zu uns durch seinen Sohn, den er eingesetzt hat zum Erben des Alls, durch den er auch die Welten schuf. Er, der Abglanz seiner Herrlichkeit ist und Abbild seines Wesens, der das Weltall trägt durch sein mächtiges Wort, hat Reinigung von den Sünden erwirkt und setzte sich zur Rechten der Majestät in der Höhe. *(Hebr 1, 1–3)*

Die Versuchung liegt nahe, diese Einleitungspassage wie auch die genannten Stellen aus den anderen Briefen als hymnische Überhöhungen Christi zu verstehen. Damit wäre die Frage nach der Wahrheit entschärft und als Inhalt bliebe übrig eine äußerliche, übertragene Redeweise: Man lobt und preist Christus durch den Zuspruch einer mythischen Macht über den ganzen Kosmos. Wie durch die oben durchgeführte Analyse aufgewiesen wurde, greift diese Deutung jedoch viel zu kurz. Sie zeigt eigentlich nur, dass sie den inneren Zusammenhang von Inkarnation und Schöpfungsmittlertum Jesu nicht sachlich in ihrem ontologischen Gehalt durchdrungen hat. Wenn dieser Zusammenhang jedoch einmal vor Augen liegt, dann kann kein Zweifel daran bestehen, dass die Passagen aus den späten Paulusbriefen *genau davon sprechen.* Die viel umständlichere und aufwendigere Annahme einer zufälligen Koinzidenz von mythologischer Überhöhung und einem tieferliegenden Wahrheitssinn wäre gekünstelt, konstruiert und ist daher abwegig. Viel einleuchtender und zwingender hingegen ist der Gedanke, *dass das ursprüngliche Verständnis Christi als der Mitte der Schöpfung selbst sich schon in diesen Zeugnissen manifestiert.*

Dies heißt aber: Letztlich ist auch der Begriff der Selbstunterscheidung in diesen Zeugnissen immer implizit mitgedacht. *Die ganze Fülle der Wahrheit steht also am Anfang der christlichen Überlieferung: Dies kann auch im Wesentlichen und von der Sache her gar nicht anders gedacht werden.* Der Zugriff der Theologie der Evangelien und der Briefe in seiner begrifflichen Kühnheit, bei gleichzeitiger Klarheit und Sicherheit in der Orientierung ist nur dadurch zu erklären, dass die Wahrheit der Selbstunterscheidung im Lebensvollzug Jesu von Nazareths selbst lag und von den ersten Zeugen implizit und explizit begriffen und erfasst wurde. Nur diese vernünftig verstehbare und allgemein kommunizierbare Einsicht in die Tiefe der Vermittlung des Vaters durch den Sohn als Wahrheit der Welt kann die Sicherheit der vollkommen neuen Begriffsbildung bei Paulus und Johannes erklären.

Die Christologie Wolfhart Pannenbergs

Dies ist auch eine Überlegung, die Ratzinger am Beginn seiner Jesus-Monographie zu bedenken gibt und die er programmatisch vor seine Untersuchungen stellt: Was ist die Quelle für die philosophische Kühnheit und begriffliche Genauigkeit der Christologie so kurz nach Jesu Tod? Diese Quelle kann sachlich betrachtet nur am *Anfang* liegen:

> Die kritische Forschung stellt sich mit Recht die Frage: was ist in diesen 20 Jahren seit der Kreuzigung Jesu geschehen? Wie kam es zu dieser Christologie [*des Paulus*, ergänzt G. B.]? Das Wirken anonymer Gemeindebildungen, deren Träger man ausfindig zu machen versucht, erklärt in Wirklichkeit nichts. Wieso konnten unbekannte kollektive Größen so schöpferisch sein? So überzeugen und sich durchsetzen? Ist es nicht auch historisch viel logischer, dass das Große am Anfang steht und dass die Gestalt Jesu in der Tat alle verfügbaren Kategorien sprengte und sich nur vom Geheimnis Gottes her verstehen ließ?[90]

Die Basis der Schöpfungsmittlerschaft muss im *historischen Vollzug der Selbstunterscheidung Jesu* gesucht werden. Von diesem Vollzug her ist dann aber die Rede davon, dass durch ihn alles geschaffen ist, nicht mehr metaphorisch, sondern wesentlich ontologisch zu verstehen: Das eigentliche Wesen der Schöpfung, das, wovon die Schöpfung ausgeht und wovon her ihr Begriff verständlich wird, muss sich *in der Welt selbst offenbaren als ihre Mitte, ihre Vollendung und ihre Wahrheit*. Alle anderen Begriffe von Schöpfung sind demgegenüber dann aber abgeleitet und missverständlich: so vor allem in der Vorstellung, die Erschaffung der Welt wäre das Ergebnis eines Aktes demiurgischer Macht, die Gott ins Werk setzt in ein abstraktes Außerhalb seiner selbst. Der eigentliche Begriff des Anfangs und Grundes der Welt muss *sie aber selbst als Ganze in ihrer Verwirklichung miteinschließen*, und dies deshalb, weil ihre geschichtliche Verwirklichung darin in ihr Ziel kommt, dass sie aus sich selbst heraus Gottes Offenbarung und damit seine Realisierung in der Geschichte mitvollzieht. *Das Ziel und der Sinn der Schöpfung ist mit ihrem Grund und Anfang so verschränkt, dass dieser gerade erst in ihrer eigenen Verwirklichung geschichtlich zur Wahrheit in ihrer Mitte kommt – und erst dies ist ihr wirklicher, personaler Anfang und ihr lebendiger, nicht nur erdachter Grund.*

---

[90] Joseph Ratzinger: Jesus von Nazareth I, Freiburg i. Br. 2007, 21

II.7 Die Selbstunterscheidung und der wahre Begriff der »Christologie von unten«

Pannenbergs akribische Durcharbeitung des Begriffs der Selbstverwirklichung Gottes ermöglicht es ihm schließlich, einen Begriff der »Christologie von unten« plausibel zu machen, der den Vollzug der Selbstunterscheidung Christi sachlich enthält und reflektiert. Damit ist für uns an dieser Stelle endlich die Gelegenheit, die Zweideutigkeit des Begriffs der »Christologie von unten« abschließend aufzulösen.

Denn es wird nun im Ergebnis offensichtlich, dass dieser *qualifizierte* Begriff der »Christologie von unten« den ursprünglichen, tiefer liegenden Sinn jener aufklärerischen Intention enthält, die ihre Bemühungen auf den Menschen Jesus konzentriert. *Es handelt sich also am Ende um den gerechtfertigten und wirklich sinnvollen Begriff der Christologie*. Seine Perspektive und sein methodischer Ansatz erweisen sich als jene Prinzipien, die Pannenberg in seiner Reflexion herausarbeitet und als wahrheitsstiftende Grundlage des christologischen Denkens festhält.

Die Zweideutigkeit des Begriffs aber kam, wie oben gesehen, dadurch zustande, dass Pannenberg den Begriff einerseits für den Versuch reserviert, *allein den geschichtlichen Menschen Jesus von Nazareth* im Unterschied zu Gott zu betrachten und zu fixieren. Allein die menschliche Geschichte sollte in jenen religionshistorischen Ansätzen die Quelle und der Ausweis einer gerechtfertigten Wahrheit über die christliche Religion sein. Wie schon im ersten Teil dieser Arbeit in der Analyse der Christologie Ratzingers deutlich wurde, führt diese Reduktion der christologischen Gehalte auf einen abstrakt von ihrem inhaltlichen Sinn getrennten »Menschen Jesus« in eine Sackgasse. Das Vorgehen entspricht einer *petitio principii*: Denn die Vorgabe, Jesus zunächst ganz von den christologischen Gehalten abzutrennen, muss notwendigerweise in eine Verständnislosigkeit gegenüber jenen Inhalten führen. Die Inhalte der Christologie können mit dem von ihr gewaltsam isolierten und künstlich präparierten »Menschen Jesus« ohne Gottesbezug selbstverständlich nicht mehr zusammengebracht werden – aber genau dies war ja das Ziel der Vorgabe. Der geschichtliche Mensch Jesus von Nazareth wird dann aber in der Folge zur Projektionsfläche der jeweilig den Zeitgeist bestimmenden, rein auf den Menschen bezogenen Sehnsüchte und Ideologien. Wenn unter »Christologie von unten« ein solches Verfahren verstanden ist, dann kann sie im Ergebnis nur abgelehnt werden: Sie

Die Christologie Wolfhart Pannenbergs

ist weitestmöglich entfernt von der wahren, von Jesus von Nazareth selbst ausgehenden Christologie, denn sie begründet Religion *a priori* von der Idee einer anthropologischen Projektion her, als ein Spiegelspiel der menschlichen Sehnsüchte und Entwürfe. Demgegenüber hält Ratzinger in einer für das moderne Denken überraschenden Synthese daran fest, dass *gerade der historische Jesus von Nazareth als der wirkliche und schon in voller Verdichtung sich offenbarende Christus begriffen werden muss.* Dies muss jedoch im Umkehrschluss heißen: Die Geschichtlichkeit Jesu kann Christus nicht äußerlich bleiben. Die endgültige Reflexion dieses Zusammenhangs, auch die tiefere Gemeinsamkeit mit dem Denken Pannenbergs, soll einer zusammenfassenden Schlussbetrachtung vorbehalten sein.

Pannenbergs Ablehnung des oberflächlichen, nur anthropologischen Begriffs der »Christologie von unten« bezog ihre Argumentation, wie oben deutlich wurde, aus einem vordergründig systematischeren, begrifflicheren Kontext. Bei näherem Hinsehen zeigt sich aber eine tiefe innere Verwandtschaft mit dem Vorgehen Ratzingers in diesem Punkt. Das Argument Pannenbergs begibt sich mit der abstrakten »Christologie von unten« auf eine Ebene, um von dort aus ihre unmöglichen Konsequenzen aufzuzeigen. Wenn sich das theologische Denken rein und ausschließlich auf den Menschen Jesus von Nazareth richtet, so war der Gedanke, dann geht damit immer die Frage nach dem Grund dafür einher: *Was macht* die Gestalt Jesus von Nazareth so außergewöhnlich, dass sich eine ganze Theologie auf ihn als Menschen konzentrieren kann? Die Antwort liegt in seiner besonderen Lehre von Gott, seinem Vater, die Jesus verkündet. Die Besonderheit des Menschen Jesus von Nazareth ist also seine Gottesbeziehung, seine Verbundenheit mit dem Vater, dessen Botschaft er verkündet. Dieser scheinbar nur äußerliche Befund ist aber schon die Öffnung des Gedankens für die ganze Christologie: Denn damit ist im Ansatz schon mitgesagt, dass es sachlich unmöglich ist, den nur historischen Jesus herauszupräparieren. Er ist nicht zu denken, ohne dass man ihn immer schon als Christus versteht: Er muss immer schon als der Mensch verstanden werden, der in einer einzigartigen Weise mit der Wahrheit Gottes verbunden ist, die durch ihn in die Geschichte eintritt. Wenn der Ansatz bei dem historischen Jesus von Nazareth *theologisch* ernst genommen werden soll, dann ist in ihm impliziert, dass die Botschaft des Menschen Jesus relevant ist. Wenn dies aber der Fall ist, dann tritt das eigentümliche, und eigentliche

Die Selbstunterscheidung und der wahre Begriff der »Christologie von unten«

christologische Verhältnis voll in Erscheinung. Denn, so Pannenbergs Argument, dann ist der Mensch Jesus *in singulärer Weise die Person*, in der Gott selbst in der Geschichte zur Erscheinung kommt. Was dies aber heißt, das lässt sich selbst wieder nur so beantworten, dass die Perspektive der nur anthropologischen »Christologie von unten« verlassen wird.

Die Frage, die sich nun stellt, ist aber: Was ist das einzigartige Unterscheidungsmerkmal, das Jesus von Nazareth von Anfang an in seinem Leben und Sterben und Auferstehen zu Christus, dem Sohn Gottes macht? Auf diese Frage gibt die klassische Inkarnationschristologie die bekannte Antwort: Er ist darum immer schon und von Anfang an in seinem Leben der Sohn Gottes, weil sich in ihm der ewige Sohn, der *Logos* selbst, inkarniert hat. Das Glaubensbekenntnis sagt: »Er hat Fleisch angenommen durch den heiligen Geist und ist Mensch geworden.«

Wie in dieser Arbeit wiederholt herausgearbeitet wurde, führt diese Grundlegung der Christologie in der Idee der Inkarnation zu großen Problemen. Sie ist ein systematisch verunglückter denkerischer Ansatz, durch den die ganze Christologie in eine falsche Perspektive gerückt wird. Sie führt in Aporien, weil sie ihr Spezifikum, und das heißt den *Begriff des Sohnseins* Jesu von Nazareths nicht aus seinem geschichtlichen Lebensvollzug, sondern aus einer ontisch vorgestellten Ewigkeit der zweiten Person der Trinität zu erklären versucht. Die Idee der Präexistenz des Sohnes macht sich in dieser Perspektive gewissermaßen selbständig und wird abstrakt in Transzendenz zur Welt angesetzt. Wie oben schon in der Analyse der Christologie Ratzingers als Ergebnis herausgearbeitet wurde, müssen die Aussagen über den präexistenten Sohn jedoch immer an den konkreten, geschichtlichen Lebensvollzug Jesu von Nazareths *zurückgebunden* werden. Der tiefere Sinn dieser Rückbindung an die wirkliche Geschichtlichkeit Jesu war aber, dass in dieser Geschichtlichkeit sich Jesus selbst als Christus und Sohn Gottes offenbart: In seiner Passion und in seiner Auferstehung. Nur aufgrund dieses geschichtlichen, und bei Ratzinger heißt dies auch explizit: ontologischen, seinsmäßigen Erweises zeigt sich Gott selbst und ist er in seiner Wahrheit erwiesen. Wie oben schon gezeigt wurde, ist dies auch die Essenz des christologischen Denkens Pannenbergs: Es gehört notwendig zum Begriff von Gott *als Gott,* dass er sich indirekt in der Geschichte seiner Schöpfung selbst verwirklicht und das heißt, in ihr seine Herrschaft antritt und durchsetzt. Es geht also beiden Theo-

Die Christologie Wolfhart Pannenbergs

logen letztlich um den Begriff Gottes als solchen und seine Rechtfertigung in der Geschichte selbst. Pannenbergs genuiner Gründungsgedanke der Christologie besteht nun, wie gesehen, darin, dass dieser Ausweis der Wahrheit Gottes in der Geschichte selbst *nur indirekt*, durch die Geschichte selbst, vollzogen werden kann. Der Erweis der Wahrheit Gottes kann nicht »an der Geschichte vorbei« geschehen und abstrakt in einer äußerlichen Machttat gedacht werden. Sondern der Erweis der Wahrheit Gottes schließt die Einsicht mit ein, dass die geschaffene Welt niemals abstrakt und außerhalb von Gott gedacht werden kann, sondern dass sie in ihrem Selbstsein und Eigensein immer schon von Gott mit begleitet ist und auf ihn als ihr inneres Freiheitsziel zuläuft. Gott erweist sich also indirekt, im Eigensein der Geschichte selbst.

Die klassische Inkarnationschristologie begeht den Fehler, *diese geschichtliche Vermittlung des Begriffs des Sohnes und damit die Selbstvermittlung Gottes durch die Geschichte nicht mitzumachen.* Sie begründet das Sohnsein Jesu von Nazareths durch die Inkarnation des ewigen *Logos.* Dadurch bricht aber die ganze Christologie von Anfang an in zwei Sphären auseinander, die sich ontisch gegenüberstehen: in die Sphäre der Ewigkeit und in die Sphäre der geschaffenen Welt in ihrer Geschichtlichkeit. Die beiden Seinsbereiche sind kategorial getrennt. Diese ontologisch kategoriale Trennung wird nun in der Folge in die Christologie importiert als das Problem der zwei Naturen in Jesus Christus. Der Versuch, den Begriff und damit die Wahrheit der Gottessohnschaft Jesu von Nazareths auf dem Wege dieser ontologischen Interpretation auszuweisen, muss scheitern: Denn die Vermittlung der beiden ontologischen Kategorien wird nicht eigentlich gedanklich geleistet, sondern sie wird nur behauptet. Dasjenige, was eigentlich auszuweisen wäre: was es heißt, dass Jesus von Nazareth »Gottes Sohn« genannt wird, das wird zunächst in einem kategorialen Auseinander vorgestellt und dann in einer Einheit in Jesus Christus selbst als geeint zusammengedacht. Die Vermittlung der beiden Kategorien wird also einfach in die Person Jesu verlagert und in ihr als geschehen behauptet.

Die Frage ist aber gerade: Was berechtigt dazu, diese Identität zu behaupten? Die Frage wird erst gelöst, wenn deutlich gemacht werden kann, dass der Ansatz der Inkarnationschristologie bei dem ewigen Sohn selbst ein philosophisch vermittelter Standpunkt ist. Die Idee der »Christologie von oben« mit ihrem Ausgangspunkt beim Lebensvollzug des trinitarischen Gottes *hat ihre nachträgliche Berech-*

Die Selbstunterscheidung und der wahre Begriff der »Christologie von unten«

tigung. Sie bedarf jedoch einer vorhergehenden, geschichtlichen Vermittlung *des Begriffs* des Sohnes Gottes selbst. Erst aus der geschichtlich vollzogenen Realisierung des Begriffs des Sohnes kann *nachträglich* verstanden werden, was mit der Idee einer Inkarnation dieses ewigen Sohnes gemeint sein kann und warum sie als Wahrheit gerechtfertigt behauptet werden kann. Indem diese Rechtfertigung der Aussagen über Jesus als den Sohn Gottes durch seinen geschichtlichen Lebensweg mitvollzogen wird, wird zugleich deutlich, dass die ontologische Trennung von ewigem Gott und geschaffener Welt ein systematischer, philosophischer Denkfehler ist. Wie Pannenberg in unnachahmlicher begrifflicher Dichte herausarbeitet, stellt Christus in seinem Verhältnis zum Vater nur das Urbild eines allgemeinen anthropologischen und damit schöpfungstheologischen Wesensverhältnisses dar: Die Schöpfung – und damit der Mensch – ist nie anders zu denken als so, dass sie in ihrem Eigensein und Sich-selbst-Gegebensein in prinzipieller Weise verwiesen ist auf Gott als ihren Grund und ihr Ziel. Die volle Teilhabe an Gottes Leben ist ihre geschichtliche Bestimmung, in deren Verwirklichung sich Gott indirekt selbst als wahr erweist und damit sich selbst verwirklicht.

Mit der so resümierten Idee der indirekten Selbstverwirklichung Gottes durch seinen Wahrheitserweis in Jesus Christus ist diese Untersuchung im Kern von Pannenbergs Christologie angekommen. Der entscheidende Gedanke, der in diesem Kern zum Ausdruck kommt, ist: Der Erweis der Wahrheit Gottes muss Gott *und* die Geschichte gleichermaßen umfassen und zum Ausdruck bringen. Darum ist ein theologisches Denken, das den Unterschied von Gott und Welt zum Ausgangspunkt nimmt, immer in Gefahr, seinen Gegenstand zu verfehlen. Darum aber kann die wahre Theologie nur in der Christologie gefunden werden – aber dies wiederum gerade nicht so, dass Christus in seiner Gottgleichheit nun erneut in seiner Unterschiedenheit zur Welt definiert und festgehalten wird. Wenn dieser Unterschied als Problem abstrakt wieder in den Vordergrund tritt, dann ist dies gerade das sichere Zeichen dafür, dass die eigentliche Aufgabe der Christologie nicht bewältigt wird. Diese ursprüngliche Aufgabe betrifft den Begriff Gottes als solchen, ihr Sinn zielt auf das Zentralproblem der Lehre von Gott im Allgemeinen. Dieser Sinn der Christologie besteht darin, die Wahrheit Gottes als reale Offenbarung und diese historische Offenbarung als Selbstverwirklichung seines Wesens zu begreifen, vermittelt in und durch die Geschichte – denn geschähe dies nicht, dann wäre Gott nicht Gott und würde in seinem

Wesen verfehlt. Darum darf die Christologie nicht in der *Unterschiedenheit* der Welt von Gott ihren Ansatz nehmen, sondern muss ausgehen von der *Selbstunterscheidung Jesu von Nazareths*. Die Vollendung und Durchsetzung von Gottes Wahrheit in der Geschichte kann kein Akt ontischer Durchsetzung sein, sondern muss gedacht werden als freier Vollzug des Selbstseins der Schöpfung selbst – in welchem Selbstsein Gott dann aber erst wirklich *von sich her* in der Freiheit der Welt erscheint. Die Selbstunterscheidung der Schöpfung in Jesus Christus *ist* die Wahrheit Gottes. Genau dies ist aber der systematische, rein am Begriff Gottes orientierte Grund dafür, dass die wahre Christologie und damit die wahre Theologie »Christologie von unten« sein muss. Sie muss ihre Wahrheit als wirklich geschichtlich geschehene und geschehende Wahrheit verstehen.

Pannenberg fasst diesen Gedanken in seinem Schlusssatz in souveräner Geste zusammen:

In solcher Weise könnte sich die »Christologie von unten«, gereinigt von der Einseitigkeit ihrer Konzentration auf den Menschen Jesu in seiner bloßen Unterschiedenheit von Gott, als Durchführung der wahren Christologie »von oben«, als Durchführung einer Christologie der Selbstverwirklichung Gottes darstellen. Nicht die Unterschiedenheit Jesu von Gott, sondern seine Selbstunterscheidung von ihm bietet den Schlüssel zu einer solchen Christologie, die zugleich das Zentrum einer christlichen Gotteslehre wäre.[91]

Es besteht also ein direkter Zusammenhang zwischen der Einsicht in die Notwendigkeit der Selbstunterscheidung als Ausgangspunkt der Wahrheit Gottes und der Notwendigkeit der »Christologie von unten«. Entscheidend ist in diesem resümierenden Zitat der souveräne Bogen, der geschlagen wird von der Selbstunterscheidung als Wahrheitsvollzug und der Selbstverwirklichung Gottes in der Welt zur »Christologie von unten« als dadurch einzig möglicher formaler Durchführung dieser Wahrheit. Aber damit nicht genug, der Bogen wird noch weiter zurück geschlagen: Denn implizit ist damit schon miterkannt, dass dieser Kerngedanke der Christologie keinen anderen Zweck hat, als das Zentrum des christlichen Gottesgedankens *überhaupt* zu sein. Der Vollzug der »Christologie von unten« ist die Durchführung der Wahrheit Gottes selbst in der Welt. Wenn Gott gedacht wird als in seiner Absolutheit von der Welt getrenntes We-

---

[91] Wolfhart Pannenberg: Christologie und Theologie, 145

sen, dann wird er nicht *richtig gedacht* und seine Wahrheit bleibt ohne Realität. Darum muss Gottes Wahrheit *als Selbstvollzug der Schöpfung* verstanden werden, die sich selbst von ihm unterscheidet, also als der Vollzug des Lebens Jesu Christi und damit zugleich als Rettung und Einbezug der Welt in das Leben Gottes durch diese Selbstunterscheidung. Es muss also Christus *in seiner geschichtlichen Wahrheit* geben, damit es Gott gibt. Der Versuch, Christus aus der Geschichte herauszulösen und nur Jesus von Nazareth als eine historische Gestalt gelten zu lassen, ist deshalb gleichbedeutend damit, den christlichen Gottesbegriff und damit den realen ontologischen Begriff Gottes zu verfehlen. Wie oben mehrmals schon sichtbar wurde und in der Schlussbetrachtung noch zu zeigen sein wird, bricht diese systematische gedankliche Abhängigkeit der Frage nach Christus von der Frage nach Gott als solcher auch bei Ratzinger immer wieder durch. Darum ist für Ratzinger dieser Kernpunkt aller christologischen Häresien letztlich gleichbedeutend mit Atheismus.

Nur dann ist wahrhaft Geschichte geschehen, wenn gilt, dass Jesus Sohn Gottes *ist*. Genau dieses *Sein* ist das ungeheure Ereignis, an dem alles hängt. Warum aber war die Antwort des Arius den Menschen seiner Zeit so ungeheuer einleuchtend? Warum hatte er die öffentliche Meinung der ganzen gebildeten Welt so schnell auf seine Seite gebracht? Aus demselben Grund, aus dem auch heute das Konzil von Nikäa in der öffentlichen Meinung abgeschrieben ist. Arius wollte die Reinheit des Gottesbegriffs wahren. Er wollte Gott nicht so etwas Naives wie Menschwerdung zumuten. Er war überzeugt, dass man den Gottesbegriff, Gott selbst, letztlich ganz aus der menschlichen Geschichte heraushalten muss. [...] Die Väter hielten dies für Atheismus, und letzten Endes ist es auch einer, denn ein Gott, an den der Mensch überhaupt nicht heranrühren kann, ein Gott, der in Wirklichkeit in der Welt keine Rolle spielen kann, ist kein Gott.[92]

Es geht also in der Christologie immer um die Möglichkeit der Wahrheit Gottes als solchen. Implizit ist mit dem abschließenden Zitat Pannenbergs ein umfassender Anspruch erhoben: Es ist damit nämlich eigentlich gesagt, dass die Selbstunterscheidung Christi und damit die »Christologie von unten« nicht nur *eine*, sondern auch tatsächlich *die einzige* Möglichkeit der Wahrheit Gottes ist. Dies scheint vermessen, aber nur vor dem Horizont eines relativistischen, also gerade nicht auf Wahrheit bezogenen Denkens. Für den schlichten Mitvollzug der Analyse Pannenbergs ist diese Konsequenz immer schon

---

[92] Joseph Ratzinger, Jesus Christus, JRGS 6/2, 809

Die Christologie Wolfhart Pannenbergs

mitgegeben und ergibt sich aus der Sache selbst. *Weil* die Wahrheit Gottes wirklich nur als »von unten« sich offenbarend, in dieser Weise der geschichtlichen Selbstunterscheidung Jesu Christi denkbar ist, darum ist sie in ihrem Vollzug auch wirklich und endgültig wahr und alternativlos: Sie ist in der Geschichte geschehen und geschieht. Dies allein ist auch der innere philosophische Grund für die Endgültigkeit und Einzigartigkeit Jesu Christi, die in seinen Selbstaussagen immer wieder Thema wird, nicht aber etwaige herausragende ontische Eigenschaften, die von Jesus historisch berichtet werden könnten.

II.8 Zusammenfassung der Christologie Pannenbergs

Damit kommen unsere systematische Entfaltung und der argumentative Nachvollzug des christologischen Kerngedankens Pannenbergs für diese Arbeit vorerst zu ihrem Abschluss. Zusammenfassend sollen noch einmal summarisch die Kernpunkte und Ergebnisse des Gedankens festgehalten werden:

(1) Gottes Wahrheit kann nicht von der Welt getrennt gedacht werden, weil dies seinem Wesensbegriff widerspricht. Sie muss in irgendeiner Weise mit der Welt vermittelt und immer schon in ihr anwesend gedacht werden. Diese Vermittlung kann aber nicht durch einen abstrakt und transzendent vorgestellten Gott der Welt von außen aufgezwungen werden. Sie muss also von der Welt selbst her als deren eigener Vollzug verstanden werden.

(2) Dieser ursprünglichste und endgültige Selbstvollzug der Schöpfung ist der Sinn des Lebens und Sterbens und Auferstehens Jesu Christi. In seinem Leben verwirklicht sich die Wahrheit Gottes in der Welt geschichtlich. Diese Verwirklichung von Gottes Wahrheit geschieht durch die Selbstunterscheidung Jesu Christi. In dieser Selbstunterscheidung aber kommt das ewige Leben Gottes in der Welt gerade erst zum Vollzug und in die Erscheinung. In der Selbstunterscheidung erweist sich mithin Jesus *als von jeher* zu Gott zugehörig. Gott ist also von Ewigkeit her, von seinem Begriff her, in dieser inneren Beziehung von Vater und Sohn zu denken.

(3) Die Identität Jesu mit dem ewigen Sohn vollzieht sich also – dies wird aus dieser systematischen Herleitung evident – immer nur *in indirekter* Weise: über den Umweg der radikalen Bezogenheit Jesu von Nazareths auf Gott, den er seinen Vater nennt. Dieser Umweg der radikalen Hingabe an den Vater ist die vollkommen und restlos

vollzogene Selbstunterscheidung. Der Sinn der Sohnschaft schließt also immer schon den Menschen und mithin die Welt in ihrer Endlichkeit mit ein. Der ewige *Logos*, der *Sohn*, kann nie unter Umgehung des Menschen Jesus und damit der Schöpfung, deren Mitte er ist, direkt angezielt und gedacht werden. Das Wesen des Sohnes kann nicht als fertiges Ergebnis und Ausgangspunkt, sondern nur und allein von Jesus von Nazareth her und vermittelt über seinen historischen Lebensvollzug und seine Beziehung zu Gott, seinem Vater, begriffen werden.

(4) Daher ist der Ansatz der Inkarnationschristologie, der diese Identität Jesu mit Gott vom ewigen Sohn ausgehend bestimmen will, verfehlt und hat keine echte Erklärungskraft, sondern nur eine äußerlich-veranschaulichende Funktion. Er lässt den ursprünglich begründenden ontologischen Verstehensschritt, der den Begriff Gottes selbst über den Identitätsvollzug Jesu von Nazareths – und das heißt: über die Geschichte der Schöpfung – vermittelt, aus. Die klassische Inkarnationschristologie denkt die Vermittlung dieser Identität als eine *herabsteigende* Verbindung des ewigen Sohnes zum Menschen Jesus von Nazareth. Dieser Gedanke kann aber den ursprünglichen sachhaltigen Sinn des Begriffs des Sohnes nicht integrieren: Er kann nicht verständlich machen, warum nur durch Jesus Christus wirklich und wahrhaftig Gott in der Welt erscheint. Der Ansatz beim ewigen Sohn *wiederholt* diesen Sachgehalt eigentlich nur noch einmal durch die Behauptung, dass dieser Abstieg des Sohnes geschehen sei. Er kann aber die *inhaltliche Genese* des Begriffs des Sohnes nicht verständlich machen, die nur erklärlich ist, wenn sich *Gott tatsächlich in seinem Begriff* in Jesus von Nazareth offenbart hat. Diese Offenbarung geschieht aber nicht *direkt* von einem abstrakt gedachten Gott her und »von oben«, sondern kann nur in indirekter, vermittelter Weise, von der Geschichte der Schöpfung her, »von unten« geschehen und zwar so, dass erst dadurch der wahre Begriff Gottes erreicht und darin verwirklicht wird.

(5) Nur in jener *indirekten Weise* kommt also die Wahrheit Gottes wirklich und vollkommen in die Welt. In Christus erscheint das Wesen Gottes selbst in der Welt – dies heißt aber zugleich, dass sich Gott von nun an in der Welt Bahn bricht und durchsetzt. Daher nennt Pannenberg diesen Vollzug der Selbstunterscheidung Jesu zugleich die Selbstverwirklichung Gottes. Weil die Schöpfung wirkliches Eigensein und Selbstgegebensein ist, darum überlässt Gott ihr auch ihre Selbstfindung. Diese Selbstfindung ist aber zugleich er selbst,

als ihr Ziel. *Weil* Gott seiner Schöpfung also echte Autonomie gewährt und gönnt, *darum* steht seine eigene Wirklichkeit in einem gewissen Sinn noch aus. Gott hat also, *weil* er die Schöpfung in ihrer Freiheitsgeschichte will, selbst eine Geschichte, die mit der Geschichte des Menschen verschränkt ist.

(6) In der Beziehung Jesu von Nazareths zu Gott seinem Vater kommt die Wahrheit Gottes, Gott selbst, in indirekter Weise in der Geschichte zur Offenbarung. Darin zeigt Jesus sich aber als von Ewigkeit her zu Gott zugehörig. In Jesus von Nazareth erweist sich Gott als von Ewigkeit her in Beziehung stehend. Weil aber Jesus Christus in seinem Vollzug der Selbstunterscheidung zugleich die Mitte und das Ziel der geschaffenen Welt ist, darum kann und muss nun auch gesagt werden: Er ist der Ursprung und der Anfang der Schöpfung selbst. Die Schöpfung kann also niemals in abstrakter Weise außerhalb von Gott stehend verstanden werden. Sie gehört in die ewige Beziehung, die Gott selbst ist, mit hinein. Ihr generativer Ursprung ist der immer schon sich von Gott, dem Grund aller Wirklichkeit, unterscheidende Sohn. Aber dieser Ursprung der ganzen Schöpfung darf nun wiederum nicht getrennt von Jesus Christus gedacht werden. Der Ursprung der ganzen Schöpfung ist *genau dieser* Jesus Christus in seinem Lebensvollzug und in seinem Sterben und Auferstehen – nur so, als die Mitte der Geschichte der Schöpfung selbst ist der Begriff des Ursprungs in seiner Tiefe gedacht!

(7) Der Sinn des Lebens, Sterbens und Auferstehens Jesu von Nazareths ist die Offenbarung der Wahrheit Gottes in seiner Schöpfung. In seine Ewigkeit ist darum die Schöpfung von ihrem Anfang her und als ihr Ziel miteinbehalten. Dieses Ziel ist mit dem Lebensvollzug Jesu unabwendbar Wirklichkeit geworden. Dieser Lebensvollzug als Ganzer ist aber die Selbstunterscheidung von Gott, seinem Vater. Alle christologischen Themen, die zur Sprache kamen – die Wahrheit und Selbstverwirklichung Gottes, die Präexistenz Jesu Christi im trinitarischen Leben Gottes, die Vollendung und Verewigung des Menschen und mithin der ganzen Schöpfung –, sind also rückzubeziehen auf *die Selbstunterscheidung Jesu in seinem geschichtlichen Leben.*

(8) Weil die Selbstunterscheidung Jesu das Zentrum und die Quelle der Christologie ist, darum kann diese niemals anders als in der Form einer »Christologie von unten« ausgebildet werden. Sie muss sowohl im historischen Nachvollzug der Begriffsbildung – des Begriffs des »Sohnes Gottes« – als auch in der Entfaltung ihres syste-

matischen, ontologischen Sinns »Christologie von unten« sein. Die Quelle ihrer Wahrheit ist der wirkliche, geschichtliche Lebensvollzug Jesu von Nazareths, der als Ganzes die radikale Entfaltung der freien Selbstunterscheidung ist. Allein in diesem Selbstvollzug als Selbstunterscheidung kann Gott selbst in seiner Wahrheit indirekt in der Welt erscheinen. Deshalb ist der Lebensvollzug Jesu die Vollendung der Welt und die Verwirklichung von Gottes ewigem Wesen in der Welt. Darum ist er aber von Anfang an und für immer Christus, der Sohn des Vaters. Die »Christologie von unten« ist also keine *Methode* unter anderen, keine Perspektive unter anderen, sondern sie entspricht in ihrem Wesen der Verwirklichung des Wesens Gottes als trinitarischem Lebensvollzug in der Geschichte. Der Vollzug der Selbstunterscheidung ist also identisch mit dem Vollzug der Wahrheit Gottes selbst. Gottes lebendige Wahrheit, sein Wesen als alles bestimmende Wirklichkeit, hängt also an dem, was die »Christologie von unten« selbst als theologische Wahrheit nach- und mitvollzieht.

(9) Die »Christologie von unten« ist als selbstreflexiver Mitvollzug der Offenbarung der Wahrheit Gottes eine echte, sich in sich und vor sich selbst ausweisende Wahrheit. Sie ist eine wesentliche, immer schon implizierte Folge der Selbstunterscheidung Jesu und der darin sich vollziehenden Wahrheit Gottes in der Welt. Denn der Sinn der Selbstunterscheidung Jesu schließt sachlich immer schon die Selbstunterscheidung der ganzen Schöpfung mit ein. Dieser reflexive, vernünftige Mitvollzug der Offenbarung Gottes seiner selbst in der »Christologie von unten« ist also immer schon einbezogen in das Leben Gottes selbst. Sie ist also nicht einfach eine subjektive, intellektuelle Unternehmung, sondern *sie ist selbst etwas, was von jeher zum Wesen Gottes gehören muss*. Die »Christologie von unten« in ihrem Vollzug der Wahrheit Gottes muss also als vom *Geist selbst* gewirkt verstanden werden, von jenem Geist, der sich von Vater und Sohn unterscheidet. Ihre vernünftige Einsicht kann nicht begriffen werden außerhalb des Wirkens Gottes selbst. Sie geschieht also in dem Geist, der uns durch Christus gegeben ist.

(10) Darum ist das Christentum, wie Ratzinger sagt, die wahre Religion. Es ist die Religion der Wahrheit. In der »Christologie von unten« zeigt sich nicht *eine* formale theologische Methode unter *anderen* von *einer* Religion unter anderen, sondern in ihr vollzieht sich in reflexiver, und das heißt indirekter Weise, im Selbstvollzug der Welt, die Offenbarung Gottes als wirklich ausweisbarer Wesensvollzug Gottes selbst. Sie allein macht das Wesen Gottes als trinitarisches

Die Christologie Wolfhart Pannenbergs

Leben verständlich und kann so die Wahrheit Gottes geschichtlich ausweisen. Sie zeigt sich darin als diesem trinitarischen Leben und seiner Wahrheit zugleich selbst zugehörig. Die »Christologie von unten« schließt den erkennenden Selbstvollzug der Welt und mithin ihre Selbstunterscheidung mit ein. Sie ist deshalb der Vollzug des Geistes der Wahrheit Gottes selbst. Dieser Geist, der im Vollzug der Selbstunterscheidung verwirklicht wird, ist der eigentliche Grund, auf dem die Kirche steht. Durch ihn aber ist der Wahrheitsanspruch der Kirche *auch wirklich* gerechtfertigt: Im Geist der Selbstunterscheidung, der ihr durch Christus gegeben ist, ist sie wirklich und wahrhaftig »erleuchtet zur Erkenntnis des göttlichen Glanzes auf dem Antlitz Christi« *(2 Kor 4,6)*, das heißt, sie ist erleuchtet zur Erkenntnis der Wahrheit Gottes selbst.

III. Ratzinger und Pannenberg im Vergleich

In den zehn Paragraphen, die Pannenbergs Christologie in ihrem wesentlichen Gehalt zusammenfassen und festhalten sollten, wurden die denkerischen Kongruenzen mit Ratzingers christologischen Kerngedanken schon offensichtlich. Im nun folgenden Abschnitt sollen diese Übereinstimmungen, dann aber auch einige wesentliche Unterschiede noch einmal dezidiert beleuchtet werden. Gerade in den leicht unterschiedlichen Akzenten, die beide in der konkreten Ausfaltung der Christologie verfolgen, wird der gemeinsame Grundgedanke noch klarer sichtbar.

III.1 Die grundsätzliche Übereinstimmung von Ratzinger und Pannenberg

(1) Zunächst muss als fundamentale Gemeinsamkeit festgehalten werden: Ratzinger und Pannenberg stimmen systematisch darin überein, dass die Christologie niemals anders denn als »Christologie von unten« vollzogen werden kann. Ratzinger gebraucht diesen Begriff zwar nicht ausdrücklich in der Weise, dass er ihn für seine eigene Arbeit programmatisch in Anspruch nimmt, wiewohl er ihn kennt und ihn auch, wie gesehen, beiläufig verwendet. In seiner *tatsächlichen Durchführung* verfolgt er aber genau diesen Gedanken. Dies wurde deutlich in seinen »Thesen zur Christologie«, die oben ausführlich behandelt wurden. Dort entwickelt Ratzinger in akribischer Weise die *Abhängigkeit des begrifflichen Sinns* der klassischen Inkarnationschristologie von dem Lebensvollzug Jesu von Nazareths. Dies geschieht bei ihm, wie deutlich wurde, zunächst durch den Nachvollzug der historischen Genese des Begriffs des »Sohnes Gottes«, dann aber und vor allem durch den Nachvollzug der schrittweisen Offenbarung des Wahrheitssinnes des trinitarischen Gottesgedankens durch die gedankliche Durchdringung des Lebens und der Selbstaus-

sagen Jesu. Dieser vernünftig nachvollziehbare Sinn des präexistenten Christus bleibt in seiner Ausweisung immer rückgebunden an den konkreten Lebensvollzug Jesu, seine Hingabe, sein Leiden und seine Auferstehung – mit dieser Aussage schließt Ratzinger sicher nicht zufällig und explizit seine »Thesen zur Christologie«. Diese Aussage ist aber nicht anders zu verstehen denn als eine zusammenfassende, programmatische Interpretation der in den Thesen erbrachten theologisch-philosophischen Ergebnisse als einer »Christologie von unten«.

Der Leitgedanke Ratzingers in seiner großen Jesus-Monographie ist seine These, dass *der historische Jesus von Nazareth immer schon Christus ist*, dass also ein abstraktes Auseinanderbrechen dieser beiden Aspekte in einen Menschen Jesus von Nazareth und in dessen theologische Überformung nicht der historischen Wirklichkeit entspricht. Ratzinger hält am Wahrheitsanspruch des Evangeliums fest und hält die daran anschließende, historische Ausfaltung des theologischen Tiefensinns in der Dogmengeschichte nicht für eine überformende philosophische Konstruktion, sondern für eine schrittweise Offenbarung einer Identität und Wahrheit, die von Anfang an nur in dem lebendigen, historischen Jesus Christus gegeben sein konnte.

Nur wenn Außergewöhnliches geschehen war, wenn die Gestalt und Worte Jesu das Durchschnittliche aller Hoffnungen und Erwartungen radikal überschritten, erklärt sich seine Kreuzigung und erklärt sich seine Wirkung. Schon etwa 20 Jahre nach Jesu Tod finden wir im großen Christus-Hymnus des Philipper-Briefs (2,6–11) eine voll entfaltete Christologie [...]. Wieso konnten unbekannte kollektive Größen so schöpferisch sein? So überzeugen und sich durchsetzen? Ist es nicht auch historisch viel logischer, dass das Große am Anfang steht und dass die Gestalt Jesu in der Tat alle verfügbaren Kategorien sprengte und sich nur vom Geheimnis Gottes her verstehen ließ?[93]

Dieser Gedanke wurde als seine spezifische Hermeneutik der Schriftauslegung verstanden, und so versteht sich Ratzinger – unter dem Stichwort »kanonische Exegese«[94] – durchaus auch in seinem Vorwort zu der Jesus-Monographie selbst. Die Auslegung dieses Gedankens als einer spezifischen Hermeneutik ist sicher nicht falsch, aber sie verbirgt auch – vielleicht sogar gewollt – den eigentlichen philosophischen, apologetischen Anspruch des Vorgehens und des Grund-

---

[93] Joseph Ratzinger: Jesus von Nazareth I, 21
[94] A. a. O., 18

Die grundsätzliche Übereinstimmung von Ratzinger und Pannenberg

gedankens Ratzingers. Wenn von einer Hermeneutik gesprochen wird, dann ist damit immer gemeint: eine Methode der Auslegung unter anderen – und ihre Bewertung bemisst sich tendenziell an ihrer Fruchtbarkeit. Wie aus den philosophisch-systematischen Argumenten der vorliegenden Arbeit deutlich wird, muss aber vielmehr gesagt werden, dass die Deutung Ratzingers in den »Thesen zur Christologie« und in seiner großen Jesus-Monographie nicht nur eine kluge Hermeneutik *neben anderen* Möglichkeiten darstellt, sondern dass ihr letztlich ein *systematischer philosophischer Gedanke zugrunde liegt*, der, gewissermaßen *unvermeidlich*, implizit oder explizit, einen vernünftigen, allgemein zu rechtfertigenden Anspruch auf Wahrheit erhebt.

Dies wird vor allem dann deutlich, wenn zum Vergleich die Christologie Pannenbergs herangezogen wird. Denn Ratzingers Hermeneutik verfolgt im Grundgedanken nichts anderes als jenes, was Pannenberg in seiner systematisch-philosophischen und daher allgemeiner gehaltenen Form herausarbeitet und was im Ergebnis als Wahrheitskern seiner dialektischen Entwicklung des christologischen Grundgedankens festgehalten wurde: Der Mensch Jesus ist niemals ohne seinen Gottesbezug verstehbar. Dies heißt aber dann nichts anderes, als dass in Jesus immer schon der ewige Sohn in *indirekter Weise* erscheint, dass er also nie anders zu verstehen ist denn als »Christus«.

Ratzingers Gegenspieler ist das abstrakt vorgehende, aufklärerische Denken, das in der modernen Theologie seit dem 19. Jahrhundert bis heute eine unreflektiert leitende Rolle einnimmt und an Jesus von Nazareth als einem geschichtlichen Menschentypus orientiert ist. Das Problem, das dieses Denken in abstrahierender Weise lösen will, ist nicht neu, sondern so alt wie die Kirche selbst. Es tritt immer auf, sobald es um Christologie geht, und zwar deshalb, weil Jesus Christus in sich selbst von Anfang an die eine, gemeinsame, anfängliche Wurzel ist, in der Gott und Welt, Ewigkeit und Geschichte ontologisch zusammengedacht werden müssen. Wenn diese wirklich vollzogene Beantwortung der Grundfrage der Metaphysik in Christus als ontologische Wahrheit gedanklich nicht bewältigt wird, dann bleiben in der Folge nur wieder die beiden abstrakten Bruchstücke von Gott und Welt, die das vorstellende, ontische Denken nachträglich in Jesus nicht zusammenzubringen vermag. Darum weicht das aufgeklärte Denken in einem neuen Gnostizismus fast notgedrungen auf Jesus, den Menschen, aus.

Ratzinger und Pannenberg im Vergleich

Ratzinger und Pannenberg arbeiten, beide auf ihre Weise, in die Gegenrichtung. Sie erbringen sowohl den historischen als auch den philosophisch-ontologischen Nachweis dessen, dass der Begriff und damit die Wahrheit des »Sohnes Gottes« von Anfang an in der Existenz Jesu von Nazareths *geschichtliche Wirklichkeit* sind. Jesus Christus selbst als geschichtliche Wirklichkeit steht am Anfang der Christologie. Aus ihm allein stammen alle Begriffe, er allein ist die Quelle der ganzen christlichen Theologie. Dieser umfassende, grundlegende Gedanke fällt dem neuzeitlichen Denken – und damit auch der modernen Theologie – schwer, ja, er ist ihm unmöglich, denn es kann aus vielen Gründen den philosophisch-metaphysischen Wahrheitskern nicht sehen, der zugleich sachlicher Kern der Christologie sein muss. Die gedankliche Aufgabe besteht aber gerade darin, Jesus Christus selbst in seiner historischen Existenz *als den inneren Mittelpunkt der ontologischen Wahrheit zu verstehen*. Nur wenn dieser Schritt vollzogen wird, kann wirklich einsichtig werden, was es heißt, dass die geschichtliche Person Jesus von Nazareth von Beginn seines historischen Daseins an und in seinem ganzen Lebensvollzug »der Logos«, »die Wahrheit«, »der Sohn«, ja »Gott« ist.

Pannenberg vollzieht genau diesen Schritt, indem er zeigt, dass in Jesus das allgemeine Verhältnis des Menschen – und in ihm der Welt – zu Gott in seine Mitte und seine vollendende Bestimmung kommt. Dieses allgemeine Verhältnis ist in der Schöpfung und schließlich im Menschen immer schon da – es ist die immer mitvollzogene, lebendige Wahrheit alles Geschaffenen. Im Wesensvollzug des Geschaffenen als solchen kommt immer schon in noch vorläufiger und prinzipiell *indirekter* Weise die Wahrheit Gottes zur Erscheinung. Erst in Jesus geschieht diese *indirekte Erscheinung* der Wahrheit Gottes in der Wahrheit der Schöpfung aber in voller Identität. Dies heißt aber umgekehrt für die Wahrheit: Nur indem Jesus Christus selbst geschichtlich sein Leben als Sohn vollzieht, wird der Logos, der vernünftige Grund aller Wirklichkeit, von sich selbst her Realität. Diese volle Realität steht ohne Jesus von Nazareth aus. Der Gedanke, dass im historischen Lebensvollzug des Jesus von Nazareth der ewige Logos, die Vernunft als solche, Mensch geworden ist, kann also in seiner Tiefenstruktur nur wirklich begründet werden, wenn seine Existenz als Mitte *einer allgemeinen ontologischen Wesensverfassung der Schöpfung und vor allem des Menschen als solchen* verstanden wird. Diese Wesensverfassung ist in der Tiefe: Selbstgegebensein in Bezogenheit auf den Grund aller Wirklichkeit. Dieses

Die grundsätzliche Übereinstimmung von Ratzinger und Pannenberg

Selbstgegebensein in Bezogenheit auf den Grund aller Wirklichkeit ist ein reflexives und das heißt geistiges Leben, und dieses Leben als solches ist in seiner Tiefe immer Vollzug der Wahrheit. Der Sinn der Inkarnation kann also nur so begriffen werden, dass implizit deutlich wird: *Christus ist die Realisierung der ontologischen Tiefenstruktur der Welt.* Diese Tiefenstruktur der Welt, ihr letzter Sinn, ist der Vollzug der ewigen Wahrheit, die Offenbarung des Lebens Gottes selbst. Diese Offenbarung, der Erweis von Gottes Wirklichkeit, kann aber nicht anders als im Leben der Welt selbst realisiert werden. Darum ist die Christologie im Wesen »Christologie von unten«, Christologie »aus der Welt«.

Mit anderen Worten: Dass die Christologie im Wesen »Christologie von unten« ist, liegt darin begründet, dass sie durch und durch philosophisch, dass sie ontologisch ist und sein muss. Sie ist im Kern die Entfaltung und Beantwortung der Frage nach dem Grund der Welt, also der metaphysischen Gottesfrage. Dieser Grund aber ist *Vernunft: Logos.* Die Antwort Pannenbergs zeigt: Die Realisierung dieses Grundes schließt die Welt mit ein und muss daher aus dem Leben der geschaffenen Welt heraus sich vollziehen.

(2) Die zweite fundamentale Kongruenz zwischen Ratzinger und Pannenberg zeigt sich in der zentralen Rolle des Begriffs der *Selbstunterscheidung.* Wie oben ausführlich gezeigt wurde, ist die Selbstunterscheidung der systematische Gründungsbegriff von Pannenbergs Entwurf der Christologie und damit auch der Gotteslehre. Am wirklichen Vollzug der Selbstunterscheidung Jesu von Nazareths hängt die Herrschaft Gottes über die Welt und damit die Gottheit Gottes. Indem sich Jesus radikal von Gott, den er deshalb seinen Vater nennt, unterscheidet, vollzieht er das *Telos* der ganzen Schöpfung und bringt in dieser Selbstunterscheidung Gottes Wirklichkeit in indirekter Weise vollkommen in die Welt. Dieser Ansatz bei der Selbstunterscheidung – dies ist seine eigentliche Funktion – kann erst voll verständlich machen, was »Inkarnation« und damit die Lehre von den zwei Naturen in Jesus Christus ursprünglich bedeutet: nämlich nicht die direkte Selbstidentifizierung Jesu mit dem »ewigen Sohn«, sondern die indirekte, geschichtlich vermittelte Identität mit dem »ewigen Sohn« über seine Beziehung zum Vater, die im Vollzug der Selbstunterscheidung besteht. Streng gedacht hängt damit die ganze Trinität am geschichtlichen Vollzug des Lebens Jesu in seiner radikalen Hingabe, durch welchen Vollzug der ewige Sohn in seiner Prä-

existenz erst vermittelt wird, ebenso wie die volle Wirklichkeit und Herrschaft Gottes.

Hier wird deutlich, wie eng die Soteriologie mit der Gotteslehre selbst verknüpft ist: Die geschichtliche Vermittlung – wie Pannenberg sagt: die »Selbstverwirklichung« – Gottes in seiner Gottheit geschieht auf dem Wege und mit dem Ziel der Rettung der Welt, der Aufnahme der Schöpfung in das Leben Gottes. Gott in seinem Begriff realisiert sich durch diese Rettung der Welt und allein auf dieses Ziel hin. Die Soteriologie ist der innere Wesenskern, der den wahren Gottesbegriff in seinem trinitarisch ewigen Leben erst hervorbringt. Dies ist der ontologisch-philosophische Grund für die Aussage in Joh 3,16: »Denn Gott hat die Welt so sehr geliebt, dass er seinen einzigen Sohn hingab, damit jeder, der an ihn glaubt, nicht verloren geht, sondern das ewige Leben hat.« Philosophisch gesprochen heißt dies: Das Ziel der Rettung der Welt kann Gott nur in *indirekter Weise* vollbringen, daher verwirklicht er sich geschichtlich in der Selbstunterscheidung und Selbsthingabe Jesu von Nazareths, der sich darin als »sein Sohn« und Gott selbst in seinem Wesen als trinitarisch erweist.

Obwohl Ratzinger den Begriff der Selbstunterscheidung in dieser prononcierten philosophischen Funktion nicht gebraucht, konnte oben gezeigt werden, dass alle seine christologischen Überlegungen auf diesem Gedanken implizit aufruhen. Es liegt hier also in der Tiefe eine klare Übereinstimmung in der Sache vor. Diese Übereinstimmung findet ihren umfassendsten, intensivsten Ausdruck und ihre Spitze in der Auslegung des 10. Kapitels des Hebräerbriefs. In Ratzingers Deutung wird – nur ohne ausdrücklich philosophische Sprache – sichtbar, dass die Christologie des Hebräerbriefs alle philosophischen und systematischen Grundgedanken Pannenbergs implizit schon sehr genau vorausdenkt. Liest man die Interpretation Ratzingers also mit dem Wissen und auf der Folie des Grundgedankens Pannenbergs, des Gedankens *der Selbstunterscheidung Jesu*, dann kann eigentlich kein Zweifel daran bestehen, dass der Hebräerbrief in der Linie dieses Gedankens formuliert und letztlich auch nur in dieser Linie verständlich zu machen ist. Dies zeigt aber, dass die sehr frühe Theologie der ersten Generationen genau diesen systematisch-philosophischen Gedanken enthält und dass Jesus von Nazareth selbst in seinem Leben in den frühesten Zeugnissen *als die Quelle dieser Gedanken und dieser Wahrheit* verstanden wurde. Da die sachliche Argumentation Pannenbergs philosophisch substantiell und unmittelbar evident ist, kann die Übereinstimmung des Hebräerbriefs und damit Ratzingers

Die grundsätzliche Übereinstimmung von Ratzinger und Pannenberg

mit ihm auch nicht wirklich verwundern: Es wird hier eine echte ontologische Basis freigelegt, eine wirkliche, vernünftige Wahrheit, auf der der christliche Glaube von Beginn an aufruht. Dieser Glaube ist deshalb, wie Augustinus sagt, im Kern *Philosophie*, er ist *Wahrheit*, und nicht Mythos oder nur äußerlicher Ausdruck eines jeweiligen, partikulären Ethos.

Um die äußerlich verblüffende Kongruenz von der Sache selbst her noch einmal deutlich zu machen, soll in einem ausführlicheren Zitat Ratzinger selbst zu Wort kommen. Es handelt sich um die Interpretation von Hebräer 10. Diese Interpretation wurde im ersten Teil am Anfang dieser Untersuchung schon einmal skizziert, ihr ganzer Sinn kann aber nun, nach der systematischen Entfaltung des Gedankens der Selbstunterscheidung bei Pannenberg noch einmal ganz neu begriffen werden. Immer vorausgesetzt ist der Wortlaut von *Psalm 40, 7–9*: »Opfer und Gaben hast du nicht gewollt, aber das Gehör hast du mir eingepflanzt«:

> Mithilfe eines Psalmworts, das als Jesu Eingangsgebet in die Welt ausgelegt wird, gibt der Brief eine regelrechte Theologie der Inkarnation, in der sich nichts von kosmischen Stockwerken findet; das »Herabsteigen«, »Hereingehen« ist vielmehr als ein Gebetsvorgang gefasst; Gebet freilich ist dabei als wirklicher Vorgang begriffen, als Inanspruchnahme der ganzen Existenz, die im Gebet in Bewegung gerät und sich selbst weggibt. […]
> Für den Hebräerbrief sind diese Psalmworte das Vernehmlichwerden jenes Gesprächs zwischen Vater und Sohn, welches die Inkarnation ist. Darin wird ihm die Inkarnation als innertrinitarischer, als geistiger Vorgang erkennbar. Er hat dabei nur ein Wort im Licht der Erfüllung ausgetauscht: An die Stelle der Ohren, des Gehörs, ist der Leib getreten – einen Leib hast du mir bereitet. Mit »Leib« ist dabei das Menschsein selber gemeint, das Mitsein mit der natura humana. Der Gehorsam wird inkarniert. Er ist in seiner höchsten Erfüllung nicht mehr bloß Hören, sondern Fleischwerdung. Theologie des Wortes wird zur Theologie der Inkarnation. Die Hingabe des Sohnes tritt aus dem innergöttlichen Gespräch heraus; sie wird Hinnahme und so Hingabe der im Menschen zusammengefassten Schöpfung.[95]

In der kurzen Passage sind alle wesentlichen systematisch-philosophischen Gehalte konzentriert, die Pannenbergs Grundgedanken der Selbstunterscheidung hervorbringen und begleiten. Weil Ratzinger nicht systematisch argumentiert, kann er dabei die Entscheidung über das Primat zwischen einer ausdrücklichen »Christologie von un-

---

[95] Joseph Ratzinger: Jesus Christus, JRGS, 6/2, 795

ten« und einer »Christologie von oben« in einer eigentümlichen Schwebe lassen. Ratzinger integriert durch diese Schwebe die klassische Inkarnationschristologie und ihr nachträgliches Recht in seinen Gedanken, ohne sie kritisieren und abstoßen zu müssen. In der inhaltlichen Durchführung bleibt aber kein Zweifel darüber, dass er den ursprünglichen Sinn der Inkarnation aus der *betenden Selbstunterscheidung Jesu* und mithin in Form der »Christologie von unten« gewinnt: Die Wahrheit des Gedankens der Sohnschaft basiert also letztlich auf dem konkreten Vollzug des Gebetes Jesu.

Die Inkarnation ist damit kein *kosmisch-mythisches*, kein *ontisches* Geschehen, sondern ein personales, ein geistiges Geschehen. Dieses geistige Geschehen muss ein wirklicher konkreter Lebensvollzug sein, ein Lebensvollzug mit echter, historischer Realität: Dies ist der *wirkliche, historische* Vollzug des Gebets Jesu zu seinem Vater. Erst in diesem Gebet und durch dieses Gebet kann der Begriff der Inkarnation des Sohnes in seiner Wahrheit offenbar und das heißt immer auch: realisiert werden. In diesem Gebet vollbringt und realisiert Jesus sein »Sohnsein«, und dieses ist im Kern seine *Selbstunterscheidung*. Das Gebet ist dabei nur die Zusammenfassung und die Verdichtung des ganzen Lebensvollzugs des Sohnseins, dessen Wesen in der Hingabe und Rückgabe seiner selbst besteht. In der Selbstunterscheidung dieses Lebensvollzugs wird aber deshalb offenbar, was Gottes Leben von Ewigkeit her in sich selbst ist: trinitarischer Vollzug, personales Gespräch und Leben in sich selbst. Weil Jesus aber als Mensch diese Verwirklichung des Sohnseins offenbart, wird dann jedoch auch klar, dass die »Inkarnation« nicht als etwas auf Jesus punktuell Begrenztes und Isoliertes verstanden werden kann: Das Menschsein und mithin die Schöpfung im Allgemeinen müssen von der Wahrheit dieses Gedankens her als immer schon einbezogen in das Sohnsein verstanden werden. Die Schöpfung und als ihre Mitte der Mensch sind immer schon Abbilder jenes Urbilds, das Jesus in seiner Selbstunterscheidung realisiert. Diese Zugehörigkeit wird aber erst dadurch voll verwirklicht, dass Jesus seine eigene Hingabe als die Lebenshingabe der ganzen Schöpfung vollzieht.

In der kurzen Meditation Ratzingers sind also konzentriert die entscheidenden, systematischen, christologischen Begriffe Pannenbergs präsent: die wahre »Christologie von unten«, Inkarnation als umfassender personaler Lebensvollzug, die Selbstunterscheidung als Gründungsvollzug der Trinität, schließlich die Begründung des echten Begriffs der Schöpfung aus der Selbstunterscheidung Jesu. Diese

Begriffe in ihrem sachlichen Gehalt bestimmen unterschwellig die theologische Auslegung Ratzingers. Das an seiner Oberfläche als bloß exegetisch und pastoral sich gebende Denken ruht also auf einem ausweisbar vernünftigen, philosophischen Fundament und bezieht daraus seine Überzeugungskraft und seine theologische Genauigkeit. Durch dieses Fundament kommt im christologischen Denken Ratzingers verhalten, aber unüberhörbar selbst jener Wahrheitsanspruch ins Spiel, den er in seinen allgemeineren Analysen über den Zusammenhang von Glauben und Vernunft als Spezifikum des christlichen Glaubens herausarbeitet.

III.2 Unterschiede zwischen Ratzinger und Pannenberg

Neben den offensichtlichen und detaillierten Kongruenzen im christologischen Denken von Ratzinger und Pannenberg gibt es auch entscheidende Unterschiede, die, ohne eigens thematisiert worden zu sein, im Verlauf der hier vorgetragenen Analysen schon sichtbar geworden sind. Diese Differenzen betreffen nicht die Substanz der Argumentation. Diese Substanz ist in der Tiefe eine Gründungsarbeit: Beide Theologen zeigen auf ihre Weise, dass die Christologie in ihrer Gründung im Kern auf vernünftige, philosophische Prinzipien zurückgreift. Sie ist darin nicht nur *implizit* philosophisch in dem Sinne, dass sie die philosophische Argumentation nur als Mittel gebrauchen würde, sondern sie ist im Vollzug gleichzeitig auch die *Gestalt der Antwort* auf das tiefste Anliegen der Vernunft selbst: Dieses Anliegen ist die Vermittlung von Kontingenz und Wahrheit, von menschlich kontingenter Geschichte und Ewigkeit. Die »Christologie von unten«, wie sie von Ratzinger und Pannenberg erarbeitet wird, gibt darauf die einzig mögliche Antwort: In der Geschichte selbst verschränken sich endlicher und unendlicher Selbstvollzug. Die Verwirklichung und Vollendung dieser Verschränkung ist Jesus Christus selbst. Durch diesen vollendenden Vollzug Jesu Christi offenbart sich und verwirklicht sich Gott als immer schon von seinem Wesen her trinitarisches Leben. Die kontingente Welt als Ganze kommt im Lebensvollzug Jesu in ihre schon von jeher ihr zugedachte Bestimmung: teilhaftig zu werden an der lebendigen Wahrheit, die das Wesen Gottes selbst ist.

Weil dieser gründende Gedanke von seiner eigenen Vernünftigkeit her evident ist und weil beide Theologen diesen Gedanken denken, darum gibt es hier von der Natur der Sache her auch keinen Unterschied. Differenzen treten erst bei der Gewichtung der Konsequenzen dieser ursprünglichen Gründung der Christologie auf. Beide legen in ihrem Bedenken der Konsequenzen Wert auf bestimmte Schwerpunkte. Darin drückt sich das aus, was beide jeweils als unverzichtbar für die Bewahrung des Kerns des Gedankens halten.

III.2.1 Die Leiblichkeit der Auferstehung und der Jungfrauengeburt als unverzichtbarer Wesensgehalt des vernünftigen Gottesbegriffs bei Ratzinger

Das charakteristische Merkmal von Ratzingers Christologie ist seine Verteidigung der Leiblichkeit der Auferstehung und der Jungfrauengeburt. Dabei ist entscheidend: Ratzinger verknüpft die innere begriffliche Logik des Gottesbegriffs mit dieser Frage. Auffallend ist hier ein interessantes Detail in den Formulierungen: Bei Pannenberg sehr häufig, bei Ratzinger in einigen Fällen, findet sich eine fast wortgleiche Argumentation, die sich auf die inneren Bedingungen des Begriffs Gottes als solchen bezieht. Systematisch zeigt sich hierin der Begründungssinn, den beide Theologen der Christologie als deren wesentlicher Aufgabe und als ihrem wesentlichen Sinn beimessen.

Pannenberg spricht in diesen Zusammenhängen immer wieder von der »Gottheit Gottes«, die auf dem Spiel stehe und die in Abhängigkeit gesehen werden müsse von dem tatsächlich erbrachten Vollzug der Lebenshingabe Jesu von Nazareths. Denn, wie oben immer wieder systematisch entfaltet wurde: Der innere Sinn dieser Lebenshingabe besteht in der indirekten Übernahme der Herrschaft über die geschaffene Welt durch Gott, seinen Vater und den Grund aller Wirklichkeit. Im Kontext des Begriffs der Selbstverwirklichung formuliert Pannenberg wie folgt:

Die Schöpfung ist ein freier Akt Gottes, von der Seite des Vaters her ebenso wie von der Seite des Sohnes. *Aber die Schöpfung der Welt zieht die Menschwerdung des Sohnes nach sich.* Denn sie ist das Mittel, um die Königsherrschaft des Vaters in der Welt zu realisieren. Ohne Herrschaft über seine Schöpfung wäre Gott nicht Gott. Der Akt der Schöpfung geht zwar aus der Freiheit Gottes hervor. *Doch nachdem die Welt der Schöpfung nun einmal ins Dasein getreten ist, ist die Herrschaft Gottes über sie Bedingung und Erweis seiner Gottheit.* Wäre der Schöpfer nur Urheber des Daseins der Welt gewesen, die Herrschaft über seine Schöpfung ihm aber entglitten, dann wäre er auch nicht wahrhaft Gott und im Vollsinn des Wortes Schöpfer der Welt zu nennen. [Hervorhebungen G. B.][96]

Die Notwendigkeit der Selbstverwirklichung Gottes in der Welt durch deren Selbstunterscheidung ist also nicht die Folge eines begrifflichen Zwangs, dem Gott unterläge – wäre dies doch eine Infragestellung seiner Gottheit. Sondern sie ist die Folge seiner freien Entscheidung darüber, dass die Schöpfung sein soll. Die Selbstverwirklichung durch die Selbstunterscheidung ist also letztlich nur selbst als Teil der eigentlichen Geschichte der Schöpfung zu verstehen, als die Vollendung, auf die hin sie immer gedacht ist und die mit der Geschichte Gottes verschränkt ist.

Pannenberg führt hier klar und in nüchterner Begrifflichkeit jenes aus, was im Evangelium gemeint ist, wenn Jesus sagt: »Mir ist alle Macht gegeben« *(Mt 28,18)*. Die scheinbar äußerlich gemeinte Tatsache der »Machtübergabe« hat ihren tieferen philosophischen Grund darin, dass Gott *in seinem Begriff* abhängig ist von der Verwirklichung seiner Herrschaft in der Welt durch den Sohn.

Die Formulierung »dann wäre Gott nicht Gott« kann irritierend wirken: Es scheint so, als würde hier das philosophische Denken Gott *Bedingungen stellen für seine Wesensverfassung*. Umso überzeugender ist es dann, wenn auch Joseph Ratzinger von dieser Wendung Gebrauch macht:

Ein Gott, der nicht auch an der Materie handeln könnte, wäre ein ohnmächtiger Gott – die Materie wäre sozusagen eine dem Handeln Gottes entzogene Sphäre. Diese Vorstellung ist dem biblischen Glauben, den das Bekenntnis der Kirche artikuliert, radikal entgegengesetzt. Sie spricht letztlich Gott das Gottsein ab.

Und später, im selben Gedankengang:

Es geht darum, ob der Glaube wirklich in die Geschichte hineinreicht. Es geht darum, ob die Materie der Macht Gottes entzogen ist oder nicht. Es geht darum, ob Gott Gott ist und ob er wirklich in der Geschichte bis ins Leibliche hinein gehandelt und sich als Herr über den Tod erwiesen hat, der ja schließlich ein biologisches Phänomen, ein Phänomen des Leibes ist.[97]

Durch die fast wortgleiche Zuspitzung auf die »Gottheit Gottes«, wie sie Pannenberg in seinen systematischen Grundlegungen der Theo-

---

[96] Wolfhart Pannenberg: Systematische Theologie II, 433–434
[97] Joseph Ratzinger: Jungfrauengeburt und leeres Grab, JRGS 6/2, 896

logie immer wieder vornimmt, springt sofort ins Auge, dass es auch Ratzinger hier also um eine *begriffliche Frage* geht, und das heißt: Es geht letztlich um einen *christologisch vertieften philosophischen Gottesbegriff*. Darum ist nun noch zu fragen: Warum hält Ratzinger die Jungfrauengeburt und die Auferstehung des Leibes für unverzichtbare Gehalte des Gottesbegriffs?

Wie bereits deutlich wurde, nimmt Ratzinger in seiner Argumentation immer wieder Bezug auf den Begriff der Macht Gottes. Dieser Ansatz wurde oben diskutiert: Er erwies sich in der Zuspitzung auf die Frage der Leiblichkeit der Jungfrauengeburt und der Auferstehung als missverständlich, weil nicht spezifisch genug in seiner Erklärungskraft für den Sinn des christologischen Bekenntnisses. Denn in beiden Fällen ist die entscheidende Frage für eine vernünftige Erklärung dieser biblischen Zeugnisse: Warum sind die Machterweise Gottes *gerade in dieser Form* für seinen Begriff unverzichtbar? Die Antwort kann nun, vor dem systematisch-philosophischen Horizont, der durch das christologische Denken Pannenbergs umrissen ist, besser gegeben werden.

Die Leiblichkeit der Jungfrauengeburt und der Auferstehung darf nicht als ein nacktes, äußerliches Faktum verstanden werden, als ein arbiträres Wunder, das Gott in seiner Allmacht nach seinem Willen vollbringt. Sondern, wie gesehen: Gott hat alle seine Macht an Jesus Christus übergeben. Seine Gottheit hängt an dem Vollzug des Lebens Jesu von Nazareths, der sich in seiner radikalen Bezogenheit auf seinen Vater und schließlich in seiner Lebenshingabe als der von Ewigkeit her erwählte Sohn offenbart. Diese Offenbarung ist zugleich die Selbstverwirklichung Gottes: Gott tritt in ihm und durch ihn in seiner Schöpfung endgültig die Herrschaft seines Reiches an. Der unverzichtbare Anfang und die von da an für immer lebendige Mitte dieses Reiches ist aber Jesus Christus, der Auferstandene, der in seiner Auferstehung die Welt in das Leben Gottes mit hineinnimmt.

Es geht also immer um den *begrifflichen Wahrheitssinn* Gottes als solchen, der radikal geschichtlich vermittelt ist. Weil der theologisch-philosophische Sinn der Auferstehung also *radikal geschichtlich* ist, weil es um den Erweis der Wahrheit der Gottheit Gottes geht, weil dieser Erweis Gottes sich nur als trinitarisches Leben vollziehen kann und weil der Sinn dieses Erweises die Herrlichkeit Gottes in seiner Rettung und Erhöhung der Schöpfung ist, darum *kann* die Auferstehung, aber von daher auch der Eintritt des Sohnes in die Welt,

Unterschiede zwischen Ratzinger und Pannenberg

niemals anders geschehen als durch eine radikale Miteinbeziehung der Leiblichkeit. Dies ist der philosophisch-theologische Grundgedanke, der die biblischen Zeugnisse implizit und explizit inhaltlich durchdringt und begleitet und der sie in ihrem vernünftigen Gehalt verstehbar und erklärbar machen kann. Die biblischen Zeugnisse sind niemals nur Medium eines bloß außergewöhnlichen historischen Geschehens, das daher in Zweifel gezogen werden kann. *Sondern sie sind denkerische Zeugnisse*: Sie denken in den Berichten vom Leben Jesu und seiner Auferstehung die Abhängigkeit der Wahrheit Gottes von der Leiblichkeit der Auferstehung schon mit!

Die Konsequenz des Gedankens Ratzingers besteht also nicht in einem dogmatischen Festhalten an der Faktizität der Zeugnisse im schlechten Sinn, in dem Sinn also, dass sie als solche rein äußerlich geglaubt werden müssten. Sondern sein bewahrender Zugang besteht darin, zu zeigen, dass die biblischen Zeugnisse die offenbare Mitte einer echten, allgemeinen Wahrheit sind, dass sie also eine Wahrheit der Vernunft in sich tragen und weitergeben. Diese Wahrheit sagt, dass Gott sich nur dann als Gott erweisen kann, wenn er sich christologisch offenbart. Das heißt aber: wenn er sich in Jesus Christus als der Anfang und die Vollendung der Schöpfung erweist. Aber dies heißt wiederum: wenn er die Schöpfung als geschichtliche, endliche Freiheit in ihrer Leiblichkeit in sein ewiges Leben integriert. An der Leiblichkeit der Auferstehung hängt also die Wahrheit Gottes als Gott.

Dass Ratzinger diesen Zusammenhang als einen vernünftigen, philosophischen Zusammenhang festgehalten hat, gegen die gnostische Tendenz des modernen Denkens, ist sein großes Verdienst. *Nur von diesem Zentrum, von der Leiblichkeit der Auferstehung Jesu Christi her, kann ein echter Gottesbegriff mit vernünftigem Wahrheitsanspruch entwickelt werden.* Hier wird also deutlich: Die Leiblichkeit der Auferstehung und damit die Bedeutung des biblischen Zeugnisses ist gerade nichts Irrationales, *sondern sie ist der Garant der vollen Rationalität des Gottesbegriffs*, der ohne diese Integration der Schöpfung in der »Christologie von unten« ein Platzhalter bloßer Denkmöglichkeiten bliebe und seine Vernünftigkeit gerade verlöre. Von der anderen Seite her betrachtet, wird also verständlich, warum Ratzinger jene Versuche, die die Leiblichkeit der Auferstehung ignorieren oder meinen, ohne sie auskommen zu können, als »Gnosis« und diese wiederum als »Atheismus« bezeichnet: Der Begriff Gottes bleibt ohne die wahre Christologie der Leiblichkeit eine schwebende

Setzung der gedanklichen Spekulation, ohne dass ein echter Wahrheitsanspruch erhoben werden könnte. Der Wahrheitsgehalt kommt erst zum Tragen in einer echten »Christologie von unten«, die die Geschichte der Schöpfung – und das heißt: des Menschen – in ihrer Vollendung als den Erweis und damit als die Verwirklichung der Wahrheit Gottes begreift. Der volle Sinn dieser Vollendung kann dann aber gerade nicht in der Abstoßung ihrer Endlichkeit liegen, sondern muss in der echten Bewahrung und Integration, in ihrer endgültigen, vollendenden und das heißt auch neuen »Schöpfung«, in ihrem endgültigen, freien »Sich-selbst-Gegebensein« geschehen. Dieses endgültige Selbst-gegeben-Sein muss daher eine neue Leiblichkeit mit einschließen, die den inneren Sinn aller geschehenen Leiblichkeit in sich bewahren und vollenden muss.

Von hier aus kann auch noch einmal verständlich werden – immer mit dem Blick auf den systematisch-philosophischen, christologisch vermittelten Begriff Gottes als solchen gerichtet –, was die echte Leiblichkeit der Jungfrauengeburt bedeutet. Die Schöpfung wird in Christus vollendet, und *darin allein* kann sich Gott in seiner Wahrheit zeigen und letztlich sich selbst verwirklichen. Dies geschieht in indirekter Weise, wie Pannenberg herausarbeitet, also ganz von der Geschichte und ihrem Sich-selbst-Gegebensein her. Ihre eigentliche Mitte erscheint in Jesus Christus, der sich in seiner Selbstunterscheidung auf indirekte Weise als der ewige Sohn Gottes offenbart. In dieser Mitte wird die Schöpfung in ihr Ziel und ihre Vollendung gebracht – sie wird also erst im vollen Sinn ihres Wesens geschaffen. Das Wesen dieses Geschaffenseins ist aber ein Sich-gegeben-Werden. Die Schöpfung ist wirklich ganz sich selbst gegeben in ihrem Eigensein, sie hat Selbstständigkeit und erhält sich und entwickelt sich auch autonom in dieser Selbstständigkeit. Dieses auf sich selbst bezogene sich Erhalten in Ernährung und Fortzeugung übersteigt sich in einer Entwicklung hin auf immer mehr Eigenständigkeit, Selbstbezüglichkeit und Freiheit.

Der innere, vernunftgemäße Sinn der Jungfrauengeburt kann nun an diesem Punkt noch einmal in seiner philosophisch-metaphysischen Bedeutung einsichtig gemacht werden: Die Vollendung des Sich-gegeben-Werdens der Schöpfung kann nicht gedacht werden als das Ergebnis eines durch einen naturalen Zusammenhang bewirkten, auf sich selbst und die autonome Selbsterhaltung bezogenen Zeugungsvorgangs. Die Autonomie und wirksame Beteiligung der Schöpfung am Vollendungsgeschehen kommt vielmehr dadurch

Unterschiede zwischen Ratzinger und Pannenberg

zum Tragen, dass die Schöpfung im Menschen dieser Verwirklichung ihrer selbst und darin auch Gottes personal und in Freiheit zustimmen muss, weil Gott die Schöpfung als selbstbezügliche Freiheit geschaffen hat. Gott bewirkt die Vollendung der Schöpfung nicht an ihr vorbei. Die Leiblichkeit Christi, an der die Herrschaft Gottes und die Vollendung der Schöpfung letztlich hängen, muss deshalb aus einem rein personalen, freiheitlichen Selbstvollzug der Schöpfung stammen. *Die Verwirklichung Gottes kann gerade nicht ganz aus der Selbstzeugung der Schöpfung erwachsen, die Schöpfung kann sich – und damit Gottes Wahrheit – nicht selbst natural und anonym in ihrer Vollendung neu erschaffen.* Die wirkliche Initiative und der Vollzug ihrer vollendenden Neu-Schaffung muss also letztlich von Gott selbst stammen: aber nur im Einklang mit der freien Beteiligung und Zustimmung ihrer selbst. Das biblische Zeugnis von der Jungfrauengeburt fasst diese Wahrheit in der Verkündigung des Engels und im »Ja« Marias zusammen.

Wie verblüffend genau die Heilige Schrift denkt, wie zwingend der ihr zugrundeliegende philosophisch-theologische Gedanke ist, das wird bei der nun entstehenden Frage deutlich. Weil das »Ja« Marias die Selbstoffenbarung Gottes und damit seine Verwirklichung ermöglicht, darum, so muss man sagen, steht es *ontologisch* auch am Anfang der Schöpfung selbst: Denn Christus, die Mitte und Vollendung der Schöpfung, hat sich *in seiner Selbstunterscheidung* und Hingabe und in seiner Auferstehung *als dieser Anfang und Grund* erwiesen. Damit wird aber das »Ja« Marias in einer ungeheuren Weise »metaphysisch belastet« und es entsteht in neuer Weise die oben dargelegte Aporie: *Die Schöpfung kann ihren eigenen Anfang nicht aus sich selbst hervorbringen, nicht natural-biologisch, aber nun auch nicht geistig-personal.* Der Anfang der Schöpfung kann nicht rein durch die Schöpfung selbst vermittelt sein. Dies sagt die Schrift aber auch *gerade nicht*: Sie betont immer, dass Maria ihr »Ja« *aus der Erfüllung des Geistes* heraus vollzieht. Damit ist gesagt: Das freie »Ja« Marias und damit der Schöpfung ist selbst vom Geist vermittelt und gewirkt. *Es ist daher nur als ein Vollzug der Dreifaltigkeit selbst zu verstehen.* Die Zustimmung ist aber auch nicht einfach von außen importiert, so als spräche nun »der Geist« aus Maria, die damit zu einer bloßen *persona* im *entpersönlichten Sinn*, zu einer Maske, gemacht würde. Sondern: Gott *ermächtigt* die Schöpfung in Maria durch seinen Geist – das heißt: durch sich selbst –, zu ihrer eigenen Vollendung und damit zu ihrem eigenen Anfang »Ja« zu sagen. Gott *erhebt die Schöpfung in Maria in diese Würde,* sich selbst in ihrem eigenen Anfang in Freiheit zuzustimmen und ihn in diesem Sinn *mit zu bewirken,* und diese Erhöhung geschieht durch ihn selbst, durch den Geist. Durch den Geist vollzieht also Maria in Freiheit die Zustimmung und bringt dadurch jungfräulich den Anfang und die Mitte der Schöpfung, Jesus Christus, hervor. Durch den Geist in Maria wird die Schöpfung selbst vollkommen jungfräulicher, mütterlicher, personaler Grund ihres eigenen Anfangs und ihrer Vollendung.

Damit ist ein *ontologischer* Begriff der Jungfräulichkeit Marias und der Jungfrauengeburt erarbeitet, der die innere Vernünftigkeit der Mariologie nachvollziehbar macht. Zugleich ist damit ein *trinitarischer Schöpfungsbegriff* umrissen, der die Schaffung der Welt als einen personalen, freien Akt verständlich macht, der nicht an der Schöpfung anonym vorbei erfolgen kann, sondern der sie durch den Geist ermächtigt, die Gabe ihres Anfangs in Freiheit mitzuvollziehen. Die Mariologie ist also keineswegs eine nebensächliche Abteilung der Theologie und keine nur überschwängliche Wucherung der Frömmigkeit, *sondern sie erweist sich in ihrem metaphysischen Sinn als unverzichtbar für den Begriff der trinitarischen Schöpfung selbst.*

Wird aber dieser ontologische Tiefensinn des Gedankens der Jungfräulichkeit einmal deutlich, dann kann umgekehrt kein Zweifel daran bestehen, dass diese Zusammenhänge von den Evangelisten gesehen und verstanden wurden und dass sie *aufgrund dieses metaphysischen starken Kerns,* der ihr Wahrheitsgehalt ist, in der Geschichte der Kirche überliefert wurden.

Das biblische Zeugnis berichtet also nicht einfach von einem äußerlichen Wunder, das in die Welt als willkürliche Tat eines abstrakt gedachten Gottes hereinbricht. Sondern es hat einen einsehbaren, substantiell-philosophischen Kern, der aus dem Begriff Gottes als solchem und seiner christologischen Selbstoffenbarung – und das heißt: seiner Selbstverwirklichung – stammt und ihn selbst in seiner Wahrheit zeigt. Der philosophische Sinn dieser Wahrheit erweist sich – wenn er im Horizont der umfassenden christologischen Zusammenhänge verstanden wird – vernünftig und evident. Bei der Jungfrauengeburt handelt es sich also gerade nicht vor allem um ein einzelnes, exzeptionelles biologisches und daher fragwürdiges und bezweifelbares Ereignis, sondern um ein *wesentlich einmaliges*, theologisch-metaphysisches Gründungsereignis, ein Ereignis, das die *Schöpfung als solche* betrifft und das deshalb die Biologie als die Wissenschaft von der Selbsterhaltung des in Selbstgegebenheit Geschaffenen als solchen erst verständlich machen kann. Der metaphysische Sinn des biblischen Zeugnisses von der Jungfrauengeburt ist letztlich dieser, dass der Sinn aller Biologie an der freien Zustimmung den Menschen – Marias – hängt. Denn: Nur durch die Vollendung in Christus wird die Schöpfung in ihre Bestimmung gebracht, die zugleich ihr alles bestimmender Grund ist, das trinitarische Leben Gottes selbst.

Wenn dieser philosophische Sinn auf diese Weise als substantieller Kern festgehalten wird, dann wird aber auch verständlich, dass die Buchstäblichkeit und Leiblichkeit der Jungfrauengeburt nicht als ein fakultativer Zusatz betrachtet werden kann. Wenn einmal der sachhaltige, begriffliche Bogen geschlagen ist zu einem christologisch gegründeten Begriff des sich in der Geschichte in Selbstunterscheidung offenbarenden Gottes, dann kann die Jungfrauengeburt nicht mehr nur als ein Faktum der Frömmigkeit in Neutralität mit hineingenommen und sozusagen toleriert werden. Ihr tiefer ontologischer Sinn und ihre Wahrheit werden nun wirklich evident, weil sie mit dem ebenfalls ontologisch »von unten« vermittelten, trinitarischen Gottesbegriff und dem trinitarischen Begriff der Schöpfung in einem ursprünglichen, sachlichen Zusammenhang stehen.

Dies gilt dann auch für die Mariologie im Allgemeinen. Die mariologischen Dogmen entspringen nicht einfach einer Hypertrophie der Frömmigkeit. Wenn der strenge, metaphysisch-christologische Gedanke konsequent zugrunde gelegt wird, dann wird damit auch der wesentliche, sachliche Zusammenhang der Mariologie mit dem Gottesbegriff in seiner Tiefe plausibel: Maria ist *theotokos*, die Gottesgebärerin, weil sie, ermächtigt durch den Geist, in freier, rein personaler Zustimmung, die Mutter dessen wurde, der *durch seine radikale Selbstunterscheidung* der Sohn Gottes ist und *deshalb* von Ewigkeit her *ist* – und der deshalb die geschichtliche, trinitarische Selbstverwirklichung Gottes selbst ist. Diese geschichtliche Verwirklichung Gottes ist in ihrem Ziel bezogen und deshalb angewiesen auf den freien Selbstvollzug der Schöpfung in ihrer Leiblichkeit, die deshalb an ihrer christologischen Vollendung durch Gott beteiligt werden muss. Der Sinn der Einzigartigkeit und Erwähltheit Marias – das, was mit ihrer »unbefleckten Empfängnis« gemeint ist – ist darum kein isolierbares Nebenprodukt des Glaubens, sondern dieser Sinn *folgt zwingend* aus ihrer metaphysischen Würde, zu der Gott selbst die Schöpfung *durch den Geist in ihr* erhoben hat. Hinter dem Dogma von der Erwähltheit Marias steht also ein systematischer, allgemeiner, ontologischer Gedanke: Der Grund und das Ziel der Schöpfung muss in ihr selbst Wirklichkeit werden als Offenbarung Gottes, aber unter den Bedingungen der Schöpfung als solcher, das heißt, in ihrer freien Selbstgegebenheit und das heißt: in ihrer Leiblichkeit. Es ist Marias von Ewigkeit her vorhergesehene Bestimmung, ihre Erwähltheit, dies für die Schöpfung als Ganze zu vollziehen in ihrer freien Zustimmung zu der Gabe ihrer Vollendung. Diese Gabe der Vollendung, der wirkliche Anfang der Schöpfung, in der sich Gott selbst in Wahrheit offenbart, Jesus Christus, muss von Gott selbst stammen. Aber sie muss so von ihm stammen, dass die Schöpfung in Maria durch den Geist dazu ermächtigt wird, dieser Gabe zuzustimmen und dadurch sie selbst jungfräulich, aber als Mutter, hervorzubringen.

Ratzingers Festhalten an der Jungfrauengeburt und an der Auferstehung des Leibes, gegen die Tendenz der überwältigenden Mehrheit der Theologen seiner Zeit, entspringt also einem tiefen Sinn für die *philosophische Vernunft und für die begründete Wahrheit* des christlichen Glaubens. Durch die gedankliche Einbettung in den tieferen philosophischen Zusammenhang kann darüber hinaus auch deutlich werden, dass der Ansatz Ratzingers beim Begriff der Allmacht Gottes letztlich doch eine tiefe Berechtigung hat: Der Vollzug der Selbstoffenbarung Gottes – und, damit gleichbedeutend, die Integration der Schöpfung in ihrer Leiblichkeit in sein trinitarisches Leben – ist eine Machttat Gottes, es ist die Offenbarung seiner *Allmacht. Allein* in der *scheinbaren Ohnmacht* des Lebensopfers Jesu von Nazareths verwirklicht sich indirekt, aber mit universaler Konsequenz die Allmacht Gottes.

Der oben schon einmal zitierte Gedankengang Kierkegaards über den Zusammenhang von schöpferischer Allmacht und Güte Gottes und Freiheit und Eigenständigkeit der Schöpfung findet hier erst seine volle Begründung und Bestätigung: Denn in der realen, leiblichen Überwindung der Macht des Todes vollbringt Gott erst die Vollendung seiner Schöpfung, indem er ihr ihre Mitte gibt und zurückgibt. Dies geschieht aber allein durch die Hingabe des Sohnes, also indirekt, und durch die darin liegende Übergabe aller Macht an den Sohn. Genau dadurch wird aber der Zusammenhang des Begriffs der schöpferischen Allmacht Gottes mit seiner hingebenden Liebe erst voll offenbar und verwirklicht. Darum gibt Ratzinger hier im beharrlichen Festhalten an der Leiblichkeit eine systematische, christologische Begründung für jene Wahrheit, die Kierkegaard so ausspricht:

Gottes Allmacht ist darum seine Güte. Denn Güte ist, ganz hinzugeben, aber so, daß man dadurch, daß man allmählich sich selbst zurücknimmt, den Empfänger unabhängig macht. Alle endliche Macht macht abhängig, nur die Allmacht kann unabhängig machen, aus Nichts hervorbringen, was Bestand hat in sich dadurch, daß die Allmacht beständig sich selber zurücknimmt. Die Allmacht bleibt nicht liegen in einem Verhältnis zum andern, denn da ist nichts anderes, zu dem sie sich verhält, nein, sie kann geben, ohne doch das mindeste ihrer Macht aufzugeben, nämlich: sie kann unabhängig machen.[98]

Gott besiegt den Tod, und dieser geschichtliche Erweis seiner Allmacht ist zugleich seine Verwirklichung. Der Erweis der Allmacht und Herrschaft Gottes geschieht nicht von außen durch einen magischen, manipulativen Eingriff – dies gerade wäre eine Verkleinerung seiner Allmacht durch eine Trennung und Abgrenzung der Welt von ihm und eine dadurch implizierte Begrenzung seiner selbst. Sondern er geschieht durch die freie Vollendung der Geschichte von ihr selbst her, durch ihre Selbstunterscheidung – aber integraler Anteil dieser Selbstunterscheidung des Geschaffenen ist die Leiblichkeit und damit gehört deren Integration in Gottes unbegrenzte Lebendigkeit unverzichtbar mit dazu. Vermittelt über den Gedanken der Selbstunterscheidung erweist sich deshalb also der Gedanke des Erweises der Allmacht Gottes durch die leibliche Auferstehung als berechtigt, mehr noch: als notwendig! Es ist gerade der innere Wahrheitskern des Vollzugs der Selbstunterscheidung, dass durch ihn allein Gott sich in seiner Gottheit verwirklicht: Er erweist sich als wirkliches Leben, *indem* er in der Selbstunterscheidung Jesu von Nazareths und dessen radikaler Hingabe seiner Endlichkeit den Tod erträgt und sich genau darin als souverän über ihn erweist. Aber dies kann nur gelingen durch die Souveränität über jene Dimension, die die innere Möglichkeit des Todes wesentlich bestimmt: die Leiblichkeit. Die Selbstunterscheidung und das damit verbundene Lebensopfer Jesu Christi erweisen sich so als der einzige und notwendige Weg der Verwirklichung der Allmacht Gottes, die dann aber wirklich auch Allmacht ist: deren triumphalem Leben alles unterworfen ist, auch die Gesetze der Leiblichkeit und des Todes!

In seiner direkten Thematisierung der Leiblichkeit der Jungfrauengeburt und der Auferstehung und im Beharren auf der unverzichtbaren tieferen Wahrheit der biblischen Zeugnisse in dieser Frage ist

---

[98] Sören Kierkegaard: Die Tagebücher 1834–1855, 241

also, wie schon erwähnt, ein gewisser Unterschied zwischen Ratzinger und Pannenberg an der Oberfläche festzustellen. Insbesondere was die Frage der Jungfrauengeburt angeht, bleibt der protestantische Theologe Pannenberg in höflicher Distanz. Er erkennt lediglich den symbolischen Wert der mariologischen Aussagen an, spricht ihnen aber ihren systematischen, begrifflichen Gehalt ab.

Von den mariologischen Gedanken gilt wohl insgesamt, was A. Müller von der römischen Lehre über Marias miterlösendes Leiden unter dem Kreuz sagt: Sie gehören »mehr zum symbolischen als zum scholastisch-begrifflichen Denken«. Die Aussagen über Maria haben wesentlich symbolische Bedeutung, sofern die von Gott begnadete Menschheit, die Kirche, sich in der Gestalt Marias dargestellt findet.[99]

Auch in der Frage der Leiblichkeit der Auferstehung bleibt Pannenberg im Vergleich zu der gleichsam mit offenem Visier dargebotenen Positionierung Ratzingers verhalten, wenn auch nicht ganz so distanziert. Weitgehende Übereinstimmung besteht in der Frage *des leeren Grabes*, dessen Historizität Pannenberg in seiner »Systematischen Theologie« akribisch herausarbeitet. Die Argumente von Pannenberg und Ratzinger, nach denen das leere Grab als ein gesichertes historisches Faktum betrachtet werden muss, gehen hier jeweils eigenständig, aber letztlich inhaltsgleich vor: Die entscheidende Begründung stammt aus einer historisch mitgehenden und mitdenkenden Hermeneutik, die darlegt, dass die historisch ja tatsächlich erfolgte Ausbildung eines Begriffs und eines Bekenntnisses der Auferstehung undenkbar gewesen wäre, ohne *die allgemein geteilte Überzeugung, dass das Grab wirklich leer war.* Pannenberg kommt deshalb in unnachahmlicher Kühle und Sicherheit zu dem Schluss:

Wer das Faktum des leeren Grabes Jesu bestreiten will, muss den Nachweis führen, daß es unter den zeitgenössischen jüdischen Zeugnissen für den Auferstehungsglauben Auffassungen gegeben hat, wonach die Auferstehung des Toten mit dem im Grabe liegenden Leichnam nichts zu tun zu haben braucht. […] Solange der erwähnte Nachweis nicht erbracht ist, wird man annehmen müssen, dass das Grab Jesu tatsächlich leer war.[100]

Pannenberg bleibt dann jedoch an diesem Punkt stehen: Er thematisiert nicht, wie Ratzinger, die Idee eines *notwendigen Zusammenhangs* zwischen dem Begriff der Allmacht Gottes und der *leiblichen*

---
[99] Wolfhart Pannenberg: Grundzüge der Christologie, 145
[100] Wolfhart Pannenberg: Systematische Theologie II, 401

Auferstehung, obwohl von der Anlage seiner Gesamtkonzeption her sein inhaltlicher Realismus ihn in dieser Frage zu einem Verbündeten Ratzingers macht – gegen die Tendenz der modernen Theologie, die Auferstehung in einen subjektiven Erlebnisgehalt der Gemeinde abzudrängen. Dass die Auferstehung unverzichtbar *als ein historisches Ereignis festgehalten werden muss*, dies ist gerade der innerste gedankliche Sinn des Entwurfs Pannenbergs: Denn der Begriff Gottes selbst entscheidet sich mit diesem historischen Ereignis. Jedoch wird dieser Grundgedanke nicht in dieser Offensichtlichkeit und Eindringlichkeit wie bei Ratzinger an die Leiblichkeit der Auferstehung zurückgebunden: Pannenberg lässt diese Frage offen.

Entscheidend für *diese* Untersuchung ist jedoch: Die Intention Ratzingers, das biblische Zeugnis von der Auferstehung in seinem Gehalt ernst, ja wörtlich zu nehmen, kann durch den begrifflichen Rahmen der Christologie Pannenbergs so in der Tiefe verständlich gemacht werden, dass dadurch ihr philosophisch-ontologischer Kern ans Licht kommt. Durch die inhaltliche Rückbindung des Gedankens der Jungfrauengeburt und der Leiblichkeit der Auferstehung an die »Christologie von unten« und, damit verbunden, an die Selbstunterscheidung wird ein notwendiger, begrifflicher Zusammenhang zwischen dem Gottesbegriff als solchem und der Leiblichkeit hergestellt. Dadurch werden beide Dogmen in ihrer vernünftigen, philosophisch-begrifflichen Tiefe freigelegt und plausibel gemacht. Es ist so gesehen also nicht zuletzt Pannenbergs Anstrengung des Begriffs zu verdanken, dass die theologische Genauigkeit und Urteilskraft Ratzingers *auch von der philosophischen Vernunft als solcher gestützt wird*: Der Gedanke der Jungfrauengeburt und der Gedanke der Auferstehung des Leibes erweisen sich so, rückgebunden an die systematische Tiefe des christologisch offenbarten Begriffs Gottes als solchen, als in der Vernunft selbst gegründet und als allgemein kommunizierbare, vernünftige Wahrheiten.

III.2.1.1 Exkurs: Ratzingers Ontologie der Liebe und die Metaphysik der Selbstüberbietung bei Béla Weissmahr

Ratzingers Beharrlichkeit in der Frage der Auferstehung des Leibes konnte mit Hilfe der Perspektive der »Christologie von unten«, auch und vor allem mit Hilfe der systematisch begrifflichen Christologie Pannenbergs, in ihrem rationalen Kern ausgewiesen und begründet werden. An dieser Stelle besteht darum die Gelegenheit, einen anderen Versuch der Zeitgeschichte, die Auferstehung des Leibes als eine philosophisch relevante Frage zu betrachten und eine philosophische Antwort darauf zu erarbeiten, zu würdigen und zu rechtfertigen. Es handelt sich um die Gotteslehre Béla Weissmahrs SJ (1929–2005) und die darin vorgelegte Ontologie der innerweltlichen Selbstüberbietung des Seienden, *insofern es ein Seiendes* ist. Weissmahr lehrte an der Hochschule für Philosophie München SJ Metaphysik. Völlig unangepasst an die philosophischen Moden seiner Zeit, verfolgte er einen eigenständigen ontologischen Entwurf, der unter anderem den Begriff des Selbstvollzugs und der Selbstüberbietung des Seienden als solchen zum Mittelpunkt hatte. Weissmahr prägte durch die Eigenständigkeit und die Originalität seines metaphysischen Denkens eine ganze Generation von Studenten der Hochschule für Philosophie und über diese hinaus. Er gab dadurch der Hochschule für Philosophie ein eigenständiges Gesicht gegenüber den Einseitigkeiten des Zeitgeistes und schuf damit wirklich einen Raum geistiger Freiheit.

Durch den kurzen Exkurs über Weissmahr kann gezeigt werden: Es handelt sich bei den Gedanken Ratzingers zur leiblichen Auferstehung nicht um eine isolierte Einzelsicht, sondern um einen zwingenden Zusammenhang, der auch von anderen Denkern im Kontext einer stringent durchdachten Ontologie in kongruenter Weise gesehen wurde.

Ein Spezifikum der Gotteslehre Weissmahrs ist die Integration des biblischen Zeugnisses vom leeren Grab und von der leiblichen Auferstehung in einen streng durchdachten ontologischen Horizont. Weissmahr entfaltete seine Idee vom leeren Grab und von der leiblichen Auferstehung also im Rahmen einer allgemeinen Ontologie vom Seienden als solchem, die er im expliziten Rückgriff auf die Ontologie *Karl Rahners* entwickelte. Diese Tatsache ist besonders erwähnenswert, denn sie zeigt, dass die sonst oft zu Antipoden stilisierten Theologen Rahner und Ratzinger sich in diesen grundsätzlichen ontologischen Fragen sehr nahe sind. Sie zeigt, dass das Beharren Ratzingers auf der Leiblichkeit der Auferstehung keinen Sonderweg darstellt, sondern dass sie letztlich aus einer allgemeinen, vernünftig zu rechtfertigenden ontologischen Wurzel stammt, die er mit Rahner teilt. Die Grundzüge dieser Ontologie können kurz wie folgt skizziert werden:

Jegliches Seiende ist *in seinem Sein als solchem* Selbstsein und daher, in wie schwach auch immer zu denkender Form, *reflexiv.* Weil jegliches Seiende also, *sofern es ist, selbstbezüglich ist,* darum ist es auch immer schon über sich selbst hinaus und auf einen letzten Horizont bezogen, auf den hin es seinen Seinsvollzug vollbringt. Denn Selbstbezüglichkeit als solche ist letztlich nur so denkbar, dass sie immer schon auf einen Horizont schlechthinnigen Aus-sich-selbst-Seins ausgreifen muss, um auf sich selbst in einer jeweiligen Begrenztheit zurückzukommen. Die »Materie« muss in dieser Ontologie dahingehend bestimmt werden, dass sie den Begriff des noch nicht ganz reflexiven, noch nicht voll in das Seiende in seiner Reflexivität, und das heißt seiner Transzendenzfähigkeit, eingeholten Außer-sich-Seins darstellt. Sie ist deshalb zuallererst ein *ontologisches Phänomen* und nur ontologisch zu bestimmen: Sie ist das Prinzip der Verschlossenheit und des reflexionslosen Außer-sich-Seins und der Disparatheit. Weissmahr zitiert in diesem Zusammenhang wiederholt eine grundlegende Studie Rahners, die dessen Versuch darstellt, die Idee der Evolution in den Begriff einer allgemeinen Ontologie zurückzubinden und dadurch als mit der Schöpfungslehre vereinbar auszuweisen. Rahner schreibt dort:

Was »geistig« bedeutet, ist ein (wenn auch der auslegenden, reflexen Artikulation bedürftiges) apriorisches Datum der menschlichen Erkenntnis, von dem erst metaphysisch bestimmt werden kann, was eigentlich »materiell« bedeutet. Es ist ein unmetaphysisches, letztlich materialistisches Vorurteil auch vieler Naturwissenschaftler, zu meinen, der Mensch gehe zunächst mit der Materie um, wisse genau, was sie sei, und müsse dann erst nachträglich und mühsam und höchst problematisch auch noch »Geist« entdecken und könne darum nie recht wissen, ob sich das damit Gemeinte nicht doch noch auf Materie zurückführen lasse.[101]

Weissmahr hält fast wortgleich fest, es sei »ein empiristisches, auf die Struktur menschlicher Erkenntnis nicht genügend reflektierendes Vorurteil zu meinen, wir wüßten durch unmittelbaren Umgang eigentlich genau, was Materie sei«.[102]

Rahner kommt daher an späterer Stelle in seinem Gedankengang zu diesem Ergebnis:

---

[101] Karl Rahner: Die Hominisation als theologische Frage, 44
[102] Béla Weissmahr: Kann Gott die Auferstehung Jesu durch innerweltliche Kräfte bewirkt haben?, 457

Ratzinger und Pannenberg im Vergleich

Was Materie im allgemeinen und ganzen ist, ist gar keine Frage der Naturwissenschaften als solcher, sondern eine Frage der Ontologie von einer existenzialen Metaphysik her, die diese Frage darum beantworten kann, weil sie schon weiß, was Geist ist, und von dieser metaphysischen Erfahrung des Geistes aus sagen kann, was Materie ist, nämlich das der Transzendenz auf das Sein überhaupt Verschlossene.[103]

Die gedankliche Vorgehensweise Weissmahrs und damit implizit Rahners kann vorwegnehmend also wie folgt begriffen werden: Indem die Materie als ein *ontologisch überhaupt erst zu bestimmender*, also prinzipiell noch offener Begriff ausgewiesen wird, wird deutlich, dass die Frage der leiblichen Auferstehung Jesu Christi *niemals als eine nur empirische Frage betrachtet werden kann, sondern dass sie immer auch schon als eine ontologische Frage betrachtet werden muss*. Denn: Die Auferstehung betrifft den Sinn des Seienden als solchen und im Ganzen, sie ist – *proleptisch, wie Pannenberg sagt* – das vorweggenommene Ende und der abschließende Sinn der Schöpfung. Darum wird *in ihr auch erst* über die ontologisch offene Frage der Materie *entschieden!*

Es muss also gesagt werden: Was die Leiblichkeit, und das heißt, die Materie, eigentlich *ist*, das ist eine ontologische Frage. *Aber* diese Frage wird nicht durch eine Reflexion entschieden, sondern vom Ende und von der Zusammenfassung der Geschichte der Schöpfung her – und dies heißt nichts anderes als: von Christus, dem Auferstandenen her. *Darum kann aber die Theologie der Auferstehung diesen Punkt nicht vornehm umgehen, sonst erfasst sie den umfassenden, inneren, ontologischen Sinn dieses Ereignisses nicht*. Positiv gesprochen: In der Auferstehung muss ein geistig-ontologischer Vollzug wirksam sein, der die Integration der Materie in ihr eigentliches ontologisches Wesen verständlich machen kann.

In seinem Gedankengang fährt Weissmahr deshalb fort:

Von einer »geistigen« oder »ganz und gar personalisierten« Seinsweise der Materie (konkret gesprochen: von der Auferstehungsleiblichkeit) wissen wir zwar nichts Genaues, doch ist die Annahme einer solchen Seinsweise (bzw. die Annahme des Übergangs nach dem Tod in diese Seinsweise) keineswegs widersprüchlich, da Materie und Geist keine disparaten Wirklichkeiten sind. Wir können also die Tatsache der Verherrlichung des Leichnams Christi, das »Daß« bejahen, obwohl wir das »Wie« dieser neuen Seinsweise bzw. die Weise des Eintretens in diesen neuen Zustand nicht

---

[103] Karl Rahner: Die Hominisation als theologische Frage, 48

Unterschiede zwischen Ratzinger und Pannenberg

modellhaft darzustellen vermögen, da die Verherrlichung Christi, die sich innerweltlich auch im Verschwinden seines Leichnams aus seinem Grab kundtut, jedenfalls nicht als physikalischer Prozess im üblichen Sinn gedeutet werden kann. Eines ist jedoch möglich: Von der eben angedeuteten metaphysischen Sicht auf das Geist-Materie-Verhältnis ausgehend, können die ontologischen Strukturen der Auferstehungsleiblichkeit in ihrem Entstehen und Bestehen einigermaßen auf den Begriff gebracht werden.[104]

Die Argumentationslinie ist, wie hier deutlich wird, den Intuitionen und dem gedanklichen Zugang Ratzingers in der Frage der leiblichen Auferstehung sehr verwandt und entspricht ihr sogar weitestgehend. Es erstaunt daher wenig, dass Weissmahrs Denken seinerzeit Ratzingers große Aufmerksamkeit und Interesse fand. Auch beim schon erwähnten Gespräch mit Ratzinger im *Monasterio Mater Ecclesiae* kam dieser lebhaft auf Weissmahr zu sprechen und erkundigte sich nach ihm und seinem weiteren Lebensweg und seiner Wirkung.

(1) Weissmahr lässt wie Ratzinger keinen Zweifel daran, dass das Thema der leiblichen Auferstehung Jesu nicht eine empirische, sondern vor allem und zuerst eine *begriffliche*, also eine ontologische Frage ist, in der es darum geht, zu verstehen, *was zu Gott in seiner Gottheit als solcher* gehört. Dies wird im Schlusssatz des obigen Zitats sogar explizit ausgesprochen. Er teilt mit Ratzinger also die Einschätzung, dass das moderne theologische Denken, das die leibliche Auferstehung übergehen will, eine Form der *Gnosis* ist und letztlich den christlichen Gottesbegriff ablehnt, also im Kern atheistisch ist. Die inhaltliche Übereinstimmung mit Ratzinger wird bis in Details der gedanklichen Durchführung und der Begriffe hinein sichtbar – dies soll hier mit einem Zitat belegt werden, das von seinem sachlichen Inhalt her, aber sogar bis in die Diktion hinein, im Verlauf der oben durchgeführten Darstellung der Position Ratzingers als dessen eigene Aussage hätte stehen können.

Wäre die innerweltliche Grundlage der Verkündigung: »Jesus ist auferstanden«, nur das irdische Leben Jesu bis zu seinem Tod und nichts anderes bzw. wäre sie, wenn etwas nach dem Tode Jesu Geschehenes genannt werden soll, nur das Entstehen des Glaubens der Jünger an seine Auferstehung, so könnte man von der Auferstehung Jesu tatsächlich nur im Sinne eines metahistorischen Ereignisses reden. In diesem Fall wäre aber nicht zu erklären, wieso der Auferstehungsglaube der Jünger mehr sein sollte als eine »sub-

---

[104] Béla Weissmahr: Kann Gott die Auferstehung Jesu durch innerweltliche Kräfte bewirkt haben?, 457–458

jektive Versicherung«. Außerdem ist es schwierig einzusehen, wie ein Ereignis, das gar nicht zu dieser Welt gehört, für unsere konkrete, innerweltliche Existenz heilsbedeutsam sein könnte. Wenn die Auferstehung Jesu sich nicht auch in gewissen nach dem Tode Jesu sich in dieser Welt ereignet habenden und vom Entstehen des Glaubens der Jünger verschiedenen Vorkommnissen kundtut, so gibt es gar keine reale, sondern nur eine behauptete Kontinuität zwischen dem irdischen Jesus und dem verherrlichten Christus. Wenn es aber keine wirkliche Kontinuität gibt, so ist höchstens der metahistorische, nicht aber der historische Mensch erlöst. Deshalb ist es notwendig, der modernen Gnosis entgegenzutreten und eine in unserem Bereich zeichenhaft erscheinende Kontinuität zwischen dem irdischen und dem verherrlichten Jesus zu behaupten. Es ist schizophren, einerseits die seinsmäßige Einheit des Menschen zu betonen und bei jeder Gelegenheit gegen das die ursprüngliche biblische Lehre angeblich verfälschende dualistische Denken der Griechen zu Felde zu ziehen, doch andererseits das entscheidende Heilsereignis, die Auferstehung Jesu, rein spiritualistisch zu interpretieren und sie als ein nur metahistorisches Ereignis hinzustellen, das mit der Materialität der Welt nichts zu tun hat.[105]

Der inhaltliche Sinn der Auferstehung, so Weissmahrs Argumentation in völliger Kongruenz mit Ratzinger, ist die wirkliche, historische Erlösung des Menschen in seiner Geschöpflichkeit und Geschichtlichkeit. Die spiritualistische, gnostische Interpretation hat genau davon keinen Begriff: Für sie bleibt Gott auch noch in seiner christlichen Offenbarung in der Dimension der geschichtlichen Realität unterbestimmt und deshalb letztlich nur eine Denkmöglichkeit. Diese »moderne Gnosis« – eine Zuschreibung, die, wie oben gesehen, auch Ratzinger vornimmt – erfasst also den *wesentlichen Sinn* des christlichen gegenüber einem nur natürlichen Gottesbegriff nicht, der mit der tatsächlichen, leiblichen Auferstehung als einer historischen Tatsache steht und fällt. Die moderne Gnosis, von der Ratzinger konsequenterweise sagt, dass sie im Kern Atheismus sei, denkt vom wirklichen, geschichtlichen Menschen und seiner Erlösung, darum aber auch von Gott *viel zu klein*: Sie kann den Unterschied zwischen dem christlichen und einem allgemeinen, abstrakten Gottesbegriff gar nicht verständlich machen. Das unterscheidend Christliche liegt aber gerade darin, dass Gott in seiner Gottheit *sich indirekt* so offenbart, *dass er sich abhängig macht* von der Selbstunterscheidung und der Lebenshingabe Jesu von Nazareths, der von sich sagt: »Mir ist von meinem Vater alles übergeben worden.« *(Lk 10,22)* In der wirklichen,

---

[105] A. a. O., 450–451

historischen Auferstehung vollendet Gott seine Schöpfung von ihr selbst her in ihrer Freiheit, aber dadurch vor allem seine eigene Herrschaft und seine Wahrheit.

Auch bei Weissmahr wird also sichtbar, wenn auch in anderer Begrifflichkeit: Die Wahrheit Gottes *hängt* an der wirklichen, historischen, leiblichen Auferstehung, und dies deshalb, weil sie sich nur in einer »Christologie von unten« vollziehen und verwirklichen kann. Für Weissmahr geht es, wie für Ratzinger, in der Frage der leiblichen Auferstehung also um den *articulus stantis et cadentis ecclesiae*. Mit der Beantwortung dieser Frage steht und fällt aber deshalb die Kirche und der Glaube, weil in ihr ein allgemein rechtfertigbarer, vernünftig kommunizierbarer Begriff Gottes als solchen überhaupt erstmalig formuliert ist, der dem christlichen Glauben und damit der Kirche überhaupt ursprünglich ihren Boden gibt und gegeben hat. Diese ontologische Klärung und Offenbarung des wahren Begriffs Gottes geschieht über den *wirklichen historischen, deshalb aber indirekten* Erweis seiner Macht, durch die Hingabe, die Selbstunterscheidung, die Liebe Jesu Christi bis in den Tod. Durch diesen Tod vollendet aber Gott die Schöpfung und verwirklicht seine Herrschaft in ihr, indem er ihr ihr Selbstsein in der Auferstehung neu und endgültig zurückgibt.

(2) Ratzinger musste an Weissmahrs Entwurf interessieren, dass dieser die Idee einer echten Integration der Leiblichkeit, der Materie, in eine neue, endgültige Daseinsweise Jesu ernst nimmt und dies durch eine umfassende Ontologie *verstehbar* macht. Die umfassende Ontologie besteht bei Weissmahr darin, dass das Handeln Gottes in der Welt, was das Seiende in seinem Selbstsein angeht, immer auch die *Zweitursächlichkeit* der Geschöpfe selbst mit umfassen muss. Das geschaffene Seiende als solches kann darum nicht anders gedacht werden, als dass es immer *auch selbst* mit die Ursache seines eigenen Werdens, seiner Selbstüberbietung ist. Für Weissmahr ist es aus dieser Perspektive einsichtig, dass die Auferstehung einerseits grundsätzlich die Machttat Gottes selbst ist, da er als allmächtiger Grund aller Wirklichkeit gedacht werden muss. Andererseits aber kann die *notwendig historische Wirklichkeit* dieser Machttat nur durch einen freien geschöpflichen Vollzug voll bewirkt gedacht werden – *und genau hierin trifft sich Weissmahrs Denken von der Zweitursächlichkeit her mit der Grundidee der »Christologie von unten«*. Dieser freie geschöpfliche Vollzug geschieht in der liebenden Hingabe Jesu von Nazareths bis zum Äußersten, also bis zum Tod am Kreuz. Weiss-

mahr zieht deshalb also eine ungewöhnliche, aber bewusst und stringent verfolgte denkerische Konsequenz: Die Auferstehung Jesu, das Verschwinden des Leichnams aus dem Grab und die Umschaffung seiner leiblichen Existenz in eine neue, pneumatische Leiblichkeit sind also die *wirkliche Folge* des geschöpflichen Handelns Jesu in der Geschichte, also seiner Lebenshingabe – letztlich also *seiner Liebe*. Damit trifft sich Weissmahr exakt mit der »Ontologie der Liebe«, die als das entscheidende Ergebnis der Analyse der »Christologie von unten« von Ratzinger festgehalten wurde: Gott muss, *wenn er Gott ist,* seine Macht *gerade und vor allem auch über die Materie* in der Welt als wirklich erweisen. Dies kann aber nur *geschichtlich vermittelt* geschehen: durch die Existenz Jesu von Nazareths, durch sein wirkliches Überwinden des Todes von innen her in das eigentliche Leben Gottes hinein, das sich dadurch in sich selbst als Hingabe und Liebe erweist. Denn: Diese Überwindung des Todes kann nicht durch einen äußerlichen, ontisch-technischen Eingriff aus der Transzendenz heraus erfolgen – dies wäre eine Begrenzung und daher eine Verendlichung Gottes. Die wirkliche Vollendung der Geschichte, und damit die Aufhebung der Materie in eine neue Leiblichkeit, muss deshalb in voller Beteiligung ihrer eigenen Freiheit und ihrer höchsten Möglichkeit geschehen: *in der Hingabe aus Liebe*. Diese Liebe und keine technische Vervollkommnung ist also allein die Macht, die den Tod wirklich überwinden und ein neues, vollendetes Leben schaffen kann und wird. Zu dieser Überwindung gehört aber unverzichtbar die Integration und Umschaffung der Materie, des Inbegriffs des endlichen »Sich-Gegebenseins-in-Äußerlichkeit«, in eine neue Form der Leiblichkeit.

Weissmahr drückt nun exakt diesen Sachzusammenhang in seiner eigenen Begrifflichkeit so aus:

Hiermit sind wir zu unserem Ziel gelangt, denn von hier aus ist zu bestimmen, was »Personalisierung der Materie« bedeuten kann. *Wenn der Geist als das eigentlich Subsistente die konkrete Materie dermaßen in Besitz nimmt, daß dadurch die für sie charakteristische Entfremdung überwunden wird, entsteht das, was man personalisierte Materie oder pneumatischen Leib nennen kann.* [...]

Wenn man nun das bisher Ausgeführte auf die Auferstehung Jesu anwendet, so kann gesagt werden, dass die totale Selbsthingabe Jesu im Tod seinen Leib total personalisiert hat, und das hat sich innerweltlich im »Verschwinden« seines Leichnams kundgetan. So betrachtet, hat das leere Grab nichts mit Vorstellungen zu tun, welche die leibliche Auferstehung zum ewigen Leben mit einer Wiederbelebung der Toten zum irdischen Leben in Zusammenhang bringen. Es ist auch nicht etwas, was von Gott einfach dekretiert wurde, um die Auferstehung Jesu »ad oculos« zu demonstrieren und so der Schwachheit der Jünger, die als Juden nur in dieser Weise an die Auferstehung Jesu glauben konnten, entgegenzukommen. Von den angegebenen metaphysischen Überlegungen her erscheint das leere Grab vielmehr als eine Gegebenheit, die sich aus der Natur der Sache ergibt.[106]

Weissmahr will also mit dem letzten Satz vor allem festhalten, dass das leere Grab und sein tatsächlicher Grund, die leibliche Auferstehung Jesu, eine wirkliche historische Tatsache ist, die sich aus der inneren ontologischen Konstitution der Schöpfung, »aus der Natur der Sache ergibt«. Das leere Grab wird von Weissmahr also in einen ontologischen und damit theologischen Sinnzusammenhang gebracht: Die Auferstehung ist weder eine Kolportage der Jünger noch eine äußerliche Wiederbelebung eines vorhandenen Leichnams, sondern sie ist die wirkliche Neuschaffung der Schöpfung selbst, bewirkt aber *durch ihre vollkommene Selbstübersteigung auf Gott hin.* Zu dieser vollkommenen Selbsttranszendenz auf Gott hin gehört aber notwendigerweise, dass sie nun nicht mehr in ihren eigenen Endlichkeitszusammenhang zurücklaufen kann, sondern dass dieser Endlichkeitszusammenhang wirklich in das Nichts hinein endet, aus dem er stammt. Das vollkommene Verschwinden des Leichnams ist die Erscheinung des Endes der Schöpfung in ihrer restlosen, freien Hingabe an Gott, in ihrer restlosen »Personalisierung der Materie«, wie Weissmahr sagt. Dieses Verschwinden ist aber zugleich schon ihre Vollendung, denn es ist die Voraussetzung ihrer vollkommenen Neuschaffung in neuem, vollendetem Sich-selbst-Gegebensein.

Weissmahr denkt also konsequent ontologisch, *vom Begriff Gottes als solchen her.* Im Ergebnis zeigt sich eine sehr weitgehende inhaltliche Kongruenz mit den beiden Christologien, die hier ausführlich behandelt wurden, insbesondere mit Ratzinger: Weissmahr besteht auf der Historizität der Auferstehung, auf der Tatsache des leeren Grabes, auf der leiblichen Auferstehung. Er entwickelt in seiner Theorie der Zweitursächlichkeit des Handelns Gottes eine Idee der Indirektheit der Identität des Handelns Gottes und der Freiheit des geschaffenen Menschen, die man sehr gut mit dem entscheidenden christologischen Gedanken Pannenbergs, der Selbstunter-

---

[106] Béla Weissmahr: Kann Gott die Auferstehung Jesu durch innerweltliche Kräfte bewirkt haben?, 461–462

scheidung, vermitteln kann. Und er formuliert wie Ratzinger den Gedanken einer lebendig machenden Macht, die wirklich die ganze Endlichkeit, auch die Materie in ihrer ontologischen Vermittlungslosigkeit und ihrem dissoziierenden Wesen, umgreift: Diese Macht ist Gott selbst, aber nun so, dass sie allein durch das geschöpfliche Handeln Jesu von Nazareths in der Welt wirksam wird, also durch seine Lebenshingabe – mit Pannenberg könnte man sagen: durch seine radikale, umfassende Selbstunterscheidung. Dies ist im Kern der Gedanke Ratzingers, den auch Weissmahr auf seine Weise denkt: dass es *zum Begriff Gottes als solchen* gehört, dass die leibliche Auferstehung eine *geschichtliche Tatsache* ist und dass das Festhalten an den Zeugnissen der Evangelien *deshalb einem tieferen und folgerichtigeren Begriff der Vernunft selbst entspricht.*

Dieser wahre Begriff Gottes, und mithin der wahre Begriff der Vernunft, wird aber erst genau an jenem Punkt *relevant und sichtbar,* der von einem oberflächlichen Verstandesdenken her betrachtet *das größte Skandalon* des christlichen Glaubens darstellt: Dieser Punkt ist das leere Grab und die leibliche Auferstehung. Genau darum ist es jedoch *essentiell:* sowohl für den christlichen Gottesbegriff – ja, den Gottesbegriff überhaupt – als auch für den Begriff der Metaphysik und den mit ihr verbundenen Begriff der Vernunft, dass dieses Skandalon in seiner rationalen Tiefe festgehalten wird!

Im Vergleich mit den Christologien von Ratzinger und Pannenberg, so wie sie in dieser Untersuchung entwickelt wurden, wird auch ein Unterschied zu Weissmahr deutlich, auf den hier eigens hingewiesen werden soll. In der Herausarbeitung dieser Differenz kann auch auf ein Missverständnis aufmerksam gemacht werden, dem die Interpretation von Weissmahrs Denken unterliegt. Dieses Missverständnis wird zum Teil durch Formulierungen begünstigt, wie sie im obigen Zitat zu finden sind. Wie schon festgehalten, folgt für Weissmahr die leibliche Auferstehung in einem bestimmten Sinn »aus der Natur der Sache«. Welche »Natur« ist aber damit gemeint? Er bezieht sich in dieser Formulierung auf die Begründung der Möglichkeit des Ereignisses der Auferstehung durch die prinzipielle Rückbindung an die *Ontologie der Selbsttranszendenz* des geschöpflichen Seienden als solchen. Dadurch kann jedoch der Eindruck einer gewissen äußerlichen Naturhaftigkeit der Auferstehung entstehen: So nämlich, als sei dieses Ereignis etwas, was in irgendeinem Sinne folgerichtig, als ein Einzelereignis wie viele andere Ereignisse auch, sich aus der Ontologie der Welt ergibt. Es entsteht der Eindruck, als bestünden die ontologischen Voraussetzungen für das Wunder der vollkommenen Selbsttranszendenz Jesu gleichsam für sich und als ein vorgefundener Rahmen, in dessen Möglichkeiten die Selbsttranszendenz der Welt vonstatten gehen kann.

Die Perspektive unserer Untersuchungen von Ratzinger und insbesondere Pannenberg war dem jedoch *gerade entgegengesetzt*: In einem bestimmten Sinn, so könnte man sagen, ist die Auferstehung nicht ein Ereignis, das im gegebenen Rahmen der Ontologie der Welt geschieht, *sondern die Ontologie der Welt wird in der Auferstehung überhaupt erst gegründet*. In der Auferstehung als einem singulären Geschehen kommt Gott in seiner Gottheit überhaupt erst zur Herrschaft. In diesem Ereignis wird erst offenbar und wirklich, dass Gott *dreifaltig ist und nur so sein kann* und dass Jesus Christus *der Grund und der Anfang* alles Geschaffenen ist, *weil er sein Ziel* ist. Das heißt, in der Auferstehung wird die Schöpfung als solche erst vollendet und auf ihren wirklichen Begriff gebracht.

Damit ist aber gesagt: Erst von der Auferstehung Jesu Christi her wird der *Begriff der Schöpfung als eines freien Sich-selbst-Gegebenseins, das sich in dieser Freiheit von Gott selbst unterscheidet, zu Ende gedacht. Aber:* Erst von diesem Ende her wird darum einsichtig, was es heißen kann, dass die Schöpfung sich von sich selbst her in Freiheit *entwickelt*: Denn erst jetzt wird deutlich, dass ihr Ziel nichts anderes ist als Gott selbst, aber nun so, dass Gott *seine eigene Herrschaft und damit seinen Begriff* über diese Geschichte der freien Entwicklung des Geschöpflichen erst verwirklicht.

Durch diese Umkehr der Perspektive und durch die Gründung der Ontologie der Welt in der leiblichen Auferstehung wird die letztere von ihrer vorgestellten, belastenden Rolle *als einem einzelnen Wunder in der Welt* metaphysisch entbunden. In dieser Rolle entsteht der Eindruck einer innerweltlich naturhaften Kausalität, die das Ereignis der Auferstehung als ein Wunder, in quasi ontologisch-notwendiger Selbstverständlichkeit hervorbringt. *Darin wird seine universale Bedeutung aber verengt*: Denn an ihm hängt, wie gesehen, Gott in seiner Gottheit. Der Sinn des Wunders der Auferstehung ist nicht nur die Vollendung der Schöpfung, sondern gleichzeitig und in indirekter Weise die Verwirklichung der Herrschaft Gottes über die Schöpfung und damit überhaupt erst die Verwirklichung seiner Gottheit selbst. Und erst in diesem Ereignis wird deshalb die ganze Welt in ihrer geschöpflichen Freiheit vollendet und deshalb in ihrem Sein gegründet. Es ist daher wichtig, die ontologische Abhängigkeit des Begriffs der Schöpfung von der geschichtlichen Verwirklichung der Trinität und *daher auch* vom Begriff der leiblichen Auferstehung herauszuarbeiten und nicht umgekehrt das Wunder der Auferstehung in eine unabhängig von ihr vorgestellte ontologische Struktur der Schöpfung einzuordnen.

III.2.2 Pannenbergs philosophische Christologie und sein Verhältnis zum Denken Hegels

Der offensichtliche, sich schon äußerlich aufdrängende Unterschied der Christologie Pannenbergs zu jener Ratzingers ist, dass er systematisch begrifflich und das heißt letztlich: als Theologe immer auch explizit philosophisch denkt. Dies heißt: Genau jenes, was Ratzinger in seiner historisch-literarischen Betrachtung von Augustinus und dessen Auseinandersetzung mit dem römischen Gelehrten Varro als wesentliches Merkmal und ursprüngliches Selbstverständnis der christlichen Religion herausarbeitet, nämlich dass sie die *religio vera* ist, die wahre Religion, und das heißt: *die Religion der Philosophie und ihrer Wahrheit*, dies löst Pannenberg in seiner begrifflichen Arbeit ein. Er scheut sich nicht, die dogmatischen christologischen Aussagen in ihrem allgemein verbindlichen, vernünftigen, evidenten Gehalt freizulegen und diese philosophische Evidenz auch bewusst anzuzielen. Dabei bezieht Pannenberg als Theologe immer wieder von sich aus Stellung zum spekulativen Denken der Philosophie, wie sie ihm vor allem im Denken Hegels entgegentritt: Es ist einerseits implizit und explizit positiver Einfluss und Quelle, andererseits aber auch Abgrenzungsmodell.

Eine kurze Betrachtung zu diesem Verhältnis soll die Christologie Pannenbergs noch einmal abschließend würdigen und dadurch deutlich machen, dass die Wahrheit der Christologie in dem Maße sich zeigt und ausweisen lässt, in dem sich ihr prinzipielles wechselseitiges Verhältnis zur Metaphysik klärt.

III.2.2.1 Die Struktur der »Christologie von unten« und die Theologie des Aristoteles

Der spekulative Grundgedanke Hegels liegt im Begriff der »wahren Unendlichkeit«. Er ist der philosophische Gedanke schlechthin, da er auch den ursprünglichen metaphysischen Grundgedanken der antiken Philosophie mit enthält: die Identität von *noein* und *einai*, Denken und Sein. Diese Einsicht bricht bei *Parmenides von Elea* (515– 460 v. Chr.) durch und wurde von ihm in archaischer, anfänglicher Wucht in seinem berühmten Lehrgedicht formuliert. Sie grundiert von diesem Zeitpunkt an die ganze Philosophie der Antike und findet ihre höchste Entfaltung in der *Metaphysik des Aristoteles*, genauer in Buch XII. In diesem *Buch Lambda* entwickelt Aristoteles den Begriff eines höchsten Prinzips, das als notwendiger Grund aller Bewegung und Veränderung der Wirklichkeit des Seienden gedacht werden muss. Dieser Grund aller Wirklichkeit ist selbst reine Gegenwärtigkeit und Aktualität und daher reiner Vollzug, *reine Bewegtheit aus sich selbst*, er ist daher der »unbewegte Beweger«. Er ist das Un-Bedingte, das rein aus sich selbst Ursache ist und nicht bedingt durch etwas anderes. Dieses Unbedingte ist in sich höchstes Leben, Aristoteles sagt sogar: Es ist ein *zóon*, ein Lebewesen. Aristoteles nennt diesen Grund »Gott«, er überträgt also an dieser Stelle den zentralen Begriff aus der politischen und mythischen Religion und ihrer Praxis auf das theoretisch-reflexiv aufgefundene erste Prinzip. Diese methodische Vorgehensweise wurde später insbesondere in der Scholastik zum Modell für die Struktur der Gottesbeweise überhaupt. An dieser Stelle seiner Metaphysik wird Aristoteles also gewissermaßen selbstverständlich, aus der Sache heraus, als Philosoph Theologe. Er entwickelt in den Kapiteln 6–9 von Buch Lambda in atemberaubender Kürze und Verdichtung die Grundzüge einer rationalen Theologie.

Aristoteles entwickelt diesen Begriff Gottes aus der Bewegung der Welt heraus. Der Begriff ist also das Ergebnis einer gedanklichen Reflexionstätigkeit und einer argumentativen Ableitung. Hier soll nun in aller Kürze die Essenz des Gedankens von diesem Ergebnis herkommend dargestellt werden.

Der Kern der Einsicht des Aristoteles ist: In jenem Lebensvollzug des Menschen, der seinen immer mitgegebenen Selbstbezug vollkommen und rein verwirklicht, im Denken, in der Vernunft, ist das Unendliche, ist also Gott anwesend. Das Denken ist der Ort der Erscheinung Gottes. Gott *zeigt sich* in der Vernunft *selbst*, er zeigt sich als *jeden Vernunftvollzug mit begleitend*, als reiner, unabhängiger, vollendeter, ewiger Selbstvollzug, als reines Selbst-Denken, reine Selbstbezüglichkeit in der Vernunft. Warum aber wird das reine *noein*, das Denken als solches, in dieser Weise ausgezeichnet? Die Selbstbezüglichkeit des reinen Denkens ist genau darum das Wesen Gottes, weil nur in ihr allein *die höchste, vollkommene Wirklichkeitsweise* ausgewiesen wird. Denn: Wirklichkeit, Aktualität, *energeia*, ist Sein. Sein wird sichtbar als und daher bestimmt als Selbstvollzug, Selbstverwirklichung, als Aktualisierung und Vollenden von Seinspotentialitäten. Die vollkommene Wirklichkeit muss deshalb reine *energeia* sein, reine Aktualität, vollkommener, *immer gegenwärtiger Selbst-Vollzug*, der *aus sich selbst* in Freiheit stammt und der allein darum alle anderen Aktualitäten und Vollzüge der Welt ursprünglich bewirken kann. Dieser reine, immer aktuale und darum ewige Selbstvollzug wird im Menschen wirklich und von ihm gleichsam berührt in der selbstreflexiv begleiteten intellektuellen Tätigkeit als solcher, *im reinen noein*.

Der Grund der Welt ist also etwas, was einerseits vollkommen unabhängig von den außenbestimmten Vollzügen der Welt gedacht werden muss. Er ist also radikal der Welt transzendent. Andererseits ist die einschneidende denkerische Erfahrung von Parmenides und in dessen Fortführung von Aristoteles in seiner Metaphysik, dass dieser Grund *in der Welt selbst gegenwärtig* sein muss, näherhin in einem, *ja dem höchsten Lebensvollzug des Menschen*. Er zeigt sich also wesenhaft *auch immanent*, identisch mit einem Vollzug der Welt selbst, mit dem reinen Selbstvollzug der Vernunft, die »im Menschen« anzutreffen ist. Im Vollzug der Vernunft ist der unendliche Grund aller Wirklichkeit immer schon mit in der Welt anwesend.

Dies kann auch von der Sache her gar nicht anders gedacht werden: Der Grund aller Aktualität, die immer auch Gegenwärtigkeit sein muss, muss reine, immerwährende Gegenwärtigkeit und Anwesenheit sein. Diese Präsenz als solche, die Ewigkeit, muss daher in irgendeinem Sinn von sich selbst her immer *antreffbar* sein und sich zeigen. Dies geschieht im Selbstvollzug der Vernunft: Im reinen *noein*, in der reinen *theoria* geschieht eine mitvollziehende *Berührung*, eine Teilhabe des Menschen an der immerwährenden Aktualität Gottes, der Gegenwart schlechthin, die Selbstvollzug schlechthin sein muss, ohne Außenbestimmung. Durch diese Teilhabe ist der Mensch aber das Wesen, das Vernunft hat, das *zoon logon echon*, und deshalb ist er in sich selbst immer schon über sich hinaus. In der Teilhabe am

Unterschiede zwischen Ratzinger und Pannenberg

Sein als solchem, an der Wahrheit als solcher ist der Mensch immer schon entgrenzt und auf das Absolute ausgerichtet. Er ist niemals nur einfach ein Seiendes in der Welt, sondern er vollzieht immer schon die Differenz zwischen Seiendem und Sein, zwischen Endlichkeit und Unendlichkeit. Aristoteles präsentiert diese Entdeckung, dass der Grund aller Wirklichkeit radikal transzendent gedacht werden muss, aber in der menschlichen Vernunft auch immanent anwesend ist, in bestechender Konsequenz, aber in gewisser Weise als Rohling, unbehauen, scheinbar ohne Interesse an einer tieferen Ausarbeitung der *Vermittlung* zwischen Gott und Welt. Ihm scheint vor allem daran zu liegen, aufzuzeigen, dass es gerade *die Vernunft, die noesis* ist, die mit Gott identisch ist. Es geht ihm also um die Bestimmung der menschlichen Vernunft als Vollzug göttlicher Wirklichkeit und Präsenz. Und umgekehrt, um die Bestimmung Gottes vom Vollzug der intellektuellen Fähigkeit des Menschen her, als vollkommenes Selbstdenken, als pures *noein*. Er dringt nicht durch zu der tieferliegenden Frage: Wie muss Gott, der Grund der Wirklichkeit, gedacht werden, wenn er unendlicher Selbstvollzug ist, aber gleichzeitig die Welt als endlicher Selbstvollzug, abhängig von ihm, besteht? Was heißt es, dass Gott im Vollzug dieser abhängigen Welt wiederum selbst anwesend ist, dass er also im theoretischen Selbstvollzug des Menschen selbst *sich zeigt*?

Dabei sind zwei Dinge bemerkenswert: Im Kapitel 7 von Buch *Lambda* der *Metaphysik* entwickelt Aristoteles den Gottesbegriff *inhaltlich* aus dem höchsten Selbstvollzug des Menschen. Gott als der Grund aller Wirklichkeit wird bestimmt als vollkommene *energeia*, als reiner Vollzug aus sich selbst. Dieser Vollzug findet sich aber wirklich in der Welt: Er ist etwas, was in jeder theoretischen Tätigkeit, im menschlichen Denken also, implizit anwesend ist. Damit kommt der Mensch in eine überraschende Vermittlungsposition: Er ist einerseits einfach *Seiendes unter anderem Seienden* in der Welt und wie alles andere Seiende abhängig von dem Grund dieser Welt, dem »unbewegten Beweger«. Andererseits besteht die schockierende Entdeckung der Metaphysik darin, dass der »Ort der Präsenz« dieser reinen *energeia* kein anderer als der Vernunftvollzug des Menschen ist. Dies ist wichtig im Hinblick auf Hegel und dessen bewusst vollzogenen Anschluss an diese Passagen. Es besteht bei Aristoteles, wie hier deutlich wird, in der Durchführung eine strukturelle Vorahnung zu der »Metaphysik von unten«, wie man den Ansatz von Hegels »Phänomenologie des Geistes« in Anlehnung an die »Christologie von unten« Pannenbergs bezeichnen könnte. Dies weist darauf hin, dass im Gedanken der »Christologie von unten« ein grundsätzliches Formprinzip der Wahrheit und der Vernunft selbst gefunden wurde, die immer wieder in jeder echten ontologischen Analyse durchschlägt. Darüber hinaus kann in Buch *Lambda* auch eine Vorahnung des echten christologischen Verhältnisses der Selbstunterscheidung ausgemacht werden, von dem aus allein der echte Begriff der Schöpfung, das Sich-selbst-Gegebensein, in seiner Tiefe entstammt. Aristoteles meißelt den Identitätsvollzug der menschlichen und der göttlichen Vernunft in aller Kürze und unnachahmlich lapidar heraus, jedoch scheinbar ohne Interesse an weiterer Vertiefung. Es liegt dennoch in diesem Verhältnis schon genau jene Idee der *wahren Unendlichkeit*, die nach Pannenberg Minimalbedingung alles vernünftigen Redens von Gott ist.

Dass der Mensch in seinem höchsten Selbstvollzug eine gewisse Vollendung, ein »Sein aus sich selbst«, mit-vollbringt, und darin mit Gott »in Berührung kommt«, dies lässt sich *vom Begriff des unendlichen Gottes* her nicht anders erklären, als dass dieser den Menschen an seinem eigenen Vollzug teilhaben lässt, dass er selbst also durch sein Sich-Zeigen wiederum Grund des menschlichen Vernunftvollzuges, in dem Gott erkannt wird, sein muss. Die nach Aristoteles vollkommene Tätigkeit des Menschen, die Vernunft, kann mithin nicht anders, denn als Gabe verstanden werden: Widerspräche es doch dem Begriff des unendlichen Gottes, wenn die Teilhabe des Menschen an seinem vollkommenen Selbstvollzug als ein naturhaftes, äußerliches Geschehen vorgestellt würde, das nicht seinem freien Wohlwollen entspringt. In jener Entdeckung der antiken Metaphysik von Parmenides bis zu Aristoteles, dass im Selbstvollzug des Menschen ein Einheitsvollzug mit dem Unendlichen selbst anwesend ist und aufscheint, liegt also immer schon viel mehr als nur eine vorgestellte Partizipation. Es ist in dieser Entdeckung immer schon der Keim einer *umfassenden ontologischen Vermittlung* des Unendlichen mit dem Endlichen angelegt.

III.2.2.2 Hegels Begriff der wahren Unendlichkeit und seine Vollendung in Pannenbergs Christologie

Hegels Denken schließt, wie schon erwähnt, demonstrativ an die maßgeblichen Analysen des Aristoteles an: Am Ende der *Enzyklopädie der philosophischen Wissenschaften im Grundrisse* zitiert er abschließend, quasi als Zusammenfassung, die entscheidenden Passagen des 7. Kapitels von Buch *Lambda*, in dem Aristoteles den Zusammenhang von menschlicher und göttlicher Vernunft und damit die gegenseitige begriffliche Interdependenz von Unendlichkeit und Endlichkeit erörtert und den Begriff Gottes als solchen gewinnt. Das Zitat erfolgt *ohne weiteren Kommentar und auf Griechisch*: Damit unterstreicht Hegel lapidar, welches die zentrale Quelle ist, auf die er sich bezieht und welche Tradition der Philosophie er mit seinem Denken fortsetzen und vollenden will. Er überlässt Aristoteles damit das Schlusswort des Kompendiums seines eigenen Denkens: Dies darf als Referenz und Interpretation zugleich verstanden werden. Er sagt damit einerseits: Dies hat auch Aristoteles gedacht, ich habe dem nichts hinzuzufügen – so *will ich verstanden* werden. Er sagt aber auch: So *wollte Aristoteles* verstanden werden![107]

Hegel zitiert jene Passage, in der Aristoteles das Wesen Gottes aus der menschlichen Vernunfttätigkeit ableitet:

> Wenn sich nun so gut, wie wir zuweilen, der Gott immer verhält, so ist er bewundernswert, wenn aber noch besser, dann noch bewundernswerter. So verhält er sich aber. Und Leben wohnt in ihm; denn der Vernunft Wirklichkeit ist Leben, jener aber ist die Wirklichkeit, seine Wirklichkeit an sich ist bestes und ewiges Leben. Der Gott, sagen wir, ist das ewige, beste Lebewesen, so dass dem Gott Leben und beständige Ewigkeit zukommen; denn dies ist der Gott.[108]

Für das richtige Verständnis ist es wichtig, zu diesem Zitat aus *Lambda 7* auch die entscheidende Stelle aus *Lambda 9* hinzuzuziehen, in der Aristoteles die berühmte Wendung von der *noesis noeseos noesis*, vom Denken des Denkens, prägt.

> Sich selbst also erkennt die Vernunft, wenn anders sie das Beste ist, und die Vernunft ist Denken des Denkens.[109]

---

[107] Georg Friedrich Wilhelm Hegel: Enzyklopädie der philosophischen Wissenschaften im Grundrisse (1827), Hamburg 1989, 416
[108] Aristoteles: Metaphysik XII, 7, 1072b
[109] Aristoteles: Metaphysik XII, 9, 1074b

Diese Ergänzung ist systematisch deshalb unverzichtbar, weil nur in dieser Entdeckung der immer schon begleitenden Reflexion jedes Wahrheitsvollzugs der innere Sinn des Gottesgedankens des Aristoteles wirklich zum Tragen kommt: Denn Gott ist genau darum Vernunft, reine *noesis*, weil nur in der reinen *noesis* eine vollkommene, reine Wirklichkeit in der Welt anwesend ist: als reine, immerwährende Anwesenheit aus sich selbst, als reiner Selbstvollzug und reine Selbsttätigkeit, *energeia schlechthin*, die deshalb alle anderen Verwirklichungen, die die Welt faktisch aufweist, bewirken kann. Das Denken ist also nicht deshalb Gottes Wesen, weil dieser von Aristoteles willkürlich als ein überdimensionierter erster Wissenschaftler entworfen wird – also nicht deshalb, weil Aristoteles und die Antike eine Schwäche für die *theoria* hätten. Das Umgekehrte ist wahr: Die *theoria* ist darum göttlich, weil sie in sich ein reiner vollendeter Wirklichkeitsvollzug ist, reine, immerwährend verwirklichte Anwesenheit und damit Sein aus sich selbst. Das Denken des Denkens ist göttlich und Gott ist reines Denken, weil sein Sein als der Inbegriff des Seins überhaupt gedacht werden muss, Sein aber als *energeia* – *Verwirklichung, Vollendung* – und *energeia* als *Selbstvollzug* verstanden wird, der Aktualität, Wirklichkeit, Gegenwärtigkeit bedeutet. Der reine, ursprüngliche Selbstvollzug und damit die vollkommene Präsenz und Wirklichkeit aus sich selbst ist deshalb aber allein die jeden Wahrheitsvollzug begleitende reflexive Tätigkeit der Vernunft selbst, das immer schon Sich-selbst-Vollziehen des Denkens, die Gegenwart als solche, die im Vernunftvollzug erscheint!

Hegels Gedanke von der »wahren Unendlichkeit« enthält nun diesen ursprünglich metaphysisch-theologischen Gedanken der Antike, erweitert ihn aber daraufhin, dass der *tiefere Grund der Vermittlung* des Unendlichen *durch* das Endliche ans Licht kommt.

In seiner Bezogenheit auf die endlichen Zusammenhänge der Welt erfasst der Mensch das *Endliche als solches* in seiner Begrenztheit und überschreitet es genau deshalb auf das hin, was nicht mehr begrenzt und jeweils im Weltzusammenhang durch etwas anderes definiert ist. Dieses Umfassende, auf das die Vernunft stößt, ist *rein durch sich selbst*, es ist nicht wie alles andere, das im Gesamtzusammenhang vorkommt, begrenzt, sondern es übersteigt und umfasst jede Grenze immer schon und ist deshalb das *Unendliche*.

So weit geht auch die antike Metaphysik explizit. Hegel treibt den Gedanken an dieser Stelle jedoch in seiner Konsequenz voran: *Wahrhaft* ist dieses Unendliche in seinem Wesen erst dann gedacht, wenn es nicht in einem Gegensatz zum Endlichen vorgestellt wird. Denn die Entgegensetzung bedeutete wiederum eine Begrenzung. Darum ist das *wahrhaft Unendliche* nur dann gedacht, wenn es seinen Gegensatz zum Endlichen noch mit umgreift.

Wie ist dieses Umgreifen aber konkret zu denken? Hegels Antwort auf diese Frage geschieht in der *Phänomenologie* – das heißt in der Darstellung des Entwicklungsprozesses – des endlichen Geistes, der Geschichte seiner Erscheinung, seiner geschichtlichen Verwirklichung und Phänomenwerdung. Das immer schon immanente Ziel dieses geschichtlichen Erscheinungsprozesses des Geistes ist der Vollzug der Unendlichkeit der Wahrheit in der Vernunft selbst, im vollendeten *Begriff* des wahrhaft Unendlichen, also der Identität von Unendlichkeit und Endlichkeit. Dieser Entwicklungsprozess ist einerseits der innere Sinn der Geschichte der Endlichkeit und *ihres Selbstvollzugs*. Er wird aber selbst in einer gewissen Weise vom Unendlichen vollbracht, indem das Unendliche *als deren inneres Ziel* immer schon mit in der Geschichte der Endlichkeit anwesend ist und das untergründige *Movens* aller geschichtlichen Bewegtheit darstellt. Die Geschichte der Entfaltung des endlichen Geistes ist also immer auch die Geschichte der Unendlichkeit selbst und kann niemals etwas anderes sein. Der Sinn dieser Geschichte kann demnach nicht mechanisch von außen auferlegt sein, sondern sie ist der wirklich autonome Weg des endlichen Geistes zur Freiheit des unendlichen Begriffs, ausgehend von der anfänglich rohen und scheinbar naiven Abstraktheit der »sinnlichen Gewissheit«, in der aber immer schon die wahre Unendlichkeit mit am Werk ist und zur Erscheinung kommt!

Wichtig ist es, festzuhalten: Der Begriff der »wahren Unendlichkeit« impliziert geradezu notwendig den Gedanken eines freien Sich-Öffnens, eines Sich-Mitteilens des Unendlichen von diesem selbst her, *weil* es in der Wahrheit seiner Unendlichkeit liegt, immer auch auf der Seite der Endlichkeit zu stehen. Dies kann aber nur so gedacht werden, dass das Unendliche *im Selbstvollzug der Endlichkeit* so mitwirkt, dass dieser Selbstvollzug sich im Vollzug der Vernunft als ein solches Endliches erfasst, das zugleich das Unendliche *erscheinen* lässt und deshalb im gewissen Sinn die Wahrheit, die Offenbarkeit, der Ort des Unendlichen *ist*. Das Unendliche wird in der Geschichte der Erscheinung seiner Wahrheit im Endlichen zum wahrhaft Unendlichen. Dies kann aber nur dadurch geschehen, dass sich das Endliche in Freiheit vollkommen *als solches* begreift und ergreift und sich nicht mit dem Unendlichen verwechselt: Dadurch erst kommt es selbst in Bewahrung seiner Endlichkeit zur Vollzugseinheit mit dem Unendlichen.

Josef Schmidt hat gezeigt, dass Hegel diesen Gedanken, dass das Unendliche selbst sich uns öffnet und in einem bestimmten Sinn zeigen muss, in seiner Anfangszeit als Gegenstand der Religion und das heißt: der christlichen Religion, im Gegensatz zur Philosophie, festgehalten und ihr zugewiesen hat.

In seinen von ihm nicht veröffentlichten Frühschriften nennt Hegel diese »wahre Unendlichkeit« ein »heiliges Geheimnis« (TW 1, 378), das der trennenden Reflexion verschlossen bleibt und nur der »Religion« zugänglich ist, vor der somit die Philosophie »aufhören« muss (TW 1, 423). Was sie zum Aufhören veranlasst, sieht Hegel in dem Liedvers ausgesprochen: »Den aller Himmel Himmel nicht umschloss / der liegt nun in Mariens Schoß« (ebd., 424).[110]

Hegel sieht aber in seiner weiteren Entwicklung ein, dass der Begriff der »wahren Unendlichkeit« Gegenstand und Thema der Vernunft selbst sein muss. Dies darf jedoch nicht, wie oft geschehen, als Anmaßung der Metaphysik gegenüber der Religion missinterpretiert werden, die Hegel befördere. Das Gegenteil ist der Fall: Indem der Mensch in seiner Einsicht sich mit dem Begriff der »wahren Unendlichkeit« eins weiß, kann er gerade alle subjektiven Machtansprüche loslassen und wird demütig und objektiv – dies und nichts anderes ist letztlich der Sinn der Vernunft selbst! Weil die »wahre Unendlichkeit«, das »heilige Geheimnis«, wirklich die Wahrheit selbst in der Welt *ist*, muss sie auch allgemein kommunizierbar sein. Auf der anderen Seite bliebe die Vernunft eine bloße Verstandesoperation, wenn sie sich dem letzten Anspruch der sich selbst offenbarenden »wahren Unendlichkeit« verschlösse. Der Begriff der »wahren Unendlichkeit« ist das innere Lebensprinzip und der innere Maßstab der Vernunft selbst. Deshalb muss sie sich diesem Prinzip öffnen und es explizieren, weil sie sonst hinter sich selbst zurückbleibt. *Sie kann sich nicht in eine von ihr selbst verfügte Grenze einschließen.* Sie muss sich zu der ihr zugemuteten Größe bekennen und sich ihr stellen: jener prinzipiellen Unabgeschlossenheit, die darin liegt, dass ihr letzter Horizont keine von ihr selbst gesetzte und überschaute Grenze sein kann, sondern dass *in ihr als letzter Horizont das Absolute selbst anwesend ist.*

---

[110] Josef Schmidt: Wahre Unendlichkeit und Geheimnis – Hegel, Rahner, Pannenberg, in: Vom wahrhaft Unendlichen, Pannenberg-Studien Band 2, Göttingen 2016, 164. (TW = Theorie-Werkausgabe, Frankfurt a. M. 1971 ff.)

Denn die Trennungen, in die sie eingeschlossen scheint, werden von ihr erkannt und damit überschritten. In der Folge unterscheidet Hegel deshalb diese »Vernunft« von ihrer untergeordneten Stufe, dem »Verstand«. Die »wahre Unendlichkeit« ist der dieser Vernunft entsprechende spekulative »Begriff«, und alles Begreifen ist defizitär, das sich vor ihm verschließt. Das »Geheimnis« bleibt »aufgehoben« erhalten. Es liegt nun innerhalb des Begreifens und kann vernünftig kommuniziert und gegen die Reduktion auf bloße Privatheit verteidigt werden.[111]

Schmidt führt als Beleg ein Zitat aus Hegels *Vorlesungen über die Gottesbeweise* an, das in der bei Hegel oft anzutreffenden erfrischenden Treffsicherheit und Geistesschärfe die Sache auf den Punkt bringt. Hegels feine Beobachtung ist nämlich, dass der Beschränkungswille der zu kurz greifenden Philosophie eben aus der *Begrenztheit des Verstandes* selbst stammt, also ein willentlich dekretiertes Denkverbot darstellt. *Weil* der Verstand die notwendige Einheit von Endlichkeit und Unendlichkeit nicht zu denken vermag, darum beharrt er darauf, dass sie nur religiös anzuschauen und also ein *Mysterium* sei. Der Verstand will dem Denken deshalb verbieten, an dieses Mysterium zu rühren. Der Inhalt des Religiösen ist aber in Wahrheit *genau jene wahre Unendlichkeit,* an der der Verstand scheitert. Darum diagnostiziert Hegel in der Tiefe *eine affektive Reserve, eine Aversion* des Verstandes nicht nur gegen die Vernunft, sondern auch gegen *den Inhalt des Religiösen,* also *gerade gegen jenes, was der Verstand von sich behauptet, im Mysterium zu bewahren.* Hegel will diesen Inhalt der Religion durch die Vernunft rechtfertigen und neu zur Entfaltung bringen, denn, wie er sagt: Der Verstand »empört« sich gegen diesen Inhalt und kämpft also letztlich gegen ihn. Dieser Inhalt ist die Einheit von Endlichkeit und Unendlichkeit und ihr Vollzug in jenem Geschehen der menschlichen Geschichte, die die Geschichte der Erscheinung dieser Einheit ist. Diese Geschichte – das ist es, was den Verstand in seiner abstrahierenden Vorstellung empört – muss aber notwendig *als zu jener letzten Wahrheit gehörend mit hinzugedacht werden,* jener Wahrheit Gottes, die die Religion intuitiv festhält. Die Geschichte des Menschen ist also nicht nur die Geschichte der Endlichkeit, sondern sie muss als die Geschichte eines Einheitsvollzugs von Endlichkeit und Unendlichkeit begriffen werden. Die Erscheinung der wahren Unendlichkeit in der Endlichkeit – also diese historische Realität: *dass sie für den Men-*

---

[111] Ebd.

schen und im Menschen erscheint – bleibt ihr selbst nicht äußerlich, sondern muss als zu ihrem Wesen gehörend mit hinzugedacht werden. Die, welche der Philosophie verargen, dass sie die Religion denkt, wissen nicht, was sie verlangen. Der Haß und die Eitelkeit sind dabei zugleich im Spiel unter dem äußeren Schein der Demut; die wahre Demut besteht darin, den Geist in die Wahrheit zu versenken, in das Innerste, den Gegenstand allein nur an sich zu haben, so verschwindet alles Subjektive das noch im Empfinden vorhanden ist. – Wir haben die Idee rein spekulativ zu betrachten und sie gegen den Verstand zu rechtfertigen, gegen ihn, der sich gegen allen Inhalt der Religion überhaupt empört. Dieser Inhalt heißt Mysterium, weil er dem Verstande ein Verborgenes ist, denn er kommt nicht zu dem Prozeß, der diese Einheit ist: daher ist alles Spekulative dem Verstand ein Mysterium.[112]

Für das Verständnis der hier vorgelegten Idee der »Christologie von unten«, wie sie von Pannenberg entwickelt wurde, sind diese scharfsichtigen Überlegungen von hohem Wert. Hegel legt darin offen, dass der Gedanke der wahren Unendlichkeit eigentlich das innere Wesen der Religion ausmacht und dass die christliche Religion daher nur in ihrer vollkommenen Offenheit auf die Vernunft hin richtig verstanden werden kann. Die antimetaphysische Argumentation, gleich ob sie aus der Philosophie oder aus der Religion stammt, erweist sich von dieser Einsicht her *immer* als ein willentlicher Affekt gegen jene tiefere Wahrheit: dass die endliche Welt und damit der Mensch selbst in indirekter Weise mit in den vollen Begriff Gottes gehört.

Der Grundgedanke Hegels ist: Es muss als das Werk der Unendlichkeit selbst verstanden werden, dass sie sich als »wahre Unendlichkeit« in der Geschichte der Endlichkeit, in ihrem sich selbst gegebenen, autonomen Lebensvollzug, der in seiner höchsten Ausprägung das vernünftige Erkennen ist, offenbart. In dieser Offenbarung bringt sie die Endlichkeit in eine Identität mit sich selbst, indem die Endlichkeit zu dieser Wahrheit im Erkennen erhoben wird. Auf beiden Seiten ist dabei der Vollzug dieser Wahrheit nicht in ein Belieben gestellt. Der bewusste begriffliche Vollzug dieser Identität auf der Seite der Endlichkeit ist der Sinn und das Ziel der Geschichte der Schöpfung. Auf der anderen Seite bleibt die Erscheinung der Wahrheit in der Welt der Unendlichkeit des Absoluten nicht äußerlich: Denn dass

---

[112] Georg Friedrich Wilhelm Hegel: Vorlesungen über die Gottesbeweise, Schluss, Theorie-Werkausgabe 17, Frankfurt a.M. 1971 ff. 534 f.

sie zur vollen Wirklichkeit in der Endlichkeit kommt, ist Bedingung ihres Begriffs als Absolutes, dem keine Außenbeschränkung auferlegt sein kann und damit keine *nur endliche* Welt als ihr Gegenüber. Pannenbergs explizite und implizite Bezüge zu Hegel sind mannigfaltig. Es überforderte die Möglichkeiten dieser Arbeit maßlos, wenn versucht würde, die Auseinandersetzung in ihrer ganzen Breite und Tiefe darzustellen. Es soll hier deshalb nur um zwei inhaltliche Bezugnahmen gehen, in denen Pannenberg ausdrücklich, einmal positiv, einmal negativ, mit Hegel ins Gespräch kommt. Der inhaltliche Horizont ist dabei letztlich aber die Idee der Selbstunterscheidung und die »Christologie von unten«. Es soll in dieser abschließenden Betrachtung gezeigt werden, dass der substantielle Kern des Gedankens der »Christologie von unten« und der Selbstunterscheidung den Gedanken der wahren Unendlichkeit strukturell immer mitdenkt und im gewissen Sinn eine, ja sogar *die* Gestalt seiner wirklichen Durchführung überhaupt ist.

Dies ist zunächst nicht überraschend. Pannenberg hat immer wieder an exponierten Stellen (in seiner »Systematischen Theologie«, aber auch in den kürzeren Aufsätzen »Metaphysik und Geschichte« und »Theologie und Philosophie«) den Gedanken des wahrhaft Unendlichen in rechtfertigender Weise skizziert. Er bezeichnet ihn in der »Systematischen Theologie« als eine der »Minimalbedingungen« des Gottesgedankens überhaupt.[113] Gunther Wenz fasst die Position Pannenbergs so zusammen:

Obwohl er ihn mit der christlichen Trinitätslehre keineswegs gleichsetzt, erkennt Pannenberg dem Gedanken des wahrhaft Unendlichen eine kriteriologische Funktion für alle Rede von Gott zu, die als angemessen und sinnvoll gelten soll. Die Gottheit Gottes wird verkannt, wenn seine Unendlichkeit durch den abstrakten Gegensatz zur Endlichkeit und seine Einheit durch Ausschluss von Unterschiedenheit und Vielheit bestimmt wird. […] Jeder religiöse Monotheismus wird sich an diesem Kriterium förmlich bemessen und auf seine Stimmigkeit hin überprüfen lassen müssen:
»Nur ein solches Gottesverständnis kann fortan als streng monotheistisch gelten, das den einen Gott nicht nur als der Welt transzendent, sondern diesen jenseitigen Gott auch als zugleich der Welt immanent zu denken vermag.« (Metaphysik und Geschichte, 29)[114]

---

[113] Wolfhart Pannenberg: Systematische Theologie I, 428
[114] Gunther Wenz: Vom wahrhaft Unendlichen. Metaphysik und Theologie bei Wolfhart Pannenberg, Pannenberg-Studien 2, 56–57

Im metaphysischen Grundgedanken, so wird hier deutlich, stimmt Pannenberg also mit Hegel überein. Auch rühmt er Hegel für die Leistung, den trinitarischen Gottesbegriff für die Philosophie interessant gemacht und in einem gewissen Sinn damit für das echte begriffliche Denken der Theologie bewahrt und sogar neu zum Leben erweckt zu haben.
  Dennoch mündet die Auseinandersetzung mit Hegel im Ergebnis in eine kritische Distanzierung. Denn Pannenberg wirft Hegel vor, den Begriff der Trinität zu sehr am philosophischen Begriff des Bewusstseins orientiert zu haben, genauer: an der Idee einer Entwicklungsgeschichte der Subjektivität. Die Endlichkeit, mithin die Schöpfung, das Andere Gottes, sei in dieser Perspektive in ihrer eigenen ontologischen Bedeutung, in ihrem Begriff, nicht zu erfassen, sie verschwindet in einem gewissen Sinn im Fluchtpunkt der Einheitsbewegung der Subjektivität Gottes. Sie wird in dieser unterstellten Perspektive zu einem Aspekt des Entwicklungsprozesses des trinitarischen Gottes, der als ein logischer Prozess verstanden werde. Dieser Entwicklungsprozess sei verstanden als die notwendige Geschichte Gottes, die die Kontingenz zwingend hervorbringe, weil er sie für die Vollendung seiner eigenen Subjektivität »brauche«, um sie schließlich in sich aufzuheben. Damit aber werde einerseits der Gedanke der Freiheit Gottes defizitär gedacht, andererseits aber auch der ontologisch eigene Rang und die personale Würde der Schöpfung und des Menschen in ihrem Eigensein verfehlt. Dadurch wird aber auch der Kerngedanke der Christologie: die Soteriologie, begrifflich übergangen und eigentlich in seinem Sinn nicht fassbar.

Nach Urteil Pannenbergs wird von Hegel die Andersheit des internen Anderen der Gottheit nach Weise der Selbstexplikation göttlicher Einheit gedacht, die im Anderen kein starkes Anderes, sondern lediglich das andere ihrer selbst erkenne. Eine aporetische Folge davon sei, dass unter der Voraussetzung einer durch den Einheitsgedanken dominierten und daher abstrakten Idee immanenter Trinität auch das kreatürliche andere Gottes entgegen Hegels Intention nicht als selbständiges Anderes erfasst werden könne mit entsprechenden Folgen für die Verfassung der ökonomischen Trinitätslehre. […]
  In den Kontext dieser Kritik gehört Pannenbergs Vorbehalt »gegenüber der ›logischen Notwendigkeit‹, mit der Hegel die Selbstentfaltung des absoluten Geistes in der Welt zu bestimmen sucht, insofern damit die kon-

tingente Freiheit Gottes und ineins damit die Selbständigkeit des Endlichen entgegen Hegels eigener Intention nicht wirklich erreicht werde«.[115]

Es müsste in einer sehr weit ausgreifenden Untersuchung geprüft werden, ob Pannenbergs Kritik an Hegel im Einzelnen und durchgängig zutrifft. Dabei müsste sicher unterschieden werden zwischen der *prinzipiellen* Frage nach dem Grundgedanken Hegels, der seine Philosophie von innen her antreibt, und der konkreten Ausführung, die vielleicht bestimmte Einseitigkeiten enthält oder auch bewusstseinstheoretische Einseitigkeiten in der Interpretation begünstigt. Dies ist nicht das Thema dieser Arbeit.

Unsere Frage soll hier vielmehr sein: Was ist das prinzipielle philosophische Argument, das im Hintergrund von Pannenbergs Hegel-Kritik steht und das an der Durchführung seiner Christologie ablesbar ist? Wie gezeigt werden wird, erbringt die Antwort auf diese Frage eine *viel größere, grundsätzliche Gemeinsamkeit mit Hegel*, als es Pannenbergs Kritik nahelegt. Ist der Kern dieser Gemeinsamkeit aber erst einmal freigelegt und deutlich gemacht, dann kann noch einmal mit viel größerer Klarheit gezeigt werden, worin der *genuin philosophische* Beitrag Pannenbergs besteht. Es kann dann gezeigt werden, dass dieser Beitrag sogar rückwirkend für ein grundsätzliches Verständnis der *eigentlichen Intentionen Hegels* nutzbar gemacht werden kann. Diese sind im Kern aber nichts anderes als die Intentionen der Metaphysik überhaupt. Damit ist aber die These formuliert, dass Pannenberg in seiner »Christologie von unten« einen abschließenden Beitrag zur Metaphysik als solcher leistet, so, dass man in dieser richtig gedachten Christologie von der Vollendung der innersten Intentionen der Philosophie sprechen kann.

Die These, Pannenberg vollende – über Hegel hinausgehend und ihn gleichsam aufhebend – den Gottesbegriff, den jener in der Tiefe eigentlich anzielt, findet Zustimmung bei Christine Axt-Piscalar, wie durch folgendes Zitat deutlich gemacht werden kann:

Pannenbergs betont kritische, für die Entwicklung seiner Trinitätslehre bedeutsame Auseinandersetzung mit Hegel ist so zu kennzeichnen, dass Pannenberg das Spezifische der biblischen Überlieferung Hegels Konzeption von Selbstoffenbarung Gottes gegenüber kritisch zum Zuge bringt und He-

---

[115] A.a.O., 58, Binnenzitat: Christine Axt-Piscalar, Das wahrhaft Unendliche. Zum Verhältnis von vernünftigem und theologischem Gottesgedanken bei Wolfhart Pannenberg, in: J. Lauster / B. Oberdorfer (Hg.), Der Gott der Vernunft. Protestantismus und vernünftiger Gottesgedanke, Tübingen 2009, 319–337, hier: 323

gels »absoluten Begriff« (als Konzeption des Gottesgedankens) im Vollzug bestimmter Negation in den theologischen Gottesgedanken – jenen überbietend – aufhebt.[116]

Pannenbergs Aufhebung geschieht, wie Axt-Piscalar eigens herausstellt, über seine Orientierung an der spezifisch biblischen Überlieferung. Pannenberg verstehe sich als *biblischer Theologe*.

Es ist ratsam, an dieser Stelle eigens noch einmal festzuhalten, dass Pannenberg sich nachdrücklich dagegen verwahrt hat, seine Konzeption der Selbstoffenbarung Gottes durch sein Handeln im Ganzen der Geschichte bis zu ihrer Vollendung im Eschaton, wie er sie in *Offenbarung als Geschichte* dargelegt hat, dem Vorwurf des »Hegelianismus« ausgesetzt zu sehen. Pannenberg will biblischer Theologe sein. Er beansprucht die Konzeption von Offenbarung als Geschichte als eine solche, die dem biblischen Zeugnis erwachsen ist und der biblischen Rede vom sich offenbarenden Gott gerecht wird.[117]

Wie im Verlauf dieser Untersuchung deutlich wurde, besteht deren Sinn gerade darin, aufzuzeigen, dass zwischen dem natürlichen und dem theologischen Gottesbegriff kein harter Bruch besteht, sondern *dass das biblische Zeugnis in sich selbst einen vernünftigen Sinn trägt*, dessen Wahrheit allgemein gerechtfertigt werden kann, ja, der sogar eine Antwort auf die ersten Fragen der Philosophie bereithält.

Die Frage, die sich an das obige Zitat anschließt und die die Leitfrage dieser ganzen Untersuchung war, ist also: *Was bringt das biblische Zeugnis von der Selbstoffenbarung Gottes immer schon mit*, was trägt es immer schon in sich, das diese Aufhebung des rationalen, natürlichen Gottesbegriffs in den theologischen Gottesgedanken, die Axt-Piscalar zutreffend als einen Gedanken Pannenbergs herausarbeitet, möglich macht?

Die Antwort auf diese Frage will diese Untersuchung geben: Es ist gerade das Ingenium Wolfhart Pannenbergs, *diesen vernünftigen Grund* im biblischen Zeugnis mit einem Begriff fassbar und verstehbar gemacht zu haben: Dieser Begriff ist die *Selbstunterscheidung Jesu* und mithin seine *indirekte Identität* mit Gott. Die Selbstoffenbarung Gottes kann deshalb nur in einer »Christologie von unten« nachvollzogen werden. Beide Begriffe bilden zusammen den vernünftigen Schlüssel zum Verständnis des biblischen Zeugnisses. Sie fügen

---

[116] Christine Axt-Piscalar: Der Gott der Geschichte, 291, Fußnote 24
[117] A. a. O., 291

diesem Zeugnis aber nichts Neues hinzu. Wie gesehen, war es gerade auch der Sinn der Auslegung Ratzingers, zu zeigen, dass schon im biblischen Zeugnis der ganze Christus, dadurch aber Gott in seiner Selbstverwirklichung, anwesend ist: in seiner betenden Selbstunterscheidung vom Vater, in seiner Lebenshingabe und in seiner proleptischen Vollendung und Erneuerung der ganzen Schöpfung in seiner Auferstehung.

Die entscheidende Differenz zur Wahrheit kann deshalb nicht in einer Entgegensetzung von philosophischem und biblischem Gottesbegriff gefunden werden, so als wäre damit das Problem identifiziert. Vielmehr muss es identifiziert werden in einer *zu kurz gedachten Rationalität*, die also nicht *ontologisch genug* denkt. Sie denkt nicht den Begriff der Selbstunterscheidung und sie denkt nicht genug aus der Perspektive der »Christologie von unten«, sie erkennt mithin nicht, dass gerade in der radikalen Reflexion der Schöpfung auf ihre eigene Endlichkeit erst die wahre Unendlichkeit sich auch von ihr selbst her verwirklichen kann.

Wie in den Analysen zu Ratzinger und Pannenberg immer wieder gezeigt wurde, liegt der entscheidende metaphysische Fehlgriff der klassischen Christologie also in ihrem Ansatz bei einer in Transzendenz zur Welt vorgestellten Trinität, von der aus in einem Akt der Hinwendung und des Abstiegs der Sohn in die Welt geht und sich inkarniert. Die Trinität wird also immer zunächst von der Welt *abgesetzt vorgestellt*. Diese »Christologie von oben« erwies sich deshalb als problembehaftet, weil sie ihre eigene Quelle, also ihren Offenbarungsgrund, der gleichzeitig die vernünftige Rechtfertigung ihrer Wahrheit ist, übergeht und dadurch vergisst.

Diese Quelle ist zugleich die Quelle der einzig möglichen Offenbarung der Wahrheit des Begriffs Gottes. Diese Wahrheit kann aber, wie Pannenberg herausgearbeitet hat, nur in *indirekter* Weise verwirklicht werden, auf dem Weg der Offenbarung der indirekten Identität Jesu von Nazareths mit Gott. Allein durch diese indirekte Verwirklichung wird geschichtlich *und* ontologisch das trinitarische Wesen Gottes offenbart. Darin liegt immer zugleich und umgekehrt die Erkenntnis, dass die Wahrheit Gottes sich *nicht anders als trinitarisch* vollziehen kann. In diesem Offenbarungsvollzug wird aber – durch seine Indirektheit und Vermitteltheit durch die Welt – zugleich deutlich, dass die Schöpfung – sofern sie ist – als von jeher in das Leben der Trinität einbezogen gedacht werden muss. Dies heißt aber zugleich, dass die trinitarische Offenbarung der Wahrheit Gottes nichts der Welt und ihrem Selbstvollzug Fremdes sein kann, sondern ihrem eigenen, ursprünglichen Wesen voll entsprechen muss. Die Offenbarung der trinitarischen Wahrheit ist das innere Ziel und damit die eigentliche Identität des Geschaffenen. Darum kann Christus nicht als ein undurchschaubares, nur durch Offenbarung zugängliches Geheimnis vom Selbstvollzug des Menschen als solchen, von der Vernunft, getrennt werden. *In der Offenbarung Christi muss etwas durch und durch Allgemeines, das für alles Geschaffene schlechthin Gültige und Einsehbare, geschehen.* Darum kann in der »Christologie von unten« letztlich kein Unterschied mehr gelten zwischen der Vernunft und der indirekten Offenbarung Gottes in der Selbstunterscheidung Jesu von Nazareths. Hier wird schon deutlich: Im Grundgedanken Pannenbergs ist der formale Kern von Hegels spekulativer Idee mit enthalten. Die spekulative Idee ist: Der Selbstvollzug der Endlichkeit als solcher, die Vernunft, ist nichts anderes als die Offenbarung des wahrhaft Unendlichen, Gottes selbst. Der entscheidende Unterschied, das »Mehr« Pannenbergs, liegt darin, dass er erkennt, dass diese Erscheinung des absoluten Geistes allein in der *radikalen Selbstunterscheidung* des Endlichen liegen kann. Das Wesen des Selbstvollzugs des Endlichen ist also nicht ein Identitätsvollzug mit dem Absoluten, sondern gerade ein Differenzvollzug. Das Wesen der Vernunft liegt bei Pannenberg also letztlich im Vollzug dieser Selbstunterscheidung.

Die klassische »Christologie von oben« stellt dagegen die Inkarnation als ein ontisches Geschehen vor, ein Mysterium, das vor den Verstand als etwas zu Glaubendes hingestellt wird. Die Vernunft, das menschliche Leben als solches in seinem reinen Selbstvollzug, wird dabei als etwas von dem in der Inkarnation sich offenbarenden trinitarischen Leben Abgetrenntes vorgestellt. Auf diese für sich seiende Vernunft gehe die in sich bestehende, der Welt gegenüber abgesetzte Trinität nun in einer Hinwendung zu, aber so, dass ihr In-sich-selbst-Bestehen der Vernunft letztlich unbegreiflich bleiben muss. Dies ist das systematische Problem der Inkarnationschristologie: Sie sieht nicht, dass *Gott als solcher* in seiner Wahrheit nicht voll erfasst ist, wenn die Welt *im Ansatz von ihm ausgeschlossen wird.* Umgekehrt ist die Welt und ihr höchster Vollzug, die menschliche Vernunft, nicht erfasst, wenn sie als ein nur und allein endlicher, selbstreflexiver Vollzug, *abgetrennt vom trinitarischen Leben Gottes,* gedacht wird. Die Quelle ihrer beider Wahrheit liegt aber in der »Christologie von unten«: nämlich darin, dass die Wahrheit in der Geschichte der

Schöpfung selbst, in deren Selbstunterscheidung von Gott, und das heißt *zugleich* in der Geschichte Gottes, in seiner Selbstoffenbarung, die seine Selbstverwirklichung ist, allein wirklich werden kann. Weil die trinitarische Struktur Gottes sich in dieser Geschichte vermittelt über den menschlichen Selbstvollzug zeigt, darum kann sie aber nicht gedacht werden als etwas prinzipiell der »Vernunft« Fremdes, im Gegenteil: Sie muss in irgendeinem Sinn mit diesem höchsten Lebensvollzug identisch gedacht werden. In diesem Geist muss aber wohl auch, von Pannenberg her auf Hegel zurückkommen, der intentionale Grundzug von Hegels Metaphysik in ihrer Durchführung verstanden werden, nämlich als eine Geschichte der Erscheinung des Absoluten »von unten«, im Vollzug des Entwicklungsgeschehens des endlichen Geistes, in welchem Vollzug sich der wahre Begriff des Absoluten in Identität mit dem und bewahrter Differenz vom Endlichen erst verwirklichen kann.

Die Kritik Pannenbergs an Hegels Begriff des absoluten Geistes ist demnach auch in der Tiefe identisch, oder doch sehr stark verwandt, mit seiner zutreffenden Kritik an der »Christologie von oben«. Sie hat also ihr Recht *als eine Gefahrenanzeige: Wenn* Hegel so verstanden wird, dass die Absetzung des trinitarischen Bewusstseinswesens Gottes und der Welt voneinander sein unverzichtbarer Ausgangspunkt ist, dann ergeben sich unüberwindliche Schwierigkeiten und Aporien. Diese sind aber strukturell identisch mit den Schwierigkeiten der »Christologie von oben«: Weil *Gott in seiner Gottheit* nicht aus seinem notwendig umgreifenden Verhältnis zur Schöpfung ursprünglich gedacht wird – und dies heißt: nicht *von unten*, von seinem wirklichen Erscheinen im Vollzug der Schöpfung gedacht wird –, deshalb bleibt sein Begriff in der Folge defizitär. Es ist also die Gottheit Gottes selbst, die in ihrer Wahrheit nicht gedacht wird. Der abgesetzte, abstrakte Begriff Gottes, der die Schöpfung in Bezug auf seine Wesensbestimmung übergeht, kann die Wahrheit Gottes als solchen nicht erfassen.

Der Grund dafür liegt aber darin, *dass die Schöpfung eine Realität ist.* Weil die Schöpfung Wirklichkeit ist, darum kann Gott in seinem Begriff und das heißt in seiner Wahrheit nicht unter Absehung ihrer Wirklichkeit gedacht werden – denn sein Begriff muss sich nun bewahren und zeigen als *wahre Unendlichkeit.* Damit ist aber gesagt: Auch der Begriff der »wahren Unendlichkeit« darf niemals in dem Sinn spekulativ verstanden werden, dass er rein logisch aus einem von der Welt abgesetzten Gott gewonnen werden könnte.

Er *ist* der wahre Begriff Gottes – aber nur als des Einen, Allmächtigen, der sich in der Geschichte der Schöpfung zeigt und darin verwirklicht.

Die Schöpfung ist also, *weil sie wirklich ist*, ein unhintergehbares Apriori. Die Selbstoffenbarung Gottes als wahre Unendlichkeit muss deshalb selbst als eine Geschichte gedacht werden, als die Geschichte, in der Gott durch seine Offenbarung die Herrschaft in der Schöpfung übernimmt und dadurch die Schöpfung bewahrt, erst endgültig schafft und dabei in sein Leben einbezieht. Darum kann der wahre Begriff Gottes immer nur so gedacht werden, wie er selbst sich in seiner wahren Unendlichkeit zeigt – aber dies kann nicht anders geschehen als durch seine *indirekte* Erscheinung, im Selbstvollzug der Schöpfung selbst. Der Vollzug dieser indirekten Erscheinung ist damit gleichermaßen die Offenbarung des wahren Begriffs Gottes, die Offenbarung der Trinität sowie die Integration der Schöpfung in sein Leben. Alle diese Bestimmungen sind nicht reduzierbar auf jeweils nur eine von ihnen, sondern sie sind gleichberechtigt: Das heißt, die Trinität ist nicht etwas außerhalb der Integration der Schöpfung in das Leben Gottes, sondern sie vollzieht ihr Wesen genau so, dass die Schöpfung in Gottes Leben integriert wird, der deshalb der wahrhaft Unendliche und Allmächtige ist.

Der vollkommen durchgeführte Begriff der wahren Unendlichkeit wird also innerlich genährt von einer und mündet also letztlich in die »Christologie von unten«, wie sie von Pannenberg vorgelegt wurde und wie sie im Begriff der Selbstunterscheidung der Schöpfung ihre Mitte hat. In ihr verschränken sich die Geschichte des Menschen, deren Ziel Gott selbst ist, und die Geschichte Gottes, der seine Gottheit in der Freiheit der Schöpfung aufs Spiel gesetzt hat.

Es kann nun gefragt werden: Wie ist die Position Hegels in dieser strukturell gedachten Gegenüberstellung von »Christologie von oben« und »Christologie von unten« tatsächlich einzuordnen? Die Antwort gibt die »Phänomenologie des Geistes« in ihrem Vollzug. Das ganze Projekt der »Phänomenologie« in seinem Vollzug lässt sich nicht anders verstehen als die wirklich vollzogene Durchführung der »Metaphysik von unten«. Sie ist die Darstellung der Art und Weise, wie der Begriff der wahren Unendlichkeit geschichtlich Realität wird und sich durchsetzt.

Hegels Ansatz in der Phänomenologie ist also immer von einem »doppelten Apriori« getragen: Wir sind immer schon, in jedem unserer Vollzüge, angefangen bei der sinnlichen Gewissheit, beim Absoluten, und daher ist *seine absolute Wahrheit* letztlich unser Apriori. Aber gleichzeitig sind wir endlich, geschaffen, und darum kann sich jene absolute Wahrheit nicht anders als in unserer endlichen Geschichte zeigen. Der entscheidende Gedanke ist nun, und dies ist eine Durchführung des Begriffs der wahren Unendlichkeit: Dieser Begriff des Sich-Zeigens kann, *weil es die Schöpfung gibt,* nun nicht mehr als etwas Gott Äußerliches aufgefasst werden, denn genau dies bedeutete die Absetzung der Schöpfung von seiner Absolutheit und eine Grenzziehung, die seine Unendlichkeit von ihrem Wesen her nicht erträgt. Sein Sich-Zeigen in unserem Vollzug kann also nie anders, denn als ein notwendig auch zu ihm gehörender, lebendiger, göttlicher Selbstvollzug verstanden werden. Dieser göttliche Vollzug muss aber damit auch als das eigentliche tiefere *Movens* unserer Geschichte aufgefasst werden: Denn der Gedanke der Vermittlung seiner Wahrheit in der Endlichkeit schließt von selbst eine Zeitlichkeit mit ein.

Das »logische Muss« der »Phänomenologie des Geistes« folgt also nicht eigentlich aus dem abstrakt angesetzten Begriff der Subjektivität des Absoluten selbst, sondern es folgt aus unserem doppelten Apriori und Gottes freiem Entschluss, *seine Schöpfung zu wollen. Weil* es die Schöpfung gibt, darum *muss* die Wahrheit in ihr sich zeigen, *muss* das Absolute in ihr sich durchsetzen, denn sonst wäre es nicht schlechthin absolut und aus sich selbst.

Dies also ist der tiefere Grund für die Entdeckung des Parmenides: dass es eine Identität gibt zwischen *noein* und *einai,* zwischen Denken und Sein. Diese Entdeckung findet ihren Gipfelpunkt in der Theologie des Aristoteles: Im Vollzug der Vernunft berührt der Mensch Gott, besteht eine Identität der Endlichkeit mit der Unendlichkeit. In der Vernunft ist Gott in seinem Wesen gegenwärtig und zeigt darin seine Ewigkeit.

Dieser Gedanke ist der eigentliche metaphysische Grundgedanke: Wie gesehen, liegt er in seiner Tiefe im Ansatz auch schon bei Aristoteles vor, aber Aristoteles belässt den reinen Denkvollzug Gottes, den er aus den Bewegtheitsvollzügen der Welt gewinnt, in seiner so erschlossenen ewigen Ursprungsgestalt. Dadurch bleibt auch die Welt in einem in sich kreisenden, abstrakten Gegenüber zu diesem einmal erschlossenen Gott. Aristoteles kann die Geschichte des Menschen und damit der Schöpfung nicht als eine Vollzugsgestalt der metaphysischen Wahrheit selbst denken.

Hegels Schritt in der »Phänomenologie des Geistes« kann nun schlicht als die Konsequenz aus diesen grundsätzlichen Überlegungen verstanden werden: Er denkt den reinen Selbstvollzug Gottes ontologisch gerade nicht mehr defizitär, *weil* er ihn radikal als *wahrhaft Unendlichen* aus seiner Offenbarungsgeschichte in der Schöpfung denkt. Die Schöpfung kann im Verlauf dieser Offenbarungsgeschichte nicht unberührt vom Leben Gottes bleiben, sie muss in eine Integration mit ihm gelangen – aber dies kann nicht außenbestimmt gedacht werden, also als die Anverwandlung ihrer durch Gottes Macht, sondern dies muss selbst als die Geschichte der Freiheit der Schöpfung in ihrer Unterschiedenheit gedacht werden, an deren Ende sie selbst in allem, was sie je war, bewahrt und versöhnt wird. Erst durch den vollkommenen Selbstvollzug dieser Verschiedenheit zeigt sich das immer schon begleitende Absolute jedoch in seinem unverkürzten, vollen Wesen. In der Geschichte der Schöpfung besteht also immer schon eine vorgreifende Identität mit Gott selbst, der nicht anders als in dieser Entwicklungsgeschichte, die die Freiheit zum Ziel hat, seine Wahrheit verwirklicht.

Wie auch immer die Durchführung dieses Grundgedankens im Einzelnen bei Hegel erfolgt ist, sei hier dahingestellt – wichtig ist es vor allem, *diesen Ursprungsgedanken in seiner sachlichen metaphysischen Substanz zu begreifen* und seinen Wahrheitssinn überhaupt erst einmal denkerisch festzuhalten. Es ist nun aber überdeutlich geworden, dass es gerade *dieser* Gedanke ist, der auch der »Christologie von unten« von Pannenberg zugrunde liegt. Pannenberg vollzieht in seinem christologischen Entwurf genau diesen Grundgedanken und macht dadurch für die Vernunft in ihrer eigenen Tiefenstruktur einsehbar, was die Schrift über Jesus Christus berichtet und wie sie von ihm Zeugnis ablegt. Durch diese vernünftige Erhellung wird aber ein Wahrheitsanspruch schon der Schrift, dann aber auch der ursprünglichen Christologie nicht nur noch einmal explizit deutlich, sondern auch *gerechtfertigt. Die Christologie, so wie sie Pannenberg durchführt, ist die Vollendung des Gedankens der wahren Unendlichkeit und ihr tieferer Sinn.* Weil aber Christus selbst Ursprung und Quelle der Christologie ist, darum ist er auch Quelle jener begründeten metaphysischen Wahrheit, die sich im wahren Gottesgedanken zeigt und offenbart wird.

Wendet man von diesem bei Pannenberg gewonnenen Ergebnis aus den Blick zurück zu Hegel, dann kann von hier aus deutlich gemacht werden, dass sein *System* eigentlich nur von diesem Grundgedanken her zu begreifen ist. Hegel denkt den Begriff des wahren Unendlichen, der impliziert, dass das Unendliche keine Grenze im

Endlichen haben kann. Der menschliche Geist war schon in der metaphysischen Tradition als eine Vollzugseinheit der Welt mit Gott erkannt worden. Hegel radikalisiert nun den Gedanken dieser Identität, indem er die Idee der wahren Unendlichkeit konsequent durchführt: Gott kann, weil es die Schöpfung gibt, von seinem Begriff selbst her nicht anders sein und gedacht werden als so, dass die Endlichkeit in ihrer Geschichte, die eine Freiheitsgeschichte des Geistes ist, zu ihm selbst in einem notwendigen Sinn gehört. Seine Unendlichkeit offenbart sich daher in ihrem vollen Wesen erst indirekt, durch und mit der Geschichte der Welt, und das heißt des Menschen. Dies heißt gerade nicht, dass Gott von der Welt abhängig gemacht würde: im Gegenteil. Erst durch diese *indirekte* Offenbarung und Verwirklichung im Menschen und seiner Geschichte *ist der echte Begriff Gottes in seiner Unendlichkeit und Allmacht gewahrt*. Beides müsste aber entfallen, wenn die Geschichte des Menschen in einem unvermittelten Außerhalb zu Gott gedacht würde.

Die ganze Anlage der *Phänomenologie des Geistes* ist nur vor diesem Hintergrund zu verstehen. Hegel geht in seiner Durchführung der Geschichte der Erscheinung des Absoluten immer aus von dem doppelten Apriori der Unmittelbarkeit und Endlichkeit *unserer* Vollzüge *und* der dabei immer schon mit anwesenden absoluten Wahrheit. Diese Durchführung ist ein Beleg dafür, dass Hegel gerade nicht nur logisch aus dem Apriori der Subjektivität Gottes ableitet, sondern dass er im Grundansatz den Gedanken Pannenbergs denkt: Gott hat die Welt geschaffen, er hat sie in Freiheit ihr selbst gegeben. Darum kann Gott als wahre Unendlichkeit nun aber nicht ohne die Einbeziehung des Endlichen und seiner Geschichte mit ihm gedacht werden, um der Wirklichkeit seiner eigenen Gottheit willen. Er muss so gedacht werden, dass durch seine geschichtliche Verwirklichung die endliche Welt in sein wahres Leben integriert und dadurch erst voll sie selbst wird.

Dieser Gedanke, so könnte man sagen, ist schon das ganze *System Hegels*: Er ist der lebendige Nukleus, aus dem alles Weitere folgt. Weil dieser Grundgedanke aber den entscheidenden sachlichen Sinn des Denkens Hegels enthält – und, wie man hinzufügen kann: der Metaphysik überhaupt –, darum kann, von diesem Wesenskern ausgehend und ihn bewahrend und auslegend, das System Hegels auch konstruktiv weitergedacht werden. Von diesem Grundgedanken in seiner Wahrheit her ist Hegel also anschlussfähig.

In genau diesem Sinn kann nun das hier erbrachte philosophische Ergebnis der Untersuchung von Pannenbergs Christologie zusammengefasst und gedeutet werden: In seiner »Christologie von unten« denkt Pannenberg den metaphysischen Grundgedanken Hegels in einem konstruktiven Sinn weiter – ja, es ist sogar gerechtfertigt zu sagen: Pannenberg *vollendet* den metaphysischen Grundgedanken als solchen, indem er ihn konsequent christologisch weiter- und zu Ende denkt.

In etwas zurückhaltenderer, aber im Kern übereinstimmender Weise legt Axt-Piscalar Pannenberg aus, wenn sie festhält, er erhebe

auf dem Boden des vernünftigen Gottesgedankens den Wahrheitsanspruch für den theologisch begründeten Gottesgedanken, insofern mit ihm das »wahrhaft Unendliche« gedacht werden kann, ohne den Aporien aufzusitzen, mit denen die philosophische Gotteslehre behaftet bleibt. Dies hält Pannenberg gegenüber der Philosophie als die vernünftig einsehbare Wahrheit des christlichen Gottesgedankens der christlichen Theologie fest, wenn nämlich im Blick auf die Entwicklung des philosophischen Gottesgedankens dessen Aporien bewusst sind.[118]

Erst durch die Perspektive der »Christologie von unten« kommt nämlich die *ursprüngliche Quelle* des metaphysischen Grundgedankens in den Blick: Diese Quelle und ursprüngliche Herkunft des systematischen, metaphysischen Gedankens ist aber das *sich selbst unterscheidende* Leben, Sterben und Auferstehen Jesu Christi, in dem sich Gott *in indirekter Weise* offenbart hat und durch den deshalb die Schöpfung einmal und vorwegnehmend – proleptisch, wie Pannenberg sagt – für immer vollendet ist.

Der konstruktive Beitrag Pannenbergs wird nun an dieser Stelle deutlich: denn in dieser Quelle des metaphysischen Grundgedankens kann der entscheidende Unterschied Pannenbergs zu Hegel herausgearbeitet werden und damit das Versäumnis des Letzteren.

Dieses Versäumnis, so wird jetzt sichtbar, liegt *nicht* vor allem in der die Freiheit scheinbar verneinenden logischen Notwendigkeit der Ableitung der Erscheinung des Geistes aus der nur als Selbstbewusstsein vorgestellten göttlichen Trinität – dies wurde daran ersichtlich, dass Hegel immer aus dem doppelten Apriori der Endlichkeit *und* des Absoluten denkt und von der Sache her auch denken muss! In diesem Punkt denkt Hegel konsequent die »wahre Unendlichkeit« von bei-

---

[118] Christine Axt-Piscalar: Das wahrhaft Unendliche, 327

den Seiten her, und eine vorschnelle Kritik am »logischen Zwang« versteht nicht, dass der Begriff der endlichen Freiheit durch die Offenbarung ihrer Identität mit dem aus sich selbst seienden Absoluten gerade erst bestimmt wird.

Es liegt auch nicht darin, dass Hegel die »Offenbare Religion« des Christentums in seiner Phänomenologie im letzten Kapitel noch als in »Das absolute Wissen« aufgehoben betrachtet[119] – diese letzte Synthese der Vernunft widerspricht in der Sache nämlich keinesfalls dem Grundsinn des christologischen Gedankens. Die Christologie in ihrer radikalen Identität mit dem Sinn der Geschichte der Welt *muss* das schlechthin Vernünftige und Wissbare, das allgemein Kommunizierbare und Wahre sein. Daher spricht von der Sache her nichts gegen diese letzte Identifikation der Vernunft und des Wissens mit der Wahrheit der christologisch offenbarten Religion. Der Grundgedanke in seiner sachlichen Wahrheit wird hier also missverstanden, wenn unterstellt und in der Folge moniert wird, dass die Religion von Hegel gegenüber dem Wissen scheinbar als vorläufig und daher zweitrangig eingeordnet wird. Darüber hinaus gibt es einen internen, in der begrifflichen Ordnung Hegels liegenden Grund für die abschließende Synthese im absoluten Wissen: Im Vollzug des Religiösen als solchen sieht Hegel berechtigterweise immer noch Elemente des Verstandesdenkens am Werk, also *Vorstellungen* über das Leben Gottes und sein Verhältnis zur Welt. Diese Vorstellungen haben in der Religion ihr Recht, sie drängen aber von sich aus auf ihre letzte begriffliche Klärung und allgemeine Rechtfertigung durch die Vernunft.

Wenn der *Sinn* seines Grundgedankens aber festgehalten wird, dann sollte klar sein, dass die Identifikation der christologischen Wahrheit mit dem absoluten Wissen die schlichte Wahrheit dessen ist, was Jesus vor Pilatus selbst von sich aussagt: »Jeder der aus der Wahrheit ist, hört auf meine Stimme.« *(Joh 18,37)* Das heißt: Die Stimme Jesu Christi, seine Wahrheit, ist das schlechthin allgemein Verständliche. In der Offenbarung Christi ist die volle Teilhabe der Schöpfung an Gottes Wahrheit erreicht und vollendet. Gott behält nichts gegenüber der Welt zurück – daher erfüllt er das Wissen der Welt nun restlos, ganz und absolut.

Bei Hegel ist also der wesentliche Gehalt des Gedankens der wahren Unendlichkeit beachtet und durchgeführt: Er zeigt, dass die Wahrheit Gottes nicht an der Geschichte des Menschen vorbei be-

---

[119] Georg Friedrich Wilhelm Hegel: Phänomenologie des Geistes, 516 ff.

grifflich konzipiert werden kann, sondern dass die geschichtliche Vollendung und Versöhnung des Menschen letztlich als zum Begriff Gottes selbst zugehörig gedacht werden muss. Erst durch diese Identität, die auf dem Weg der Geschichte hin zu ihrem Ziel vollzogen wird, kann der wahre Begriff Gottes in seiner *Differenz* zur Schöpfung bestimmt werden, nämlich in seinem Wesen als wahre Unendlichkeit, so, dass Gott selbst sich letztlich selbst in dieser Differenz geschichtlich als umfassende Versöhnung offenbart und bestimmt.

Das entscheidende *Versäumnis* von Hegels Metaphysik aber liegt darin, dass er die Quelle dieser Versöhnung *nicht radikal genug aus dem Selbstvollzug der Endlichkeit der Schöpfung selbst* verständlich macht.

Hegels *Phänomenologie des Geistes* kreist im vorletzten und entscheidenden Kapitel »Offenbare Religion« um die Begriffe der Selbstentäußerung Gottes in der Inkarnation, die dadurch erfolgte sinnliche Greifbarkeit und Unmittelbarkeit seines Daseins als Mensch und sein Dasein als ein einzelnes Selbst.[120] Dabei fällt auf: Die leitende Perspektive der Untersuchung ist immer die der *Selbstentäußerung* des Absoluten. Hegel scheint sich hier, am Kulminationspunkt seiner Phänomenologie, vom Gedanken der klassischen Inkarnationschristologie leiten zu lassen. Dadurch gewinnt er für die Christologie Bestimmungen, die die innere Notwendigkeit der Welthaltigkeit Gottes einfangen sollen: seine Einzelnheit, seine Sinnlichkeit, seine anschauliche Konkretheit, sein Dasein als einzelnes Selbstbewusstsein. *Aber: Der entscheidende Gedanke, der die Metaphysik mit einem Schlag auf festen Boden bringt, bleibt unausgesprochen!*

Dieser Gedanke wird erst von Pannenberg vollzogen: Die Christologie – und damit die Trinität – kann niemals *direkt* von Gott und seinem Begriff her verstanden werden, sondern sie kann nur *von der Welt, von der Schöpfung her in deren Selbstunterscheidung* verstanden werden. Es kann also Gott selbst in seinem Begriff nur von der Schöpfung und ihrer Geschichte her und das heißt vom Gedanken der »Christologie von unten« her verstanden werden. Dies allein offenbart im Vollzug auch den echten Begriff der Freiheit, die Gott der Schöpfung zugedacht hat. *Weil* die Schöpfung im Menschen in Freiheit sich selbst gegeben ist, darum kann Gott seine Gottheit *von seinem eigenen Begriff her* nicht anders als durch die Schöpfung und ihre Geschichte verwirklichen. Diese »Selbstverwirklichung« Gottes

---

[120] A.a.O., 494 f.

kann aber nicht *direkt* geschehen: Gott ist gerade *nicht* die Welt und die Welt ist nicht Gott! Insofern ist es sehr missverständlich oder sogar falsch zu sagen, dass das Absolute *in diesem Menschen, Jesus von Nazareth, erscheint.* Hegel drückt sich immer wieder, in vielen Variationen, so aus, dass der Eindruck entsteht, er betrachte die »Menschwerdung« im Sinne seiner Welthaltigkeit, sinnlichen Unmittelbarkeit und seiner Unmittelbarkeit als eines antreffbaren, in der Welt vorhandenen Selbstbewusstseins als eine innere Notwendigkeit des Begriffs Gottes. Gott muss, so scheint es, die Vollzugsgestalt der Welt annehmen, um sein Wesen ganz zu erfüllen.

Sondern dieser Gott wird unmittelbar als Selbst, als ein wirklicher einzelner Mensch, sinnlich angeschaut; nur so ist er Selbstbewußtsein. Diese Menschwerdung des göttlichen Wesens, oder daß es wesentlich und unmittelbar die Gestalt des Selbstbewußtseins hat, ist der einfache Inhalt der absoluten Religion.[121]

Der Sinn der »Christologie von unten« Pannenbergs ist dagegen genau umgekehrt: Nicht deshalb muss Gott Mensch werden, damit er die endlichen Bestimmungen des Selbstbewusstseins in seinem Begriff mit umfasst, der als gegeben betrachtet wird, sondern durch die geschichtliche Selbstunterscheidung Jesu Christi in seiner ganzen Existenz und Hingabe wird der Begriff des Absoluten erst von ihm selbst her verwirklicht und wahr. Das heißt, der Begriff Gottes selbst in seiner wahren Unendlichkeit wird erst von der Selbstunterscheidung her bestimmbar!

Am Begriff der Selbstunterscheidung hängt das ganze Verständnis von Pannenbergs Christologie, aber darüber hinaus seiner Theologie. Dies wird deutlich an der Pannenberg-Kritik Georg Essens, wie sie zustimmend von Karl-Heinz Menke dargestellt wird: Essen werfe Pannenberg vor, die Freiheit Jesu unterbestimmt zu lassen und sein Handeln mithin allein als weltliche Vollzugsgestalt, als ein äußerliches Moment des Handelns Gottes und seiner Selbstverwirklichung in der Geschichte zu verstehen.

Georg Essen spricht im Blick auf diese und andere Passagen, in denen Pannenberg das Menschsein Jesu als »Vollzugsform« oder »Medium« des innertrinitarischen Sohnes bezeichnet, von einer »anthropologischen Unterbestimmung der Christologie Pannenbergs«. Den Grund für diese Schieflage erkennt er – unter Voraussetzung der entsprechenden Analysen von

---

[121] A.a.O., 494

Thomas Pröpper und Klaus Müller – in einer theonomen Konstitution der menschlichen Person.[122]

Damit übernimmt seine Kritik an Pannenberg ironischerweise aber genau jenen Vorwurf, den Pannenberg selbst und seine Schüler gegenüber Hegel erheben: Die Endlichkeit werde in Hegels System in ihrer Würde und Freiheit zu wenig gedacht, da sie letztlich nur als eine äußerliche Vollzugsform des Weges des Absoluten zu sich selbst zu verstehen sei. Dies ist aber eine Fehlinterpretation Pannenbergs, die auf das Versäumnis zurückzuführen ist, seinen Begriff der Selbstunterscheidung richtig zu denken. Genau dieser Begriff erlaubt es dann aber auch Pannenberg, wie es hier zur Darstellung kommt, eine substantielle Kritik an Hegel vorzunehmen, die nach unserer Meinung sogar die innere Anschlussfähigkeit Hegels aufzeigt.

Die genaue Analyse des Gedankens der Verschränkung der Geschichte Gottes mit der Geschichte seiner Auffindung in der Geschichte des Menschen zeigt nämlich dies: In dem Begriff der Selbstunterscheidung und, darin impliziert, der *indirekten Selbstverwirklichung* Gottes, wird es überhaupt erstmals möglich, die Freiheit Gottes und die Freiheit der Schöpfung, das heißt des Menschen, jeweils konsistent, aber gerade deshalb auch in strenger Interdependenz zu denken. Dies ist die innere Größe und Kühnheit des Gedankens der Trinität, die immer neu staunen macht und die immer neu denkerisch erst wieder eingeholt werden muss: dass Gott die Schöpfung im Menschen so adelt, dass diese zugleich endlich und dennoch wirklich frei ist. Dass Gott in seinem Wesen so allmächtig ist, dass er dem Anderen alles geben kann und ihm seine Freiheit restlos gönnt, so aber, dass Gott seine Gottheit von dieser anderen Freiheit gewissermaßen abhängig macht. Indem er aber sich selbst abhängig macht, integriert er zugleich die Freiheit der Schöpfung in seine Unendlichkeit. Pannenbergs großes Verdienst ist es also, aufgrund des biblischen Zeugnisses aufgezeigt zu haben, dass und wie diese Allmacht Gottes von ihr selbst her *allein in indirekter Weise, durch die Selbstunterscheidung Jesu* verwirklicht werden kann – eben um die Freiheit der Schöpfung wirklich zu wahren!

Wird Hegel nun dieser echten Interdependenz der Freiheiten durch Gottes Liebe gerecht? Hegels Formulierungen *schweben* in

---

[122] Karl-Heinz Menke: Jesus ist Gott der Sohn. Denkformen und Brennpunkte der Christologie, Regensburg 2012, 370

der Perspektive zwischen den wechselnden Standpunkten der Endlichkeit und des Absoluten, die er in der konkreten Durchführung des Begriffs der wahren Unendlichkeit immer gleichzeitig einnimmt. Seine Formulierungen *könnten* daher immer als »Abkürzungen« für die tieferliegende christologische Substanz gelesen werden. Im *Grundgedanken* ist Hegels Phänomenologie also nicht wesentlich von der wahren Christologie entfernt und der Unterschied zu Pannenberg *könnte oberflächlich betrachtet als marginal* erscheinen. Die vorschnelle Ablehnung von Hegel ist daher oft misslich und trägt nichts zur tieferen Klärung bei. Prinzipiell muss daher eher die Anschlussfähigkeit Hegels betont werden, und sie sollte der Maßstab für eine fruchtbare Auseinandersetzung sein.

Dennoch muss hier festgehalten werden: Der Begriff der *Indirektheit* fehlt bei Hegel und daher auch der *Schlüssel* zu einer echten Genese der »Christologie von unten« und damit zu einem echten Verständnis dessen, was sich hinter der Ausdrucksweise »Menschwerdung Gottes« verbirgt.

Die Offenbarung Gottes und damit die Verwirklichung seiner Herrschaft in der Welt kann also *nur indirekt* geschehen: dadurch, dass *die Welt* sich in Jesus Christus in Freiheit von Gott selbst unterscheidet. Dies heißt: Die Inkarnation in ihrem Ursprung kann *niemals von Gott und seinem Begriff her* gedacht werden, sondern sie muss *indirekt*, von der Welt her und das heißt, von Christus her gedacht werden. Das Wesen Christi ist es aber, der *Sohn* zu sein. Der Wesenssinn dieser Sohnschaft ist es, dass er sich selbst von Gott, den er seinen Vater nennt, unterscheidet. Die Selbstunterscheidung Jesu von Nazareths ist damit die Quelle des wahren Gottesbegriffs. Aber damit ist sie auch die Quelle des wirklich vollzogenen Gedankens der wahren Unendlichkeit, des rationalen Gottesbegriffs als solchen, der beinhaltet, dass Gott, sofern und indem es die Welt gibt, keine Grenze an ihr haben kann. *Damit zeigt sich die Selbstunterscheidung Jesu Christi aber als die Mitte eines vernünftig rechtfertigbaren Gottesbegriffs überhaupt.* Die Aufhebung der Grenze zwischen Gott und der Welt kann also nicht vom Begriff Gottes her geschehen, in einer »*Identifizierung von oben*«, denn daraus folgte eine falsch gedachte Identität Gottes mit der Welt oder aber eine Entwirklichung der Welt. Sondern die Aufhebung dieser Grenze kann nur dadurch geschehen, dass das wahre Wesen Gottes ursprünglich selbst erst aus der *Selbstunterscheidung der Schöpfung in Christus* gewonnen wird!

Das Ergebnis dieser Untersuchung ist also, dass Pannenberg die Metaphysik Hegels weiterdenkt und auf ihren in ihr nicht gedachten Grund zurückführt und dabei diesen Grund freilegt.

Hegel denkt nicht diesen Ursprung, sondern setzt ihn voraus. Er baut die Bestimmungen der Idee des in einem Selbstbewusstsein wirklich inkarnierten Absoluten, das sinnlich anschaubar ist, um diesen festen Angelpunkt herum, ohne ihn eigens zu denken – denn er denkt die Inkarnation als eine *Kenose* des Absoluten von diesem her. Alle daraus folgenden Bestimmungen des Sohnes sind dann zwar *richtig*, aber letztlich vorausgesetzt und nicht genuin aus seinem Ursprungsvollzug geschöpft, der in der wirklich vollzogenen Selbstunterscheidung Jesu von Nazareths, in seiner Lebenshingabe liegt. Sie sind gebaut auf jenem festen Fels, auf dem Boden, den nur die *Selbstunterscheidung des Sohnes* dem Gottesbegriff durch seine indirekte Offenbarung geben kann.

Diese Erkenntnis hat Pannenberg in seiner »Christologie von unten« vollzogen. Er gibt damit dem berechtigten und sogar sachlich zwingenden Versuch der Metaphysik, die Geschichte des menschlichen Geistes und seiner Freiheit als eine Weise der Offenbarkeit Gottes selbst zu denken, einen festen Boden. Umgekehrt zeigt er, dass der Kerngedanke der Christologie nichts der Vernunft Fremdes ist, sondern das innere Ziel der Vernunft und ihres Gottesbegriffs darstellt.

IV. Schlussbetrachtung.
Die zu Ende gedachte Vernunft: Der Glaube an das unverfügbare Geheimnis Gottes

Die ausführliche Durcharbeitung des Verhältnisses Pannenbergs zum Grundgedanken Hegels und damit der Metaphysik überhaupt mündete in die Interpretation seiner Christologie als einer grundlegenderen Weise, diesen Grundgedanken der Metaphysik in seiner eigentlichen Intention zu erfassen. Als der entscheidende Boden, von dem aus dieses Verständnis möglich ist, erwies sich die Perspektive der »Christologie von unten«. In der »Christologie von unten«, wie sie Pannenberg entwickelt, findet jenes, was der Metaphysik von Parmenides an aufgig, der Gedanke der Identität von Denken und Sein, der Gedanke der Partizipation des Menschen am Ewigen in der Vernunft und schließlich der Gedanke des wahren Unendlichen, seine zusammenfassende Wahrheit. Die Christologie erweist sich somit in ihrer Tiefe als eminent philosophisch und damit auf begründete Wahrheit bezogen. Ihr Sinn bezieht sich nicht auf die Frage einzelner, faktischer, geschichtlicher Ereignisse, sondern sie erhebt einen prinzipiellen, ontologischen Wahrheitsanspruch: Das Leben Jesu von Nazareths in seiner Bezogenheit auf Gott ist nicht als eine partikuläre, ontische Existenz zu verstehen, von der wiederum partikuläre und ontische geschichtliche Einflüsse ausgehen, sondern in ihm geschieht das, was von der Wahrheit als solcher, also von Gott her, einmal und für immer geschehen muss, damit er Gott und damit die Wahrheit sein kann. Das Leben, Sterben und Auferstehen Jesu von Nazareths ist daher nur richtig verstanden, wenn es in seiner Selbstunterscheidung und Hingabe an Gott, seinen Vater, als das ontologische Gründungsereignis schlechthin begriffen wird.

Dieses philosophisch-theologische Ergebnis gibt noch einmal Gelegenheit, auf Ratzingers ontologischen Realismus der Liebe Gottes einzugehen, wie er oben entwickelt wurde. Denn der zentrale Begriff der christlichen Religion ist: die Liebe. Dies wird auch in den Analysen zur »Christologie von unten« ganz selbstverständlich sichtbar: Die indirekte Selbstoffenbarung Gottes in Jesus Christus ge-

Schlussbetrachtung

schieht ja gerade nur durch den Akt der vollkommenen Selbsthingabe Jesu an Gott. Es wurde aber vor allem auch gezeigt, dass die »Christologie von unten« die eigentlichen Intentionen der Metaphysik in tieferer Weise erfüllt, mithin den Begriff der wahren Unendlichkeit erst voll zu denken vermag. Die Christologie ist, wie gesehen, philosophisch, sie ist auf Vernunft und Wahrheit bezogen. Daher entsteht die Frage, wie die Vernunft mit dem Begriff der Liebe in der Tiefe vermittelt ist. Umgekehrt entsteht von hier aus die Aussicht darauf, dass der Sinn des genuin christlichen Gebrauchs des Begriffs der Liebe dadurch eine tiefere Klärung erfährt, dass sein tieferer Zusammenhang mit der Allgemeinheit und Verbindlichkeit der Vernunft sichtbar gemacht wird.

Der Begriff der Liebe spielt auch bei Hegel eine, auf den ersten Blick unscheinbare, bei näherem Hinsehen aber wichtige Rolle. An dieser Stelle, am Ende dieser Untersuchung, kann also durch diesen Begriff wie durch ein Okular hindurch noch einmal deutlich gemacht werden, was die Metaphysik in ihrer Tiefe umkreist und wie der Begriff der Liebe im theologischen Zugang Ratzingers, der jener der »Christologie von unten« ist, inhaltlich letztlich seine Einheit mit der Metaphysik erweist.

Zwei Stellen in der »Phänomenologie des Geistes« sind für den Begriff der Liebe bei Hegel exemplarisch: In der Vorrede handelt er davon, dass die Idee des trinitarischen, geistigen Lebens Gottes als Liebe bezeichnet werden kann – dass dieser Begriff jedoch nicht seinen vollen Sinn erfüllen könne, wenn endlich-negative Inhalte und Begrenzungen davon ausgeschlossen seien.

> Das Leben Gottes und das göttliche Erkennen mag also wohl als ein Spielen der Liebe mit sich selbst ausgesprochen werden; diese Idee sinkt zur Erbaulichkeit und selbst zur Fadheit herab, wenn der Ernst, der Schmerz, die Geduld und Arbeit des Negativen darin fehlt.[123]

In inhaltlicher Korrespondenz dazu steht ein Gedanke in den letzten Passagen der »Phänomenologie des Geistes«, im Kapitel »Offenbare Religion«. Wieder fällt der Begriff der Liebe: Hegel formuliert an dieser Stelle eine Lösung für die in der Vorrede selbst gestellte Aufgabe. Es ist sein Gedanke der Inkarnation. Der Gedanke ist in sich selbst dialektisch formuliert und schlägt in der Mitte um: Hegel entwickelt

---

[123] Georg Friedrich Wilhelm Hegel: Phänomenologie des Geistes, Vorrede, 14–15

den Begriff der Liebe als die Forderung nach realer Andersheit gerade *aus der Unterschiedslosigkeit* der reinen Selbstanschauung Gottes. Oder was dasselbe ist, die Beziehung des ewigen Wesens auf sein Fürsichsein ist die unmittelbar-einfache des reinen Denkens; in diesem einfachen Anschauen seiner selbst im andern ist also das Anderssein nicht als solches gesetzt; es ist der Unterschied, wie er im reinen Denken unmittelbar kein Unterschied ist; ein Anerkennen der Liebe, worin die beiden nicht ihrem Wesen nach sich entgegensetzten. – Der Geist, der im Elemente des reinen Denkens ausgesprochen ist, ist wesentlich selbst dieses, nicht in ihm nur, sondern Wirklicher zu sein, denn in seinem Begriffe liegt selbst das Anderssein, d. h. das Aufheben des reinen, nur gedachten Begriffes.[124]

Man kann den substantiellen Gehalt dieses Gedankens in aller Kürze so zusammenfassen: Der Geist, das reine Denken, ruht auf etwas auf, das letztlich Liebe ist, auf der Vollkommenheit der gegenseitigen Anerkennung in Liebe. Er ist aber zugleich Unterschiedslosigkeit der Liebe und Setzung des Unterschiedes im Denken. Genau darum kann er jedoch von sich selbst her nicht nur als Selbstbezüglichkeit verstanden werden, denn diese innere Differenz verlangt ein Anderssein, das wirklich ist, das Realität hat. Diese *Aufhebung seines eigenen Begriffs* ist die Aufhebung *in das Anderssein*. Darum sagt Hegel in der folgenden Passage:

Der also nur ewige oder abstrakte Geist wird sich ein Anders oder tritt in das Dasein und unmittelbar in das unmittelbare Dasein. Er erschafft also eine Welt.[125]

Hier scheint also erneut sichtbar zu werden, wie es schon oben bei der Frage der Inkarnation deutlich wurde, dass Hegel im Horizont einer »Christologie von oben« denkt. Hegel – so scheint es nämlich – stellt die Liebe begrifflich an den Anfang und leitet die Schöpfung daraus ab. Die Liebe scheint zunächst das rein geistige Spiel der Trinität mit sich selbst zu sein, das unernst bleibt. Durch diesen Unernst scheint Gott in seinem trinitarischen Lebensvollzug nun *aus seinem Begriff heraus* genötigt, die Welt zu erschaffen.

Es liegt nahe, dass diese Ausdrucksweise Hegels zu Missverständnissen führen muss, wenn sie als eine reale Beschreibung eines ontischen Geschehens aufgefasst wird und nicht als eine begriffliche Durchdringung. Wie auch schon oben bemerkt, hat die Darstellungs-

---

[124] A. a. O., 502
[125] A. a. O., 503

Schlussbetrachtung

weise Hegels immer auch diese Doppeldeutigkeit an sich: Denn Hegel dramatisiert oft dasjenige als scheinbar äußerliches Geschehen, was in der Sache und von seiner eigenen Intention her eigentlich als eine ontologische Begriffsanalyse verstanden werden muss. Er verlangt also von seinem Leser sehr hohe Auslegungskompetenz und die Fähigkeit, eine gewisse rhetorische Polyphonie zu bewältigen.

Darum ist die alles entscheidende Frage: Woher kommt aber der wirkliche sachliche Gehalt dieser Begriffe? Die Aussagen Hegels können *nur dann gerechtfertigt* werden, wenn sie als *abgeleitete Bestimmungen* aufgefasst werden, die letztlich auf einer »Christologie von unten« aufruhen. Erst durch die Offenbarung der »Herrlichkeit Gottes« *im Lebensvollzug Jesu Christi* und nur von ihm her haben die Aussagen über die Trinität als solche und die Liebe, die in ihr waltet, ihr abgeleitetes Recht. Gott erweist seine Allmacht und seine Güte *nur indirekt*, in der Selbstunterscheidung Jesu von Nazareths. Er offenbart erst in ihm seine Wahrheit und verwirklicht in seiner Hingabe sein eigenes Wesen, und dieses Wesen zeigt sich in der Selbstunterscheidung und Auferstehung als Liebe.

Es geht also nicht darum, zu verstehen, dass der trinitarische Gott »nun auch Mensch werden muss«, um in umfassender Weise Gott zu sein. Sondern, die entscheidende philosophische Einsicht liegt darin, dass Gott in seinem wahrhaft unendlichen Wesen sich nur indirekt, von der Schöpfung her, offenbaren kann, und dass dies allein durch die Selbstunterscheidung des Menschen in seiner Freiheit, in Jesus Christus, geschehen kann, und dass genau darum Gott trinitarisch ist.

Es führt deshalb, wie in dieser Arbeit immer wieder gezeigt wurde, *gerade philosophisch* kein Weg vorbei an der wirklichen Durchführung einer »Christologie von unten«. Erst in ihr wird der Sinn des Begriffs der Liebe als umfassender Bestimmung des Grundes aller Wirklichkeit, Gottes, verständlich. Hegel scheint die Idee der Schöpfung aus dem Begriff der Liebe ableiten zu können, jedoch bleibt dies ein der Sache nach äußerlicher Versuch, der in der Tiefe auf ihre wirkliche Offenbarung in Jesus Christus, also auf die »Christologie von unten« angewiesen bleibt. Dass Gott in seinem Wesen Liebe ist, dass sein geistiger, selbstbezüglicher Lebensvollzug auf der Liebe als letztem Boden aufruht, dies wird nur durch die Realität des Lebens Jesu Christi und seiner vollkommenen Selbstunterscheidung indirekt offenbart und damit wirklich. Liest man die zitierten Passagen Hegels vor diesem Hintergrund der »Christologie von unten«, dann wird

Schlussbetrachtung

deutlich, dass er einen richtigen Zusammenhang sieht: Auch in der »Christologie von unten« zeigt sich der Wesenszusammenhang zwischen der Realität der Schöpfung, ihrer letzten Wirklichkeit und echten Substantialität, und dem Begriff des lebendigen Gottes, der sein Leben trinitarisch, als Liebe, vollzieht. Was Hegel in seiner »Christologie von oben« aber auslässt, ist die wirkliche Gründung dieses schöpferischen Geschehens im geschichtlichen Leben Jesu Christi selbst: in seinem Kreuzestod und in seiner Auferstehung. Diese Gründung ist aber unverzichtbar: Denn erst hier wird Gott in seiner Macht und damit in seiner Realität offenbar. Erst in der Auferstehung wird der Schöpfung also ihre eigentliche Mitte gegeben und damit ihre Vollendung. Erst in der Auferstehung wird also der volle Begriff der Schöpfung überhaupt erreicht und offenbart – und damit auch erst die Souveränität und *Allmacht* Gottes. In der Abhängigkeit beider von der Lebenshingabe Jesu zeigt sich aber, dass die Liebe wirklich die eigentliche schöpferische Macht ist, die die Schöpfung hervorbringt und trägt. Die Ableitung der Schöpfung aus dem geistigen Wesen Gottes, die Hegel vornimmt, ist daher ein *spekulativer Vorgriff*, der den realen Erweis Gottes in der Auferstehung voraussetzt und von ihm zehrt.

In letzter Konsequenz wird dies bei Ratzinger ausgesprochen, wenn er – wie oben gesehen – den Begriff Gottes, seine Gottheit, von der *realen Überwindung der Macht des Todes* abhängig macht. Diese Überwindung der Macht des Todes geschieht, so Ratzinger, nicht technisch, sondern nur durch die Liebe: durch die reale, geschichtliche Hingabe Jesu an Gott, seinen Vater. Gott erfüllt sein Wesen in der geschichtlichen Hereinnahme der Schöpfung in sein Leben. Diese Hereinnahme geschieht durch die Auferstehung Jesu Christi, die zugleich die Vollendung der Schöpfung selbst ist, indem sie sich selbst endgültig und vollkommen gegeben wird – in ihrer neuen, vollendeten Leiblichkeit. In der Vollendung der Schöpfung in Christus wird also der Grund aller Wirklichkeit offenbart und zugleich dies, dass und in welcher Weise die Schöpfung zu diesem Grund immer schon gehört. Der Begriff Gottes hängt bei Ratzinger an dieser Realität der Vollendung der Schöpfung, wie sie sich allein in der Auferstehung Jesu erweist. Die Auferstehung geschieht aber nur durch den realen, geschichtlichen, liebenden Lebensvollzug Jesu Christi, mit Pannenberg gesprochen: durch seine vollkommene Selbstunterscheidung als Sohn. Dass Gott Liebe ist, heißt bei Ratzinger also im Ergebnis vor allem auch dies: Er ist allmächtig! Der Erweis seiner Allmacht

Schlussbetrachtung

und damit seiner Gottheit als solcher geschieht so, dass es gerade sein Wesen als Liebe ist, das allein diese Macht verwirklicht und durchsetzt. Seine Liebe erweist sich als Macht über den Tod und die wahre Souveränität seiner schöpferischen Allmacht erweist sich triumphal und geschichtlich durch den Sohn in seiner Hingabe und dadurch als Liebe.

In der Lebenshingabe Jesu Christi und der darin allein und endgültig sich vollziehenden Offenbarung der Wahrheit Gottes scheint damit ein letzter Horizont auf, in dem die Vernunft beheimatet ist und auf den sie über sich hinaus verweist. Wie gesehen: Dies ist nicht ein der Vernunft fremder Bereich, der sie von außen als etwas ihr Fremdes übersteigt oder unterfängt. Der Begriff der Liebe erweist sich in der »Christologie von unten«, die die Tiefe der Metaphysik darstellt, als der Bereich, auf den die Vernunft selbst *in ihrem eigenen Begründungsgang* als letzten Boden stößt. Die Liebe fungiert hier also nicht als ein weltanschaulicher Verlegenheitsbegriff, der den Grund aller Wirklichkeit zeichenhaft und symbolisch zum Ausdruck bringen soll. Sie bezeichnet hier einen ontologischen Begriff, ein erstes Prinzip. Dass sie der umfassende, größere Horizont der Vernunft ist, darauf stößt die Vernunft, wie in dieser Arbeit dargestellt wurde, in einem strengen Begründungsweg und von sich selbst her.

Die Vernunft ist also als reiner, vollkommener Selbstvollzug nicht zu Ende gedacht. Sie verweist in ihrer Tiefe auf eine personale Dimension, die in der Offenbarung der Trinität durch Jesus Christus aufscheint.

Josef Schmidt hat genau diesen Zusammenhang von der anderen Seite, von der Seite des Glaubens her und damit auf den Begriff des *Vertrauens* hin ausgedeutet. Das Wesen Gottes erwies sich als das wahrhaft Unendliche, das sich in der Vernunft als deren Teilhabe am Begriff Gottes zeigt. Dieses Sich-von-sich-selbst-her-Zeigen Gottes in der menschlichen Vernunft entspringt aber seiner reinen Unverfügbarkeit, seiner absoluten Freiheit. Denn: Das Unendliche als die unüberholbare Grenze, über die hinaus nichts Größeres gedacht werden kann, kann nur so bestimmt werden, dass es *rein aus sich selbst*, ohne anderen Bedingungen zu unterliegen, in der Vernunft gegenwärtig wird:

Das wahrhaft Unendliche ist reines Aussichselbstsein, ist vollkommene Freiheit. Nur so ist ihre Offenbarung zu verstehen, die als Freiheit unverfügbar bleibt. Eben ihr Selbst-Offenbarsein macht diese Unverfügbarkeit an ihr offenbar. Dies bedeutet, dass sie Geheimnis bleibt.[126]

Damit eröffnet sich für die Vernunft und *von ihr selbst her* der Blick auf einen Boden, auf dem sie immer schon steht. Dieser Grund heißt: Vertrauen – Glaube, *pistis*. Der Grund, an dem die Vernunft selbst partizipiert und der ihr Wesen bestimmt, erweist sich für sie im Letzten von ihm selbst her als unverfügbar und daher als *bleibendes* Geheimnis. Erst in dieser *bleibenden Unverfügbarkeit* ist der Begriff der Vernunft also zu Ende gedacht. Darum muss – oder besser noch: *darf* – die Vernunft in ihrem letzten Vollzug ein glaubendes Vertrauen in dieses bleibende Geheimnis gewinnen. Dieser Glaube ist also kein willkürlicher Ersatz, kein Notbehelf, der an der Grenze der Vernunft zum Einsatz käme. Der Glaube ist *begründetes* Vertrauen, er ist sinnerfüllter letzter Grund der Vernunft, auf den sie selbst notwendig hinarbeitet und der sie immer schon trägt. Dieser Glaube stammt also nicht aus einem Gegensatz zum Wissen, der dessen Endlichkeit kompensieren soll, sondern er ist gleichbedeutend mit einem tiefen, dem tiefsten Wissen der Vernunft um die Unverfügbarkeit des Grundes aller Wirklichkeit.

Dieser Gedanke ergibt sich auch folgerichtig aus dem Ergebnis der hier vorgelegten Untersuchungen der Christologie Ratzingers und Pannenbergs. Die Christologie erwies sich darin als die wirkliche Durchführung des Begriffs der »wahren Unendlichkeit«, der den wesentlichen Maßstab gibt für das vernünftige Reden über den Grund aller Wirklichkeit. In der *Selbstunterscheidung* Jesu von Nazareths vollendet sich die wahre Unendlichkeit und damit die Metaphysik. In der Mitte der Metaphysik und damit des vollendeten Selbstbezugs der Vernunft und als ihr gemeinsamer Grund steht also ein personaler Vollzug: der Vollzug der vertrauensvollen Hingabe Jesu, des Sohnes, an Gott, seinen Vater. Diese Hingabe ist selbst erst der wirkliche, vollkommene Vollzug des Lebens. In ihr geschieht der Erweis des *eigentlichen Lebens*, des Lebens Gottes und seiner unendlichen Macht: das Leben, das den Tod in einem Akt des radikalen Vertrauens auf sich nehmen und dadurch in das eigentliche Leben integrieren kann. Das glaubende Vertrauen auf die Allmacht und Güte des Grundes aller Wirklichkeit ist also kein irrationaler Sprung, sondern innere Konsequenz der Vernunft selbst, wie sie sich im Begriff des wahren Un-

---

[126] Josef Schmidt: Philosophie im Licht christlichen Glaubens, Theologie und Philosophie, 91. Jahrgang (2016), 492

Schlussbetrachtung

endlichen und an ihm selbst teilhabend und zu ihm gehörend findet. Weil der Grund aller Wirklichkeit als unverfügbares Aus-sich-selbst-Sein, als Freiheit erkannt wird, darum sind aber auch die Schöpfung und ihr Leben und das Leben des Menschen eine Gabe dieser Freiheit. *Darum muss im wirklichen Vollzug des Lebens der Freiheit eine letzte Unverfügbarkeit, ein Geheimnis, wesentlich sein.* Erst dieses Geheimnis erfüllt also den vollkommenen Begriff der Vernunft.

Die Vernunft weiß also *mit Gewissheit* um ihren unendlichen Grund, der in ihr selbst als ihr Prinzip aufscheint. Aber diese Gewissheit verlangt gerade noch einmal als ihre eigene, innere Folge *das Vertrauen, den Glauben*. Die Vernunft weiß um die wahre Unendlichkeit und findet sie in der Christologie erfüllt. Aber gerade deshalb sieht sie in aller Klarheit als ihre Mitte und ihren Grund ein personales Leben, das ewiges Leben ist durch seine Selbstunterscheidung und vertrauensvolle Hingabe des Lebens.

Denn in ihre Mitte gehört das Vertrauen. Glaube ist eben dieses Vertrauen. Gott ist »Licht«, aber »unzugängliches Licht« (1 Tim 6,6), weil seine Gabe aus unverfügbarer Freiheit kommt. Der einen umfassenden Wahrheit dürfen wir uns anvertrauen, und als Wahrheit ist sie der Raum unseres menschlichen Miteinander.[127]

Die Vernunft kann sich also in aller Klarheit auf den immer Geheimnis bleibenden Grund, der sich in ihr und für sie offenbart, einlassen. Sie muss nicht bei sich selbst und ihrer letzten Erkenntnis stehen bleiben, sondern sie kann sich in einem vertrauensvollen Vollzug auf das ihr geschenkte Leben einlassen, in der Gewissheit, dass dieses Leben ihr über den Tod hinaus versprochen ist und ihr neu gegeben werden wird.

Die hier vorgelegte Untersuchung über die »Christologie von unten« bei Ratzinger und Pannenberg kommt damit zu ihrem Abschluss und inhaltlichen Endpunkt. Die Einsicht, dass die Gabe unseres Lebens in seinem Sich-selbst-Gegebensein und seinem Selbstvollzug, in seiner Vernunft also, letztlich notwendig aus unverfügbarer Freiheit stammt, diese Einsicht entspringt der Metaphysik und, in ihrer vertieften Durchführung: der »Christologie von unten«. Sie entspringt damit aber der *indirekten* Offenbarung der Wahrheit Gottes selbst in der Geschichte seiner Schöpfung, in Jesus Christus. Gott ist also nicht unbestimmt unverfügbar, sondern in dieser geschicht-

---

[127] A.a.O., 493

lich und personal verwirklichten Weise, die seinen eigenen Begriff in genau dieser letzten, einsehbaren Unverfügbarkeit offenbart und begründet. Diese indirekte Offenbarung Gottes seiner selbst ist sowohl die Verwirklichung seiner Gottheit als solcher als auch die Rettung und Integration der Schöpfung in sein unendliches Leben. Seine Offenbarung, der Erweis seiner Wahrheit und seine geschichtliche Verwirklichung in der Selbstunterscheidung Jesu und beider Nachvollzug in einer verstehenden, vernünftigen Auslegung, wie sie in der »Christologie von unten« geschieht, sind die Voraussetzung dafür, dass der Glaube sich in seinem Leben und Sterben dem unverfügbaren Grund aller Wirklichkeit anvertrauen kann. Dieses Vertrauen ist nicht blind: Es beginnt – und muss dann aber notwendigerweise beginnen – gerade erst in der hellen Klarheit und Einsichtigkeit alles dessen, was die Metaphysik und, in derer vollendenden Vertiefung, die »Christologie von unten« verständlich machen. *Genau durch diese Helligkeit und vernünftige Evidenz wird erst deutlich, dass Gott das unverfügbare, das bleibende Geheimnis ist, dem wir uns im vernünftigen, glaubenden Vollzug unserer Endlichkeit anvertrauen dürfen.* Wir dürfen uns ihm anvertrauen zusammen mit Christus, der in seiner Selbstunterscheidung und Hingabe dieses Vertrauen ermöglicht hat. Dieses restlose Vertrauen Jesu Christi ist also nicht einfach nur eine existentielle Tat, ein religiöser Extremismus, sondern sie ist der ontologische Gründungsvollzug der Vernunft in ihrer letzten Konsequenz. Diese Vernunft in ihrer letzten Konsequenz können wir dank seiner Hingabe, seiner Liebe, mitvollziehen. Der letzte Sinn der Vernunft und der Philosophie ist etwas Einfaches:

Wir dürfen zusammen mit Christus unser Leben Gott, dem unverfügbaren Grund aller Wirklichkeit, anvertrauen. Wir dürfen dies tun in wirklicher Zuversicht und der sicheren Gewissheit, dass dieses Leben in unserer Hingabe zusammen mit Christus von seinem unverfügbaren Grund angenommen und durch den Tod hindurch bewahrt und uns von Neuem und in Vollendung in ihm gegeben werden wird.

Literatur

Aristoteles: Metaphysik, hg. von Horst Seidl, Hamburg 1991
Axt-Piscalar, Christine: Der Gott der Geschichte. Einige Aspekte zur Einholung von Wolfhart Pannenbergs geschichtstheologischem Programm durch die Trinitätslehre, in: Kerygma und Dogma, 64. Jahrgang, Göttingen, 284–299
Axt-Piscalar, Christine: Das wahrhaft Unendliche. Zum Verhältnis von vernünftigem und theologischem Gottesgedanken bei Wolfhart Pannenberg, in: J. Lauster / B. Oberdorfer (Hg.), Der Gott der Vernunft. Protestantismus und vernünftiger Gottesgedanke, Tübingen 2009, 319–337
Balthasar, Hans Urs von: Licht des Wortes. Skizzen zu allen Sonntagslesungen, Freiburg 1992
Goethe, Johann Wolfgang von: Werke Bd. 2, Hamburger Ausgabe, München 1989
Hegel, Georg Friedrich Wilhelm: Phänomenologie des Geistes, Hamburg 1988
Hegel, Georg Friedrich Wilhelm: Enzyklopädie der philosophischen Wissenschaften im Grundrisse (1827), Hamburg 1989
Hegel, Georg Friedrich Wilhelm: Vorlesungen über die Philosophie der Religion II, Theorie-Werkausgabe 17, Frankfurt a. M. 1971 ff.
Kierkegaard, Sören: Die Tagebücher 1834–1855, München 1953
Menke, Karl-Heinz: Jesus ist der Sohn. Denkformen und Brennpunkte der Christologie, Regensburg 2012
Pannenberg, Wolfhart: Systematische Theologie I–III, Göttingen 2015
Pannenberg, Wolfhart: Christologie und Theologie, in: Grundfragen systematischer Theologie. Gesammelte Aufsätze Band 2, Göttingen 1980, 129–145
Pannenberg, Wolfhart: Grundzüge der Christologie, Gütersloh 1964
Rahner, Karl: Die Hominisation als theologische Frage, in: Paul Overhage / Karl Rahner: Das Problem der Hominisation. Über den biologischen Ursprung des Menschen, Freiburg i. Br. 1961
Ratzinger, Joseph: Gesammelte Schriften 6/2. Jesus von Nazareth. Beiträge zur Christologie, Freiburg i. Br. 2013
Ratzinger, Joseph: Christologische Orientierungspunkte, in: Joseph Ratzinger: Schauen auf den Durchbohrten, Freiburg 2007
Ratzinger, Joseph: Ein neues Lied für den Herrn. Christusglaube und Liturgie in der Gegenwart, Freiburg i. Br. 2007
Ratzinger, Joseph: Der Geist der Liturgie. Eine Einführung, Freiburg i. Br. 2006
Ratzinger, Joseph: Eschatologie. Tod und ewiges Leben, Regensburg 2007

Literatur

Ratzinger, Joseph: Glaube – Wahrheit – Toleranz. Das Christentum und die Weltreligionen, Freiburg i. Br. 2003
Ratzinger, Joseph: Jesus von Nazareth I, Freiburg i. Br. 2007
Ratzinger, Joseph: Jesus von Nazareth II, Freiburg i. Br. 2011
Ratzinger, Joseph: Jesus von Nazareth, Prolog. Die Kindheitsgeschichten, Freiburg i. Br. 2012
Ratzinger, Joseph: Jesus Christus. Der Sohn Gottes (= Thesen zur Christologie), in: Joseph Ratzinger: Credo für heute. Was Christen glauben, Freiburg i. Br. 2006
Schmidt, Josef: Philosophie im Licht christlichen Glaubens, in: Theologie und Philosophie 91. Jahrgang, 2016, Freiburg i. Br., 481–493
Schmidt, Josef: Wahre Unendlichkeit und Geheimnis – Hegel, Rahner, Pannenberg, in: Vom wahrhaft Unendlichen, Pannenberg-Studien Bd. 2, Hg. Gunther Wenz, Göttingen 2016
Weissmahr, Béla: Kann Gott die Auferstehung Jesu durch innerweltliche Kräfte bewirkt haben?, Zeitschrift für katholische Theologie 100 (1978), Würzburg, 441–469
Wenz, Gunther: Vom wahrhaft Unendlichen. Metaphysik und Theologie bei Wolfhart Pannenberg, in: Vom wahrhaft Unendlichen. Pannenberg-Studien Band 2, Göttingen 2016, 15–71